U0620024

DOSTOEVSKY

The Years of Ordeal

1850-1859

by Joseph Frank

陀思妥耶夫斯基

受难的年代，1850-1859

（美）约瑟夫·弗兰克 著 刘佳林 译

广西师范大学出版社

·桂林·

Joseph Frank
Dostoevsky:The Years of Ordeal,1850-1859
Copyright © 1983 by Princeton University Press
All rights reserved. No part of this book may be reproduced or transmitted in any form or by any means,electronic or mechanical,including photocopying,recording or by any information storage and retrieval system,without permission in writing from the publisher.

著作权合同登记号桂图登字:20-2014-191号

图书在版编目(CIP)数据

陀思妥耶夫斯基:受难的年代,1850–1859/(美)约瑟夫·弗兰克著;刘佳林译.—桂林:广西师范大学出版社,2016.8(2022.1重印)
(文学纪念碑)
ISBN 978-7-5495-8193-1

Ⅰ.①陀… Ⅱ.①约… ②刘… Ⅲ.①陀思妥耶夫斯基,F.M.(1821~1881)–生平事迹 Ⅳ.①K835.125.6

中国版本图书馆CIP数据核字(2016)第111433号

出 品 人:刘广汉　　策　　划:魏　东
责任编辑:魏　东　　装帧设计:赵　瑾
封面插画:徐　妙

广西师范大学出版社出版发行
(广西桂林市五里店路9号　邮政编码:541004
网址:http://www.bbtpress.com)
出版人:黄轩庄
全国新华书店经销
销售热线:021-65200318　021-31260822-898
山东韵杰文化科技有限公司印刷
(山东省淄博市桓台县桓台大道西首　邮政编码:256401)
开本:690mm×960mm　1/16
印张:30.25　字数:350千字
2016年8月第1版　2022年1月第4次印刷
定价:98.00元

如发现印装质量问题,影响阅读,请与出版社发行部门联系调换。

谨以此书纪念

小鲁弗斯·W. 马修森(1918-1978)

一个善于启发的斯拉夫学者和终生不忘的朋友

Dedicated to the memory of

Rufus W. Mathewson, Jr.

(1918-1978)

An inspiring Slavist and

A never-to-be-forgotten

friend

啊，心，心有山重重；悬崖
森然，陡峭，无人能穷。
从未踯躅那里的会无动于衷。我们的监押
太微不足道，也不会长久地面对峥嵘。

——杰拉尔德·曼利·霍普金斯

无论如何，我们的任务已定。我们必须着手陀思妥耶夫斯基已经计划却未能执行的工作：讲述他信仰重生的故事。

——列夫·舍斯托夫，《陀思妥耶夫斯基与尼采：悲剧哲学》

O the mind, mind has mountains; cliffs of fall
Frightful, sheer, no-man-fathomed. Hold them cheap
May who ne'er hung there. Nor does long our small
Durance deal with that steep or deep.

Gerard Manley Hopkins

At any rate, our task is set. We must do the job that Dostoevsky himself planned, but failed to carry out: tell the story of the regeneration of his convictions.

Lev Shestov, *Dostoevsky and Nietzsche: The Philosophy of Tragedy*

目 录

第二部分　苦役地

第三部分　初恋

第四部分　再次开始

插图目录

除另有说明外，所有插图都来自 B. C. 涅恰耶娃编辑的《肖像、插图、文献中的陀思妥耶夫斯基》（莫斯科，1972）。

音　译

音译始终是个困难的问题,我选择了最简单的解决办法。对于所有俄文词汇如人名等,我使用J. 托马斯·肖编著的《英语出版物中的现代俄语音译》(麦迪逊,密尔沃基和伦敦,1967)一书所列的音译表中的方法一,见该书第8-9页。但是,我会偶尔插入字母"y",表明音译成英语的那个词在这里有一个正常发音所没有的软音,上述方法一没有考虑到俄语的这一特征。另外,当有英译且已经成为习惯时,我会采用英语形式而不是音译(例如,用Alexsander而不是Aleksandr表示"亚历山大")。 xv

对陀思妥耶夫斯基作品俄文原文的引文来自以下两种版本:《Φ. M. 陀思妥耶夫斯基全集》(列宁格勒,1972-);到本书付印时为止,这套计划出版三十卷的全集已经出版了二十三卷。关于陀思妥耶夫斯基短篇小说和长篇小说的引文,我使用康斯坦丝·加尼特的译本,因为与后来的译者相比,她几乎很少随意处理陀氏作品的字面含义。不过,在我看来必要的地方,我也毫不犹豫地修改了她的译文。如果所用的原始资料没有现成的译本,我就自己动手翻译。

前　言

本卷是陀思妥耶夫斯基生平、著作研究系列第二卷。不久会有第三卷， xi
专注于陀思妥耶夫斯基随后五年的生活。在那个较短的时期内,陀思妥耶夫斯基的文学产量丰富,而且他关心俄国历史激荡时刻的所有突变。因此,对关键时期的他需要单卷描述。第三卷正处于最后的润色阶段,本卷出版不久即可面世。

让人开心的是,第一卷受到了好评,我感谢所有的赞誉,无论是公开刊文还是私下来函。对一个投身宏伟事业的作者来说,这是莫大的鼓舞;要竣工,我还需要更多辛劳的岁月。

这种反应也让我确信,我所选择的方式——将陀思妥耶夫斯基的私人生活置于他与时代文学及社会-文化史的相互关系之中——满足了广大读者的迫切需要，他们因为喜欢伟大作家之为**作家**[1]的一面，进而喜欢这些作家的传记。如果传记家一味叙述日常生活事件，如果作品被简单分解为一连串的经验描述，这些经验可以（或不可以）作为那些作品的来源，读者的兴趣就无法满足。要尽可能地把握将生活转化为艺术的创造过程，对生活经验的理解与组织就不能违反任何历史记录，以便阐明这种神秘的突变。只有始终通过专注于作品、从作品出发来看待生活，而不是像更为寻常的那样，将作品视为生活之多少有些偶然的副产品，才能做到这一点。

我知道，第一卷保持这样的专注并不十分困难，因为陀思妥耶夫斯基的生平叙述大体上可以依从他与一八四〇年代多种文学及社会-政治圈的关联。但本卷却面临全然不同的问题，因为在这十年里，陀思妥耶夫斯基先是在孤独的监禁之中度过，接着去了西伯利亚的劳役营，后来则成为俄军西伯利亚兵团的一个士兵。他与俄国文学活动中心相隔数千里，有四年甚至与外面的世界失去一切通信联系。

因此，与早先的做法相比，我需要从更为孤立的状态（当然不是社会的，
xii 而是文化的）来描绘他，这给了我许多麻烦。我很难根据我选择的视角来谋划那些涉及劳役营生活的章节，尤其很难根据这些方法去解释这些岁月中那个最关键的事件——陀思妥耶夫斯基称之为“我信仰的重生”。大多数早先的作者只是满足于从陀思妥耶夫斯基那里寻章摘句，却什么也解释不了；要么就照搬弗洛伊德的精神分析（尽管明显无能），根据各种仔细的检查加以推断，试图切合事实（陀思妥耶夫斯基展示的只是针对人民而不是沙皇-父亲的罪恶感）。因此我得重新探究问题；这让我关注到那些多少被忽略的

① 原书用斜体表示强调，中译本以黑体表示。部分非英语单词亦用黑体表示。后同，不另标出。（此类注释为译注，下同，不另标出。——编者按）

方面，比如陀思妥耶夫斯基与波兰狱友关系的催化作用等。我的叙述始终留意于这些经验对他所具有的**意义**，它们在导致他放弃过去某些东西、为未来思想观念及艺术演进准备道路方面的决定作用。

此外，无论是在这个阶段之前或之后，陀思妥耶夫斯基的书信都表明，他极不愿意失去与正在发展着的俄国文化的联系；因此，我将他生平的这一特征置于我全部描述的前景，甚至忽略了对手头文献进行更全面生动的调遣。我可以补充的是，这种努力带来了意想之外的可喜结果，使我能比以前更深入地探究某些宁可被忽略的材料（比如陀思妥耶夫斯基与阿列克谢·普列谢耶夫的通信，只有普列谢耶夫一方的信件留存下来）。这些文本对了解陀思妥耶夫斯基关于五十年代中期俄国文化景象的反应明显具有参考价值，因此有助于廓清他生平的这段模糊图景。

不过，他第一次认真的恋爱、婚姻等事件都发生在本卷描述的年代里，比起第一卷对他私生活的处理来，就不可避免要从传记角度给予更多的对待。但我不想陷入与鲍里斯·艾亨鲍姆一样的荒谬境地。对这位评论家我十分景仰，他关于托尔斯泰的三卷本著作（遗憾的是，他去世之前未能完篇）对我是一种激励。他是俄国形式主义创始人之一，与该学派所有成员一样，他激烈反对混淆艺术与生活，后来他着手对托尔斯泰进行宏大的历史研究——但如他谨慎解释的那样，只限于“文学习俗”层面（亦即那个时代的文学及社会文化史）。他在第二卷中非常详细地讨论了托尔斯泰在为农民的孩子开办学校时所作的努力以及他的教育理论，最后艾亨鲍姆得出结论说：“托尔斯泰没有移居国外，而是关闭了学校，结了婚，盘踞在亚斯纳亚·波良 xiii
纳——像城堡里的封建主一样。”关于婚姻就这么多！尽管我对艾亨鲍姆无限尊敬，这番得意洋洋的偶像破坏行为也让人精神一新，可我总觉得，在“真实生活”方面他可以写得更多，这并不妨碍对“文学习俗”的主要兴趣，后者让他的苦行走向了极端。

在第一卷的前言中，我曾说：“我所写的这本书……不是一部传记。”写作本卷时，我无论如何都相信，我的那句话作出了一个非常鲜明的区分；我仍然认为，那些试图在我的作品中寻找“常规传记”的人往往会感到失望。批评界的反应也帮助我改变了想法，因为人们一致认为，第一卷并非试图与传记彻底决裂，而是可喜地着意拓展这一文类的界限。是的，现在我也欣然接纳一个优秀评论家的观点，他大度地谈到了我的承诺：“融合传记、文学批评和社会文化史的实验。”此刻我认识到，这种融合正是我孜孜以求的。本卷是否成功做到了这一点，应让读者诸君评判。

许多年来我数易其稿，这个任务漫长而艰辛。在前一卷的前言中，我对所有帮助过我的人表达了谢意。我仍感激鲁弗斯·马修森，他的故世于我是损失，我的题献记录的就是这种感受。关于这第二卷，我尤其要再次感谢罗伯特·L.杰克逊和勒内·韦勒克，他们阅读了手稿，给我批评建议，为本书增色。尼娜·别尔别罗娃也好意阅读，并以其对俄罗斯生活与文学的精通给我帮助。她帮我避免了几处惊人的错误，并让我瞬间与我的传主亲近起来。我曾提到外省城市特维尔的地区委员会，她无意间说，她的祖父就是其中的一个开明地主，曾见过逗留其间的陀思妥耶夫斯基。朱利安·杰恩斯给了我有关癫痫病的材料，并大力帮助我与耶鲁医学院的吉尔伯特·H.格拉泽博士取得联系，后者抽时间对我有关陀思妥耶夫斯基癫痫病的描述进行专业性审读。他们的帮助都是巨大的。

我还要感谢戴维·戈尔茨坦，他核对了我的脚注，纠正了转写错误。我感谢丽贝卡·巴林斯基太太和珍妮特·米尔斯基太太，她们一丝不苟地阅读校样，让我很受益。我的文字编辑格雷岑眼光犀利，各种错漏都逃不脱他的眼睛，他还在文体方面提出了许多有益的建议。我的打字员卡罗尔·西曼斯基无限耐心,她对我正在展示的故事的兴趣让我相信,我在文本中设法做到了保持叙事的节奏。普林斯顿大学费尔斯通图书馆斯拉夫目录学家奥 xiv
雷斯特·佩列奇始终见闻广博,对我有求必应。盖洛德·布赖诺尔弗森也是该馆图书馆员,像在第一卷中一样,他自愿为我编写本卷的索引,不顾自身责任在不断增加。

在第一卷和第二卷之间的间隙,古根海姆基金会和洛克菲勒基金会给了我支持,让我有时间摆脱教务。没有他们的资助,谁知道这一卷会拖多久!对他们无限的帮助,我惟有深深地感谢,我衷心赞赏他们无比宝贵的帮助。在支付研究及打印开支方面,普林斯顿研究会一直都很及时。

最后,作为惯例,我必须把最后的话留给我的妻子玛格丽特。不过,我向她致意的责任远非出于恪守某种职业礼仪。尽管她自己的学术工作也面临许多要求,她还是做了我的第一读者和编辑,在材料组织和文体风格方面,我绝对仰仗她的判断。她在编辑方面的建议让我释然,文本能够不断推进。我的工作若没有她的引导将会负担很重,这一点其他任何人都无法真正理解。

约瑟夫·弗兰克

新泽西州普林斯顿,1982 年 11 月

第一部分　彼得保罗要塞

第一章　引　言

陀思妥耶夫斯基生平第二卷涉及这样一个阶段，它始于陀思妥耶夫斯 3
基作为彼得拉舍夫斯基案的共犯被捕，终于十年后重返彼得堡，那时他是一个身心俱变的人。本卷聚焦于这种变化过程：在他所经受的磨难中寻找原因，在为他未来的伟大开辟道路之进程中寻找结果，只要这些结果清晰可辨。

一八四九年四月遭拘禁时，费奥多尔·陀思妥耶夫斯基在俄国文坛的小圈子里已很知名，即使生活在尼古拉一世严酷的军政统治下，他仍忙着为将来在俄国文学及文化中的光荣奠定基础。事实上，当时最重要的批评家维萨里昂·别林斯基曾热情洋溢地预言，陀思妥耶夫斯基终有一天会享有盛誉，而许多跟他地位相埒的竞争对手则会长久地归于遗忘；可是没过几年，这种预言性的判断就被推翻。[1]陀思妥耶夫斯基被送往西伯利亚时，他第一部作品《穷人》的成功并没有因后来的创作而延续，他没有实现早期的承诺,因此普遍认为,他是一个被严重高估的作家。没有人能够预见,他才能的惊人发展竟会让他成为现代世界文学举足轻重的人物。

陀思妥耶夫斯基的处女作立即引起注意,是由于其社会乃至社会主义特征。别林斯基称《穷人》是“我们在社会小说方面的第一次尝试”[2];在别林斯基的评论后五年,亚历山大·赫尔岑于著名的《论革命思想在俄国的发展》中引用陀思妥耶夫斯基的小说,证明“[我们的]文学作品逐步充满了社会主义的灵感和倾向”[3]。这些灵感和倾向花了很长时间才在俄国诞生,可以说最初是由臭名昭著、不公正的农奴制激发出来的——这个制度长期以来困扰着有教养的俄国社会优秀分子的良心,并成为一八二五年十一月流产的十二月党人起义的一个动因。

4 从那时起,新的一代承继了相同的事业。与十二月党人中间主要(但不是惟一)盛行开明的共和制理想不同,如今激励人们的是社会主义理论,那是一八三〇年代在法国出现的主张。陀思妥耶夫斯基目睹农民遭遇的残暴,这让他深受刺激;同时,阅读进步的、人道的、模糊的空想社会主义文学(维克托·雨果、乔治·桑、欧仁·苏,还有许多鲜为人知的作家)也对他产生很大影响,尽管书报检查官极力阻止,这些作品还是从法国流入了俄罗斯。我们也不要忘记果戈理的《外套》、《死魂灵》给俄国文学带来的新的活力,别林斯基紧紧抓住这些作品,认为它们是同样“慈善”的社会文学倾向在本土的光辉范例。因此,在别林斯基的激励下,当俄罗斯社会文化气候于一八四〇年代初从浪漫主义转向关注社会的现实主义时,年轻的陀思妥耶夫斯基就有了足够的准备以积极应对。他第一部作品的非凡成功表明,他跟那些导师和时代学习得很好。但他不只是加入到文学运动或社会政治思想潮流之中,这些思想致力于将俄国农民从奴役之下解放出来,将俄国社会带进社会正义的新纪元。从一八四八年冬天起,他还定期参加彼得拉舍夫斯

一八四八年巴黎革命事件

基小组的聚会，那是一个由年轻人参与的组织，他们聚集在米哈伊尔·布塔舍维奇-彼得拉舍夫斯基家，讨论当时的种种重大问题，遭受钳制的俄国报刊是禁止提及这些问题的。一八四八年的欧洲，王权到处被推翻，新的权利在获得，新的自由被主张。在这种紧张的期待气氛的刺激下，国外空前的胜利消息又鼓舞人心，彼得拉舍夫斯基小组的讨论就渐渐走向更加危险的道路，导致他们不可抗拒地想模仿正在欧洲发生的那些英雄壮举。

俄国统治者尼古拉一世始终心怀警惕，面对这种新威胁，他只能决定一味地强化暴政。逮捕陀思妥耶夫斯基及彼得拉舍夫斯基小组的全部成员，是沙皇镇压星星点点的独立思想之努力的一部分，同情别处爆发的革命，就可能导致家门口类似的动乱。因此，尼古拉一世最后几年的统治使得俄国社会变成可怕的死水一潭，过去允许存在的任何独立思想文化生活的蛛丝马迹都被抹杀。只举一个例子，新的教育大臣希林斯基-希赫马托夫公爵废除了大学里的哲学与形而上学教学活动——学生数量如今不管怎么说都严
5 格限制——而逻辑与心理学课程则转给了神学教授。T. H. 格拉诺夫斯基——莫斯科大学著名的自由主义历史学家，后来成为《群魔》中斯捷潘·特罗菲莫维奇·韦尔霍文斯基的原型——一八五〇年给朋友写信说：“它让人发疯。别林斯基死得真及时。”[4]

正是在这样的舆论气候中，陀思妥耶夫斯基被捕、受审、领刑。不过，在陀思妥耶夫斯基结束了他劳役营的刑期后不久，俄国社会出现缓解。因为一八五三年向土耳其宣战随即引发一场冲突，这不仅是跟行将崩溃的奥斯曼帝国的冲突，也是跟英法两国的冲突。欧洲军人装备精良、行动高效，相比之下，俄国军队非常无能，尽管俄国士兵公认很勇敢，但还是连连败绩。尼古拉牺牲其他一切利益，以维持辽阔帝国的军事力量，可如今众人皆知，他不过是白费力气，这送了他的命。两年后，冲突犹酣时，绝望的他一命呜呼，他的儿子亚历山

大二世继位。俄国社会长舒了一口气，期待着给人希望、相对开明的新时代。亚历山大统治的最初几年，许多工作都证明这种期待是对的，当他宣布要解放农奴时，对这位新君主的热情达到了崇拜的顶点。

陀思妥耶夫斯基就是在这样的社会-政治背景中度过这些年月的，首先是彼得堡和西伯利亚的犯人，接着是俄国军队里的一个士兵、军官。他的命运间接受到所有这些重大事件的影响，他对它们的反应让我们得以描绘他的个人命运与他的同胞更普遍的关切之间的互动关系，这对充分理解他的作品至关重要。当他终于在一八六〇年初重返俄罗斯、即将到来的解放农奴制的前景正令全国兴高采烈时，当他的苦役岁月和极力求生的努力终于胜利结束时，我们应该注意到，他比以往任何时候都更亲密地感到，他和他那辽阔国土上的人民，和普普通通的人民大众息息相通。为什么会这样？本卷的主题就要探讨个中原因。对一些人来说，这种内在演进可能是矛盾的、神秘莫测的；对另外一些人来说，它可能就是病理学的；而我们的任务则是，起码让它变得可以理喻。

注释

［1］《俄国评论家论 Ф. М. 陀思妥耶夫斯基》（A. 别尔金编辑，莫斯科，1956），第 30 页。

［2］引自 П. В. 安年科夫，《非比寻常的十年》（阿瑟・P. 门达尔编辑，欧文・R. 蒂图尼克英译，安阿伯，1968），第 150 页。

［3］A. И. 赫尔岑，《全集》（三十卷，莫斯科，1954–1961），第七卷，第 122 页。

［4］引自 B. И. 切什金，《T. H. 格拉诺夫斯基及其时代》（圣彼得堡，1905），第 317 页。

第二章　彼得拉舍夫斯基事件

一

6 一八四九年四月末的一天，俄罗斯帝国的一位显贵，K. H. 列别捷夫参事，在日记（下个世纪才得以发表）中写下这样一段：“整个城市都在关注拘押几个年轻人的事（彼得拉舍夫斯基、戈洛温斯基、陀思妥耶夫斯基、帕尔姆、拉曼斯基、格里戈里耶夫、米哈伊洛夫，还有其他许多人），据说有六十人之多，随着对莫斯科等城市的顺藤摸瓜，这个数字无疑还会增加。这一事件很重要，不是它本身重要，而是它竟然会发生……就目前所知（所知甚少），在那个昔日就读于贵族子弟学校［在皇村］的年轻人彼得拉舍夫斯基家中，聚集了一些爱说话的人和雄辩家，时而讨论农民问题，时而讨论政府机构的改革问题，或者我国与西方动乱［即一八四八年革命］的关系问题。谈话人开始讲话前要先写下名字，这就带有［政治］俱乐部的性质。”[1]

这番话影影绰绰，说的是一八四九年春末盛行彼得堡的激动人心的谣言——谣言起因于彼得拉舍夫斯基小组成员的被捕，事情发生在四月二十二至二十三日夜间，或者说得更准确些，作为惯例，在清晨时分。一天前，尼古拉一世刚读到俄国御前办公厅第三厅（更为熟知的名字是秘密警察）头子 А. И. 奥尔洛夫伯爵为他准备的报告，就立即发出逮捕令。彼得拉舍夫斯基小组星期五晚上聚会，虽然没有做任何努力加以隐瞒，但已经被监视了一年多。通常这类调查会直接交给秘密警察，但尼古拉对他们近来的表现不满，奥尔洛夫于是同意让内务部接管。调查事务委托给了 И. П. 利普兰季，一个成熟老练的官员，拿破仑失败后俄国占领巴黎时期，他是那里的军政警察首领。据说，揭露阴谋颠覆的任务非他莫属。

接手之后，利普兰季随即在彼得拉舍夫斯基住所对面设了一个驿站，那里的马车夫异乎寻常地乐意以极低的费用将聚会散场的客人送到任何地方。[2]但这种秘密监视未能产生多大效果，利普兰季于是招募了曾在彼得堡 7
大学读书的 П. Д. 安东内利，其背景及所受教育足以让他渗透进这些聚会，并就活动的性质进行汇报。安东内利一把足够显示有罪的证据交给上司，利普兰季就将文档材料交给奥尔洛夫，让他考虑是否有必要采取进一步行动。“我已通阅，”尼古拉针对奥尔洛夫的调查摘要写道，“兹事体大，哪怕仅是种种闲聊，仍罪不可恕。”[3]

二

逮捕的谣言传出后，整个彼得堡都在问沙皇提出的这同一个问题。这些聚会只是“闲聊”呢，还是有更险恶而坚决的意图？列别捷夫参事交际很广，他跟利普兰季本人说起此事，并得到答复：“今天我在走廊[有顶的拱廊]里遇到利普兰季，他很自在地加入谈话，谈论的是此刻正在要塞中的那些孩子-阴谋犯。这个事件由他而起，作为委员会[为检查疑犯的书籍文稿而成立]成员，他熟悉得很。在他看来，这一事件非常重要，应该科以死刑。这太可怕了，我看这件事没有任何成年及毅然决然的迹象。”[4]列别捷夫约利普兰季第二天一起吃饭，那个预示不吉的官员答应让他熟悉案宗。

列别捷夫参事心生狐疑，因为就像彼得堡官场这个小而封闭的世界中许多人一样，他与被捕的几个年轻人私下里也很熟，他经常去他们家。“我认识其中两个，”他写道，“柯利亚·卡什金和瓦夏·戈洛温斯基[写他们的名字时，他笔端含情地用了俄语昵称]，我（再说一遍）无法想象其中有什么成年人的东西，我把这一切都归于易变的热情。”见利普兰季时看到的证据也改变不了他的看法：“我去了，看到了诉状，阅读了文件、副本还有搜缴的材料，但我没有觉得这事像一些人想的那样重要。许多人都卷进去了，尤其是彼得拉舍夫斯基和斯佩什涅夫……但我在这些文件中看到的只是愚蠢，学生们的恶作剧，小打小闹。”[5]

不应该把彼得拉舍夫斯基小组当回事，它没有威胁，这样的看法很普遍，即使在该案审结后仍有人这样看。П. В. 安年科夫是当时俄国社会文化

生活最敏锐的观察家，他也认为彼得拉舍夫斯基案被过分夸大了。“这一年 8
的结束，”他在一八四九至一八五〇年冬的笔记本上草草地写道，“以彼得拉舍夫斯基阴谋案的调查终于收场为标志，整个社会都搭了进去，根本就没有什么阴谋，太多的苦难和恐怖。”[6]确实，甚至为检查证据而成立的调查委员会也在某种程度上持这种看法——起码从其拒绝接受利普兰季有关彼得拉舍夫斯基聚会之危害的观点可以判断。一八四九年八月，利普兰季提交了一份备忘录，详述了他的结论：“这不是一次细小、孤立的密谋，而是**整个变革与破坏运动的一揽子计划**。”调查委员会在回复时礼貌地认可了“利普兰季先生在对彼得拉舍夫斯基等人漫长的监视中所做的重要工作”，但“十分仔细地研究了他的判断后”，委员会不敢苟同。[7]

有关彼得拉舍夫斯基事件的许多方面依然模糊不清；除非发现新的文献，它所引发的问题根本无法解答。但从一百三十年来已经掌握的内容看，真相很可能像通常一样介乎两个极端之间。利普兰季认为，**总的说来**，彼得拉舍夫斯基小组是“一个有组织的宣传团体”，触角伸到了多个城市，准备“为大的暴动四处招兵买马”。这种看法是错的。正如安年科夫所说，这个小组基本上就是一个清谈俱乐部，大家聚到一起，“只是[要]朗读他们有关解放农民的构想，改进造船技术的念头，对俄国的真实内情发表看法而已”，甚至只是因为他们“喜欢[彼得拉舍夫斯基家]那些个星期五晚上美味的饭菜”。[8]但在这个混杂的团体中，确实存在着一个小小的核心，他们梦想着利普兰季所说的那种组织，在尼古拉·斯佩什涅夫的领导下，他们已开始筹建。利普兰季向委员会描述了这个团体成员所讨论的目标，他在这方面也没有错——“如何在全民各阶层中激起对政府的愤慨，如何武装农民反对地主，武装官员反对他们的上司；如何利用[宗教]分裂派的狂热——但在其他团体中，如何破坏、消除各种宗教情感。”[9]

无论当时还是后来，这个秘密团体的成员从未承认过它的存在；实际上，直到一九二〇年代一封信首次曝光之前，它都秘而不宣。但这个秘密组织的成员之一费奥多尔·陀思妥耶夫斯基更早时候曾对他的第二任妻子暗示过它的存在，后者将他的话告诉了他的第一个传记家奥列斯特·米勒。
9 在谈及一八七五年在莱比锡出版的一部有关彼得拉舍夫斯基事件的著作时，陀思妥耶夫斯基说，这部书“真实但不全面”。他解释说，“我没有看到我在其中的作用……”“许多场景完全忽略了，一个完整的密谋不见了。”[10]他补充说。这个“密谋”是指斯佩什涅夫秘密团体试图策划的活动，因为被捕，活动在真正能启动宣传工作前半途而废。陀思妥耶夫斯基谙熟此事，如果说其痕迹抹得很干净，主要是因为他在调查委员会面前态度坚决，成功地守住了秘密。

三

四月二十二至二十三日那个命定的夜晚之后十年，陀思妥耶夫斯基的朋友 A. П. 米柳科夫的女儿请他在纪念簿上写点东西，他潦草而生动地描绘了被捕时的情景——可能因为米柳科夫一家与他对那些伤脑筋的事件的回忆息息相关。清晨四点钟，穿着淡蓝色秘密警察制服的军官叫醒了他，旁边是一个荷枪实弹的卫兵和一个片区警察。陀思妥耶夫斯基睡眼惺忪，望着他们笨手笨脚、有点滑稽地搜查他的住所，没收他的文稿。随后他被带上马车，有军官和警官陪着，去了紧靠夏园的臭名昭著的第三厅总部。那里非常嘈杂，不停地有从城里各处过来的马车。他俏皮地写道：“我见到许多熟人，个个昏昏欲睡，沉默不言。某个官绅，不过级别很高，做的东……淡蓝色制服的绅士马不停蹄地带着形形色色的牺牲品到场。”[11]气氛想必还比较宽松，因为当那个官员查验被带进来的人的身份时，犯人们可以围观，他们清楚地看到，那个官员查阅的文件上写着密探的名字——П. Д. 安东内利。

接着，有人在陀思妥耶夫斯基耳边嘀咕了一句，用的是农民的话语：“奶奶，这就是你的圣乔治节。”这等于是说：“这是你的好下场。”[12]在俄罗斯的圣历中，四月二十三日是春天的圣乔治节；另一个圣乔治节是秋天，十一月二十六日。这种民间说法也许针对的只是圣乔治节，它在深层意义上则十分恰当。因为它的源头可以追溯到一五九七年鲍里斯·戈都诺夫的法令，在秋天的圣乔治节，他废除了农民改换主人的权利。[13]在俄国历史上，这是农民被彻底奴役的实际开端，这种谚语以民间说法记录了俄国农民对奴役的悲伤反应。因此，它与被捕的彼得拉舍夫斯基格外相关，俄国农民本来只有在圣乔治节才能享受解放的滋味，而他要让他们永久地享受，结果真的落得了一个“好下场”。

当陀思妥耶夫斯基在那些拘留的人群中吃惊地看到自己的弟弟安德烈时，他因被捕引起的惊恐才加重了。安德烈那时是土木工程学校的学生，从未参加过彼得拉舍夫斯基家的任何聚会。如果我们相信费奥多尔的说法，他当时就明白，安德烈是被误当作哥哥米哈伊尔而被捕的，后者曾频繁出入彼得拉舍夫斯基小组聚会，还参加了小团体帕尔姆-杜罗夫小组的会议。在这个问题上，兄弟俩的说法有冲突。一八五六年，费奥多尔在一封信中宣称，他要安德烈暂时跟当局隐瞒这一误会，这是为米哈伊尔考虑，他有妻子，还要负担三个孩子。拖延被捕，可以让他在身陷囹圄前为家人做好准备。安德烈没有提到这个请求，他只是回忆说，他们没有来得及交流就被分开、带到不同的房间去了。[14]事实是，两周后米哈伊尔·陀思妥耶夫斯基被捕，安德烈获释，那时米哈伊尔已经安排大儿子跟 A. П. 米柳科夫一起生活，一家人还在 A. A. 克拉耶夫斯基的帮助下渡过难关，后者是《祖国纪事》的出版人。米哈伊尔曾定期为该杂志撰写内政编年史，陀思妥耶夫斯基的小说《涅托奇卡·涅兹万诺娃》也刚在上面刊载。

第三厅的总部很宽敞，犯人们四月二十三日一整天都分散在各个房间里；出于某种莫名的原因，他们受到很好的礼遇和照顾。有茶、咖啡和早饭供应，晚饭也是精心准备的，一位彼得拉舍夫斯基小组成员记得，还提供了雪茄。“总之，”安德烈·陀思妥耶夫斯基写道，“我们受到极好的接待，仿佛第三厅的客人。”[15]中午，奥尔洛夫伯爵逐一拜访了他的“客人”，跟他们说了一番话。实质内容是，那些被召集来的人很不幸，他们不懂得如何恰当地运用他们作为俄国公民所赋予的权利与自由，其行为迫使政府要剥夺这些自由。会对他们的罪行仔细调查，随后他们将接受审判；最终他们命运的决断将取决于沙皇。没有什么指控，也没有提供其他信息，犯人们也不允许相
11 互交流。尽管如此，安德烈还是匆匆写了一个便条给坐在他旁边的人，后者原来也是因为姓氏跟 Н. Я. 丹尼列夫斯基相同被误捕，他后来成为著名的科学家和泛斯拉夫理论家。

大约晚上十一点，每个名字都被单独叫到，接着犯人们一一通过第三厅二把手 Л. В. 杜贝尔特将军的办公室。在赫尔岑的记忆中，杜贝尔特是“一个不同寻常的人……可能比第三[厅]的所有人都聪明”，赫尔岑认为“他始终彬彬有礼”。[16]安德烈也肯定了这最后一个特征，冷漠的杜贝尔特礼貌地请他好心陪伴那位等着押送他的中尉。院子里一辆马车已经候在那里，一个军士坐在里面，窗帘一拉下，他们就向某个未知的目的地进发。安德烈以为，他会被径直带到城外，然后在押送下径直送到西伯利亚。其实不然，兜了一大圈后，马车开进了声名狼藉的彼得保罗要塞的大墙。

彼得保罗要塞

这座森严的城堡建在涅瓦河的一个岛上,是彼得大帝展望的新城圣彼得堡的最早建筑之一。彼得大帝将他的指挥部设在这里,大批的农奴劳工累死累活,为的是实现他那奢侈的梦想,要在芬兰湾的沼泽中建立一座伟大的现代都市;几年后,这一小撮土地真的成了俄罗斯帝国的首都。彼得决
12 定,这座岛屿继续用作罗曼诺夫皇室的棱堡,也是皇室成员的长眠之地,于是他命令他的那位瑞士-意大利建筑师多梅尼科·特雷齐尼在要塞的地盘上建筑一座大教堂。不久,一个巴洛克风格的教堂就在那里矗立起来。教堂的钟楼身姿伟岸,上面是金色的圆顶和尖塔,它是俄罗斯最高耸的建筑之一,从城市的各个角度都可以眺望。

在要塞的建筑群中,还有一座小巧但绝对安全的监狱,它不太显眼,却非常重要,彼得曾用它幽禁、拷问、最终处死他的儿子阿列克谢皇太子。后来的沙皇发现,这里也便于拘禁其他出于种种原因而触怒龙颜的高层人物。叶卡捷琳娜大帝在这里囚禁过拉季舍夫,他竟敢在《从彼得堡到莫斯科旅行记》中暴露农奴制的恐怖,后来被发配到西伯利亚;十二月党人起义失败后,他们在这里呻吟过,每个人憔悴地等待着被带入冬宫,接受沙皇本人的质问。这座监狱很早就获得了邪恶的名声,随着时间的流逝,它的臭名有增无减。尚未有人企图逃出它的高墙——也没有谁会成功——它是为那些其罪行被视为危害国家的犯人准备的。

四

尽管费奥多尔·陀思妥耶夫斯基没有留下任何关于监禁实际情形的描

述，安德烈·陀思妥耶夫斯基和其他犯人的回忆录还是让我们可以稍微准确地去再现。囚室大小不一，但足以容纳一个人；多数有高拱顶，每个囚室都有窗户（在铁栅的后面）；除了高处外，玻璃都被涂上某种油膏，光线只能漫射进来。夜间，每个囚室会点上一盏小油灯，油灯放在墙高处的窗洞里，棉芯不时噼啪地冒烟，而不是放光。安德烈的囚室里，那盏灯烟气太重，刺激他的眼睛，第一天晚上他意欲熄灭它，随即有人喝止了他。

所有的囚室门上都有一个窥视孔，囚犯们始终处在监视中，看守就在走廊里默默地走动。房间里有一张小床，一座贴有釉砖的火炉，一张桌子，一只凳子，角落里是安德烈所谓“必要的家具”[17]，可能是一只盆和一只马桶。床上铺的是草席，一个塞了填料的枕头，没有床单或枕套，惟一的盖被是一条毯子，用低劣、厚重的粗纺毛织物做成，军大衣就是这种材料做的。安德烈的房间墙上刚被刮擦过，是要去掉前人留下的涂鸦；其他囚室则有不少痕 13
迹，是那些挣扎于冷漠、麻痹、无精打采之中的人留下的。

关于要塞的大多数描述都抱怨它的潮湿，安德烈写道：“人们感到寒冷彻骨，我从未脱掉暖和的外套，睡觉时就穿着它。”[18]其他犯人对他们被迫穿的这种囚服就不那么赏识了。“一股寒颤流遍全身，”养尊处优的 П. А. 库兹明写道，他是参谋部的官员，也被一网打尽，但很快就获释，“我还记得穿上囚服时的那种感觉”——是用最粗糙的材料做的，还有前人用过的斑斑点点——身体一接触，就有一种抑制不住的厌恶。[19]除了严寒外，每当夜幕降临，安德烈还受大鼠（他特地说明，不是老鼠）出没的困扰；它们仿佛凭空而来，他只好白天睡觉，免受袭击。这些硕鼠的存在让他猜想，附近某个地方可能有粮仓；其他人的描述没有说到大鼠，但蟑螂却很多，且无处不在。

安德烈的囚室位于佐托夫棱堡，跟监狱的其他部分相比，它更破败。他记得,要塞司令 И. А. 纳博科夫将军(《洛丽塔》作者的曾伯祖父)*第一次见他,就带着厌恶的表情打量周围,咕哝说:“哎,这里很糟糕,太糟了,我们得抓紧。”——安德烈后来明白,这是指为犯人建新的监区。[20]安德烈记忆中的一些细节跟 И. Ф. 亚斯琴布斯基描述的不同,原因就在这里。亚斯琴布斯基被收在阿列克谢三角堡,他说:“那里[他的牢房]卫生条件不错;新鲜的空气,清洁,好的食物,等等,一切都很好。”[21]这种评论不是在回顾与悔恨的情绪下写的,因为在回忆录的其余部分,亚斯琴布斯基义愤填膺地讽刺了调查委员会对他的讯问。安德烈·陀思妥耶夫斯基也对食物作了肯定性评价,虽然谈不上精美,却丰盛有营养,面包不限量,还有一大杯水或克瓦斯。稍有点钱的犯人一天可以喝两次茶,还可以买雪茄、卷烟和烟草。

14 费奥多尔·陀思妥耶夫斯基也被监禁在阿列克谢三角堡,它位于岛屿的一端,是专为最重要的犯人准备的。因此我们可以认为,陀思妥耶夫斯基的生活状况跟亚斯琴布斯基夸赞的那些一样,比他弟弟的待遇好。从另一个犯人 Д. Д. 阿赫沙鲁莫夫的讲述我们得知,六月二十日以后,所有接受调查的人生活更舒适了。旧的、粗劣的床具被换成新的,更柔软;粗糙的亚麻布被精细的织物取代;以前一日三餐是照普通士兵的标准给的,现在食品则来自军官食堂。阿赫沙鲁莫夫还给安排了一个宽敞的牢房,有两扇而不是

---

* 他的曾侄孙弗拉基米尔·纳博科夫将他描述为“反抗拿破仑战争中的英雄之一,老年时是圣彼得堡彼得保罗要塞的司令,里面(一八四九年)的一个囚犯是作家陀思妥耶夫斯基,《双重人格》等作品[?]的作者,宽厚的将军把书借给他看”。这最后一个(非常文学化的)细节要么是家庭传说,要么是纳博科夫对历史的润色——也许他的先祖真的促进了陀思妥耶夫斯基可悲的文学趣味!就我所知,在有关陀思妥耶夫斯基监禁的各种文献中,找不到任何佐证材料。也许它就是指,陀思妥耶夫斯基曾在监狱图书馆借过书。弗拉基米尔·纳博科夫,《说吧,记忆!》(纽约,1967),第 39 页。(此类注释为原注,下同,不另标出。——编者按)

阿列克谢三角堡

一扇窗。根据 H. Φ. 别利奇科夫可靠的看法，“住在三角堡的陀思妥耶夫斯基其条件”跟阿赫沙鲁莫夫一样。[22]无论是在那时的书信中（当然由监狱检查员审查，因此需要小心），还是在后来的说法中，我们都找不到陀思妥耶夫斯基对物质待遇的抱怨。

对拘禁的人而言，最难捱的不是什么物质上的匮乏，而是沉默，孤独，不断被秘密监视的感受。“孤独的囚禁，”亚斯琴布斯基写道，“令我非常沮丧。囚禁了两周后，我总是想，我被**秘密**拘留了，这让我神经紧张，昏厥，心悸。”[23]阿赫沙鲁莫夫从隔壁的囚牢和走廊上能够听到深深的叹息，有时则是啜泣声，他说，这一切，还有“沉默，沉闷，死气沉沉……让人沮丧气馁，勇气殆尽”。[24]彼得拉舍夫斯基抱怨说，墙上传来的神秘的“笃笃”声、窃窃私语声折磨着他，让他无法入眠，心神不宁。安德烈说他留心教堂的钟声，它每一刻钟响一次，听着塔钟的敲击，是一种安慰，可以帮他摆脱压抑的沉思。

其实，犯人们的隔离只是相对的，每天他们要被造访五次。早晨，大约七八点钟，会有人送水过来洗漱，他们的马桶也要倒空。十点或十一点，要塞司令或某个下属通常要查房。午饭十二点送进来，晚饭七点开始，黄昏时看守会来点灯。在一封信中，陀思妥耶夫斯基说，偶尔会被带到三角堡的小园子里散步，他不无幽默地说，那里“差不多有十七棵树”。[25]除了这些受欢迎的分心，生活就“一天一天百无聊赖”地流逝，像安德烈描写的那样。“没有书，没有纸，什么也没有！……只有想象、考虑前面会出现什么。我所能想到的惟一消遣就是，从床上爬起来，踱来踱去，数着每一步，到了一千就停下，坐下来休息。然后开始做同样的事。这多少帮我驱散阴郁的心思。”[26]毫无疑问，其他大多数犯人在最初几周等待讯问期间，也是这样度过的。

五

为了弄清彼得拉舍夫斯基事件的真相，当局任命了一个调查委员会，纳博科夫将军担任首领，包括 П. П. 加加林将军、В. А. 多尔戈鲁科夫伯爵、Я. И. 罗斯托夫采夫将军以及杜贝尔特将军。纳博科夫不参与讯问，他负责整个委员会，只是因为他是要塞司令。他给亚斯琴布斯基留下的印象是一个很没有教养的人，一个粗暴的老兵，“他坚定不移地认为，一个人只要身陷铁窗，仅此一点当然就可证明他有罪，该受到惩罚”。[27]不过他对安德烈·陀思妥耶夫斯基的态度证明这种说法是错的。委员会明白，那个年轻人被误抓了，其他人情愿让他继续待在牢里受苦，直到释放手续办完。但纳博科夫更熟悉他所监管的住所“设施”，他不答应，于是将安德烈安置在自己的营房。还需记一笔的是，费奥多尔·陀思妥耶夫斯基和谢尔盖·杜罗夫都跟 А. П.
米柳科夫“特别温情地……说到那位司令［纳博科夫］，他一直关心他们，并 16
尽其所能地改善他们的处境”。[28]

加加林将军负责讯问，他甚至表现出对傅立叶煽动性思想某种程度的熟悉，他是从儿子那里学来的。许多年后，费奥多尔充满感激地回忆说，加加林特意将他叫到要塞司令部，是想告诉他好消息，他哥哥米哈伊尔（加加林对他很关心）已经被消除怀疑并获释。后来成为第三厅头头的多尔戈鲁科夫在活动中的作用不明显。罗斯托夫采夫虽然说话结结巴巴，但更活跃，他一生浮沉休咎，跟沙皇走得很近。罗斯托夫采夫曾是持不同政见的十二月党人军官成员，在计划发动武装起义的日子前两天，他主动报告沙皇尼古拉一世，说一场政变即将来临；但作为一个高贵的人，他又拒绝告发任何人。同时他的消息又至关重要，尼古拉一世得以采取步骤面对逼近的危机，镇压那些反叛者。罗斯托夫采夫一度喜欢自由思想，因此对年轻但不幸误入歧途的彼得拉舍夫斯基抱有某种同情。但他又是负责军事机构教育的委员会首领，因此他严厉训斥犯人中间的那些人（包括陀思妥耶夫斯基，工程学校的一个毕业生），他们可耻地糟蹋从那些机构学到的东西。

杜贝尔特代表第三厅，他对整个活动格外关注，经常以讽刺挖苦的口气干涉。他得知对彼得拉舍夫斯基小组的监视已经一年多，而他却蒙在鼓里，于是非常恼怒，视这种隐瞒是对他个人的侮辱。为了发泄私愤，为了仕途利益，他抓住每个机会，削弱内务部及昔日朋友与战友 И. П. 利普兰季赋予此案的重要性。人们推测，他提出非常有说服力的观点，劝委员会拒绝利普兰季的看法，后者认为存在有组织的密谋。彼得拉舍夫斯基小组的几个成员都提到他，说他对他们的态度总体上"仁慈"。亚斯琴布斯基对其他人很尖刻，他说："他［杜贝尔特］尽可能帮助那些遭到政治犯指控的人，这方面的例子我知道很多，但我从未听说他害过谁。"[29]安年科夫记载说，杜贝尔特曾私下去过一个犯人巴拉索戈罗的家，给那位压力重重的妻子留了一笔钱。[30]也
17 许是出于同样的原因，陀思妥耶夫斯基在米柳科夫女儿的纪念簿上写道："我敢肯定，列昂季·瓦西里耶维奇很和蔼可亲。"[31]

委员会的调查程序是，单独找这些犯人谈话，并根据安东内利提供的情况进行盘问。他们还要书面回答一些问题，涉及与彼得拉舍夫斯基及小组其他成员的交往。当各种叙述出现矛盾或模棱两可时，相关人员就要加以澄清，证据的直接冲突会导致在委员会当面对质。此外，还成立了一个小组，负责研究搜捕时查获的文件档案，它不断提供额外信息，这些信息当然会构成一些关键证据。讯问没有采取强迫手段，犯人们也没有受到残酷对

待;他们曾恐吓斯佩什涅夫,如果他拒绝继续回答一些具体问题,就要手铐脚镣,但结果那一招并不必要。四月二十六日到五月十六日间,陀思妥耶夫斯基被提审了好几次。关于他的待遇和行为,我们只有一个很可疑的说法。

他后来告诉奥列斯特·米勒,他对最初的调查闪烁其词,罗斯托夫采夫将军于是对他说了这样一番话:“我无法相信,一个写过《穷人》的人竟会同情这些坏人。这不可能。你只是涉案很浅,沙皇充分授权给我,只要你答应讲出整个事情,就可得到宽恕。”陀思妥耶夫斯基三缄其口,杜贝尔特微微一笑,跟罗斯托夫采夫说:“我跟你说过会这样。”如果我们相信陀思妥耶夫斯基的话,那么罗斯托夫采夫就跳了起来,叫道:“我再也无法忍受看到陀思妥耶夫斯基了”,他跑到另外一个房间,随后用钥匙将身后的门关上。他在那里问:“陀思妥耶夫斯基走了吗?他走的时候请告诉我,我忍受不了他那副样子。”[32]

苏俄学者 Н. Ф. 别利奇科夫的大部分注意力都在陀思妥耶夫斯基的入狱、受审问题上,他对是否相信这个貌似有理的故事迟疑不决。不过罗斯托夫采夫的口吃确实说明他神经高度紧张,他的奇怪行为也许是杜贝尔特让他蒙羞而导致的。[33]不管真假,这个故事表明,陀思妥耶夫斯基回忆中的讯问与其说恐怖,不如说怪诞,他已跟适意的熟人刻画过起码一个审判官。

注释

[1] 引自 П. С. 谢戈廖夫编,《彼得拉舍夫斯基小组》(三卷,莫斯科-列宁格勒,1926-1928),第一卷,第 127 页。

[2] 维克托利亚·斯里沃斯卡,《彼得拉舍夫斯基案件》(华沙,1964),第 239 页。

[3] 引自 В. И. 谢梅夫斯基,《彼得拉舍夫斯基案的调查与审判》,《俄罗斯年鉴》,第九至十一卷(1916),第九卷,第 40 页。

[4] 谢戈廖夫编,《彼得拉舍夫斯基小组》,第一卷,第 127 页。

［5］同上，第 128 页。

［6］安年科夫，《非比寻常的十年》，第 241 页。

［7］西德尼·莫纳斯，《第三厅，尼古拉一世统治下的警察与社会》（麻省坎布里奇，1961），第 258 页。

［8］安年科夫，《非比寻常的十年》，第 241 页。

［9］谢戈廖夫编，《彼得拉舍夫斯基小组》，第三卷，第 276 页。

［10］奥列斯特·米勒和尼古拉·斯特拉霍夫，《传记，Φ. M. 陀思妥耶夫斯基笔记本中的信件和笔记》（圣彼得堡，1883），第 90 页。以下引文称《传记》，并在适当的地方冠以作者名。

［11］A. 多利宁编，《同时代人回忆 Φ. M. 陀思妥耶夫斯基》（两卷，莫斯科，1961），第一卷，第 193 页。

［12］同上。

［13］И. 巴甫罗夫斯基，《俄德辞典》（两卷，莱比锡，1974），第二卷，第 1766 页。

［14］A. M. 陀思妥耶夫斯基，《回忆录》（列宁格勒，1930），第 192-193 页。

［15］同上，第 194 页。

［16］亚历山大·赫尔岑，《往事与随想》（康斯坦丝·加尼特英译，汉弗莱·希金斯校，四卷，纽约，1968），第二卷，第 447 页。

［17］A. M. 陀思妥耶夫斯基，《回忆录》，第 196 页。

［18］同上。

［19］M. H. 格内特，《沙皇监狱史》（五卷，莫斯科，1961），第二卷，第 220 页。

［20］A. M. 陀思妥耶夫斯基，《回忆录》，第 197 页。

［21］谢戈廖夫编，《彼得拉舍夫斯基小组》，第一卷，第 149 页。

［22］H. Φ. 别利奇科夫，《彼得拉舍夫斯基案件中的陀思妥耶夫斯基》（莫斯科，1971），第 244 页。

［23］谢戈廖夫编，《彼得拉舍夫斯基小组》，第一卷，第 149 页。

［24］别利奇科夫，《彼得拉舍夫斯基案件中的陀思妥耶夫斯基》，第 244 页。

［25］Ф. М. 陀思妥耶夫斯基，《书信集》（A. C. 多利宁编辑并注释，四卷，莫斯科，1928–1959），第一卷，第 125 页，一八四九年八月二十七日。

［26］A. M. 陀思妥耶夫斯基，《回忆录》，第 197 页。

［27］别利奇科夫，《彼得拉舍夫斯基案件中的陀思妥耶夫斯基》，第 215–216 页。

［28］多利宁编，《同时代人回忆 Ф. М. 陀思妥耶夫斯基》，第一卷，第 191 页。

［29］谢戈廖夫编，《彼得拉舍夫斯基小组》，第一卷，第 160–161 页。

［30］安年科夫，《非比寻常的十年》，第 242 页。

［31］多利宁编，《同时代人回忆 Ф. М. 陀思妥耶夫斯基》，第一卷，第 194 页。

［32］米勒，《传记》，第 106–107 页。

［33］参见别利奇科夫，《彼得拉舍夫斯基案件中的陀思妥耶夫斯基》的评论，第 200 页。

第三章　“丰富的生活”

一

18 《白痴》中，梅什金公爵第一次跟叶潘钦姐妹谈话时，说起他早年渴望了解生活的秘密，如何“梦想像那不勒斯那样的大城市，处处是宫殿，熙熙攘攘，人声鼎沸，充满生气……可后来我想，在监狱中也可以过丰富的生活”。(8:51)陀思妥耶夫斯基被捕之际也觉得，除了在像彼得堡或那不勒斯那样喧嚣嘈杂的大城市，他几乎无法想象还能在别处发现生活的秘密。但事与愿违，他现在得设法在局促的牢房里“过丰富的生活”；梅什金公爵只是想象这样，而陀思妥耶夫斯基知道，这是事实。

“身处要塞后，”陀思妥耶夫斯基一八七三年告诉符谢沃洛德·索洛维约夫，“我想，完了，我活不了三天。可是——突然我平静了下来。瞧，我在做什么？我写了《小英雄》——读读吧，里面有丝毫痛苦或折磨的痕迹吗？我做着平静、美好的梦，越长越好。”[1]这种说法当然不能太当回事，陀思妥耶夫斯基的精神状态比后来回忆所说的要更不稳定，他的体质就更不必说了。但他内心确实存有一股意想不到的力量，让他能忍受囚禁的磨难，不至失魂落魄。他在回忆该事件时主要描述的就是这种自持力。

陀思妥耶夫斯基在狱中发现的东西相当程度上关乎他刚被拘禁前的感情状态。我们从他的第二任妻子那里得知，其时他正处于精神崩溃的边缘。根据她的笔记，他告诉她，“如果不是被捕把他[陀思妥耶夫斯基]的生活一分为二，他早就疯了。他萌生了一个想法，这种想法使关心健康、关心个人变得毫无意义。”[2]陀思妥耶夫斯基夫人所说的“想法”实际上就是她丈夫的那个决定，他想加入斯佩什涅夫的秘密团体，计划筹办一个出版社，出版反农奴制的宣传品，最终在俄国农民和其他不满者如宗教分裂派人士（раскольники）中间发动一场革命。

彼得拉舍夫斯基小组的其他大多数人只是沉湎于无害的讨论，根本没有想采取颠覆行为，因此许多人以为，他们的囚禁是一次可怕的错误，是当局的误会，很快就会澄清。事实上，在调查过程中，二十四个确认去过彼得 19
拉舍夫斯基家的人，包括米哈伊尔·陀思妥耶夫斯基，已经无罪释放。但陀思妥耶夫斯基却是七八个人构成的小圈子成员之一，他们真正属于一个秘密的地下组织，有着明确的革命目标。有可靠的证据表明，在他被捕前的最后几个月，陀思妥耶夫斯基为他立誓所冒的风险深深困扰，感情上躁动不安。

陀思妥耶夫斯基的密友及私人医生 С. Д. 亚诺夫斯基注意到，一八四八至一八四九年冬春季节，他的情绪有明显变化。他比平时更容易生气、发怒、爱争吵，更经常地抱怨有头晕等神经症。此外，他也含糊其词地跟医生说,他日趋严重的神经质及暴躁是“亲近斯佩什涅夫”的结果。[3] 因此,陀思妥耶夫斯基跟妻子的那段奇怪的话必须根据这一背景来解释:毫无疑问,他经受的恐惧很大,若不是幸运地被捕,他健全的精神肯定会受伤害。一旦他最担心的事——败露,被捕——真的发生,他就要全力以赴,面对看得见、摸得着的敌人,为自己辩护。可是,与几个月来他绞尽脑汁、神经折磨到近乎歇斯底里所勾画的模糊形象相比,敌人远没有那么可怕。

二

陀思妥耶夫斯基从要塞发出的第一封信写于六月二十日,是写给弟弟安德烈的。这封信经过了特许,可能安德烈的误捕让当局在这个问题上网开一面。陀思妥耶夫斯基的字句明显相对轻快,这个时期他的语调一直如此,尽管他有足够的理由感到沮丧。“我迫不及待地要告诉你,”他说,“我很健康,感谢上帝!尽管有些厌烦,但根本没有沮丧。各种情形都差强人意,因此不要为我担心。”[4] 陀思妥耶夫斯基询问哥哥米哈伊尔家的情况,后者那时仍是一个囚犯。他要安德烈写信给莫斯科的富有亲戚库马宁一家,请他们设法帮助他、米哈伊尔及其家人。这从某种程度上表明,陀思妥耶夫斯基被捕后首先想到的是保护米哈伊尔及其妻儿,他们虽非他急于考虑,也非仅仅考虑的对象,但他们始终在他心上。陀思妥耶夫斯基在要塞还跟人借了十卢布,他希望安德烈能帮他还债。不过,最重要的,他想看最新的《祖国纪事》。“我小说[《涅托奇卡·涅兹万诺娃》]的第三部分要出来了,但我还没有检查过,甚至校样也没有看到,因此我很担心。他们究竟印的是啥?他们不会毁了我的小说吧?”[5]陀思妥耶夫斯基似乎更关心这个问题,而不是他的个人困境和可能命运,一点感情波动的迹象都没有。彼得拉舍夫斯基小组的其他一些成员意志力就没有这么坚强,随着时间拖延,审讯不断,他们开始崩溃。

七月初,囚犯们获准接触图书(要塞有一个小图书室,大多是宗教书籍)、与外界通信。米哈伊尔释放后,陀思妥耶夫斯基与哥哥的通信继续让我们得知他的身体和精神状况。就所报告的情形看,他的身心相当平衡,很不错。“我健康状况良好,”他在七月十八日写道,“除了日渐严重的便血和一些神经问题。我开始像以前那样有些神经痉挛,我的胃口很差,睡眠很少,做很痛苦的梦。二十四小时我只能睡五个小时,每夜差不多要醒四次。”[6]一个月后,有关健康的报告表明,情况变糟了:“现在我整整一个月都靠蓖麻油度日,只能靠它支撑。我的出血口严重发炎,我的胸口疼痛,此前从未有过。此外,我的幻觉增加了,尤其是夜里。我做长长的、丑陋的梦。更糟糕的,我近来一直感到脚下地板在起伏,坐在屋内像在船舱里。由这一切,我得出结论,我的神经在变坏。”[7]

尽管如此,陀思妥耶夫斯基一刻也没有自怨自艾。“总的说来,”他写道,“我的时光很不均匀——有时太匆匆,有时太拖沓。有时差不多觉得,已经适应这样的生活了,不在乎它。当然,我试图将一些诱惑性念头逐出脑海,但往事又不由自主地爬上心头,温情的过去历历在目。”这同一封信展示了回忆的破坏性入侵,陀思妥耶夫斯基饱受怀旧之情困扰,他想到的不仅是刚刚过去的事——那时米哈伊尔也是要塞里的一个囚徒——还有在波罗的海一起度过的无忧无虑的假期,更远的,则是他在工程学校的求学岁月。“自入狱以来,三个月很快就要过去了,还为我们准备了什么呢?也许我们

21 看不到今夏的绿叶了。* 你记得，五月我们有时被带到一个小花园［三角堡花园］散步的情景吗？那时刚开始泛绿，这让我想起了日瓦尔，差不多同一个季节跟你一起待在那儿的情景，还有工程学校的那个花园。我一直在想，你一定也在做同样的对照——这让我多么悲伤！”[8]

但大多数情况下，陀思妥耶夫斯基多少能成功地战胜忧郁的回忆或沮丧的预感。九月中旬，他跟米哈伊尔说，他的健康没有丝毫改善，他对秋天的来临充满疑惧：“现在艰难的秋季就在眼前，还有我的忧郁症。天空开始愁容满面，我囚室上方的那片青天是我健康和好心情的保证。”尽管前景黯淡，但陀思妥耶夫斯基拒绝泄气：“但同时我依然活着而且健康。这对我而言是一个事实。因此不要以为我特别糟糕。起码我现在的健康状况很好［？］。我本以为会很糟的。但我现在发现，我保存了足够的活力，不会枯竭。”[9]

陀思妥耶夫斯基幸运地发现，他身上有活力，这不仅是纯粹体力的储备，还是一种意志力，面对各种冲击其精神与心理稳定的压力，他决不屈服。“我只希望保持健康，”第三个月的中旬他写信给米哈伊尔说，“有时会厌倦，但无论如何，**好的心绪完全由我决定**。人有着无穷无尽的坚韧与活力。过去我真的不这样想，现在我的体验让我明白了这一点。”[10]在孤独的囚禁中，陀思妥耶夫斯基的一个最大发现正是，人的精神在任由自身处置时的弹性和力量。过去他也许抽象地相信这种力量，但现在这种信念不言而喻，无可辩驳，他内心与沮丧的成功斗争确认了这一点。他懂得，自我拥有的抵抗力即使在最痛苦的境况下也会起作用，一个人，只要他选择——最终顽强地选择——不放弃，就永远不会放弃个性的自主权。

---

* 对陀思妥耶夫斯基来说，树叶在春天开花，将继续有重要的情感意义：“我渴望生活，”伊万说，“我不管逻辑，继续生活。虽然我不相信宇宙秩序，但我仍然爱那黏糊糊的小叶子，它们在春天绽放。”（《卡拉马佐夫兄弟》，14：210）

三

对囚犯来说,隔离的头几周最大的精神折磨莫过于缺少任何专注或分
心之事,能让他们把心思从危境转移开去。亚斯琴布斯基记得,审问后他终 22
于得到几页纸,要写一份声明,他是多么高兴啊!终于有事可做了,不用再百无聊赖地坐着,无休止地自我折磨。陀思妥耶夫斯基当然也花了许多时间为自己辩护,但这并不能达到心理逃避的目的,不断沉浸在同一类危险问题的思索中,终将产生可怕的后果。他告诉米哈伊尔说,他渴望某些外在的精神印象来激活他,因为就像身体需要食物一样,精神也需要营养。“再次为那些书本谢谢你,”他写道,“它们起码可以打发时光。我靠自身的资源,也就是仅仅靠自己的精神生存,已经差不多五个月,其余一无所依。至今机器还在运转,没有熄火。但没完没了的思考,除了思考一无所有,没有外在的刺激更新思想,给予支持,这是恼人的。这就像生活在真空泵之中,空气不停地被抽出……书籍也许只是大海中的一滴水,但始终有帮助”。[11]

因此,在可以接触阅读材料时,陀思妥耶夫斯基饥不择食地埋头于手边的一切东西。“我在这里已经可以读点东西了:两部圣地朝拜记,还有罗斯托夫的圣德米特里的作品,”他告诉米哈伊尔,“后者让我兴味盎然。”[12]很难想象陀思妥耶夫斯基以前会沉湎于这样的著作,但现在,他说,他“难以置信地喜欢任何书籍……特别是,因为它们也许甚至还有疗效,能够让别人的想法来打扰自己的思路,或重新整理自己的想法”。[13]

他说他尤其喜欢圣德米特里的著作,这正说明,陀思妥耶夫斯基的思想

开始“重新整理”。圣德米特里是罗斯托夫的大主教,十七世纪一个身份模糊的作家,既属于俄国文学也属于乌克兰文学,著作包括一部很流行的《圣者传》等。它以早先的诸集为基础,圣德米特里以更生动可读的方式重述了这些故事,受到波兰及西欧模式的影响。他还是一个剧作家,创作过宗教主题的作品(基督的诞生,基督的复活,玛利亚的升天),曾在罗斯托夫神学院上演。这些作品就观念而言很像西欧中世纪的神秘剧,包含了圣经人物和寓言象征,表达的是善恶等抽象观念。圣德米特里被视为俄国戏剧史上的创新者,因为他第一次将基本的宗教篇章和现实主义的滑稽剧插曲编织在一起,后者取材于农民生活,是对中心主题之严肃性的嘲弄。陀思妥耶夫斯
23 基后来在《白痴》和《卡拉马佐夫兄弟》中将崇高的宗教狂热和谐谑的滑稽戏混合在一起,也许是他对圣德米特里这方面的编剧才能印象深刻的缘故。

在给米哈伊尔的信中定期更新的,是索要《祖国纪事》杂志。“作为一个外地订户,对我来说,”陀思妥耶夫斯基以玩笑的口吻写道,“等待它们[杂志]就像等待某个划时代的事件,一如外省某个无聊透顶的地主。”他还跟米哈伊尔要“历史著作”,“如果你能给我寄《圣经》(旧约、新约)那就再好不过,我需要它们。如果能寄,就寄法文版。如果你还能寄教会斯拉夫语版,那就棒极了。”[14]陀思妥耶夫斯基何以在这当儿特别需要圣经,而且是法文版、教会斯拉夫语版,我们全然不清楚,也许在读了圣德米特里的著作和两部朝圣记后,他决意再仔细地研读一遍。陀思妥耶夫斯基后来说,在西伯利亚苦役营中,他一遍又一遍地阅读《新约全书》,其实更早时候起,他已经认真沉迷于基督教信仰的种种著作中了。米哈伊尔给他的弟弟寄来了《圣经》、《祖国纪事》、席勒《三十年战争史》的法语译本,还有一卷够分量的莎士比亚。九月中旬,陀思妥耶夫斯基高兴地写道:“我特别感谢你寄的莎士比亚,你怎么猜到我要的?”[15]

四

正像我们看到的那样，陀思妥耶夫斯基饥渴地咀嚼着他从外界获得的任何文字，但在给米哈伊尔的信中，他评论的却不是经典作品，而是出现在《祖国纪事》上的新材料。他谈得多的是翻译，因为在这个阶段，俄国文学受到书报检查制度的钳制，比长期以来知道的都要严厉，因此鲜有俄国作家愿意说出任何被视为有丝毫挑衅之意的话来。尽管尼古拉一世和其他形形色色的公德秩序卫道士不时侵袭，一八四〇年代仍是短暂的俄国近代文学史上最富饶多产的时期之一。但在一八四八年欧洲革命之后，相对宽容的过去被颠覆，尼古拉实施了我们所知道的“恐怖审查时期”。一个特别委员会受命加强书报检查，头子就是臭名昭著的反启蒙主义者布图尔林伯爵。至于布图尔林的能力有多大，П. В. 安年科夫的一则日记可以说明，他引述前者的话说：“若不是福音书如此广泛流传，就需要加以查禁，因为它传播了民主精神。”[16]

因此，在这个时期，俄国期刊上的译文比以前多得多，但对一个渴求文 24
学养料的囚犯来说，本土作品的缺乏很容易被忽略。“你说文学病了，”陀思妥耶夫斯基写信给米哈伊尔，后者的信件显然说到文学圈弥漫着的阴郁气氛，“可《祖国纪事》内容仍像过去一样丰富，当然不是文学栏。每篇文章读来都饶有兴味。科学［俄语为 наука，包括历史和哲学］栏很精彩。《征服秘鲁》就是一部《伊利亚特》，真的，它跟去年的《征服墨西哥》［都出自美国历史学家威廉·普雷斯科特之手］一样漂亮。谁管它是不是翻译呢？”[17]下一封信中,陀思妥耶夫斯基称赞说“《祖国纪事》上的那部英国小说棒极了”。[18]那部小说恰巧是夏洛蒂·勃朗特的《简·爱》,陀思妥耶夫斯基一眼便发现了其文学品质,这并不奇怪,但《简·爱》特别吸引他有特别的理由。

首先,它与他本人的《涅托奇卡·涅兹万诺娃》的相似性可能打动了他,这部作品刚刚问世(未具作者姓名),但因为被捕,陀思妥耶夫斯基一直没有完成。像涅托奇卡一样,简也是一个贫穷的孤儿,智力和性格非凡,尽管遭遇贫困和社会偏见,仍努力奋斗。简同情那些与她遭遇相同的沉默、受轻视的下层人,作为一个教师,她乐于为女孩们打开知识之门,对此陀思妥耶夫斯基也多加肯定。此外,像《涅托奇卡·涅兹万诺娃》一样,《简·爱》采取的是自传的第一人称形式;夏洛蒂·勃朗特运用了哥特式惯例,这与陀思妥耶夫斯基的早期作品(《双重人格》、《女房东》)也有几分类似,不仅是追求外在的惊悚效果,还暗示了性格的非理性深度。

这位未来拉斯柯尔尼科夫的创造者一定还注意到,夏洛蒂·勃朗特将简的浪漫困境(是否成为罗切斯特的情妇)戏剧化地处理成为上帝的律法与不惜一切代价追求个人幸福的诱惑之间的冲突。“如果为了个人方便,我打破了它们[上帝的律法],”她自问道,“它们的价值是什么呢?”[19]拉斯柯尔尼科夫会毫不迟疑地回答,上帝律法的价值很小,他以为他能够打破它们却不受惩罚,但他会发现,这样做的负担远非其所能承受。最后,《简·爱》结尾简与眼瞎、体残的罗切斯特的关系,明显酷似《少年》结尾无助、意志虚弱的韦尔西洛夫与他那原谅一切的农民妻子的关系。

25 对《祖国纪事》上的俄语文章,陀思妥耶夫斯基的反应同样热烈、热情,他甚至对一篇关于银行的讨论也报以好评。他过去的一位老教授 И. И. 达维多夫撰写的一篇文章也让他心生赞美,一八三七年他在莫斯科契尔马克寄宿学校的最后一年,他跟这位教授学习文学。达维多夫是一个饱学之士,他不同时期先后教过数学、哲学和文学，他的主要声誉在于，他在一八二〇年代帮助俄国引介了谢林的思想。他的文章讨论的是荷马的《奥德修纪》，接着广泛讨论了B. A. 茹科夫斯基的新译本。“我非常愉快地阅读了第二篇分析《奥德修纪》的文章，”陀思妥耶夫斯基告诉米哈伊尔，“但这第二篇远不如第一篇达维多夫的，那真是才华横溢，尤其是反驳沃尔夫的那一段，对主题的理解非常深入，激情洋溢，很难想象它是出自一个老教授之手。他在文章中甚至努力避免掉书袋，对一般学者来说这是典型做法，莫斯科学者尤其如此。”[20]

十八世纪古典学者F. A. 沃尔夫那著名的理论认为，“荷马”实际上从不存在，是一个虚构的形象，其姓名依附于这两部希腊史诗的最终编辑本。沃尔夫说，它们不是任何一个作家创作的，而是很长系列的狂想故事诸片断编织而成，讲述的是这个故事的不同部分。达维多夫显然捍卫浪漫主义的观点，认为真实存在的荷马是史诗的单一作者，对此陀思妥耶夫斯基完全赞同。这种认同不只是对某个模糊的文学信条的看法，它让我们想起陀思妥耶夫斯基多年前的一个说法，在早先给米哈伊尔的信中，他坚信“荷马只能跟基督相提并论（也许是像基督一样的传奇人物，是上帝的化身而派给我们的）……”[21]

易言之，在陀思妥耶夫斯基眼里，荷马与基督有着相同的神-人地位，他之兴奋于讨论前者的文章与对后者的关注须臾不可分。事实上，基督的存在近来也受到质疑，理由相同，争辩的方式也很相似，一如沃尔夫将荷马化作神话一样。D. F. 施特劳斯在其划时代的著作《耶稣传》中——陀思妥耶夫斯基曾从彼得拉舍夫斯基小组的图书室拿走此书，照理应读过——认为，四福音书不过是犹太人的神话汇编。耶稣其人如果真是一个历史存在，也只是众多四处游历的先知之一，在那些弥赛亚主义盛行的日子里，人们不断随

26 意为他编造种种神话。因此,陀思妥耶夫斯基对荷马的评论婉曲地表明,他拒绝接受左派黑格尔观点所支配的结论,而在一八四〇年代后期,这种观点让俄国的许多西欧派分子都转向了无神论。*

另一部作品也深深地触动了陀思妥耶夫斯基,但情境不同,他为此还下了判断——他惟一否定的作品——屠格涅夫的剧本《单身汉》。“屠格涅夫的喜剧,”他说,“糟得不可饶恕。为何他这么倒霉?他难道注定要糟蹋他任何一部长于一个印张的作品?我在这部喜剧中认不出他,毫无原创,一条坑坑洼洼的老路。所有的一切前人都已说过,而且好得多。最后一个场景稚气又苍白。是有一些偶尔闪光之处,那只是退而求其次而已。”[22]陀思妥耶夫斯基跟屠格涅夫一八四五年曾有一段短暂情谊,陀思妥耶夫斯基非常崇拜他——当然有些妒意——这位年轻的贵族后裔优雅、冷漠、有才华,他已经证明注定会有卓著的文学生涯。但《穷人》的成功也给陀思妥耶夫斯基带来最初的激动,他明显的自负触痛了屠格涅夫的神经,他俩的龃龉最终导致公开决裂。人们可能怀疑,陀思妥耶夫斯基的否定性反应只是彼此敌视的反映,但他与屠格涅夫的私人口角从没有妨碍他欣赏后者的才能,就眼前的这个例子而言,陀思妥耶夫斯基的评价有很好的、客观的根据。

《单身汉》远非屠格涅夫的一次文学胜利,正如B. B.维诺格拉多夫令人信服地指出的那样,无论主题还是风格,这部剧作都颇受陀思妥耶夫斯基本

---

* 人们时常会谈及施特劳斯与沃尔夫理论的相似之处。让·彭米尔在讨论厄内斯特·勒南时说,勒南对基督的看法受二者的影响。他指出,勒南视基督为单个的个人,而不是一个典型,我们对他一无所知(“那个顶着这个名字的加利利人”)。后者对他尤为重要,“不仅因为他已经读过施特劳斯”,还因为“他[勒南]的感受吸纳了浪漫主义理论,后者非常推崇沃尔夫的著作,因此‘荷马的个性沉浸于渊深的人性大海之中’”。让·彭米尔,《精神之路》(巴黎,1972),第27–28页。

人作品的影响。[23]其主要场景与陀思妥耶夫斯基的第一部小说《穷人》完全
相同,但却缺少社会同情,后者将主人公放置在饱受贫困折磨的环境之中加
以挖掘。像陀思妥耶夫斯基的马卡尔·杰武什金保护瓦尔瓦拉·多布罗谢
洛娃一样,名叫莫什金(单身汉)的官吏也是一个好心肠、粗鲁的中年男子,
他将一个年轻许多的女子作为自己的监护对象加以保护。在《穷人》中,相
似的处境是以悲剧收场的,那个女孩子成为残忍地主的新娘,消失在大草
原;但当玛利娅的未婚夫因为世故势利抛弃她后,莫什金向她求婚并被接
受。剧本因此以全然难以信服的幸福结尾收束,是对陀思妥耶夫斯基更有 27
说服力的解决办法的颠覆。在陀思妥耶夫斯基看来,正是最后求婚、接受的
场景"稚气又苍白"。他公正地指责屠格涅夫蹈袭了一条坑坑洼洼的道路,
因为那是他自己的康庄大道。

五

陀思妥耶夫斯基囚禁期间对文学的关注并不止于被动阅读,他还尽其所能继续积极开展创作活动。"我有消遣,"他在给米哈伊尔的第一封信中说,"我没有浪费时间:我构思了三个短篇、两个长篇,其中一个已经动笔,我怕做得太多。"[24]此信的后续内容及稍后一封信的一些评论,提供了有关陀思妥耶夫斯基忙于创作时精神状态的珍贵资料。

陀思妥耶夫斯基担心写作根本中断不了,"那样对神经很不好,尤其在写得很痛快的时候(我从未像现在这般**热心**)。过去在自由状态写作时,我总是刻意用一些分心的事打扰自己,但在这里,写作之后的紧张只能自我缓

解”。[25]在下一封信里，他描绘了囚室的地面仿佛摇晃的船舱之后继续写道：“过去类似的精神状态来袭时，我就趁势而动——这种状况下我总是写得又多又好——但如今我只能打住，以免永久地把自己耗光。”[26]显然，陀思妥耶夫斯基创作时精神高度激动，其压力只能随写作进程增加，中断或放松绝对必要，这样才能保证他的平衡和活动能力。

在监狱，他显然为许多作品包括戏剧和散文体小说匆匆记过笔记，但所有这些计划无一幸存，他惟一完成的作品是现在称作《小英雄》的故事，最初叫《童年故事》。陀思妥耶夫斯基被送到西伯利亚后，这个故事连同他的其他文件被交给了米哈伊尔。八年后，在陀思妥耶夫斯基确信他获准可以重新发表作品前，这个故事在《祖国纪事》匿名刊印。《小英雄》是陀思妥耶夫斯基重现俄国文坛的一部作品，但恰如其分地说，它和他的其他一些作品一样属于四十年代。尽管如他对符谢沃洛德·索洛维约夫所说，这个故事没有写作时阴郁环境的明显痕迹，我们在这个迷人的故事和作者的处境之间仍可找到一些隐秘联系。

首先跃入脑海的是故事本身的调子与环境。故事发生的世界陀思妥耶
28 夫斯基在其他地方很少触及，也绝不是一八四〇年代：那是富裕地主们的世界，生活在奢华的庄园中，铺张地招待着一大群客人——那是屠格涅夫、托尔斯泰的世界，不是陀思妥耶夫斯基的世界。对他来说，这个环境非常不典型，人们不由得会猜测，这是借助想象刻意逃避阴森的要塞，还有前瞻未来时的所有不快。徜徉在优雅、欢笑、美好的气氛之中，柔情馥郁，春心荡漾，这是怎样的释放？因此，这个故事与陀思妥耶夫斯基实际处境的悬殊就可以理解为他感情需要的一种表达，他在囚禁之外寻求庇护。

放到他四十年代其他作品的语境中看，《小英雄》与《涅托奇卡·涅兹万诺娃》（中心形象是孩子）及《白夜》（也是写一个人物爱情的觉醒）在主题方

面有明显的相似。梗概——陀思妥耶夫斯基在一八六〇年出版的定稿中删掉了,英译也没有收入——的基调还强调了它与《白夜》的联系。故事最初是作为往事片断讲述的,开篇部分,已经成年的叙述人害羞但热情地忆及孩提时代,用的是感伤浪漫主人公的口吻,陀思妥耶夫斯基的早期作品就是这种非常明亮而迷人的格调。但《小英雄》与这些作品相比也有很大不同。与涅托奇卡相比,这个故事中的孩子没有遭遇生活的折磨,他也不像《白夜》中的那个年轻人,一个沉浸于浪漫想象世界的“幻想家”。他是一个非常正常、普通的十一岁男孩,即将步入青春期,他的历险仅仅表明儿童向青年和早期成年人的演进,那是各种感官觉醒、开始追求异性的阶段。这位“小英雄”强烈地爱上了美丽、忧郁的M夫人,跳上一匹未受驯化的良种马的马背,以免受她的轻视,并在她讨厌的丈夫面前帮她隐瞒了她对另一个绅士高贵(或许更纯洁)的感情。最后,他获得一个热吻和一条纱巾,这是他少年热情的纪念。

六

因此,这个故事是纯然个人的,是一次灵巧的心理素描,在陀思妥耶夫斯基的作品中,它只是因为所描绘的“常态”感情而值得称道。不过它所包含的某些有趣的东西需要进一步评说。比如M夫人,她不仅被描绘得很美,还有“温和文雅的特征,让人想起意大利圣母像上的那些宁静的面庞”(2:
273),某种隐秘的忧伤让她的表情变得悲哀。她的性格和处境类似于《涅托 29
奇卡·涅兹万诺娃》中的亚历山德拉·米哈伊洛夫娜,而且M夫人的一个明显特点也是,对他人有着本能的道德同情。“生活中有这样一些妇女,她们就像仁慈的姐妹,”(同上)作为叙述人的成年“小英雄”写道,M 夫人就是这样的女性。他爱上了她,而不是那个“美貌惊人”、金发碧眼、热情洋溢的太太,后者无情地捉弄他,这很有特色;单纯身体的美很少会吸引陀思妥耶夫斯基的主人公,他通常会为那些有遭遇的女性所吸引。

很奇怪的是,性格刻画最充分的是 M 夫人沾沾自喜、自以为是的丈夫。M 先生并不像《涅托奇卡·涅兹万诺娃》中的彼得·亚历山大罗维奇,虐待成性却道貌岸然,在宽宏大量的掩饰下,暴虐地对待无助的妻子,M 先生不然。他号称代表的是他不具备的人类品质,其突出特征与妻子的精神感受针锋相对。陀思妥耶夫斯基说他“首当其冲是一个欧洲人,一个现代人,代表了最新的思想,并因此而骄傲”。但这种“欧派”结果只是自私、冷漠的面具:“你不停地听他们说,他们什么事也做不了,这是某种异常复杂、充满敌意的环境造成的,环境会‘挫败他们的天才’,‘看着他们才能浪费,真悲哀’。”他们对别人吹毛求疵,却拒绝承认自己有任何缺点;尽管他们其实“脂油蒙心”,但他们说服自己——还有世人——“他们是真诚的人,他们的欺诈就是真诚……他们珍贵无比的个性,他们的巴力神和摩洛神,他们了不起的**自我**始终处处要位于前台。”(2:275-276)

乍看起来,陀思妥耶夫斯基对 M 先生的攻击,令人想起了他早期作品和一八四七年一个小品文中对类似形象的集中斥责;对表面沾沾自喜、道貌岸然,骨子里却傲慢自私、阴毒忌刻的抨击并不缺乏。《小英雄》的语言特别辛辣,这可以看作陀思妥耶夫斯基身陷囹圄时对那些为了自身利益而贬低、利用社会理想的人的憎恨,而他却勇敢地试图将这种社会理想付诸实践。但 M 先生形象中的某些方面超越了一般的类型,其引人注目的是那种独特的观念——比如他所谓的欧派作风。“他们[M 先生这样的人]

有一套特别的说辞,宣称对人类怀有深厚的同情,能够阐明最正确的东西和慈善的理性形式,能够继续攻击浪漫主义,换言之,一切的美好与真实,每个比他们巧言令色所播弄的更珍贵的原子。但他们却对间接的、过渡的、未完成的形式眼大无光,他们拒斥一切还不成熟、仍在孕育、尚未稳定的东西。"(2:276-277)

如此犀利的言辞表明,陀思妥耶夫斯基针对的是某个具体目标,但很难 30
指出那是什么人(或什么东西)。* 尽管如此,我们还是吃惊地发现,陀思妥耶夫斯基对"浪漫主义"的辩护,仍可在他给调查委员会写供词使用的同样语汇中窥见一斑。因为在那个文件中,他说空想社会主义是"发展中的科学",还不成熟,仍处在过渡阶段。** M 先生之流虚伪地想以某种方式"理性处理",但他们这样做只是暴露自身的自私和无稽之谈地爱人类。因此,陀思妥耶夫斯基似乎在为他自己的"慈善"(一八四〇年代道德-宗教和模糊的社会主义进步说的代名词)之情感之根进行辩护,而反对试图对来自同情或同感的东西进行"理性化"的做法。换言之,在陀思妥耶夫斯基的感受之中,自我主义和理性主义正开始混合:它们都是根源内心的真正同情的敌人,是

* 也许可以在小说的一个细节中找到可能的暗示:陀思妥耶夫斯基这样描写 M 先生:"他被称为**聪明人**。"并用黑体字强调了这种称谓。就在差不多一年前,在陀思妥耶夫斯基不会忘记的一篇文章中——有激烈批评他《女房东》的文字——别林斯基以同样的方式说起冈察洛夫《平凡的故事》中的一个形象。他说,彼得·阿杜耶夫"是他那种方式中的很好的人:他聪明,很聪明……"彼得·阿杜耶夫跟 M 先生所鼓吹的价值观有几分相似,陀思妥耶夫斯基因此可能是直接批评这种评价方式——也是间接批评别林斯基,后者其时恰好在对自己先前的'慈善'观进行"理性处理"。В. Г. 别林斯基,《哲学论文选》(两卷,莫斯科,1948),第二卷,第 491 页。

** 陀思妥耶夫斯基给调查委员会的准确说法是:"社会主义是发展中的科学,它一片混乱,更像炼金术而不像化学,更像占星术而不像天文学。不过在我看来,从目前的混乱中将会产生某种始终如一、合乎逻辑而且行之有效的东西,它符合大家的共同利益。"有关这个观点的更多讨论,有关陀思妥耶夫斯基对早期空想社会主义非常公正的评价,请参见拙著《陀思妥耶夫斯基:反叛的种子,1821-1849》,第 252-256 页。

宣称自己是“欧洲人”的形象的特征。对后来的陀思妥耶夫斯基来说，这诸多品质将变得非常重要，这种类型不仅用于描写来自俄国社会统治阶层的典型形象，也用于描写欧洲激进思想对那些不甚富裕的知识分子的破坏。

《小英雄》还有两点值得一提。尽管其主要情节——年轻人对心上人的膜拜——非常老套，他对她的忠诚则表现在为她掩盖跟另一个更成熟的情人的关系。换言之，他的爱情是一种自我牺牲，在帮助一颗受伤的心，而且能守住秘密。难道陀思妥耶夫斯基不正是这样看待自身么？毕竟他是为了解放受迫害的俄国人民而牺牲自己的，他还在努力向当局隐瞒这种密谋。
31 不管是否合理，这样的推测为故事来源提供了一种可能的视角，陀思妥耶夫斯基似乎将自身危险而（他当时一定感到）英勇的处境做了一次位移。

完全出乎意料又饶有趣味的是对登山宝训的突然暗示，那是在一段描写性文字的中间出现的。小英雄跟他心爱的夫人坐在小树林的空地上，在一阵间隙里，他注意到无限壮丽的自然。“那些‘也不种，也不收’的飞鸟，拍闪着嬉戏的翅膀，像空气一样自由，永不停息地歌唱的都是我们的故事。就好像，此时此刻，每一朵花，每一片叶，都在吐放献祭的芬芳，在跟它的造物主说：天父！我蒙恩快乐！”（2∶292-293）囚禁中的陀思妥耶夫斯基笔端召唤来“像空气一样自由”的飞鸟，其特有的辛酸自不待言，但其宗教意味却丝毫不减。

这种自然祈祷的文字在一八四〇年代陀思妥耶夫斯基的其他作品中找不到，这可能是他阅读圣德米特里和圣经的偶然结果，没有其他内在理由可以解释这一短章性的田园诗式的召唤和对登山宝训的暗示。但作者似乎已经开始摸索着走向“重生”，未来的他将从反抗社会对神的世界的某种安排——他始终将反抗的动机跟某种同情联系在一起——走向对其永恒祝福与美的敬奉。

注释

［1］多利宁编，《同时代人回忆 Φ. M. 陀思妥耶夫斯基》，第二卷，第 199 页。

［2］米勒，《传记》，第 112 页。

［3］更多内容，请参见拙著《陀思妥耶夫斯基：反叛的种子，1821–1849》（新泽西州普林斯顿，1976），第 269–272 页。

［4］陀思妥耶夫斯基，《书信集》，第四卷，第 258–259 页，一八四九年六月二十日。

［5］同上。

［6］同上，第一卷，第 124 页，一八四九年七月十八日。

［7］同上，第 126 页，一八四九年八月二十七日。

［8］同上，第 124–125 页，一八四九年七月十八日。

［9］同上，第 127 页，一八四九年九月十四日。

［10］同上，第 125 页，一八四九年七月十八日。

［11］同上，第 127 页，一八四九年九月十四日。

［12］同上，第 124 页，一八四九年七月十八日。

［13］同上。

［14］同上，第 125 页，一八四九年八月二十七日。

［15］同上，第 127 页，一八四九年九月十四日。

［16］安年科夫，《非比寻常的十年》，第 243 页。

［17］陀思妥耶夫斯基，《书信集》，第一卷，第 126 页，一八四九年八月二十七日。

［18］同上，第 127 页，一八四九年九月十四日。

［19］夏洛蒂·勃朗特，《简·爱》（哈蒙德斯沃斯，1980），第 344 页。

［20］陀思妥耶夫斯基，《书信集》，第一卷，第 126 页，一八四九年八月二十七日。

［21］同上，第 58 页，一八四〇年一月一日。

［22］同上，第 127–128 页，一八四九年九月十四日。

[23] B. B. 维诺格拉多夫,《屠格涅夫与年轻的陀思妥耶夫斯基流派》,《俄罗斯文学》第二期(1959),第45-71页。

[24] 陀思妥耶夫斯基,《书信集》,第一卷,第124页,一八四九年七月十八日。

[25] 同上。

[26] 同上,第126页,一八四九年八月二十七日。

第四章 “聪明，独立，狡猾，顽固”

一

不管陀思妥耶夫斯基入狱后开始经历怎样的转变，都没有证据表明，他 32
放弃了当初导致其身陷囹圄的任何信仰。二十四年后，他在《作家日记》中写道，“也许不是所有人，但起码我们（彼得拉舍夫斯基小组）中的绝大多数人都认为”，因逮捕所迫而“放弃信念是可耻的”。这些话已得到证实，起码就陀思妥耶夫斯基来说是如此，因为与他案情相关的文件已出版。[1] 这些文件一九三〇年代就接触得到，奇怪的是，人们很少用它们来阐发他这个阶段的思想和态度。

一般认为，这类材料是针对语焉不详的指控而写的，是要避开调查官的怀疑，因此根本不必当真。没有谁要跟这种说法争辩，但也没有理由就说，这堆证据全不足征，从而可以一笔勾销。陀思妥耶夫斯基跟调查委员会所说的大多数都是他真实思想与信仰的表达，之所以有不少假证据，与其说是由于他所坚称的那些说法，不如说是源自他所省略的内容。即使那些成问题的部分——因为自圆其说过于明显，或与我们掌握的其他证据相抵触——也有助于明白他未来演变的过程。重要的不是某个孤立说法是否很真实，而是从他自我辩护的企图中萌发的总体思想，这些思想有许多都与通常认为属于陀思妥耶夫斯基晚期的那些思想声气相求，这很令人吃惊。

任何对陀思妥耶夫斯基那些有案可稽的言论进行检讨的人，都一点也不会怀疑几个关键问题。他不相信，他所做的一切在道德方面可以指责，他丝毫不觉得有什么悔罪或悔恨之处，他尽力保护他人和自己，据理力争。一八五六年三月，从劳役营释放两年后，陀思妥耶夫斯基写信给 Э. И. 托特列
33 边将军。托特列边是陀思妥耶夫斯基在工程学校士官生岁月时的故交，如今是民族英雄，因为他在克里米亚战争期间担任了塞瓦斯托波尔防御工事的监督。“我去西伯利亚时，”陀思妥耶夫斯基对他说，“内心起码感到欣慰，因为调查过程中我的举止是可敬的，我没有诿罪于人，甚至当我发现若在供词中能保护别人免遭麻烦时，我会牺牲自己的利益。我自我控制，没有供认一切，所以我受到更严厉的惩罚。”[2]

审判陀思妥耶夫斯基的军民混合法庭根据被告是否表示悔改，或是否主动告发否则就无法发现的事实，来确定惩罚的轻重程度。陀思妥耶夫斯基两者都不是——不像斯佩什涅夫，后者不但交代了与彼得拉舍夫斯基的秘密谈话，还说存在一个更小的帕尔姆-杜罗夫圈子，对此安东内利并没有察觉。陀思妥耶夫斯基在供词中不断努力保护他人，轻描淡写地说起那些会引起怀疑的事。他有足够的理由为自己在这种磨人处境中的行为感到骄

傲，而其他许多人则在紧张之下崩溃求饶——尽管他给托特列边的信显示，他似乎开始对自己的不妥协有几分悔意。但后来，当他成为激进派——在他们自身看来，他们是在继承彼得拉舍夫斯基的革命传统——的有名对手时，他对刚正不屈的记忆依然是一种安慰和心理支持。因为陀思妥耶夫斯基内心知道，尽管他转而成为沙皇制度的支持者，但他的思想改变并没有背叛任何原则或自身的诚信标准。

二

陀思妥耶夫斯基写给调查委员会的最重要文件是一份“交代”，五月六日第一次讯问后他就被要求马上提交。尽管从未有过正式指控，但那些摆在他面前的问题是拘禁他的根据。因此，他得在“交代”中努力澄清自己的行为，以证明他们那些可疑或颠覆性言行是正当的，或起码加以辩护。

在调查者看来，陀思妥耶夫斯基参与彼得拉舍夫斯基小组聚会，这本身明显就是犯罪行为。因此，他首先要尽可能淡化这样的参与。但他这样做时依然务求贴近真相，言之成理。“我不常去他（彼得拉舍夫斯基）那里，”他写道，“有时缺席会超过六个月。”[3]直到一八四八年初秋，大部分俄国进步 34
知识分子受一八四八年革命激动时，陀思妥耶夫斯基才开始定期去彼得拉舍夫斯基家。就是那样他也是隔三差五；小组活动的最后几个月，他更多是在更小的帕尔姆-杜罗夫小组会议上。不过，他在“交代”中对此三缄其口，因为还没有人发现这个小组的存在。

陀思妥耶夫斯基还说，他与彼得拉舍夫斯基的个人关系很疏远，他对后者的描述根本谈不上恭维:"他是我的一个熟人,不过我的评价不高,无论性格还是思想,我跟彼得拉舍夫斯基都没有任何相似。因此,我跟他相熟只是出于礼貌……"[4]我们再次看到,这里没有任何理由怀疑陀思妥耶夫斯基是在回避真相;人们在彼得拉舍夫斯基小组进进出出,非常随意,偶然出席并不能证明与主人有什么特别的亲密之处。

陀思妥耶夫斯基笔下的彼得拉舍夫斯基是一个性格稀奇古怪的人,他不停地忙于一些在别人看来徒劳无益的事,从任何实际角度看,这个人都不值得当回事。"他心思花在毫无价值的事情上,"陀思妥耶夫斯基写道,"有时会惹许多麻烦,好像他整个人都卷在其中。有时他会花半个小时匆匆去某地,想了结某件鸡毛蒜皮的事,但要结束这种小事起码得花两年。他始终忙忙碌碌,动个不停,始终在忙东忙西。"[5]这样说是想表明,彼得拉舍夫斯基的热乎劲其实对政府构成不了任何威胁,这样陀思妥耶夫斯基本人参与此类活动也就没有什么大不了。不过,这里所表达的对彼得拉舍夫斯基的看法跟陀思妥耶夫斯基对其能力的真实评价是一致的。因为就在被捕前几个月,他跟友人阿波隆·迈科夫说:"彼得拉舍夫斯基真的是一个傻瓜、戏子和饶舌的家伙,他不会有任何有意义的东西的……"[6]

陀思妥耶夫斯基认为,彼得拉舍夫斯基小组的那些聚会同样很天真,更像社交消遣而不像政治密谋:"在彼得拉舍夫斯基小组里,我从未见过任何统一性、倾向性或一致的目标。我可以肯定地说,无论讨论的是什么,都找不到在某个观点上能取得一致的三个人。"[7]这种说法跟许多成员对这个小组的种种说法都吻合,也得到陀思妥耶夫斯基自身行为的证实。正因为在彼得拉舍夫斯基小组找不到任何统一性,没有可以化作行动计划的共同目
35 标,他才最终成为斯佩什涅夫秘密革命组织的一员。

三

反驳了他与彼得拉舍夫斯基交往可能导致犯罪后果的说法后,陀思妥耶夫斯基要集中对付他认为法官在盘算着的针对他的那些控告。首先,他要面对这样一种指控,他“在彼得拉舍夫斯基家参与过公开讨论”,并“以一副自由思想的腔调”说过话。[8]陀思妥耶夫斯基当然不知道委员会究竟掌握了多少信息,他是在各种场合说过煽动性的话,因此他首先质疑只凭说过的话就审判他的可行性。用什么标准来评价他的话?“我非常真诚地说,对我而言,迄今世上最难的事就是定义这几个词:**自由思想**,**自由主义**。”他说,根据一个人所说的话来审判他是不可能的。“谁看得到我的灵魂?谁来决定指控我背信弃义、有危害、想反叛的程度?做出这种决定标准何在?”[9]

陀思妥耶夫斯基继续写道,不管怎么说,他在彼得拉舍夫斯基家只讲过三次话,都是无关政治的话题。“我不记得,”他莫测高深地宣称,“我曾在彼得拉舍夫斯基家**全面地**、**如我所是的**那样表达过我自己。”(黑体字为原文所有)[10]这是惊人地暗示委员会,他有一些秘密思想,从未在彼得拉舍夫斯基家说出来,这根本说不上审慎:如果委员会捕捉到弦外之音,就会很容易继续追问下去。显然,这个句子不经意间被放过了:“交代”的手稿到处都是修改和替换,明显是在非常不确定和很大的精神压力下写成的。不过,它也可能源于难以抑制的冲动——非常类似十五年后拉斯柯尔尼科夫的那些说法——通过模糊的交代来折磨、捉弄那些法律卫士,在晦涩难解中获得恶意的愉悦。因为委员会根本不知道斯佩什涅夫秘密团体的存在,它也就无法了解这个时期陀思妥耶夫斯基的“所是”。

陀思妥耶夫斯基只是在这种不稳定地带稍作停留，旋即回到更安全的地方，试图为所谓的“自由思想”和“自由主义”进行辩解。他语含轻蔑：他没有任何歉意，更多地则在主张他的**权利**，他有权关心那些被认为落在这些禁区的东西。“是的，如果**渴望改善**是自由主义、**自由思想**，那么从这个意义
36 上说，也许，”他承认，“我是一个**自由思想家**”——这些词语当然无意去安慰他的那些谈话人！但他又急忙补充说，由此出发，每个关心国家利益的诚实公民都可以说是属于这样的人，他坚持认为，他从没有想“借助暴力，以革命的方式，激起苦痛”以促进“改善”！[11]他首先挑战委员会，要他们证明后面一个论点是错误的，但接着——仿佛担心证明马上就来——他又回到从他的言说推演他的内在信念的不可能性：“我并不害怕证据，因为世上没有什么告发能从我这里拿走什么或加给我什么，没有什么指责能导致我成为真实的我以外的其他什么人。”[12]

陀思妥耶夫斯基对这番非常苍白的辩护并不满足，他转而求助于无疑是彼得拉舍夫斯基案宗全部文献记录里最怪诞的辩护词。因为他说，他对政府根本没有敌意，他说的任何煽动话语都应该表明他对政府的信任，政府是权利的守护者，一个文明国度的公民享有这些权利！“我的自由思想是否指就别人看来有责任保持沉默的话题大声说出来！……但我害怕讲话对我而言始终是一种侮辱，这对政府也是一种侮辱而非乐事……这意味着，人们认为法律不能充分保护个人，一句空谈、言辞不慎就会丢掉性命。”[13]无法想象，除了辛辣的讽刺外，陀思妥耶夫斯基会说出这样的话来。没有人会相信，尼古拉一世政权会因为公民可怕的沉默而受到**侮辱**，竟会希望他们大声说出对社会-政治问题的看法！我们再次看到了冷嘲热讽，有一天，拉斯柯尔尼科夫会用这种调子对付那些怀疑他、不信任他的人。

四

陀思妥耶夫斯基的答辩并没有止步于一般性地否定任何罪过,他还想回击他所能想象到的针对他的更具体的指控。“但我受到的控告是什么呢?”他直言不讳地问道。“很明显,我谈论政治、西方、书报检查制度等等,但我们的时代谁没有谈论这些问题、思考这些问题呢? 如果我没有权利表达我的见解,或者赞同本身很权威的这类见解,我为什么要上学,知识又为什么要唤醒我的好奇心?”[14]这种发自肺腑的呐喊是俄国知识分子遭受压迫 37
的真实状况的鲜明写照:人们不再借口说,噤若寒蝉是自找的,是误解当局意图的可悲结果。而且陀思妥耶夫斯基继续以一种方式讨论他的独特观点,虽然稍有调整,以便法官们觉得比较顺耳,但已然呈现出某种思想形态,其连贯性使我们能够将其视为他真正的信仰。“在西方,”他写道,“一个可怕的景象正在发生,一出空前的戏剧正在上演。古老的事物秩序在崩解,最根本的社会原则随时都有垮台的危险,导致整个民族[法国]垮塌。”俄国就是从这个民族接受了科学、文化和欧洲文明的馈赠。受教育的俄国人将热情地参与这幕伟大的历史戏剧,这奇怪吗?“这就是历史——历史是研究未来的科学……我认为,这种危机,在其人民的生活中也许是历史必然,是一个过渡阶段(谁现在能决定呢?),最终将走向更好的时代,莫非就因为这一点而指控我?”[15]可见陀思妥耶夫斯基是含蓄地承认,他对在法国发生的那场革命表达了某种同情。几句话后,他重复说——关键句下面划了线以示强调——在他看来,“西方革命”是“当代危机在世界那个部分的**历史必然**”。[16]

因此，陀思妥耶夫斯基已经形成了关于欧洲处在危机和垮塌边缘的启示录式的观点，未来他将多次重申这个观点，同时他还对欧洲和俄国在这个问题上的表现作了泾渭分明的区分，这是他思想的一个恒定特征。他坚决否认，这样的革命对自己的祖国来说是“历史必然”。他写道：“可是，如果我说到法国的革命，如果我允许自己思考当代事件，能进而说我是一个自由思想家，我有共和观念，我是专制制度的反对者，我有意颠覆它吗？……在我看来，没有什么比俄国需要共和政府更荒谬的主张了。”[17]

这些话提供了绝好的例证，说明我们需要仔细权衡陀思妥耶夫斯基的供词，以辨别真伪。因为一方面，他显然**是**“专制制度的反对者”，他愿意加入一个针对它的密谋，但另一方面，这又不意味着他是或将要成为政治民主或共和观念的热情支持者。彼得拉舍夫斯基小组的一个重要争执是，在革命暴动的动荡时期，专政是否必要；彼得拉舍夫斯基真心崇拜共和制度，他只是在考虑任何这种可能，便遭到激烈的反对。但陀思妥耶夫斯基的好朋友 B. A. 戈洛
38 温斯基拥护专政，陀思妥耶夫斯基不久前带他参加了聚会。陀思妥耶夫斯基介入其中，并支持戈洛温斯基的立场，反对彼得拉舍夫斯基的大肆屠戮。理论上，陀思妥耶夫斯基根本不反对专制统治；也许还值得一提的是，像傅立叶这样的大多数早期空想社会主义者也不反对专制，傅立叶还求助一些君主支持，在他们的国家建立法伦斯泰尔，不过没有成功。如果陀思妥耶夫斯基愿意反对专制，那只是因为他对农奴制恨之入骨，从而攻其一点不及其余了。

为了支持他所说的对君主制的忠诚，陀思妥耶夫斯基对俄国历史作了一番描述，旨在说明，尽管他认为在法国革命是“历史必然”，但这并不能证明他认为这种必然性在俄国同样存在。陀思妥耶夫斯基依据的是瓦尔特·司各特《艾凡赫》所普及的一幅景象，后来浪漫主义史学家奥古斯丁·蒂埃

里将此立为权威观点。他认为,欧洲历史已有一千多年的“社会与权威之间的顽固斗争,那种权威是基于征服、打击与压迫的外来文明”。[18]换言之,欧洲社会有着内在的不稳定性,因为它是建立在一个种族征服另一个种族的基础上的;那里的统治阶级对所统治的下层阶级来说,始终是外来征服者。这种理论很受斯拉夫派的喜爱,他们用它作为反例来强化自身的信念,即在俄国专制统治及其臣民之间存在天然的和谐关系。蒂埃里是自由主义者,这种声誉也有助于进步的西欧派人士接纳他,亚历山大·赫尔岑的第一篇文章就是关于蒂埃里的论文,是后者著作摘录译文的序言。

因此,在欧洲反叛就不可避免,共和制只是下层阶级愿望的自然结果,他们想对已获得统治权的外族加以防范。这样的问题在俄国并不存在,权力不在外国征服者手中,相反,恰恰是本土专制不时地将国家从奴役和混乱中拯救出来。陀思妥耶夫斯基写道,俄国已经两次得到拯救,“都是专制统治的结果。第一次是从鞑靼人那里,第二次是彼得大帝的改革,恰恰是热烈的、孩子般的对伟大舵手的信仰,使得俄国能经受剧烈的转变,走向新生”。[19]专制统治的命定作用在H. M. 卡拉姆津的《俄国史》中得到强调,儿时的陀思妥耶夫斯基对此书爱不释手;如今他提出这种想法,固然是展示忠诚的一种手段,但有充分的理由相信,他为这个基本真理折服。因为,同样的观点会在他后来的言论中不断涌现,俄国西欧派美化彼得大帝,使得对 39
“开明”专制的接受与进步主义观点十分融洽。

接下去的字句确实表明,陀思妥耶夫斯基非常渴望一个改革派的沙皇能通过废除农奴制这个无法忍受的道德-社会瘟疫,再次拯救国家。“是的,”他说,“我们中间谁想成为一个共和派呢?如果改革即将发生,即使对那些渴望改革的人来说,这样的改革也必须来自某个在这阶段更为强化的权威,这是明摆着的事,否则事情就得按照革命的方式来处置。我认为,在俄国找不到推崇俄国暴动的人。今天人们忆起了很有名的例子,尽管都发生在很久以前。"[20]他说的是普加乔夫和斯坚卡·拉辛的血腥起义,它们表明,若不改革,还会激起这样的叛乱,这种威胁性口吻算不上是重申陀思妥耶夫斯基的判断。但当所有类似"来自上面的"改革希望在一八四八年破灭之后,正是这样的思维劝服陀思妥耶夫斯基参加了斯佩什涅夫组织的疯狂冒险。

五

如果说陀思妥耶夫斯基在谈及改革的必要性时,措辞仍有几分谨慎,那么论及书报检查制度的破坏性时,他就完全无所顾忌了。他是作家,他对这种制度的严苛加以抱怨,这是天经地义的——而怀着个人的,似乎**自私的**动机来表示不满,要比被当作一个怀有理论与公正信仰的革命家要好。陀思妥耶夫斯基因此不遗余力地抨击书报检查制度,哪怕这也存在着危险。一八四八至一八四九年冬,尼古拉一世下令加紧对出版物的监督,因此,陀思妥耶夫斯基抗议的就是沙皇个人权威所颁布的那些人所皆知的措施。*

陀思妥耶夫斯基哀叹说,做一个作家多么困难,作品被禁,"不是因为在其中发现什么自由主义、自由思想或不道德,而是因为比如一个故事或小说

---

* Н. Ф. 别利奇科夫是苏俄编辑,编有包含陀思妥耶夫斯基案件卷宗的那部珍贵著作,对陀思妥耶夫斯基在这方面表现出来的勇敢,他由衷地表示钦慕。"陀思妥耶夫斯基对书报检查政治制度的谴责,"他写道,"必须视为一种勇敢的公民行为。"别利奇科夫生活在更高效的书报检查制度下,比沙皇时代最黑暗的时期还盛,他知道他在说什么。别利奇科夫,《彼得拉舍夫斯基案件中的陀思妥耶夫斯基》,第49页。

结尾很悲惨,描绘的是一幅非常阴郁的图景,哪怕这幅图景怪不得或怀疑到
社会上的任何人,哪怕悲剧的发生纯属偶然外力”。他请委员会检查他本人 40
写的一切,无论是刊印的还是手稿,如果能够,就找出一个有违道德和既成秩序的词语来。“可我同样被查禁,因为我的画面太过阴郁。”[21]陀思妥耶夫斯基情动于衷地补充说,检查官们很少了解到,他们的苛刻让可怜作家的生活变得多么“阴郁”!他不但眼睁睁地看着自己的时代化为泡影,为了苟且偷生,他还被迫用最光鲜的色彩去描画生活,尽管自己陷身最阴暗的绝望。

陀思妥耶夫斯基再次将这种状况归咎于“误解”,以钝化其严厉抨击的锋芒;但他又认为,错在书报检查制度,而不在作家。他坚持说,在目前情况下,“所有艺术类型都得消失:讽刺、悲剧将不复存在。鉴于目前严酷的检查制度,格里鲍耶陀夫、冯维辛、普希金这样的作家都无法生存”。陀思妥耶夫斯基解释说,讽刺要求嘲讽恶行,虽然它常披着善的外衣,但现在谁能够嘲弄些什么呢?检查官到处都能看到暗讽,每一个句子,哪怕最无邪的句子,都被怀疑是“**对社会有害**”,要无情地删削(黑体字为原文所有)。可一切都是浪费,因为,隐瞒恶行和生活中的阴暗面,“你[无法]向读者隐瞒实际存在于世界上的恶行和生活的阴暗面”。而且,“能够只写光明吗?一幅画面如果没有阴暗,光明面能够看出来吗?能够有不是光影共存的图画吗?……我们被要求:只描写英雄行为和善行。但我们只能通过恶来认识善;好与坏始终相伴相生,道理就在这里”。[22]

既然我们对去西伯利亚之前的陀思妥耶夫斯基有关“人民”的观点所知甚少,另外一段文字就尤显珍贵,它揭示了他非常蔑视农民的态度,也阐明了他对俄国文学之社会任务的理解。“文学,”他说,“是人民生活的一种表现,是社会的一面镜子。新的思想随教育、文明而生,需要用俄语进行界定、说明,这样才能让人民接触到;人民并不能立即表达新思想,因为文明不是

来自他们，而是来自上层。只有先于人民接受文明的社会集团才能表达新思想，即上层社会阶级，那个接受教育、有新思想接受能力的阶级。是谁清晰地表述新思想，以便人民能够理解——是谁，若不是创作文学的人！"[23]因
41 此，伟大的社会使命就落到俄国文学的肩上。陀思妥耶夫斯基解释说，他之所以被书报检查制度的蹂躏逼得发疯，这也是一个理由。

这里所表达的居高临下地对待"人民"的态度在一八四〇年代非常普遍，甚至那些十分关心废除不公正农奴制的俄国西欧派人士也持这种态度。伟大的批评家别林斯基是西欧派的精神领袖，他对《穷人》的推崇推动了陀思妥耶夫斯基的文学生涯，但他也非常无情地嘲笑农民落后蒙昧的状态。这个时期，只有斯拉夫派看到了俄国人民生活和本土习俗中的美德，但斯拉夫派被西欧派全盘否定，他们对人民的看法根本不受重视。西欧派与人民的关系表现为，抽象时宽容大度，具体处趾高气扬，陀思妥耶夫斯基也完全是这种混合态度——直到一八四〇年代后期，斯拉夫派的影响日显，这样的态度才有了一些改变。后者的影响痕迹可以在陀思妥耶夫斯基本人的观念中看出；但决定性的突变是在西伯利亚他与人民面对面的时候，他被迫认识到，过去关于他们的所有想法都是可悲的错误。*

不过，如果陀思妥耶夫斯基将彻底改变他对人民的态度，他在这里所表达的关于俄国文学之作用的观点则基本不变。他始终反对将文学变成社会

---

* 这里有必要引用陀思妥耶夫斯基"交代"中的另一段文字。"最后，"他写道，"我回忆说过的话，我在不同场合重复过的话，那就是，从彼得大帝以来的俄国任何有价值的东西都来自上层，来自君主；而直到目前为止，来自下层的除了顽固无知外没有什么可观之处。我的这个观点对熟悉我的人来说非常清楚。"别利奇科夫，《彼得拉舍夫斯基案件中的陀思妥耶夫斯基》，第 101 页。

俄国西欧派非常熟悉这样的人民观，这一点也得到 П. В. 安年科夫的证实。他在一八四〇年代写道："文学及我们那些有教养的人早就放弃了认为人民作为整体注定没有公民权、只能匍匐在他人脚下的观点，但他们没有抛弃这样一个看法：人民是一群没有思想的粗野之人，头脑空空。"安年科夫，《非比寻常的十年》，第 134 页。

宣传工具进而伤害其艺术功能，但这不等于说他拒斥文学的重要社会作
用。恰恰相反，他认为文学是俄国启蒙的手段——新的思想、文明观念通
过它获得俄国形式，进入整个社会。甚至在后来，当陀思妥耶夫斯基开始
感到，欧洲“文明”既有消极影响也有破坏作用时，作为作家，他仍继续关
注欧洲思想在俄国的影响。在他看来，俄国文学的任务仍旧是，把欧洲思
想对国民心理的影响告诉俄国社会，把欧洲思想对某种形式的俄国精神之 42
形成的贡献告诉俄国社会。他始终急切、警觉地去识别体现这些思想的新
“典型”——当然，不再是因为他想帮助扩大其影响，而是因为他觉得必须
警惕其危险。

六

陀思妥耶夫斯基知道，针对他的最严重的指控是，在四月十五日彼得拉舍夫斯基小组的聚会上，他朗读了果戈理和别林斯基的书信，那是由前者的《与友人书信选》引发的。这部作品激起了巨大的公愤，主要是因为果戈理主动为俄国一切现存的社会政治结构包括农奴制辩护，认为它们是上帝的赐予，是神圣的。更糟糕的是，作者的笔调充满了虚情假意、令人窒息的谦卑，就连他的一些好友也感到恶心——此外，这种腔调又跟作者的自负傲慢格格不入，他对所有的通信对象都指手画脚，教育他们如何好好安排生活。

别林斯基曾撰文对《死魂灵》高度赞美，称这部小说为经典，它对俄国社会恶习的抨击代表了进步的西欧派的理想。因此，没有谁比别林斯基对果

戈理的这些观点更加愤慨。他的否定看法导致他们的书信交锋，高潮就是那封著名的《致果戈理的信》——别林斯基知道，他是在怒斥背叛人性事业的行为。别林斯基的信件不但辛辣地驳斥、谴责了果戈理，也对整个朝廷、政府和教会制度予以猛烈抨击，而这位昔日的讽刺作家居然要为它们庇护。这封信自然只是以手抄本的形式流传，陀思妥耶夫斯基的一位朋友，年轻诗人阿列克谢·普列谢耶夫从莫斯科寄给了他。不够谨慎的陀思妥耶夫斯基大声朗读给帕尔姆-杜罗夫小组的成员听，又在彼得拉舍夫斯基小组读了一遍。更糟的是，他还借给了想复制的人，这是积极参与传播。斯佩什涅夫小组很可能想用手摇印刷机出版别林斯基的《致果戈理的信》，他们在逮捕的当儿刚成功安装好。

陀思妥耶夫斯基试图开脱阅读书信包括别林斯基《致果戈理的信》的犯罪后果，他机灵但没有什么说服力地辩称："是的，我读过那篇文章，但谴责我的人谁能说我偏袒通信的哪一方？"[24]陀思妥耶夫斯基说，他是以
43 完全中立的态度朗读彼此的通信的，因此根本不能说他赞成还是否定哪一方。但他知道，这样的辩护词没有多大说服力，特别是，别林斯基的《致果戈理的信》受到了读者的热情欢呼。他所谓的中立态度也无法解释，他何以就必须朗读这些书信。为了回答这个问题，他编造了跟别林斯基私人交往的情形，说明他因此对那封爆炸性书信有兴趣，这反而成为他参与非法活动的事实推定。

从一八四五年春末到一八四六至一八四七年冬，差不多一年半的时间里，陀思妥耶夫斯基与别林斯基确实很亲密。这位有影响的批评家护佑这位才华出众的年轻作家，他从朋友中间挑选了一些人组成他的文学沙龙，陀思妥耶夫斯基一度也厕身其中。但陀思妥耶夫斯基《穷人》之后的作品发生转向，别林斯基颇有微词，他们的关系随之降温。"在文学界，"陀思妥耶夫

斯基写道,“相当多的人知道我和别林斯基的争吵以及最终的分裂。”陀思妥耶夫斯基本可以轻而易举地利用他与这位当时最有名的激进人士间广为人知的争论,并夸大他跟别林斯基的疏远,但他不能或不愿堕落到如此背信弃义的地步。相反,他让委员会相信别林斯基“作为一个人是非常优秀的”,并含蓄地将他们关系的破裂归咎于这位评论家最终的疾病:“疾病葬送了他,甚至毁掉了这个人。它磨灭、麻木了他的灵魂,让他怨气填胸。他混乱紧张的想象力把一切都夸大失实……这样的失败和错误在他身上突然出现,而他健康时却不然。”[25]我们很容易想象,陀思妥耶夫斯基会自我安慰地用这样的说法来描述他与别林斯基的龃龉,并将后者对他一八四〇年代后期作品的中伤拒斥归咎于疾病导致的畸形判断力。陀思妥耶夫斯基从纯粹文学的角度来解释他与别林斯基的争端,绝口不提他们之间也存在着严肃的思想分歧。陀思妥耶夫斯基是受法国空想社会主义影响的道德-宗教进步人士,他认为他的社会理想是基督所传播的兄弟情谊的最新版本,他顽固拒绝转向无神论,而一八四〇年代后期别林斯基了解左派黑格尔思想后就拥护无神论。但是,两个人在灵魂之永恒、基督是否现代世界首要社会鼓动家等问题上的争论,不可能导致任何私人之间的敌视。彼得拉舍夫斯基和尼古拉·斯佩什涅夫都是坚定的无神论者,而且毫不隐瞒自己的信仰,但并不妨碍陀思妥耶夫斯基继续跟他们保持良好(对斯佩什涅夫来说,很亲密)的关系。他与别林斯基分裂的原因可能如陀思妥耶夫斯基跟委员会说的那样, 44
别林斯基触碰了他作为一个作家的隐痛。

“我批评他竭力要给文学某种不相称的片面意义,”他写道,“把文学降格为**单纯地**描写**新闻事实**或丑闻[黑体字为原文所有],如果可以这样说。我尤其反对说,你的暴戾恣睢吸引不了任何人。你抓住街头来来往往的每一个人,揪住每个过路人的纽扣,开始粗暴地对他说教,跟他讲道理,这只能让人厌烦透顶。别林斯基开始生我的气，最终从冷漠演变成真正的争吵，因此在他生命的最后一年我们彼此不再见面。"[26]在最后几年，别林斯基确实明确表达过对社会说教文学的偏爱，轻视艺术自身的重要性（即使不像陀思妥耶夫斯基所说的那么严重），但"交代"或许相当准确地道出了这位年轻作家在激辩时因自尊心受伤而不得不说的心声。

照这样的说法，陀思妥耶夫斯基解释他何以对别林斯基的《致果戈理的信》感兴趣，而全然不顾其社会政治内容，多少就有些说服力："我一直想读这封信。在我看来，这番通信是一尊很显著的文学丰碑。别林斯基和果戈理是非常有名的人物；他们的关系很有趣，对我尤其如此，因为我认识别林斯基……我就是将其作为文学纪念碑来读的，我坚定不移地相信，它不会对任何人产生诱惑，虽然它并不缺少某种文学价值。就我个人而言，我决不同意它所包含的任何**夸张之词**。"（黑体字为引者所加）[27]

为掩盖他对别林斯基猛烈抨击的根本认同，陀思妥耶夫斯基只能说到这种地步了，尽管这样的否认非常苍白；他为免罪所作的最后努力也没有比之更有力的了。他问审判官，既然他与别林斯基的争吵有案可稽，为什么他们还要认为他会抱着赞同的态度朗读《致果戈理的信》？他的审判官也可以这样回答他，他与别林斯基的争吵既然如他坚持的那样仅仅关乎文学，可《致果戈理的信》明显是一篇社会政治文献，这如何解释？毫无疑问，陀思妥耶夫斯基知道他的辩词不可信，这一点搪塞不过去，面对危险处境，他于是做出惟一一次让步，后悔自己不谨慎："我现在才明白，我犯了一个错误，不该大声朗读它：但当时我并没有意识到，甚至我也没有料到会受惩罚，没有料到犯了罪。"[28]

七

在结束“交代”时，陀思妥耶夫斯基回到他与彼得拉舍夫斯基的关系问 45
题和后者的思想问题。他反反复复地将这个小组缺乏统一性的说法重复了许多次，他承认他知道彼得拉舍夫斯基是傅立叶的崇拜者，但否认自己知道后者要宣传傅立叶的思想。委员会问他，彼得拉舍夫斯基是否培养了一些信徒，尤其在小组成员中间，他们是彼得堡多个学术机构的教师，陀思妥耶夫斯基回答说：“我对彼得拉舍夫斯基的秘密绝对一无所知。”[29]

不过，陀思妥耶夫斯基没有满足于拒绝回答。他想证明彼得拉舍夫斯基不太可能构成什么危害，他进而为委员会考虑，大体谈论了傅立叶主义。首先，他说，傅立叶主义“是一个和平的体系；它用美来迷惑灵魂，用人类爱来诱惑人心（傅立叶就在这种人类爱的激励下创造了他的体系），其严整令人震惊。它不用刻薄的攻击而用鼓舞的人类之爱改变人的信仰。这个体系没有仇恨”。此外，陀思妥耶夫斯基补充说，“傅立叶主义不提倡任何政治改革，它的改革是经济方面的。它既不侵犯政府也不侵犯财产，在最近［法国］议院的一次会议上，傅立叶主义的代表维克托·孔西代朗严肃谴责了破坏家庭的企图。”[30]完全出乎意料的是，陀思妥耶夫斯基在这里抒情般地歌颂了傅立叶主义的“美”；它表明，和谐、安宁、幸福人类的乌托邦景象对他的情感有多么大的魅力。对社会公正的黄金时代——由人类之爱激发，由和平而不是仇恨与暴力引领——的幻想始终是陀思妥耶夫斯基的社会理想。后来，他相信，以“俄国社会主义”为基础，纯粹通过俄国精神中的道德及基督教的力量,就可以改变社会。

确实,在陀思妥耶夫斯基对社会主义的思考中,尤其是他对欧洲状况与俄国状况之区别的强调中,我们能够看到这一后期信条许多元素的萌芽。因为尽管热情洋溢地赞美傅立叶主义,他随即也补充说:“毫无疑问,这种体系是有害的。首先,就因为它是一个体系。其次,不管多么美好,它始终是一个根本无法实现的乌托邦。”陀思妥耶夫斯基说,傅立叶主义已经完全过时,即使在欧洲也受到嘲笑冷落,这是事实;其倡导者们不知道“他们只不过
46 是活尸首”。但“在欧洲,在法国,现在每一种体系、每一种理论都对社会有害,因为饥饿的无产阶级正迫不及待地抓住每一种手段,每一种手段都可以成为一面旗帜。那里目前正处于绝境,那里饥饿在大街上逡巡”。因此,在陀思妥耶夫斯基看来,欧洲社会主义是对付饥饿的无产阶级威胁欧洲之问题的一次人为尝试(“一个体系”)。他是否如他所宣称的那样相信它是“有害的”,这一点不得而知;可以肯定的是对西方社会危境的诊断,它必然催生社会主义信条。

在谈到共和主义时,陀思妥耶夫斯基再次把欧洲的事态跟俄国事态做了鲜明对比。“在俄国,仅就我们所在的彼得堡而言,”他写道,“只须在大街上走二十步,你就会相信,傅立叶主义在我国只能存在于未裁开的书本中,存在于某个温柔、善良、梦幻般的灵魂中,不过是一首田园诗或类似的二十四节押韵诗。”陀思妥耶夫斯基坚信,把傅立叶主义运用于俄国的想法只能是一出喜剧,不值得当回事,他要委员会相信,彼得拉舍夫斯基非常聪明,不会有如此可笑的怪念头。“傅立叶主义,还有每一种西方体系,都与我国国情非常不适合,与我们的情况非常不相干,与我们的国民性格非常不相容——但另一方面,它又是西方事态的典型产物,那里必须不惜一切代价解决无产阶级问题——尽管有其无情的必要性,但在目前没有无产阶级的我

们中间，傅立叶主义将滑稽透顶。”[31]

如果我们对陀思妥耶夫斯基的观念没有进一步的了解，在这样的语境中端出这样的话，当然会令人生疑；但他所写的一切与他在帕尔姆-杜罗夫小组的任意发挥非常吻合。按照亚历山大·米柳科夫的说法，陀思妥耶夫斯基虽然同意社会主义理论有高尚的目的，但仍认为它们只是可敬的幻想。“他尤其认为，”米柳科夫告诉我们，“所有这些理论对于我们来说并不重要，我们不应该在西方社会主义者的学说中寻找俄国社会发展的源头，而应该到生活之中以及我国人民历史悠久的组织形式当中去寻找，在村社（община）[土地公有化组织]，劳动组合（артель）[工资均分的工人合作社]以及[纳税的]村民互保制度（круговая порука）中，早就存在着比圣西门的所有幻想和学说更加可靠、更为合理的基本原理。[32]即使陀思妥耶夫斯基的思想不像半个世纪后米柳科夫回忆录所描绘的那般准确，下面一点似乎仍可信：针对欧洲社会主义所提出的问题，他已经开始专注于特别“俄国式”的解决办法。尤其是，因为他从不相信空想社会主义社区能 47
保证个体人格的自由，这一点可以从他拐弯抹角地说到“无情的必要性”看出。还值得一提的是，他已经找到未来描述空想社会主义者的基调：他们“滑稽透顶”，除了讽刺、戏拟的笔调外，他没有其他任何描绘他们的措辞。

结束“交代”时，陀思妥耶夫斯基对他的同犯作了一些观察报告，他采取的是在整个讯问期间使用的策略——把他们的有罪行为归咎于某种性格缺陷。“我一直有这样的想法，”他私下评论说，“彼得拉舍夫斯基染上了某种自负。因为自恋，他邀请人们参加他的周五聚会；因为自负，他们不会让他厌烦欲死；因为自负，他拥有许多书籍，让大家知道他有珍稀图书，这似乎很受用。”[33]通过这种方式——展望未来，多年后他会将这样的形象赋予《群魔》的叙述人——他试图把彼得拉舍夫斯基小组的社会政治活动大事化小地说成纯粹是个人动机，是自负的自我炫耀、虚荣和乳臭未干的虚张声势。即使是诋毁，这样的心理分析也显然是保护涉事者的一种办法，因为性格缺点可以纠正改进，不像认真投身某个革命目标那样严重。

八

六月，陀思妥耶夫斯基又被讯问了四次，还给了更细致的问题列表，要求书面回答。惟一重要的又一个文件就是他的回答记录，连同他添加在页边的修订和新想法。此时的调查委员会已取得重要进展：它掌握了彼得拉舍夫斯基小组的许多活动，发现了帕尔姆-杜罗夫小组的存在，听说了油印禁书以便非法流通的讨论计划。因此陀思妥耶夫斯基需要在险象环生的陷阱中谨慎选择自己的出路，我们能够观察到他试图不落入纯然谎言的罗网，或者对某些情况秘而不宣，警惕任何可能伤害他或别人的说法。

这第二个文件中所提的一些问题表明，他们怀疑存在**一个有组织的政治阴谋**，陀思妥耶夫斯基对这些问题尤为警惕。他否定他的年轻朋友戈洛温斯基曾主张革命，以解放农奴，或曾设想一个在动乱及向新政府过渡阶段
48 的“革命专政”。同样，他否认听说彼得拉舍夫斯基喜欢革命的想法，并说，如果这样的反叛真在计划之中，那就几乎不可能在聚会中公开讨论。这里，我们看到，陀思妥耶夫斯基这个地下密谋者，在偷偷利用自己的经验来对付

委员会——当然带着窃笑,蔑视他们的无能！他对所有这些问题的回答都是闪烁其词、七拐八弯,他就是要彻底混淆问题。难怪罗斯托夫采夫作为一个见证人会说,陀思妥耶夫斯基“聪明,独立,狡猾,顽固”。[34]

对所有被告的最后审查在混合的军民法庭上进行,该法庭是为对被告进行宣判而任命。十月中旬,每个人都被带上法庭,告知将根据军事法律(比民典要严厉许多)进行审判,要他提供他希望进一步补充证据的书面材料。一些彼得拉舍夫斯基小组成员借此机会可耻地哀求当局的仁慈。仅举一个例子,Д. Д. 阿赫沙鲁莫夫写道:“我后悔一切,请求宽恕,我这样写不是想免除我应受的惩罚,而是出于全心全意的悔恨;我的君主,我罪孽深重,我认为,作为一个基督徒,一个臣民,我有恳求宽恕的责任。如果可能,陛下,请饶恕我,因我的悔恨,因我对父亲教养的记忆。”[35]

陀思妥耶夫斯基始终保持矜持与尊严,他的回答截然不同。“我对辩护没有任何新的补充,”他说,“除非也许这一点——我对政府从没有怀着恶意与预谋——我做的一切都是无心,都差不多是凑巧,比如我阅读别林斯基的书信。”[36]这些话与其说是道歉,不如说是自责,他太粗心地暴露了自己。当他说他对政府从没有恶意时,他也没有过于低三下四。他憎恨的不是尼古拉一世政府,而是可怕的农奴制,他怀着无法平息的个人仇恨讨厌这种制度,这根源于他因父亲在陀思妥耶夫斯基庄园被农民杀害而产生的罪孽感。*

---

* 详情请参见本书第一卷,《陀思妥耶夫斯基:反叛的种子,1821–1849》,第81–91页。我同意弗洛伊德的看法,即认为在父亲被害问题上陀思妥耶夫斯基有罪恶感和共谋意识(如果他父亲确实是被谋害的,现在有理由怀疑这一点。但陀思妥耶夫斯基认为是这样)。但我不把这种罪孽意识归于俄狄浦斯情结,而是实际情况,在他父亲据说死于农民之手的当年或就前两年,陀思妥耶夫斯基无节制地跟父亲索要额外的经费。

注释

[1] Φ. M. 陀思妥耶夫斯基,《作家日记》(鲍里斯 · 布拉索尔英译,圣塔芭芭拉与盐湖城,1979),第151页。以下称《作家日记》,并注明相应的年份。

[2] 陀思妥耶夫斯基,《书信集》,第一卷,第178页,一八五六年三月二十四日。

[3] 别利奇科夫,《彼得拉舍夫斯基案件中的陀思妥耶夫斯基》,第95页。

[4] 同上。

[5] 同上,第96页。

[6] 同上,第265页。

[7] 同上,第97页。

[8] 同上。

[9] 同上。

[10] 同上,第98页。

[11] 同上。

[12] 同上。

[13] 同上。

[14] 同上,第100页。

[15] 同上。

[16] 同上,第101页。

[17] 同上,第100页。

[18] 同上,第101页。

[19] 同上。

[20] 同上。

[21] 同上,第101–102页。

[22] 同上,第102–103页。

[23] 同上,第103–104页。

[24] 同上。

[25] 同上,第 105 页。

[26] 同上。

[27] 同上,第 105–106 页。

[28] 同上,第 106 页。

[29] 同上,第 109 页。

[30] 同上,第 110–111 页。

[31] 同上,第 111–112 页。

[32] 多利宁编,《同时代人回忆 Φ. M. 陀思妥耶夫斯基》,第一卷,第 185 页。

[33] 别利奇科夫,《彼得拉舍夫斯基案件中的陀思妥耶夫斯基》,第 112 页。

[34] 同上,第 86 页。

[35] 谢戈廖夫编,《彼得拉舍夫斯基小组》,第三卷,第 164 页。

[36] 别利奇科夫,《彼得拉舍夫斯基案件中的陀思妥耶夫斯基》,第 176 页。

第五章　谢苗诺夫校场事件

一

49 一八四九年九月十七日，负责彼得拉舍夫斯基小组的调查委员会完成了工作，他们将结果报告军事大臣并转呈沙皇。报告的结论是，虽然彼得拉舍夫斯基家的聚会“总体说来因为反政府的精神和改变现存事态的愿望而值得注意”，但他们没有表现出“统一的行动或共同的意图”，“不属于秘密社会类型”；也没有证据表明他们“在俄国以外有任何联系”。[1]尽管这样的裁决令人安慰，委员会还是决定，拘禁的二十八个人犯有刑事罪。

为了对那些犯了罪的人加以宣判（由于各种特殊条款和赦免令，他们的数字很快削减到二十三人），尼古拉采取了非同寻常的做法，九月二十五日任命了一个混合的军民法庭，并要求按照军事法律对被告进行判决。十一月十六日,法庭作出裁定,包括陀思妥耶夫斯基在内的十五名被告由行刑队执行死刑,其他人则给予较轻的判决,服苦役并处以流放;一个人因为疑点太多而被下令释放并秘密监视。这个判决被送到最高军事法庭即大陪审团——又一没有合法先例的举动——复核,这导致案子还在十分秘密的审理状态时,彼得堡就谣言满天飞。据说军民法庭建议释放所有囚犯,因为缺少证据,但尼古拉把案子送到大陪审团,是确保惩处。不过,诉讼记录并不能支持这种传说。

大陪审团的裁定比军民法庭严厉许多,还指出了其中的司法错误。它指出,根据适用军事法庭的法律,罪行程度是无法区分的,所有囚犯都应该判处死刑。陀思妥耶夫斯基的卷宗也被最高法庭稍作修改。此前他被判罪是因为朗读并传播别林斯基的《致果戈理的信》,且没有向当局告发另一部 50
颠覆性作品,H. П. 格里戈里耶夫的《一个士兵的话》,现在起诉书加上了第三项指控:他“参与谋划通过一台家用平版印刷机印刷、传播反政府作品”。[2]

在申明法律铁面无私后,大陪审团请求沙皇根据多种理由开恩——有些人有悔过表现;有些人主动坦白,帮助了委员会的工作;大多数犯人还很年轻;他们的犯罪意图未能得逞,被消灭于萌芽状态,未导致有害后果。于是他们没有判死刑,而是在十二月十一日附上一个从轻判决的名单,呈请沙皇明察开恩,沙皇表示恩准。众所周知,尼古拉喜欢扮演大权独揽又温和仁慈的统治者角色,列别捷夫参事在日记中说,大陪审团可能加重了建议处罚的程度,以让尼古拉更大度地展示他的宽容。[3]但对彼得拉舍夫斯基却没有网开一面,他的判决——终身流放并在矿坑服苦役——立即被核准。对其余大多数人(但不是全部)尼古拉都缩减了刑期,缓解了他们的处境。

陀思妥耶夫斯基最初是判八年苦役,后来他的劳役拘禁被缩短到四年,继而在俄国军队服役，时间不定。我们从他自己的陈述可知，陀思妥耶夫斯基认为，后一条是沙皇赐给他个人的特许（尽管谢尔盖·杜罗夫也是这样的判决）。一个判处服苦役的罪犯就丧失了公民权，即使刑期结束也无法重新获得；但陀思妥耶夫斯基的公民权将随着兵役自动恢复。他认为这是第一次一个罪犯允许再次获得公民权，“这是尼古拉一世皇帝意志的结果，是同情他（陀思妥耶夫斯基）的年轻与才能”。[4] 无论对错，这种信念有助于解释陀思妥耶夫斯基后来对尼古拉的一些肯定性态度，通常评论者对这些话或者大惑不解，或者归咎于他的病态偏好，是受虐式的对当局的屈从。

本案的最终了结安排在十二月二十一日，按照尼古拉一世的命令，一大
包指令被送到军事当局，要求宣布判决后再照程序执行。就此案而言，法律
要求先上演一次假死刑，死刑判决继而因皇恩谕令改判。大多数情况下，这
种仪式纯粹是走过场，但此案沙皇明确指示，必须在判处死刑的各项准备工
51 作完结**之后**，才能告知囚犯，他们的性命被饶恕。尼古拉精心策划这一幕，
是想对这些蒙在鼓里的牺牲品制造皇恩浩荡的最大效果。这样，陀思妥耶
夫斯基就经受了非凡的感情历险，他认为自己离确切无疑的死亡只在瞬间
之遥，接着又神奇般地从坟墓复活。

二

十月份的审问一结束，囚犯们就对他们案子的刻意安排一无所知了。沉闷、单调的日子日复一日，令人窒息。比起大多数人，陀思妥耶夫斯基要算幸运的，他能够利用他的时间。“监禁已经过去了八个月，”Д. Д. 阿赫沙

鲁莫夫在回忆录中写道,“我疲倦、低落,难以忍受,无所事事,百无聊赖。我不再自言自语,要么在房间里机械地踱步,要么躺在床上发呆。”[5]要塞的走廊通常很安静,只有教堂的钟声才会打破这死一般的沉寂。但十二月二十二日早晨,阿赫沙鲁莫夫听到走廊里异样的喧闹和骚动。透过囚室窗户,他看到一列马车从教堂方向出现,鱼贯进入庭院——太多了,车队似乎没有尽头。更让他惊讶的是,他突然看到一群骠骑兵包围了车队。阿赫沙鲁莫夫起初以为那也许是一次葬礼,但谁会如此大张旗鼓地下葬呢?为什么马车是空的呢?这时他才想到,这神秘的骚动也许跟彼得拉舍夫斯基案有关,他终于活着看到,他厌倦的囚禁生活要有一个了结了。

与此同时,他还听到监狱里看守在奔跑、打开牢房的声音。终于轮到他了,他认识的一个军官走了进来,还有几个狱吏陪着。他们递给他被捕时穿的衣服——轻薄的春装,因为抓捕的时间是四月——还有几双暖和的厚袜子。他们叫他穿上衣服,不要忘了穿袜子,因为外面冰天冻地;他激动地问了几个问题,得到的只是闪烁其词的回答,并要他动作快些。他在押解下走出牢房,沿着走廊来到外面的门厅,上了一辆封闭的双座马车。车门随即关上,一个士兵也上车陪在旁边。结冰的窗户无法透视,马车移动后,他用指甲在窗玻璃上划开一小块。斯佩什涅夫在马车里也试图这样做,他们下令 52
他住手,否则就要武力约束。阿赫沙鲁莫夫的看守懒洋洋的,一言不发,拒绝回答任何问题。但当阿赫沙鲁莫夫还想放低窗门看看外边时,一个骠骑兵冲到他的马车旁,喝令他重新关上,那位看守赶紧奉命从事。此后,马车在大街上滚动,他只能朦朦胧胧地看到这座刚睡醒的城市的歪曲景象(是大清早时分)。

在这似乎无尽的、谜一般的旅行中,陀思妥耶夫斯基的感受如何,我们没有任何记录,但一定跟其他人记载的差不多。离开的激动,预示的一切可能，不禁让人精神为之一振；它起码结束了过去几个月的僵化、迟钝，还有超期隔离造成的死气沉沉。这种相对轻快的情绪也没有因对未来的忧惧而破坏。所有证据都表明，没有一个彼得拉舍夫斯基小组成员会想到，他们可能会因当局判处的任何“罪行”而被处死。陀思妥耶夫斯基曾写过一些令人难忘的段落，描绘一个判死刑的人被带往行刑地时的恐惧，人们往往就会想，他这时也经受了类似的体验。但就我们所知道的而言，他跟其他人一样，对等待着他的情形一无所知。甚至那位玩世不恭、曾建议采取恐怖革命手段的斯佩什涅夫，也跟奥列斯特・米勒说，他从没有想到要去面对行刑队。[6]

阿赫沙鲁莫夫估摸，这次行进持续了大约半个钟头，然后马车停下，叫他走出来。“我打量四周，看到了熟悉的地点——谢苗诺夫校场，铺着新下的白雪，士兵们围成一个方形。远处边上站着一群人，看着我们。一片安静。这是一个清冽的冬晨，太阳在地平线上刚刚升起，像一个明亮、美丽的圆球，透过厚厚的云翳照耀着。”[7]阿赫沙鲁莫夫已经八个月没有看到太阳了，这个景象令他突然心醉神迷，竟一度忘记置身何处了。但他醒过神来，因为有人猛地抓住他的肘部，推他上前，叫他往某个方向走。这时他才意识到，他站在一英尺深的雪地里，身穿薄薄的春衣，瑟瑟发抖。

也是在这个时候，他注意到，左边不远处，一个建筑物矗立在校场中央——一个四面的脚手架，二十到三十英尺高，罩着黑纱，还有一部从地面
53 延伸上去的阶梯。但他对雪地里的一帮同仁更感兴趣，他们挤在一起，互相激动地问候，他们已经分隔很久了。他走近时，那些老相识神情的可怕变化更让他吃惊：“他们面庞瘦削，精疲力竭，苍白憔悴，一些人胡子拉碴，首如飞蓬。斯佩什涅夫的脸尤其让我吃惊，他一直很出类拔萃，因为他英俊潇洒，朝气蓬勃。如今的他不复仪表堂堂，魅力四射，昔日的圆脸拉长了，一副病怏怏的蜡黄色，他颧骨嶙峋，眼睛深陷，底部是大大的蓝圈，他头发很长，一

部大胡子蔓生在脸上。”[8]

欢聚的时刻很快被一个将军的吼声打断,他显然是负责整个安排的,他骑马走来,命令他们保持安静。接着一个内务部官员出现,手里拿着文件,他点着囚犯的名字,囚犯依次排列,彼得拉舍夫斯基和斯佩什涅夫在名单首位。一个手拿十字架的神父跟在官员后面,向集合起来的囚犯们说:“今天你们将听到对你们案件的公正裁决——跟我来!”[9]他领着队列走向脚手架,但不是直接过去,而要经过整个列队士兵的面前。彼得拉舍夫斯基小组的一些成员曾是如今排在校场上的彼得堡军团的军官,这样做是要当着士兵们的面羞辱他们这些背叛的上级。犯人们在雪地蹒跚时,谈话再次开始,他们的注意力转向行刑台边竖起来的几个灰色柱子。那些东西是干嘛的?他们要被绑上去枪决吗?当然不是,但无法说清将会发生什么——也许他们都将被送去服劳役……这群人被带到阶梯前时,阿赫沙鲁莫夫听到的就是这些断断续续的谈话。

三

犯人们走上平台后,他们再次被押解的士兵分开,一边两排。陀思妥耶夫斯基站在 H. A. 蒙别利旁边,后者也是斯佩什涅夫秘密小组成员。在焦虑的热狂状态下,陀思妥耶夫斯基迅速地、不合时宜地跟蒙别利说起自己在狱中完成的一个小说计划(可能是《小英雄》)。突然,校场上回响起士兵们清脆的啪啪立正的声音,随后有人喝令被告除下帽子,将要宣读对他们的判决。天寒刺骨,多数人迟疑着不执行命令,身后的士兵奉命摘下他们的帽

54 子。又一个一身制服的内务部官员沿着队列移动，对每一个人宣读他所犯的罪行和惩罚清单。据阿赫沙鲁莫夫说，他的话根本听不到，因为他语速飞快又不清楚。但在他奉公行事的大约半个小时内，一个句子像鸣丧钟一样一遍又一遍地回响："战地刑事法庭判处所有罪犯死刑并执行枪决；十二月十九日皇帝陛下御批：'准'。"[10]

当人们逐渐明白这些句子的意思后，太阳突然再次从云层中出现，陀思妥耶夫斯基转向杜罗夫说："我们不可能被处死。"[11]作为回答，杜罗夫指着脚手架旁边的农用马车，他认为，那里摆放的是棺材，上面盖着草席（后来才明白，马车装的是囚衣）。陀思妥耶夫斯基回忆说，从那时起，他才确信他注定一死，之后他再也忘记不了那以就事论事式的口吻说出的话："判处死刑并执行枪决。"等这个官员结束后，犯人们领到农夫穿的长衫睡帽——他们的寿衣——并由军事扈从帮着穿上。同一个神父再次出现在脚手架上，现在手拿《圣经》和十字架，说出下面的话："兄弟们！面对死亡应该悔改……救主会宽恕悔改者的罪过……我请你们忏悔……"[12]

陀思妥耶夫斯基在一八七三年写道，虽然彼得拉舍夫斯基小组的许多成员在听到这个恳求后有些苦恼，他们确实想为生活中的一些差错忏悔（"每个人的一生良心上都隐藏着一些错"），但还是不觉得要为自己的行为懊悔，尽管这种行为让他们不知不觉地陷入危境。"但导致我们被处死的那种行为，"陀思妥耶夫斯基写道，"那些支配我们心灵的思想和观念——在我们看来，不但不需要悔改，甚至是某种净化，是殉难，为此许多做法都可以宽恕！"[13]陀思妥耶夫斯基的说法得到阿赫沙鲁莫夫的证实，他说，面对神父不断要求悔改的请求，彼得拉舍夫斯基成员都无动于衷（否则就意味着，他们将道德及社会信仰而不只是罪行视为一己个人的东西加以放弃）。

但最后，康斯坦丁·季姆科夫斯基走上前去，嘀咕几句，亲吻了《圣经》，再退了回去。（季姆科夫斯基笃信宗教，他在彼得拉舍夫斯基小组遇到的“自由思想家”动摇了他的信仰，先前他曾告诉调查委员会，他对自己背弃宗教深感负疚。）陀思妥耶夫斯基也回忆说，只有一个人上前忏悔，但他告诉奥列斯特·米勒，那是彼得·沙泼什尼科夫——犯人中惟一一位小市民（мещанин），其余皆为贵族。[14]我们认为，陀思妥耶夫斯基在此对自己的记 55
忆作了一点粉饰，就像他经常做的那样，通过对比那些更有教养的同类，他想表明，普通的俄罗斯人具备内在、本能的信仰。无论如何，神父的出现让陀思妥耶夫斯基又一次相信，死刑就要执行，否则很难想象，这样的宗教仪式只是用于“装饰”。[15]

不过，如果说彼得拉舍夫斯基小组成员拒绝接受公开悔过的行为，那么他们对基督教信仰的神圣象征却没有表示任何敌意，他们都是在那种环境中长大的。当神父走过队列、将十字架送到他们嘴边时，他们全都吻了——包括彼得拉舍夫斯基和斯佩什涅夫这样非常坚定的无神论者。陀思妥耶夫斯基当然记得这一时刻，在《白痴》中，他描绘一个判处死刑的人被领向断头台：“就在那时，当那个死刑犯似乎虚弱不堪时，神父赶紧默默地把一个银质的、四边的小十字架送到他的唇边。神父不停地重复这个动作，每次十字架触碰到嘴唇时，死刑犯都会睁开眼睛，似乎获得了几秒钟的新生，有力气移动双脚了。他贪婪地吻着十字架，匆匆忙忙地吻着，仿佛忙着不要忘记抓住什么东西似的，要留着它，万一用得上。但此时他很难说有什么清醒的宗教感情。”（8：56）最后一句话也许是陀思妥耶夫斯基回忆自己精神状态的写照：他或许没有意识到任何特别的“宗教”感情，但亲吻十字架帮助他承受苦难，提供了他朦朦胧胧觉得他所需要的精神“食粮”。

四

接下去发生的是最恐怖的一幕：一队中的前三个人——彼得拉舍夫斯基、蒙别利和格里戈里耶夫——被抓住手臂，押下平台，缚在竖立近旁的柱子上。根据一份描述——来自 Φ. H. 利沃夫，他想美化彼得拉舍夫斯基——那个顽固的煽动者在从平台走向木柱时想俏皮几句："蒙别利，把腿抬高些，否则你会带着感冒进天国的。"[16]束缚在柱子上的人被下令摘去头上的帽子，但彼得拉舍夫斯基蔑视地耸起后背，直直地盯着奉上司之命朝他瞄准的刽子手。陀思妥耶夫斯基也在从中选出的第一组那一排，是下三个人中的一个，他一门心思地想，很快就轮到他了。

他这时什么感想？晚年时他跟奥列斯特·米勒说，"他感到的只是神秘
56 的恐惧，一个劲地想，也许再过五分钟，他就将走进另一个未知的生活……"[17]在《白痴》那段著名的文字中，他花了许多笔墨描述他的感情，梅什金公爵告诉叶潘钦家的女士们，他听一个人说，他还有五分钟就要被执行了：

> 他觉得，在那五分钟内，他有许许多多的生活要过，根本没有空闲去考虑最后的时刻。于是他把留给他去过的时间划分了一下：两分钟跟同伴说再见，两分钟最后一次做内在的反思，剩下的时间就最后一次打量四周。他记得很清楚，他就照他计算的那样完成了这些安排。他才二十七岁[陀思妥耶夫斯基一八四九年刚二十八岁]，健康活泼，就要

> 死了。他记得,在说再见时,他问了同伴一个很不相干的问题,并饶有兴趣地想知道答案。说过再见后,他开始过用于内在反思的两分钟。他早就知道他会想些什么:他想尽可能迅速、清晰、坚定地将注意力集中于将要发生的事:此刻,他存在着,活着,三分钟后,**某些事**就会发生, 57
> 某些人,某些事,但是谁?在哪里?在最后的两分钟内,他希望去解决这些不确定的东西。附近矗立着一座教堂,金色的圆顶在灿烂的阳光下闪耀。他记得他非常固执地看着那个圆顶和它反射出的光芒,他的眼睛一动不动;对他来说,那些光芒似乎将是他自己新的自然,他想,三分钟后他将成为它们的一部分……面对未知,很快就向他袭来的未知,他捉摸不定,深恶痛绝。[8:52]

这段文字在陀思妥耶夫斯基批评中已经讨论很多,人们争论的是,其作者在面对死亡时究竟是不是一个坚信的基督徒。乍一读来,它似乎说,陀思妥耶夫斯基只是感到将与阳光融化,成为自然的一部分;但在我看来,这样的解释太过表面和简单。首先,陀思妥耶夫斯基明显困惑于他将进入的那种"新生活"的问题——这意味着对某种永恒的信仰,相信他的意识将**以某种形式**继续存在。即使他的恐惧来自也许没有这样的"新生活"等在坟墓那边,这也绝不是指他甘心接受彻底的消灭;他描绘的是一种不确定的态度,而不是一种信念或放弃。

其次,尽管在其他参与者的笔下,教堂、阳光是实际景象的一部分,陀思妥耶夫斯基难道不会感受到自然(阳光)与基督教信仰的建筑意象之间的象征关系吗?在刚过去的几个月里创作的《小英雄》中,一个明媚夏日的灿烂之美被赋予了宗教意义:"每一朵花,每一片叶,都在吐放献祭的芬芳,在跟它的造物主说:'天父!我蒙恩快乐!'"《白痴》中的太阳必定是上帝庄严和创造力的重要象征。正是由于这个原因,年轻的伊波利特在垂死之际,抗议上帝世界的不公正,决意宣读那份渎神的"必要的解释",并在破晓时才自杀,这是对体现在旭日中的崇高上帝的一个极大侮辱。

当然,《白痴》是写于谢苗诺夫校场事件发生二十年以后,从它所提供的证据来推断陀思妥耶夫斯基的精神状态是危险的。所幸还有一份描述,来自跟他一起站在刑台上的人——令人惊讶的是,这份描述居然被忽视了——对以上的观点作了有利的肯定。在写于一八五九和一八六一年之间
58 (因此回忆相对新鲜)的一篇文献中,Φ. H. 利沃夫用下列文字描绘了陀思妥耶夫斯基的行为:"陀思妥耶夫斯基非常激动,他想起了雨果的《一个死囚的末日》,并走到斯佩什涅夫面前说:'Nous serons avec le Christ[我们将与基督同在].''Un peu de poussière[一粒尘埃].'——后者带着狞笑答道。"[18]

这段文字再好不过地揭示了陀思妥耶夫斯基痛苦而不确定的信仰——因害怕而受折磨,像雨果笔下的那个死刑犯一样;同时又执著于神-人基督所宣布的许诺——与坚定的无神论者斯佩什涅夫的斯多葛主义之间的区别,后者悲伤地承认,死后他将只是尘埃。当陀思妥耶夫斯基还有五分钟就被某种死亡移开时,他感到的不是彻底消灭的绝望,而是对未知的恐惧。一八四〇年代中期,他的神经受到侵袭时,同样"神秘的恐惧"征服了他,他描绘为类似于"害怕死亡的人所感受到的痛苦"。[19]正是因为陀思妥耶夫斯基情不自禁地相信死后的某种生活,他才非常害怕其不得其解的神秘性。

等待行刑队扣动扳机的悬念——阿赫沙鲁莫夫回忆说,那种情形"糟糕、恶心、可怕"[20]——持续了大约一分钟,接着传来喝令后退的鼓声。阿赫沙鲁莫夫没有参过军,他不明白这种信号的意义,以为那是来复枪射击的声音。昔日的军官陀思妥耶夫斯基立即懂得,他的生命得救了。行刑队随即放下长枪,不再瞄准;柱子上的三个人被松绑,回到原来的位置。其中

彼得拉舍夫斯基小组成员的假死刑

一个人，尼古拉·格里戈里耶夫，脸色煞白，毫无血色；他在牢房里已经显露出精神异常的迹象，假死刑仪式让他彻底崩溃；他再也没有恢复理智，一生都陷入无助的精神失常状态。一个侍从武官飞驰而来，带着沙皇的赦免令和真正的判决书。向目瞪口呆的犯人宣读之后，一些人如释重负地欢呼这个消息，另一些人则茫然、厌恶。长衫和睡帽被脱掉，两个人——看上去像刽子手，穿着破烂、杂色的长袖衫——登上刑台。派给他们的任务是，在犯人们的头上折断剑戟，在这个仪式中后者必须跪下。剑断的声音表明他们被逐出平常生活，接着发给他们罪犯的帽子、污浊的羊皮外套和靴子。

穿上与他们低等身份相适应的装束后，死刑犯还缺一件基本的东
59 西——镣铐。镣铐哐啷着摔到刑台中央，发出刺耳的声音，地板也震颤起来。惟有彼得拉舍夫斯基被两个铁匠带上前，他们在他脚上锁上锁链，又用一把大锤敲紧。当这项工作进行时，彼得拉舍夫斯基最初是耐心地站着的，后来他拿起了一把铁锤，坐到地上，亲自动手来固定脚镣。“很难说清楚，究竟是什么促使他自己给自己施暴，他这样做究竟想表达什么，”阿赫沙鲁莫夫写道，“不过我们脑子都不太健康，或者得意洋洋。”[21]对陀思妥耶夫斯基来说，这个场景更容易理解，他直觉地把受虐行为看作是一个因无助和羞辱而抓狂的人的一意孤行。一辆农用的三驾马车驶过来，一个宪兵坐在马车夫旁边，准备送彼得拉舍夫斯基去流放地，这是第一程。但他抗议说，他出发前要跟朋友们道别。负责的将军同意了他的要求，彼得拉舍夫斯基依次与每个人拥抱，结束后又对大家深深地鞠躬。镣铐很重，他还不适应，他没法爬上马车，得有人帮他一把，才重重地落座，接着被带走了。他的判决是，立即遣送西伯利亚；其他人将在以后几天跟过来。

五

其余囚犯被原来的马车重新送回要塞，一个军医对他们做了检查，确保长期暴露在严寒中的他们没有留下什么病症。一回牢房，陀思妥耶夫斯基立即抓起纸笔，给米哈伊尔写了封信——这封信不但本身很动人，也是理解他刚经受的苦难之道德-精神后果的十分珍贵的文献。这次苦难的影响当然很难被高估，且《白痴》的那段引文说明，陀思妥耶夫斯基对每一个细节都记忆深刻。一八四〇年代的陀思妥耶夫斯基与西伯利亚之后的**那个他**有许多不同，但首当其冲的是，与死亡的遭遇深深地影响了他对存在的崭新理解。陀思妥耶夫斯基过去主要是用世俗的观点看待人生，而从这一刻起，这样的视角退到背景之中；取而代之的，或他所专注的是始终困扰人类的那些终极的、恼人的“该死的问题”——那些惟有依凭宗教信仰才能回答的问题。陀思妥耶夫斯基后来的小说将在人类意识的这两个方面努力创造一种引人注目的融合，正是非凡的社会感受与恼人的宗教探索及质疑的联姻，赋予其作品恰当的悲剧品 60
格，并在小说史上占据独特地位。

诚然，陀思妥耶夫斯基的书信并非一切内容都一样地令人难忘。它是在热狂状态下一挥而就的，既有内心深处的洞察，也有求助、临行前的教导和对刚发生事件冷静、真实的记录。书信首先展示了他对哥哥及其家人的挚爱之情；他让米哈伊尔相信，在他（以为）的最后一刻，他们在他心中，“直到那时我才明白，我是多么爱你，我亲爱的哥哥！”[22]陀思妥耶夫斯基的余生，尤其是哥哥一八六四年去世后的全部行为证实了这些话。他还要哥哥跟好朋友们说再见——迈科夫一家，亚诺夫斯基医生——跟他们自己家的成员联系，莫斯科的，其他地方的，把他的离别问候带给他们。他把监狱里的所有东西都留给了米哈伊尔（除了《圣经》，他想带着），他急切地请哥哥将能够凑到的不管多少钱送给他。他尚不清楚他是在押送下徒步去西伯利亚，还是分成小组坐车去，不管哪种情况，他都需要钱，以便路上买些能够弄到的舒适用品。“对我来说，现在钱比空气更需要。”他解释说。[23]

他当然关注未来这个折磨人的问题，将来是否能重操文学，他既担心又盼望。“我难道不能再次拿起笔吗？我想四年以后也许可能……天啦！多少鲜活的形式，多少我重新创造的形式，会枯萎，在我的脑海消灭，或像毒药一样消融在我的血液中。是的，如果无法写作，我就要死掉。情愿十五年监禁，只要手中有笔！”但陀思妥耶夫斯基迫不及待地抓住了在部队服役这根救命稻草，他跟米哈伊尔说：“不要为我悲伤。知道吗，我不消沉，记住我没有放弃希望。四年后我的运气就会好一些。我将成为一个士兵——这跟罪犯不同……”[24]

陀思妥耶夫斯基最担心的是，他将要面对的是纯粹身体的磨难，他的健康会垮掉：“我的身体坚持得住吗？我不知道。我将抱病离开，我患有淋巴结核。但也许能撑住！”尽管有这些担心，陀思妥耶夫斯基告诉米哈伊尔，他的精神和感情状态再好不过：“以前我从没有像现在这样感到自己有如此丰富、健康的精神生活储备。”[25]稍后陀思妥耶夫斯基再次重复说，他担心的不是未来的无常，而只是他的体能是否能继续发挥作用。“监狱生活，”他郑重
61 其事地承认，这说明他过去的生活远非清教徒式的，“已经足以破坏我的那

一八四九年十二月二十二日陀思妥耶夫斯基从要塞寄给兄长的信件

些肉欲,那是不太纯洁的;我以前对自己不够保重。* 如今,剥夺对我来说没有什么,所以我不害怕有什么物质困苦能毁灭我。那不会发生的!天啦,只要让我健康!"[26]

最令人惊奇的是陀思妥耶夫斯基的信件流露出的那种轻快、内在力量的涌动和精神的活力,他说这些给他以支持。毫无疑问,这种心理活力的产生源自那不可思议的奇迹,在他确切无疑地认为,下一刻他的性命将会被剥夺时,他又获得了生命的馈赠。"我不记得我还有什么时候像那天那样幸福,"许多年后,他跟第二任妻子说,"我在阿列克谢三角堡的牢房里走来走去,一直在歌唱,扯着嗓子唱,我重获新生,真是太幸福了。"[27]这样的幸福在信中表现为真正的欣喜若狂,出人意料的真相显然让陀思妥耶夫斯基不知所措。因此,他过去的整个生活被置于一种新的视角的观照之下,按照他终被赐予这一炫目的真理重新加以评价。

跟他接受的回馈相比,陀思妥耶夫斯基被剥夺写作能力的痛苦如今甚至也得到一定程度的缓解:"是的!真的!那个创造的头颅,过着最高的艺术生活的头颅,已经从我肩膀上砍下了。剩下的是记忆,是我所创造但尚待具体化的形式。它们会毒害我的,真的!但我仍有心,有同样的血肉,这些也能生活,承受,渴望,记忆,那毕竟也是生命。On voit le soleil!"[28]最后一句("他能看到太阳")摘自雨果的《一个死囚的末日》,当陀思妥耶夫斯基直面死亡时,那篇小说的细节涌上了他的记忆;这封信表明,他对这个作品的

---

* 关于陀思妥耶夫斯基一八四〇年代的私生活所知甚少,也没有现存的有关其性生活的可靠资料。但在其首次获得巨大成功的《穷人》发表之后不久的一封信中可能一窥门径,他陶醉在刚刚获得的声誉之中,生活奢侈。"明娜们、克拉拉们、玛丽安们,她们尽态极妍,"他写道,"但花了太多的钱。就在几天前,屠格涅夫、别林斯基对我混乱的生活进行了严厉的抨击。"如果陀思妥耶夫斯基不只是故作老练以在哥哥米哈伊尔面前留下印象,这些话则说明,其时他经常去彼得堡入夜风流场的一些时髦女郎那里。陀思妥耶夫斯基,《书信集》,第一卷,第 85 页,一八四五年十一月十六日。

一字一句记忆准确。因为这句引文是雨果笔下的那个“死囚”疯狂反思的一部分,他在断头台边等待处死,急切地跟自己说,生活不管多么严酷,都胜过消灭。起码——**他能看到太阳!** * 与雨果小说的那个日记作者不同,陀思妥 62
耶夫斯基仍将幸福地继续看到太阳,这一简单事实的无限性让其余的一切都黯然失色——甚至他文学雄心的破坏。

陀思妥耶夫斯基不但忽然从这个新的角度来看待他对文学的投入,当他转而从可以说是永恒的边缘来思考时,他过去生活的一切都接受了严格的审视:“回首过去,我无所事事地浪费了多少时光,在徒劳、错误、懒散和无力的生活中失去了多少时光,我多么不珍惜时光,多少次违背我的内心和灵魂——一想到这些我的心就会流血。**生命是一次馈赠,生命是一个福祉,每一分钟都能成为幸福的永恒!** [黑体字为引者所加]Si jeunesse savait[如果青春时期就懂得]!现在,我的生活发生改变时,我以一种新的形式重生了。哥哥!我发誓,我将不会失去希望,将保持灵魂和内心的纯洁。我要为更好而重生。这就是我全部的希望,我全部的安慰!”[29]

这些句子试图传达的是如今陀思妥耶夫斯基第一次明白的某种目眩的真理——生命本身是所有的祝福与善中最大的,一旦在他看来天平发生倾倒,人

---

* 在回忆雨果的这个段落时,陀思妥耶夫斯基对原来的措辞稍有改动。原文如下:“啊,我的赦免!我的赦免!我会被赦免。国王不会生我的气,让我的律师得到召见!快点,我的律师!我接受苦役。五年苦役。五年苦役,什么话也没有——或者二十年——或者终身,用火红的烙铁烙印。但是赦免死刑!”

“一个罪犯,那是一个仍然可以走动的人,一个随意走动的人,一个能看到太阳的人[Un forçat, cela marche encore, cela va et vient, cela voit le soleil]。”

陀思妥耶夫斯基引用的是最后一个短语,他把“cela”换成了“on”。但这段话传达了他在死刑宣判后一定有的思想活动,令人难忘。参见雨果,《一个死囚的末日》(巴黎,1942),第 279 页。关于这个作品对陀思妥耶夫斯基小说之影响的精彩分析,请参见 B. B. 维诺格拉多夫,《俄国文学诗学》(莫斯科,1976),第 63–75 页。

有权将每一个瞬间变成“幸福的永恒”。陀思妥耶夫斯基永远不会忘记这个时期流过周身的复兴浪潮，他也不会放弃希望，他能够跟他人交流这同样的对无限可能的信仰，这种信仰已经激动在他自身存在的每个纤维里。就是这样如痴如狂的对生命的理解，这样的雄心，他后来分给了梅什金公爵，尽管带有一种让人悲哀的讽刺性，认为在那些沉湎于世俗存在的人看来这是多么“白痴”。

陀思妥耶夫斯基没有权力改变过去，但生活的无限惊奇令他精神焕发，他可以顽强地面对未来的考验，披上了坚不可摧的精神盔甲。因为人如果认为生命的馈赠本身就是奇迹，就是祝福，如果人相信他有权将每一个瞬间变成“幸福的永恒”，他就相信他能战胜一切束缚其尘世命运的艰难险阻的环境。因此陀思妥耶夫斯基跟米哈伊尔保证：“我既不会消沉，也不会沮丧。**生命不管在哪里都是生命，生命在我们自己身上，不在外部**[黑体字为引者
63 所加]。我的身边[西伯利亚]会有人，要在人群中做一个人，始终如一，不灰心，不放弃，不管发生什么样的不幸——这就是生命的意义，这就是生命的任务，我开始认识到了这一点。这个想法进入了我的血肉。”[30]

因此，努力保持人性，“不管发生什么样的不幸”，就是如今生命的主要任务；坚决将“外部”放到次要位置，绝对优先的是，无论在什么情况下，个体都有责任坚持他人性的完整。一八四〇年代，许多进步知识分子都开始指出，自由意志和道德责任是过时的想法，因为如别林斯基对陀思妥耶夫斯基所说，它们没有意义，“在一个组织如此邪恶的社会，人们情不自禁地犯罪……（而且）因为经济原因被迫犯罪”。[31]陀思妥耶夫斯基始终拒绝接受否定个人道德责任的说法，但对他来说，在跟这位脾气火暴的批评家的私人争论中，坚持相反的立场特别艰难。但如他正确指出的那样，那时只是理论偏好的东西如今进入了他的“血肉”；它已经变成一种“思想-感情”，与他的情感紧密交织，今后没有哪个观点能驱逐它，动摇它。

不过，在陀思妥耶夫斯基的书信中，也没有哪个段落比他对道德净化效果的描写更鲜明、更珍贵的了，他相信这是他在尘世的最后一刻要做的事。“如果有人认为我讨厌，”陀思妥耶夫斯基跟米哈伊尔说，“或者如果我跟谁争吵过，给谁留下不愉快的印象——那就请他们忘掉，如果你碰到他们。我的内心没有怨气和仇恨，我这时最想做的就是热爱和拥抱我认识的任何一个人。我现在感到，临死前跟至亲的人道别是一种安慰。”（他拥抱过杜罗夫和普列谢耶夫，他们站在他旁边。）[32]因此，在这些高峰时刻，陀思妥耶夫斯基感到的是宽恕与被宽恕的需要，渴望以无条件的、衷心的爱去拥抱他人。在陀思妥耶夫斯基过去的道德感受中，这样的价值观当然是缺乏的；但现在，在他最需要的时候，它们具有了无限崇高的意义，是莫大的人生慰藉。如果说在陀思妥耶夫斯基的艺术世界里，赎罪、宽恕和爱注定是胜过其他一切的价值观念，那当然是因为，在他个人生活最痛苦的困境中，他遭遇过作为真理的这些价值。

确实，陀思妥耶夫斯基对人生可怕的脆弱短暂有切肤之感，这使得他不
久将描写无条件的、绝对的基督教诫律，即宽恕一切、拥抱一切的彼此之爱， 64
其强烈、迫切没有任何一个现代作家可比。陀思妥耶夫斯基的道德类似于一些神学家在谈到早期基督徒时所说的“过渡期伦理”，这样的伦理具有决不妥协的极端性，它源自审判日和最后关头的迫在眉睫：除了最后的和解之吻外，没有时间从事其他活动，因为很实在地说，没有“时间”了。陀思妥耶夫斯基作品的优点（还有某些弱点）最终可以追溯到这种痛心的敏锐性，他首先希望传达基督教信仰的这一末世论核心的拯救力量。*

---

* 为了解释耶稣的伦理学意义，艾伯特·施韦策的《寻找古耶稣》着重研究了所谓首次降临到再次降临之间短暂“间隙”的末世论意义，该书德文版于一九〇六年问世，一九一〇年被译成英文，此后又有许多版次。关于这一主题的深入探讨，请参见莱茵霍尔德·尼布尔，《人的本性与命运》（纽约，1955），第二卷，第47–52页。其中尼布尔讨论的末世论与历史的关系问题也跟对陀思妥耶夫斯基的阐释高度相关，但与他这个阶段尚不吻合。

六

一八四九年十二月二十四日，谢苗诺夫校场上演的那场可怕仪式之后三天，作为费奥多尔在彼得堡的亲人，米哈伊尔·陀思妥耶夫斯基接到通知，他的兄弟将于当天夜里开始漫长的、危险的、前往西伯利亚的旅程。米哈伊尔赶紧把消息告诉亚历山大·米柳科夫，两人一起去要塞跟临行的囚犯道别。这种特权本来只是留给直系亲属的，但米柳科夫直接向纳博科夫将军求情，考虑到"他心地善良仁慈"[33]，请求得到许可。正是由于这次违规之举，我们才得以掌握陀思妥耶夫斯基流放、服苦役前的状况和心态。

在杜罗夫的陪伴下，费奥多尔·陀思妥耶夫斯基被带到一个房间，米柳科夫和米哈伊尔等在那里。两个囚犯都已穿好发给他们的羊皮袄和毡靴，以对付彼得堡冬天的冰冻天气。与大多数人相比，八个月的囚禁给陀思妥耶夫斯基造成的体貌变化程度明显要轻，米柳科夫惊奇又愉快地发现，他的朋友似乎变化很小。米柳科夫谈到陀思妥耶夫斯基对哥哥一家安宁的牵挂，吃惊于他对未来的信念和希望，对活下去的坚定不移的信心，他的一言一行都是明显的表现。"看着陀思妥耶夫斯基兄弟的道别，"他说，"每个人都会说，最痛苦的是那个自由地留在彼得堡的人，而不是准备启程去西伯利
65 亚服苦役的地方(каторга)的那个人。哥哥眼里淌着泪水，他嘴唇颤抖，但费奥多尔·米哈伊洛维奇非常平静，安慰着他。"[34]

米柳科夫所引的一些字句还告诉人们，陀思妥耶夫斯基是带着期待走

进即将开始的罪犯生活的。“不哭了，哥哥，”他在一处说，“你知道的，我不是走向坟墓，你不是为我送葬——服苦役的地方没有野兽，那里有人，可能比我好，比我有价值……”[35]这是我们迄今掌握的有关陀思妥耶夫斯基的惟一一份文献。但其他一些证据生动展示了他和彼得拉舍夫斯基小组其他成员对一起服刑的人员的期待。在彼得拉舍夫斯基写给调查委员会的文件中，我们看到了以下值得注意的动人幻想：

> 也许命运……会把我安排在一个冷酷的坏蛋旁边，他在灵魂上犯过十次谋杀罪……在中途站休息，吃着一片陈面包时……我们开始谈话——我告诉他，我是怎么、为什么遭殃的……我跟他说起傅立叶……法伦斯泰尔——那样会出现什么，为什么，等等……我解释人们为什么会成为坏蛋……他长长地叹息，跟我讲他的情况……从他的故事我知道，环境破坏了他身上的许多优秀品质，不幸的重负压垮了一颗强大的心……也许，在故事的结尾，他会说：“是的，如果一切都照你的方式安排，如果人们都那样生活，我就不会成为坏蛋”……如果沉重的枷锁允许，我会向他伸出手——我说——“让我们成为兄弟”——我掰开我的那片面包，递给他，说：“我不习惯吃很多，你更需要，拿去吃吧。”这样，一滴泪珠出现在他粗糙的面颊上——出现在我面前的……不是坏蛋，而是我不幸的同伴，也许还是一个初始的曾被严重误解了的人……人化的活动完成了，坏人不再存在。[36]

正如一个苏俄评论家正确地指出的那样：“彼得拉舍夫斯基的这个慈善的、乌托邦式的梦表现的是这个小组普遍的精神状态和信念。尽管陀思妥耶夫斯基根本没有这样的浪漫倾向，尽管他有本能的怀疑和预感，但显然他一定也幻想过类似的情形。”[37]也许我们还可以加上一句，更是如此，因为他的早期创作导致了所谓“感伤自然主义”文学倾向的兴起，后者强调的是隐藏在社会最为谦卑、饱受蹂躏者生活中的人的价值——哪怕这些不幸的人从任何传统的意义上看根本不能视为善的榜样。

因此，陀思妥耶夫斯基的话可以看作彼得拉舍夫斯基所说的同样玫瑰
66 色幻想的更为简洁的表达，是他当时道德-社会信念中的慈善精神的重申。不过，在说及罪犯也许比他本人“更有价值”时，陀思妥耶夫斯基无意之中比他所知的说得更好。因为，一八四九年他所说的只是一种安慰性的可能，他本人、他想让他们相信的那些人，肯定都没有把它当回事，但终有一天，这个说法将成为看待俄国人民的基础，他将毫不犹豫地向全世界宣布。

注释

[1] 谢梅夫斯基，《彼得拉舍夫斯基案的调查与审判》，《俄罗斯年鉴》，第十一卷，第26页。

[2] 陀思妥耶夫斯基，《全集》（Г. М. 弗里德兰德等编注，三十卷，列宁格勒，1972- ），第十一卷，第189-190页，下引简称《全集》。

[3] 谢梅夫斯基，《彼得拉舍夫斯基案的调查与审判》，《俄罗斯年鉴》，第十一卷，第31页。

[4] 米勒，《传记》，第115页。

[5] 多利宁编，《同时代人回忆Ф. М. 陀思妥耶夫斯基》，第一卷，第223页。

[6] 米勒，《传记》，第117页。

[7] 多利宁编，《同时代人回忆Ф. М. 陀思妥耶夫斯基》，第一卷，第226页。

[8] 同上，第226-227页。

[9] 同上。

[10] 同上,第 229 页。

[11] 米勒,《传记》,第 118 页。

[12] 多利宁编,《同时代人回忆 Φ. M. 陀思妥耶夫斯基》,第一卷,第 229 页。

[13] 陀思妥耶夫斯基,《作家日记》,第 152 页。

[14] 米勒,《传记》,第 118 页。

[15] 同上,第 118–119 页。

[16] Φ. H. 利沃夫,《彼得拉舍夫斯基事件札记》,《文学遗产》,第六十三卷(莫斯科,1956),第 188 页。

[17] 米勒,《传记》,第 119 页。

[18] 利沃夫,《彼得拉舍夫斯基事件札记》,《文学遗产》,第六十三期,第 188 页。

[19] 更多细节,请参见拙著《陀思妥耶夫斯基:反叛的种子,1821–1849》,第 164–168 页。

[20] 多利宁编,《同时代人回忆 Φ. M. 陀思妥耶夫斯基》,第一卷,第 230 页。

[21] 同上,第 231 页。

[22] 陀思妥耶夫斯基,《书信集》,第一卷,第 128 页,一八四九年十二月二十二日。

[23] 同上,第 129 页。

[24] 同上,第 130 页。

[25] 同上,第 129 页。

[26] 同上,第 131 页。

[27] 安娜·陀思妥耶夫斯基,《回忆录》(贝尔特里奇·斯蒂尔曼编译,纽约,1975),第 22 页。

[28] 陀思妥耶夫斯基,《书信集》,第一卷,第 129 页。

[29] 同上,第 130–131 页。

[30] 同上,第 129 页。

［31］陀思妥耶夫斯基,《作家日记》(1873),第7页。

［32］陀思妥耶夫斯基,《书信集》,第一卷,第130页。

［33］多利宁编,《同时代人回忆Φ. M. 陀思妥耶夫斯基》,第一卷,第191页。

［34］同上。

［35］同上,第192页。

［36］B. P. 列伊金娜、E. A. 科罗利丘克和B. A. 杰斯尼茨基编,《彼得拉舍夫斯基事件》(三卷,莫斯科-列宁格勒,1937–1951),第一卷,第84–85页。

［37］B. A. 图尼玛诺夫,《陀思妥耶夫斯基的创作,1854–1862》(列宁格勒,1980),第149–150页。

第二部分　苦役地

第六章　初次印象

一

陀思妥耶夫斯基不喜欢写信，通常只是迫不得已或出于某种特定情势才勉力为之。他很少用书信盘点个人生活，或作为有序地交流思想、整理生活事件的方式。少有的一次总结是他在一八五四年二月二十二日写给哥哥米哈伊尔的一封信，他从劳役营释放刚刚一周。尽管允许偶尔通信，但四年里，陀思妥耶夫斯基没有从家人那里得到片言只语。他通过官方渠道寄过一封信，也偷偷让一个回去的旅行者捎过一封，米哈伊尔两封都没有回，原因不清楚。陀思妥耶夫斯基推断，也许有人误告他说禁止通信，于是就懒得去追踪此事。无论如何，与家人的彻底失去联系，促使陀思妥耶夫斯基写了一封信，就其对事件的客观叙述和文献价值来说，这封信都非同寻常。

它从他动身去西伯利亚的那个头绪开始，叙述了十八天的旅行积攒起来的印象，他抵达第一个中途站托博尔斯克的几件大事，还有劳役营里生活条件的珍贵记录，虽简短但生动难忘。辅以其他材料，这份文件有助于初步概括陀思妥耶夫斯基关键的四年受难的情形。接下去的几章，我们以《死屋手记》为主要来源，继续比较细致、深入地探讨他这段时期的生活，尝试对他后来所谓“我信仰的重生”进行可信、连贯的叙述——这件事对他的未来有着难以估量的意义。[1]

二

“你还记得我们分手的情景吗，亲爱的，我最亲爱的？”他跟米哈伊尔写道，“你一离开，我们三个人，杜罗夫、亚斯琴布斯基和我，就被带过去上铁链。十二点整，也就是说圣诞节刚开始时，我第一次戴上了镣铐。它们约十
70 磅重，走起路来十分不舒服。接着我们上了无篷雪橇，一人一架，都有一个宪兵押解，共四架，最前面一架雪橇坐着机要信使，我们离开了圣彼得堡。

“我内心沉重，五味杂陈，不安混合着难言的苦痛噬啮着我的心。但新鲜空气让我精神一振，既然面对生活每次新的起步，我们往往都会感觉到某些活力与勇气，我基本上也就很平静。我凝神望着彼得堡，望着那不断向身后闪去的张灯结彩的建筑物，我跟它们一一道别。我们经过了你的住处，我看到克拉耶夫斯基的房子灯火通明。你告诉我，孩子们跟埃米利娅·费奥多罗夫娜一起去那儿了，现在看到房子更是悲从中来。我要离开孩子们了，我真不想离开他们，后来，甚至几年后，我还是经常地想到他们，泪水在眼眶

里打转！”[2]

接着，陀思妥耶夫斯基继续细说他的旅程，捎带谈到他和同伴的心理状态。“八个月的囚禁之后，六十俄里的冬日旅行使我们饥饿难忍，我很容易记住这一点。我兴致高昂，杜罗夫喋喋不休，亚斯琴布斯基想起前途就不寒而栗。”[3]负责护送的信使原来是一个仁慈、善良的人，他确保他们换上了有篷的雪橇，因为天气严寒。在驿站遭遇无情敲诈后，他甚至为囚徒付了一半的花销（可能出自政府津贴）。“穿越乌拉尔山脉是悲伤的时刻，”陀思妥耶夫斯基回忆说，“马匹和雪橇陷在雪堆里，一场暴风雪在肆虐。我们走出雪橇——那是夜里——站着等它们被拽出来。四周是白雪、风暴，这里是欧洲边陲，前面就是西伯利亚，还有我们未知的命运，一切都留在了身后——我垂头丧气，潸然泪下。”[4]

一月九日，一行人抵达托博尔斯克——西西伯利亚昔日的省城，此时主要的派遣中心，从俄罗斯欧洲部分到来的囚犯在这里经过挑选，被派到他们最终的目的地。监狱建在一座陡峭的山顶，俯临额尔齐斯河堤岸，它处在要塞建筑群中间，周围还有其他的军事与行政机构。一条小路从下方的小城蜿蜒而上，通向城堡。小城居民大多是本地的吉尔吉斯人和鞑靼人，三三两两地混杂着些俄国、德国商人和探险家（大多数是勘探金矿者）。陀思妥耶夫斯基一行缓慢地爬上暂时的目的地，首先进入他们眼帘的是这个小城最古老著名的流放者，那座著名的乌格利奇钟，就立在他们行经的大路旁。

发现皇储德米特里死了，怀疑是被卫兵鲍里斯·戈都诺夫谋杀的之后，71
这座钟响了起来，意在召集乌格利奇的居民涌出来，为那个孩子的死报仇。后来的新沙皇鲍里斯下令，这口犯上的钟要接受公开鞭刑与削刑，永远流放西伯利亚，并且不得再次鸣响。但托博尔斯克的居民始终将乌格利奇钟安置在一个小钟楼里，浑厚的钟声召唤他们去祈祷。它矗立在路边，不断提醒后来的流放者，俄国沙皇是何等专横恣睢、大权独揽、君临一切，可他们许多严厉的诏谕最终又都归于徒劳。

乌格利奇钟的幸存本身就是一种颠覆性力量，它包含着德性，陀思妥耶夫斯基在托博尔斯克受到的待遇显示了这种德性。“我们到达托博尔斯克，”他继续说，“是一月十一日[日期有些搞错了]。我们给带到当局跟前，接受搜身，所有的钱都被拿走，杜罗夫、亚斯琴布斯基和我转移到一个分开的房间。其他人，斯佩什涅夫等是在我们前面到达的，他们在监狱的另一个区，这期间我们几乎见不到他们。我很想详细告诉你托博尔斯克六天的情况，它们留给我的印象，但现在不合适。我只想说，我们遇到的同情和热切的关心让我们感到幸福无比。昔日的流放者(也就是说，并非他们本人，而是他们的妻子)照顾我们，好像我们是她们自己的血肉。多么美好的人们，经受了二十五年的悲伤与自我牺牲！我们只能匆匆看上她们一眼，因为我们受到严格的约束。但她们给我们送吃的，送衣服，安慰我们，给我们勇气。”[5]

三

关于他在托博尔斯克的逗留细节，陀思妥耶夫斯基的信件说得不多，但我们可以根据其他描述做更丰富的补充。亚斯琴布斯基也说到他们抵达的情形，对罪犯职员的第一印象，他们的脸上、额头烙有印记，陀思妥耶夫斯基一行人被带到法庭时，他们正在那儿分拣邮件。亚斯琴布斯基问了一个天真的问题，他能否得到一个俄式茶炊，主事官员只是笑了笑。“所有这一切都不是好兆头。”他继续写道，“我们被带到一个房间，狭窄、阴暗、寒冷、肮脏的房间……

托博尔斯克

托博尔斯克劳役营

这里有木板床，三个填塞稻草的麻袋代替了床垫，三个枕头也一样。漆黑一片，外边门口，听得到卫兵沉重的脚步声，在零下四十度的天气里来回踱步。”
72 他们的房间跟另一间只隔一堵薄墙，那里住着候审的囚犯，能听到“瓶子、杯子的哐啷声，人们打牌玩耍的吆喝声，斥责、辱骂声不堪入耳……”[6]

路上走了几个星期，三个人都凄凄惶惶。“杜罗夫的手指、脚趾冻坏了，他的脚被镣铐磨得很惨。陀思妥耶夫斯基还在阿列克谢三角堡时脸上、嘴上就爆发了瘰疬疮，我的鼻孔冻坏了。”[7]想到未来更可怕的遭遇，亚斯琴布斯基心灰意冷，他想自杀——他说，在三角堡隔离期间，就已做好这方面的打算。他是否一直隐藏这样的决定，我们不清楚；但他在途中曾说“想起前途就不寒而栗”，因此对同伴来说，他的这种抑郁心理很难说是秘密。这种情形下发生的事情表明，陀思妥耶夫斯基不但能保持勇气，也能帮助人、安慰人。外部环境的诸多因素帮亚斯琴布斯基改变了情绪。托博尔斯克宪兵队的一个军官原来是老熟人，他给亚斯琴布斯基和朋友们一支蜡烛、火柴和一点热茶，“我们觉得甘如琼浆。陀思妥耶夫斯基的行囊里突然冒出几支美味的雪茄[他显然在搜查时成功地藏了起来]……那一晚我们大半夜都在友好的谈话中度过。陀思妥耶夫斯基言语之中充满同情和善意，他感情温柔细腻，偶尔还来几句任性的俏皮话，很像女性，对我很有安慰。我打消了任何极端念头。陀思妥耶夫斯基、杜罗夫和我在托博尔斯克劳役营分手，我们哭泣、拥抱，此后彼此再也没有见过面”。[8]

如果说陀思妥耶夫斯基曾给亚斯琴布斯基安慰，劝他不要对自己下毒手，那么他在信中提到的那些“昔日的流放者”（即十二月党人）的妻子们也对陀思妥耶夫斯基做过同样的事——尽管他还没有走到亚斯琴布斯基那样彻底沮丧的地步。彼得拉舍夫斯基小组成员刚一抵达，他们就留意到了流放的十二月党人的仁慈；他们的欢迎礼物让陀思妥耶夫斯基第一次接触到

西伯利亚社会的这一特殊环境，后者十分有助于缓解尼古拉一世统治的最
后几年里无论是俄国还是波兰政治犯的命运。一八二五年，全都出身名门
（有些家境非常好）的一百二十位十二月党人被流放，且都长期服苦役。他
们不允许住在俄罗斯的欧洲地区，于是就留在西伯利亚，进而在部队和官僚
机构高层形成一个很小的知书达礼的上流社会。他们中许多人跟皇室有关 73
系，有些人丰衣足食、自给自足，彼得堡的官员对他们都很重视。这是仍然
荒凉的边疆地区，只有一些剽悍鲁莽的强盗来这儿碰运气，还有一些保持古
老部落习惯的亚洲游牧民族混杂其中，这样，新来的人都非常乐意跟同阶
层、同血统的人打成一片。因此，尽管作为曾经的反叛者，十二月党人的身
份还受怀疑，但借助各种关系，他们发挥了很大影响，他们的妻子和孩子在
罪犯中间的慈善活动中始终很活跃。

四

陀思妥耶夫斯基和杜罗夫在托博尔斯克的最后一天，三位十二月党人的妻子通过关系在一个官员的住处见到他们。这是他终生不忘的时刻，十四年后，他在《作家日记》（一八七三）里以同样感激、敬佩的口气再次提到这次见面："我们[彼得拉舍夫斯基小组成员]坐在托博尔斯克的牢房，在中转站等待我们接下去的命运。十二月党人的妻子向监狱的典狱长求情，在其住所安排了一次与我们的见面。我们见到了这些崇高的受难者，她们自愿追随丈夫到西伯利亚。她们放弃了一切，地位、财富、家庭关系，牺牲了一切，为的是最高的道德责任，除了她们自己，没有什么能强迫她们承担这样

的责任。她们清清白白,却在二十五年里承受了她们的丈夫被判罚的一切。见面持续了一个小时。她们祝福我们进入新的生活,画着十字,送给我们一部《新约全书》——监狱里惟一一部许可的书。四年的苦役生活中,它就躺在我的枕下。我不时地阅读它,也读给别人听。我用它教一个罪犯识字。”[9]每部圣经都在封皮里藏了十卢布纸币。

跟陀思妥耶夫斯基交谈的三位女性是穆拉维约娃、安年科娃和冯维辛娜。三位夫人中,纳塔利娅·冯维辛娜是惟一一位俄罗斯人,也是对陀思妥耶夫斯基最重要的人,她有着非凡的文化教养和深厚的宗教信仰。“她强烈的宗教情怀,”托博尔斯克政府检察官的女儿,也是这个家庭的亲密朋友 M. Д. 弗兰采娃写道,“不仅表现在她遵守外在的纪念仪式,也表现在她宗教兴趣的深厚发展,她的内心过着纯粹意义上的宗教生活。她阅读各种宗教著
74 作,不必说她烂熟于心的圣经,她还阅读东正教会长老的著作、天主教会和新教教会作者的作品,懂得德国哲学……”[10]四年后,陀思妥耶夫斯基在给纳塔利娅·冯维辛娜的信中,写下了他本人宗教信条少有的一份陈述。

在这一个小时的见面中,陀思妥耶夫斯基第一次听说了恐怖的克里夫佐夫少校的事,后者是鄂木斯克劳役营的司令官,她们提醒他要警惕这个家伙。陀思妥耶夫斯基在信中称他“是一个少有对手的流氓,十足的野蛮人,一个阴谋家,一个醉鬼,是能够想到的最可恶的家伙”。[11]冯维辛娜跟西伯利亚总督戈尔恰科夫有联系,她答应为陀思妥耶夫斯基说情;安年科娃是法国人,也跟陀思妥耶夫斯基说起她的女婿康斯坦丁·伊万诺夫,鄂木斯克军事工程部的一个官员,陀思妥耶夫斯基后来说,他“待我如兄弟”。[12]戈尔恰科夫伯爵的三个女儿也接到了信件,她们见父亲时,也为彼得拉舍夫斯基小组成员说情。尽管所有这些行为并没有让陀思妥耶夫斯基和杜罗夫免却普通罪犯那样的遭遇,仍被安排了苦役,但这使得克里夫佐夫在对付他们时比原先更有顾忌一些。

Н. Д. 冯维辛娜

Н. Е. 安年科娃

在陀思妥耶夫斯基和杜罗夫出发去鄂木斯克的那天早晨，冯维辛娜夫人和弗兰采娃夫人事先乘车出门，在路上跟他们见最后一面。“严寒刺骨，”后者在回忆录中写道，“很早就坐雪橇出去，以免错过启程的囚犯们。我们 75
走下雪橇，沿着道路有意往前走了一俄里，因为我们不想让车夫成为我们告别的见证人，尤其是我得偷偷让宪兵给我的一个好朋友捎封信，他是陆军中校日丹-普希金，我请他照顾陀思妥耶夫斯基和杜罗夫……后来我们听到远处车铃的叮当声。很快，一辆三驾马车在森林的边缘出现……陀思妥耶夫斯基和杜罗夫跳下西伯利亚式雪橇。前者是一个瘦削、不太高、相貌一般的小伙子，后者比同伴大约大四岁，相貌端正，一双又大又黑、神情忧郁的眼睛，头发乌黑，胡子染了霜雪。他们穿着罪犯的齐腰外套，带护耳的皮帽，脚上是沉重的脚镣，哐啷作响。我们急匆匆地跟他们道别，担心路过的行人会撞见，我们叫他们不要灰心，不管走到哪里，都会有好心人照顾的。我把写给普希金的信交给那位宪兵，他尽忠职守地在鄂木斯克交给了对方。”[13]

不幸的是，这位宪兵还带了另一封信，他同样尽忠职守地递交了——那是托博尔斯克的司令官给鄂木斯克的司令官的密件。书信内容来自沙皇本人的谕令，两位被放逐者应待以“完全意义上的罪犯；根据判决，他们未来状况的改善应依据其表现，依据君主的仁慈，而非上司好恶，应安排可信官员对他们进行严格、始终的监视”。[14]在沙俄帝国遥远的前哨，这样的谕令更容易被违反而不是遵守，因此没有证据表明，当局曾任命过如此低微的官员。不过，这些命令也让帮助政治犯变得比较困难。一些汲汲于升迁的下属会跟省政府否定任何偏袒，这样的情况也一直存在。还有，没有风险的温和往往也依赖于对省长及其随员态度的揣度。这样，陀思妥耶夫斯基和杜罗夫就不幸了：他们到达营地不久，冯维辛娜就因私人原因跟戈尔尔恰科夫发生争吵，在上流社会关系紧密的小世界，这很快就传开了。

五

陀思妥耶夫斯基的书信还有关于囚禁生活未加修饰的描述，对这个时
76 期影响他至深的东西的最初表达，它们改造了他的许多思想和价值观。“我在托博尔斯克已经跟犯人们相熟，”他说，“现在到了鄂木斯克，我要跟他们相处四年。他们是一帮粗俗不堪、心地不良、暴戾恣睢的人。他们无限仇视贵族阶层，因此对我们这些绅士报以敌意，对我们的遭遇幸灾乐祸，如果有机会，他们会生吞了我们。此外，你想想，我们能有什么保护，我们要跟这些人一起生活、一起吃喝拉撒睡上几年，甚至都没有机会抱怨无尽的、形形色色的冒犯。‘你们是上等人，獠牙曾把我们咬得要死。过去主人往往折磨人民，但如今他比最下等的还下等，成了我们中的一个’——这就是四年里他们变着花样对待我们的主题。一百五十个敌人乐此不疲地迫害我们，他们乐在其中。如果说终究有什么救了我们，那就是冷漠、道德优越感（他们不得不承认，不得不尊敬）和不屈不挠地抵制他们的意愿。他们始终承认，我们比他们高一等，他们不明白我们的罪行。我们在这个问题上缄默不语，因此我们彼此无法理解，我们必须忍受针对贵族的所有迫害和怀恨，他们就在这样的氛围中生活、呼吸。”

“对我们来说，情况很糟糕。军事监狱比普通监狱更差。我在高墙后的牢房里待了整整四年，除了干活从没有出去过。他们给我们找的活计很重（当然不都是这样），在恶劣的天气里，在潮湿、阴雨和雨夹雪里，在无法忍受的冬日严寒中，我有时彻底筋疲力尽。一次我一口气干了四个小时，而温度

鄂木斯克

计冻坏了,当时可能是零下四十度左右。我的脚冻坏了。

“我们住得异常拥挤,都在一个营房里。想一想,一个年深月久、东倒西歪的木建筑,早就该被拆毁,早已不再适合居住。夏天拥挤不堪,冬天冷得难受。所有地板都腐烂了,地上污垢有一俄寸厚,人会滑倒。狭小的窗户结着厚霜,白天任何时候差不多都无法读书。窗格上是一俄寸厚的冰,屋顶漏水,四处窜风。我们就像给挤在桶里的鲱鱼。火炉一次放上六根圆木,但没有热气(刚够融化室内的结冰),只有呛得难受的烟——这种情况一个冬天都如此。犯人们在营房里洗衣服,到处都是泼洒的水。没有转身的地方,从夜晚到早晨,不得不像猪一样干点事,因为毕竟‘我们是活人嘛’。我们睡在光木板上,只有一个枕头。我们盖的是羊皮袄,脚整夜都露在外面。我们整
77 夜哆嗦。跳蚤、虱子、蟑螂用箩装。冬天我们穿的是短羊皮袄,往往是最窳劣破败的那种,一点也不暖和,脚上是短筒靴——试着穿它们在冰天雪地里走走看。他们给我们的食物是面包,白菜汤,汤里有四分之一磅的牛肉;但肉剁碎了,我从没有见过一星一点。到了假日,稀薄的粥里没有任何油花儿;斋日里,水煮白菜外就什么也没了。我饱受消化不良的折磨,病了好几次。你想想,我们是否可以没有钱仍能生活,如果我身无分文,我早就死掉了。没有哪个人、哪个罪犯,不管是谁,没有钱却能过这般的生活。每个人都做点东西,卖掉,然后挣一两个戈比。我喝茶,有时买一片肉吃,就靠它活下来。不抽烟也不可能,在那样的环境中你会憋死。所有这些都是偷偷摸摸的。

“我时常生病住院。混乱的神经让我患上了癫痫,但只是偶尔发作。此外,我的腿患上了风湿。除此之外,我觉得很好。所有这些不愉快又加上了一点,几乎根本不可能拥有一本书(如果搞到一本,只能偷偷阅读),身边是没完没了的敌意与争执,吵架,叫嚷,喧嚣,嘈杂,始终受看押,从不能单独相

处，所有这一切都是四年，一成不变——真的，说事情糟糕，是可以原谅的。此外，还要面临惩罚的永恒威胁，镣铐，心灵的彻底麻木，这就是我的生活景象……”[15]

接着陀思妥耶夫斯基从过去回到现在，回到他眼前的迫切需要；几页后他又调转笔锋，进一步反思他在劳役营的生活。他描述了跟几个犯人同伴的关系，口气虽非截然不同，但起码经过很多修饰：“不过，人总归是人，”他写道，“四年的牢狱生活，我终于在罪犯中间注意到了一些人。相信我，他们中有深刻、强大、美好的人，在粗糙、坚硬的外表下发现了金子，这是多么高兴的事。而且不是一个、两个，是几个。不能不对他们中的一些人产生敬意，有些人绝对棒。我教一个切尔克斯人（因拦路抢劫被送来服苦役）读写，教他俄语。他对我多么感激啊！另一个犯人跟我分手时哭了，我给过他钱——但能有多少呢？而他的感激却是无尽的。我自己的性格变坏了，我对他们反复无常、缺乏耐心，他们尊重我的内心，默默忍受。顺便说一句，我从劳役营带回了多少人物类型和性格啊！我跟他们朝夕相处，我认为我完全了解他们。多少流浪汉、强盗的故事啊，多少总的说来完全是黑暗、悲惨 78
境地的故事啊！足够写几大本！多么好的人民啊！”[16]

与后来书报检查制度能允许《死屋手记》所做的相比，陀思妥耶夫斯基的书信对囚禁实际生活环境的回忆要真诚许多。对罪犯同伴看似矛盾的前后两次描述表明，从开始服刑到最后，他经历了一个发现的过程——他最终能透过令人震惊的可憎外表深入下去，获得对心理和道德深度更为准确的理解。从一个观念向另一个观念的转变，已然提供了一个基础性计划，后来他将用它来结构他的狱中回忆录。

六

抵达鄂木斯克后，陀思妥耶夫斯基得以一睹可怕而可恶的克里夫佐夫少校。“他开始就恶狠狠地骂我们，”他在信中写道，“因为我们的案子骂我和杜罗夫是笨蛋，说我们一有过错就要实行体罚。”[17]这件事后来在《死屋手记》里有记录，那里有这位少校更充分的描述：“他[少校]满脸疙瘩，呈绛紫色，凶相毕露，让人垂头丧气：仿佛一只恶毒的蜘蛛，爬出来扑向某只落入网中的可怜的苍蝇。”他下令把新来囚犯的头发剃光，没收所有的财产和私人衣服（出于某种原因，白内衣除外），最后说出以下威胁性的话：“告诉你们，给我规矩点！不要让我听到你们！不然的话……体罚。稍有不端——鞭打！”(4∶214)

作为犯人的陀思妥耶夫斯基是否被鞭笞过，这一直是猜测不断的话题：有关吃过鞭子的谣言在他生前就广为流传，他死后谣言仍继续流播。陀思妥耶夫斯基的老朋友里森坎普夫医生似乎证实此事，一八四〇年代他在彼得堡跟陀思妥耶夫斯基住在一起，后在鄂木斯克军事医院行医。里森坎普夫说，他亲眼看到克里夫佐夫下令鞭笞陀思妥耶夫斯基。“你无法想象，”他在陀思妥耶夫斯基死后写道，“死者[陀思妥耶夫斯基]友人们的那种恐怖，一八五〇年，他们目睹费奥多尔·米哈伊洛维奇在他的私敌克里夫佐夫面前受罚。他情绪紧张又爱虚荣，因此癫痫病第一次发作，后来每个月复发一次。”[18]

陀思妥耶夫斯基本人在信中没有提到这件事，他还特别提到了克里夫

鄂木斯克要塞

鄂木斯克劳役营的守卫室(照片)

佐夫："上帝让我躲开了他。"[19]弗兰格尔男爵在陀思妥耶夫斯基从苦役营
释放后不久成了他的知己，他对这位过去的囚犯非常同情，必然不会沉 79
默不语，他断然否定任何挨鞭刑的说法："从 Φ. M. 陀思妥耶夫斯基本人的话我可以证明，无论是在服苦役的地方，还是在无限期的兵役期间，无论是官员、犯人同伴还是一起服兵役的人，都没有对他动过一个手指。报纸上有关这个问题的所有说法都是一派胡言。"[20]最确凿的证据也许来自陀思妥耶夫斯基的波兰狱友希蒙·托卡热夫斯基，他的回忆录从未提到这样的事。托卡热夫斯基因密谋波兰重新独立而遭流放，他对残暴的劳役生活尤其是克里夫佐夫作了无情的描绘。在他带有偏见但很可理解的反俄罗斯眼光看来，这个少校是乖戾任性、没有人性的俄国压迫的典型；托卡热夫斯基也不想放过陀思妥耶夫斯基，他们在政治问题上争吵过。因此，如果鞭笞的事发生过，他无疑要津津有味地引述它，以进一步说明俄国人的野蛮和凶残。

但是，里森坎普夫的肯定说法可能来自 П. К. 马尔季扬诺夫在回忆录中说到的一件事，该回忆录是有关陀思妥耶夫斯基监禁岁月少有的可靠资料来源之一。据马尔季扬诺夫说，克里夫佐夫少校有一次确实下令，陀思妥耶夫斯基要吃鞭子。克里夫佐夫一次临时检查监狱（罪犯们给他一个诨名"八只眼"，因为他似乎知晓任何正在发生的事，或者靠他自己的观察或者靠密探），他发现陀思妥耶夫斯基躺在兵营的木板床上，那时他本应在劳动。别人给陀思妥耶夫斯基解释说，他病了，可以休息一天；这是一个值班的下士跟克里夫佐夫的解释，下士属于前海军士官生，这些人都出身很好，因为一些轻微的违抗行为被降级，并流放西伯利亚作为惩罚。但愤怒的克里夫佐夫暴跳如雷，叫嚷着说，陀思妥耶夫斯基受到了包庇，并命令立即对他施以鞭笞。

人们准备执行命令，但要塞司令德·格拉夫将军匆忙赶到现场。他是由前海军士官生的一个通讯员喊来的，跟同事一样，他对所有的罪犯尤其是政治犯也很仁慈。这位将军的正派人所共知，他不但当场撤销了克里夫佐夫的命令，还当众训斥他试图非法惩罚一个生病的犯人。[21]这个故事在陀思妥耶夫斯基鄂木斯克保护人的圈子里广为人知，但当故事传到里森坎普夫那里时，可能已经添枝加叶，成为他所提供的那个版本了。也就是说，可怕
80 的事未能避免，而是实际发生了，陀思妥耶夫斯基则终身承受了可怕的后果——这是沙皇专制永远的耻辱。

因此可以认为，陀思妥耶夫斯基从未受过鞭笞，试图将他的癫痫直接归咎于此事件造成的神经冲击的说法也必须被否定。但将他可怕疾病的出现跟他判刑后所面临的压力联系在一起的尝试，仍是可以理解的。作出这样的关联有某种诗性的真理，尽管实际并非如此。从他的假死刑开始，随后是置身苦役营，还有克里夫佐夫酒后发疯造成的不断恐怖，这整个过程当然会造成陀思妥耶夫斯基癫痫病的爆发。可以确定的是，第一次真正的发作是一八五〇年的某个时候，七年后的一份医疗报告对此情形作了描述，主要表现是尖叫，失去意识，脸部和四肢抽搐，口吐白沫，喘粗气，虚弱、快速、不规则的脉息。这份报告说，类似的病症在一八五三年复发；从那以后，基本上每个月要发作一次。

关于陀思妥耶夫斯基第一次发癫痫的准确时间，已经有许多讨论，由于两个原因，这个问题变得特别复杂。一个原因是，一八四〇年代后期，陀思妥耶夫斯基患过某种说不清楚的“神经疾病”，这可能是后来折磨的一次警告信号。这两种病常常混为一谈，尽管陀思妥耶夫斯基反复说，在西伯利亚期间，第一种病的症状消失了。第二个复杂之处是弗洛伊德那篇著名文章《陀思妥耶夫斯基与弑父》受到的广泛信任。弗洛伊德认为，陀思妥耶夫斯

基最初的癫痫病症是“童年某种可怕的、难忘的、痛苦的事情”造成的。但弗
洛伊德为这个结论引用的惟一证据是一八三九年陀思妥耶夫斯基父亲（所
谓的）的被谋杀，当时作家十八岁；不过也没有理由认为他被癫痫病打倒
过。* 陀思妥耶夫斯基的信件是可以得到的惟一的一手资料，很明显，他说 81
癫痫病是他旧病（“神经疾病”）的全新阶段——情况的恶化，早期症状可能
在彼得堡出现过，但只是到了西伯利亚才成为真正的癫痫病。这就是他跟
弗兰格尔男爵所描述的情形，在他给哥哥米哈伊尔的信一年或两年后。“如
他［陀思妥耶夫斯基］所说，最初的病征，”弗兰格尔写道，“在彼得堡时已经
出现，在流放地发展了。”[22] 从他的病历看，陀思妥耶夫斯基不会认为他的癫
痫病是完全出乎意料，但他一直暗示，他西伯利亚时期的发作是过去没有体
验过的折磨。

七

毫无疑问，克里夫佐夫少校是一个卑鄙下作的暴君，一个虐待成性的恶霸，他喜欢折磨他所管辖的犯人，只是要摆威风。根据陀思妥耶夫斯基的叙

---

* 缺乏文献证据并不能阻挡热情的弗洛伊德分子。多米尼克·阿尔班在关于陀思妥耶夫斯基去西伯利亚前的生活的所谓学术研究中，直接凭空捏造了一个“初始场景”，以支持弗洛伊德的观点。她说，陀思妥耶夫斯基七岁时，一天夜里被母亲的喊叫声惊醒，于是走进父母的卧室，看到父亲在痛打无助的、哀求的母亲，他的第一次癫痫病随即发作。精神分析的这种天马行空得不到任何证据支撑。但正如大卫·E. 斯坦纳德评价类似的做法所说，“精神分析工作最常见的手段恰恰就像”阿尔班在这里所做的一样——“从成年性格回溯，去假想或‘重构’童年经验”。更多细节请参见拙著《陀思妥耶夫斯基：反叛的种子，1821–1849》附录，第 379–391 页；多米尼克·阿尔班，《陀思妥耶夫斯基的学徒时代》（巴黎，1968），第 31–32 页；大卫·E. 斯坦纳德，《萎缩的历史》（纽约，1980），第 73 页。

述，托卡热夫斯基也证实，他有时会在夜里突袭兵营，把已经劳动一天、筋疲力尽的犯人叫醒，因为他们的睡姿是朝右或平躺的，他下令只可朝左侧睡。* 他对所有装病的犯人都会大发雷霆，而在发现陀思妥耶夫斯基受到“偏袒”后，他对后者诈病怠工的愤怒就更重了。康斯坦丁·伊万诺夫是工程兵团将军的副手，只要可能，他都会给陀思妥耶夫斯基安排最轻的活儿——上油漆，开车床，打石膏，在漫长的西伯利亚冬天铲雪。有一次，他还安排陀思妥耶夫斯基在工程兵团机关里做行政事务。但这种安排不久就被值班参谋取消，后者是一个汲汲于仕途的家伙，戈尔恰科夫省长经常听取他的意见，因此颇有影响。可能是知道陀思妥耶夫斯基的保护人不再得宠于戈尔恰科夫，他告诉伊万诺夫，行政工作对一个判处苦役的政治犯来说是不适合的。

不过，陀思妥耶夫斯基并没有认为这件事多么糟糕；他感到，非常繁重
82 的户外劳动对对付兵营瘟疫般气氛的毒害是必要的，不久他就发现了这一点。“一直在户外，每天干活直到累了为止，学着搬重东西——无论如何我必须自救。”他写道，“我想：我要让自己强壮，我要健康、活泼、饱满、朝气地离开监狱。我没有做错，劳动和锻炼对我很有好处。”（4∶80）而杜罗夫显然尽其所能地躲避体力活，尽管只比陀思妥耶夫斯基大一点点，四年后他却成了一个病怏怏的老头，完全垮了，仅能勉力支撑。劳役营的一个目击者对陀思妥耶夫斯基的外貌有一段描写，强调了他的坚强和健硕：“Ф. М. 陀思妥耶夫斯基像一个坚强、厚实、矮壮的劳动者，训练有

* 在描述克里夫佐夫的愚蠢专制时，托卡热夫斯基说，有时他下令对真正的过错进行鞭笞，“但多数时候却没有理由。要吃‘杖活’，只需朝右侧睡就行。真的，这不是开玩笑——千真万确！瓦斯卡［犯人们给克里夫佐夫的又一个绰号］时常夜里冲到兵营来，谁若是在木板上朝右侧睡就要挨鞭子。瓦斯卡自有一套说辞，基督都是朝左睡的，因此每个人都要以他为榜样”。陀思妥耶夫斯基没有提到最后一个细节。希蒙·托卡热夫斯基，《七年苦役》（华沙，1907），第 127 页。

素,很适应军事训练。”[23]陀思妥耶夫斯基在工程学校的士官生岁月或许可以解释后来的这种印象。

同样,若不是要塞医院首领特洛依茨基对待政治犯的那种善良、仁慈的态度,陀思妥耶夫斯基的健康可能就会糟糕很多。陀思妥耶夫斯基第一次住院可能是由于癫痫病发作,或因清扫积雪而累倒,但他经常跑医院,哪怕没有什么特别的病痛。特洛依茨基医生会托前海军士官生(罪犯们亲切地叫他们 морячки,“小水手”)捎话,说有空床位。然后陀思妥耶夫斯基就会过来,登记簿上写的是“康复”,从而得以在始终喧闹骚乱的兵营外获得一次很必须的缓解。医院相对安静、舒适,还有奢侈的床铺,有营养的食物、茶和酒,可能来自医院的配给或者医生自家的厨房。克里夫佐夫当然知道特洛依茨基对“政治犯”的好意,但医院是一家军事机构,不属于监狱,他也就鞭长莫及。尽管工程部的首领和德·格拉夫将军都很清楚,特洛依茨基是在上下其手地玩弄彼得拉舍夫斯基小组成员应受的严刑,他们更愿意对这样的犯规视而不见,只是警告医生倍加小心。

八

结果表明,这样的警告绝非多余;医院的一个医生就在给彼得堡的信中告发他的上司,说他对政治犯存在可疑的偏袒。针对这一指控展开了一次调查,从托博尔斯克派来的法律官员负责究查。但他得不到地方当局的配
合,告密者也找不到任何证人来支持他的指控。陀思妥耶夫斯基被问及 83
他是否在监狱或医院写过什么,他回答说,他实际上没法动笔写作,只是

在收集素材。在被追问说明从何处找素材时，他反击说："在我的脑子里。"[24]

情急之下，调查官决定对犯人们的住处突击搜查。但这要得到司令官的允许，德·格拉夫将军于是有时间偷偷捎话给囚犯，他们赶紧把所有非法、被禁的东西搬走，又方便地留了一些胡乱藏掖的物品以惠搜查人。他翻出了一壶润发油，一瓶科隆香水，一件破烂的女用衬衫，妇女的袜子，还有几件儿童玩具。但也有值钱的，是一沓文稿，他猛扑过去，以为终于挖到了可以定罪的证据，是禁止的文学创作。事实上，那些纸张确实包含了一部文学作品——却不是他所期待的。那是一份祈祷文，是写给主的，祈求神的调解，以祛除撒旦，它似乎以克里夫佐夫的形象从下界重返了地球。陀思妥耶夫斯基是否参与了这个充满怨恨式幽默的创作，无从考证，但他的文学才能应该不会归于徒劳。

事实上，陀思妥耶夫斯基不只是在头脑中收集素材，他还在医院里藏有一个笔记本，他会在上面草草记下犯人们使用的短语和说法，是很典型的粗俗、生动的农民语言。这些珍贵的记录他偷偷托付给了医疗助手 А. И. 伊万诺夫，后者在他释放后还给了他。陀思妥耶夫斯基一直留着这些速记，亲手将其钉成一个小笔记本，直到去世。他自己拿着，或留在兵营，都非常危险——不仅因为它们可能丢失或被窃（什么都会被盗，以换一两个戈比，什么都卖得掉，陀思妥耶夫斯基得知这一点后很吃惊），而且一旦被少校发现，它们就是长期在找的鞭笞的借口。除了记录说法和谚语外，陀思妥耶夫斯基还保存了一些歌词，后来收在《死屋手记》中。某些句子包含了人名、日期，显然是为记忆考虑的，有助于回忆起他无法完全记下来的故事或事件。陀思妥耶夫斯基在那本直接取材自劳役营生活的书中大量使用了这些素材，也在许多小说中征引，最初在西伯利亚记下的那些惯用语使作品生意盎

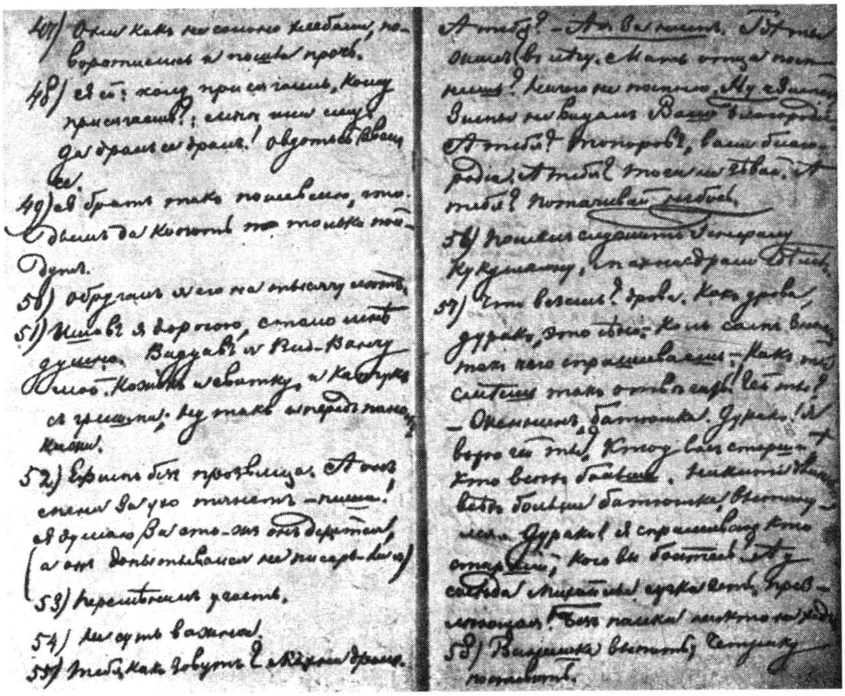

陀思妥耶夫斯基的《西伯利亚笔记》篇页(手稿),上面写有谚语和民间表达法等等

然。民族志、俄罗斯民间故事及语言学学者发现，陀思妥耶夫斯基是农民智慧和监狱切口的非常准确的观察者和记录者。

84 《西伯利亚笔记》的存在表明陀思妥耶夫斯基的顽强决心，尽管被剥夺了一切，劳役营的生活又颇耗精力，他仍矢志于文学事业，从不放弃终有一天再次复活的希望。“我不知道怎样跟你说，”他给朋友阿波隆·迈科夫写道，“我因无法写作而遭受的折磨。”[25]这些年里，他有一次机会可以率性地跟来自大都市的人说话，他非常急迫地打听文学界的事，那个他一下子失去联系的圈子。这次谈话发生在一八五三年冬，对象是一个流放的十二月党人家庭的儿子叶夫根尼·亚库什金，后者在俄罗斯完成学业，回西伯利亚担任土地测量员职务。

路过鄂木斯克时，亚库什金了解到陀思妥耶夫斯基在那里服刑，就请要塞的一个军官朋友安排见面。第二天，犯人陀思妥耶夫斯基被派到一个房子前面扫雪，这些房子是给过路的官员准备的，那个穿着土地测量员军团制服的主人邀请他进去。“我记得，”亚库什金多年后在一封信中写道，“陀思妥耶夫斯基穿着囚服、带着镣铐走了进来，他的样子给我留下了非常痛苦的印象，病恹恹的脸上有着严重疾病的痕迹。”关系很快融洽起来，两人热烈地谈论着“俄国正在发生的事，当下俄国文坛的事。他跟我打听几个崭露头角的新作家，说起他在苦役营的艰难处境”。[26]亚库什金将一小笔钱塞给陀思妥耶夫斯基，并欣然答应给米哈伊尔捎信，书信是当场写的，他很高兴，因为陀思妥耶夫斯基说，这次会面让他回到了生活。这是兴趣与同情的显现，再次让昔日的作家明白，人们仍记得他，并非像《穷人》中的女主人公那样，没有留下任何痕迹地消失于大草原。

九

陀思妥耶夫斯基在劳役营的最后一年很痛苦，但也没有超过此前的那
种艰辛。首先，克里夫佐夫少校因为行为不端被捕、受审，被迫辞去公职，他
一手建立的恐怖统治也随之而去。陀思妥耶夫斯基很开心地在城里见过这
位前少校，经过这些事后，他变成一个颓废的、落落寡合的人，“一个穿着破
烂外套、戴着别有帽徽的帽子的普通人”。(4：218)克里夫佐夫一离开，“所
有的人似乎呼吸更畅快，更有信心了……大家知道，只要需要，都可以跟当
局讲理，无辜的人除了犯错误否则不会因为罪行而受惩罚”。(4：219)省长 85
戈尔恰科夫将军也因情妇(一个大受补偿的兵团将军的妻子)大肆受贿而失
宠，被人取代。一八五三年春，陀思妥耶夫斯基在鄂木斯克工程部的朋友试
图借助新的、更有利的时机，请求改变陀思妥耶夫斯基和杜罗夫的地位，这
样两个罪犯可以不再戴镣铐，但军事部通知鄂木斯克，沙皇认为不适合批准
他们的请求。

尽管受挫，但陀思妥耶夫斯基服刑的外部环境明显改善。“比起早年的监狱生活，我在最后几年得到更多的优惠，”他在《死屋手记》中写道，“在城里供职的官员中，我发现了几个熟人，甚至我的老同学……通过他们的好意安排，我甚至能得到更多的津贴，能够拥有图书。”(4：229)这些老同学是谁，我们无从得知——但他们只能是来自军事工程学校的同学，如今安排在西伯利亚工作。我们也不知道陀思妥耶夫斯基最终得到的是什么书，除了两个书名——俄文版的《匹克威克外传》和《大卫·科波菲尔》。狄更斯的两本

鄂木斯克劳役营的栅栏

小说是由“小水手”借给他的，后者惊讶地发现，跟杜罗夫不一样，他对他们的法国藏书如大仲马、欧仁·苏和保罗·费瓦的作品没有什么兴趣。但阅读狄更斯似乎留下了深刻的道德痕迹，几年后他会把匹克威克先生看作他笔下梅什金公爵的先驱，“一个完美的好人”，在尘世受到讥讽嘲笑的基督理想的代表。最重要的，因为陀思妥耶夫斯基终于能跟一些农民犯人建立友谊，他的处境得到缓解。过去生活在敌视、仇恨包围的环境中，他倍感压迫，现在可以舒一口气了。

一八五四年二月，他从监狱释放——还不是真正的自由，还需在俄国军队当低等列兵，时间不定。未来的困难压抑不了他长期等待的释放所带来的巨大喜悦。多年来，他每天晚上沿着劳役营的栅栏孤独地踱步，每天数着又一个木栅，记录他刑期的渐满，最后伟大的时刻终于来了！他悲喜交加地对这个永志不忘的事件作了描绘，压抑的感情难以言喻——对痛苦过去的默然悔恨，对捉摸不定但充满诱惑的未来的巨大期待。“枷锁脱下，我抓着它们，我要把它们拿在手中，最后看上一眼。我似乎已经开始怀疑，一分钟 86
前它们居然在我的脚上。‘天啦，谢主之恩，谢主之恩！’罪犯们沙哑、急切地说着，但带着喜悦的腔调。是的，谢主之恩！自由，新生，从死亡复活……多么光辉的时刻！”（4：232）

注释

［1］陀思妥耶夫斯基，《作家日记》（1873），第152页。

［2］陀思妥耶夫斯基，《书信集》，第一卷，第133–134页，一八五四年二月二十二日。

［3］同上，第134页。

［4］同上。

[5] 同上，第135页。

[6] 米勒，《传记》，第126页。

[7] 同上。

[8] 同上，第126–127页。

[9] 陀思妥耶夫斯基，《作家日记》(1873)，第9页。

[10] M. Д. 弗兰采娃，《回忆录》，《历史学报》，第六期(1886)，第392页。

[11] 陀思妥耶夫斯基，《书信集》，第一卷，第135页。

[12] 同上，第137页。

[13] 弗兰采娃，《回忆录》，《历史学报》，第六期，第628–629页。

[14] 列昂尼德·格罗斯曼，《陀思妥耶夫斯基的生活与创作》(莫斯科–列宁格勒，1935)，第66页。

[15] 陀思妥耶夫斯基，《书信集》，第一卷，第135–137页。

[16] 同上，第138–139页。

[17] 同上，第135页。

[18] 这段话出自里森坎普夫给安德烈·陀思妥耶夫斯基的一封信，一八八一年曾部分发表。相关摘录再版于《文学遗产》，第八十六卷(莫斯科，1973)，第549页。

[19] 陀思妥耶夫斯基，《书信集》，第一卷，第135页。

[20] A. Э. 弗兰格尔，《回忆费·米·陀思妥耶夫斯基在西伯利亚》(圣彼得堡，1912)，第14页。

[21] П. К. 马尔季扬诺夫，《在转折的时代》，《历史学报》，第十至十一期(1895)，第十一期，第453页。

[22] 弗兰格尔，《回忆西伯利亚时期的陀思妥耶夫斯基》，第37页。

[23] 马尔季扬诺夫，《在转折的时代》，《历史学报》，第十一期，第448页。

[24] 同上，第456页。

[25] 陀思妥耶夫斯基,《书信集》,第一卷,第 166 页,一八五六年一月十三日。

[26] 这封信收于 B. 柳比莫娃-多洛托夫斯卡娅的文章《陀思妥耶夫斯基在西伯利亚》,《热情》,第四十六至四十七期(1946),第 27–28 页。

第七章　无数的道德恐怖

一

87 在陀思妥耶夫斯基的生平中，没有哪个阶段比监禁岁月中的这一段更难满意地描述。不是缺乏材料——相反，他的书信、同时代人的回忆录、数年后《死屋手记》所作的全面描绘似乎提供了足够的文献。尽管有显然如此丰富的证据，但仍有挥之不去的神秘，很难弄清其间究竟。无论是《死屋手记》还是书信，陀思妥耶夫斯基这位伟大的心理学家都没有分析过他的内心状态，只是闪烁其词。他没有一处明确地提供一些信息，以便我们理解他独特的转变方式。诚然，在书信的一两处，陀思妥耶夫斯基接近了这种自我分析、自我告白的边缘，却始终欲言又止："但我的灵魂，内心，精神——生长、成熟、随杂草一起锄去的东西，一页纸是无法交流、讲述的…… 总之，监狱从我身上带走了许多，也带来了许多。”[1]这是陀思妥耶夫斯基在暴露内心秘密方面走得最远之处，但这样的说法只能激起好奇，无法真正洞察。

直到二十五年后他写的另外一段文字，才超越了上文所引的那种语焉不详的概括。在《作家日记》（一八七三）中，陀思妥耶夫斯基回忆起“我信仰的重生”，他说那实际上是漫长的事。“它没有很快发生，”他写道，“而是渐渐地——经历了很长、很长的时间。”[2]这是否意味着“重生”与最近的监狱生活有部分重叠，我们不得而知；但这样的推断似乎得到陀思妥耶夫斯基强调性词语的支持。如果是这样，那就说明，陀思妥耶夫斯基离开劳役营时，并没有明确坚定的崭新信仰以取代他所放弃的信仰。更合理的理解是，他首先逐渐从对整个新印象的熟悉获得一些常人认识，后来才慢慢从更自觉的角度明白，他的经验是如何改变他的思想的。这种明确表达的“思想”是在陀思妥耶夫斯基再次跟十九世纪五十年代中期和六十年代初俄国社会-政治、文化生活接触后才开始形成的，在那个焦虑不安的年代，在突然的 88
转变和重大的事件中，他觉得有必要采取一个立场。

《作家日记》中的那段文字很有价值，因为它还指出了改变所以发生的主要动机。陀思妥耶夫斯基说，改变他和彼得拉舍夫斯基小组其他成员思想的不是艰苦的流放及强迫劳动，残酷命运中单纯的肉体负担没有粉碎他们的思想。“不，是别的东西……改变了我们的观点，我们的信仰和内心…… 这个别的东西是跟人民的直接接触，与他们同病相怜、兄弟相融，认识到我们［已经］跟他们一样，我们被放到跟他们同等的地位，甚至是他们最底层的地位。”[3]我们发现，这样的说法是对“相融”的粉饰美化，情形远非像陀思妥耶夫斯基希望读者相信的那般亲如“兄弟”。但他也毫无疑问指出了转变过程中的关键，尽管用的是明显误导的说法。他在我们所引的文字中强调的是他经受过程的“最终结果”;“兄弟相融”只能来自复杂的内心斗争,其细节陀思妥耶夫斯基没有提及,但它是《死屋手记》的一个主要**主题**。

陀思妥耶夫斯基在服苦役的地方的遭遇当然不能跟他动身前刚刚发生的那些重大事件割裂开来。彼得保罗要塞几个月的隔离与顽强自辩;行刑台上最后时刻与死亡的对视,死后生活之神秘莫测的折磨;在托博尔斯克与十二月党人妻子们的见面,感人至深地目睹崇高的自我牺牲和基督教的仁爱——这一切都留下了不可磨灭的印迹。孤独的监狱生活告诉他,自主的人格可以是生动的现实;痛苦地等待死亡又给了他基督教信仰新的超越意义(不再仅仅是社会的、世俗的);他看到了这些信仰的道德本质,它就生动地体现在那些来探视他的人身上。这些经验当然有助于改变陀思妥耶夫斯基,但它们的性质还不足以与他的早期信仰构成尖锐的冲突;它们更多的是强化了他先前世界观更纯粹的道德-宗教的方面,而脱离了与社会-政治行动学说的联系。只有当他来到劳役营,被迫与农民犯人朝夕相处时,他早期的一些观点才直接受到挑战;只有在这时,他才开始明白,他对俄国农民和俄国社会政治现实的本质存在着多么愚蠢的幻想。

89 因此,他认为与俄国人民的相遇是导致转变的首要因素,就有几分道理。因为正是这种相遇导致他全部心理、情感平衡的坍塌,他迫不及待要找一些办法,以便适应那些四面来袭、惴惴不安的真理。陀思妥耶夫斯基对这一挑战的强烈反应构成了他重生所由的关键,一旦做出这样的反应,他的信仰就逐渐改变,遵从他从不幸的同伴那里获得的新眼光。

二

陀思妥耶夫斯基在劳役营的四年拘禁有许多事尚无法确定，属于猜测；甚至如何理解他关于这段生活的作品《死屋手记》，也还是一个问题。因为它明显既是写实又是诗：陀思妥耶夫斯基重新安排了他的经验，以跟主要的艺术目的相一致，他的描述绝不能视为日常生活的简单复制。他的目的其实是想传达他所知道的自身道德-精神转变之内在“真实”的客观对应物，而这种转变的“事实”根本不该有疑问。

因此，不管陀思妥耶夫斯基如何对有关过去的记忆及观照进行修饰或强化，这样的“改进”方向都是一致的，即尽可能赋予其情感的深刻改变以更多的艺术及象征意味。因此，他描绘的种种事件——尽管与之相伴的其他事件他略而不提，或压缩到与实际情形不一致的时间段里——起码可以视为在内容上是准确的，尽管形式上不尽然，因此可以用作传材。叙述人的思想和感情也是真实的——不过不应该认为是陀思妥耶夫斯基本人。但在目前，我们要忽视陀思妥耶夫斯基所采取的艺术技巧，更关注他提供的种种线索，以把握他重生的内在动机。对《死屋手记》之为文学作品的分析留待下一卷，等我们抵达其最终创作的年代再说。

作为出发点，对陀思妥耶夫斯基监狱生活的任何恰当理解都必须无可争辩地确定以下一点：他在那里的第一阶段的生活，可能持续了差不多一年或更长，让他陷入一种可谓创伤性休克的情绪中。而且不管陀思妥耶夫斯基如何否定，狱方的残酷体罚不可能不对他的整个心理状态产生影响。是

90 的，他没有被不得不承受的艰苦击垮，他没有改变信念以苟且偷安。但他从没有对任何人提起这些变化，即使在给哥哥的信中也只是很泛泛地说起，那么他究竟是如何做到的呢？他在信中描述了艰苦的生活环境，不断地谈到因为机体不适应压力而导致的疾病，因此若以为这对他的精神状态没有任何影响，就未免天真了。确实，陀思妥耶夫斯基不富有，鲜有纸醉金迷的生活，但他也早已习惯俄罗斯上层社会正常的文明与舒适。从这个相对安逸的环境中剥离，他被迫坠入极度匮乏的境地，身体耐力经受极度的拉拽。他如今不得不面对的筋骨之劳会作用于他的情感，给他的全部印象蒙上阴郁黯淡的色调，这才是顺理成章之事。

我们也不要忘记陀思妥耶夫斯基一直面临的另一个恐惧，即克里夫佐夫少校下令进行的羞辱性责罚。刚一涉足兵营，他就因轻微的违规行为受到鞭笞的威胁，他一直惴惴不安地担心受罚。克里夫佐夫曾毫不手软地下令鞭笞一个波兰贵族 Z（若霍夫斯基），陀思妥耶夫斯基饱含同情地写过后者；陀思妥耶夫斯基侥幸逃过一劫后，他显然心有余悸，下次就不会这么幸运了。始终的焦虑当然就可以解释他那病态的好奇心了，他承认，他会问别人受鞭笞时的感受。“有几次我想准确地知道，”他写道，“到底有多［疼］，究竟能跟什么相比。**我不确定我为什么如此想知道**，我只想到一点，这不是单纯的好奇。我再说一遍，我很沮丧震惊。”（黑体字为引者所加）听到他所乞求的消息时，“我的心跳到嗓子眼，剧烈地跳着”。（4：153-154）

萦绕心头的担心受辱，对自己能否勇敢承受的揪心疑虑，足以解释此类谈话必然激起的神经激动症状。但陀思妥耶夫斯基不仅因对自身的本能关心而做出反应，他也对从一开始就给他留下印象的俄国生活司空见惯的残忍表现了同样切肤的反应。还是青少年时，他就看到一个政府的信使冷酷地猛揍马车夫的后脑勺，这让他看到了俄国社会真正可怕的本质；从此以

鄂木斯克的一幢房屋，墙壁由陀思妥耶夫斯基抹过灰泥

（根据照片制作的版画，一八九七年）

91 后，他憎恨政权让一个人有权去侵犯另一个人的权利。[4] А. И. 萨韦利耶夫在士官生时就认识陀思妥耶夫斯基，最近刚被任命为工程部的官员，他认为，在喀琅施塔得要塞，陀思妥耶夫斯基拒绝继续服兵役，是因为他每天被迫目睹同组那些违逆的士兵和罪犯受到惩罚，这令他反感。[5] 萨韦利耶夫夸大了陀思妥耶夫斯基决断的这一动机的重要性，但如果情形如此，陀思妥耶夫斯基一定会激烈地表达他的感情。彼得拉舍夫斯基小组的成员也证明，每当他听说任何鞭笞事件，或类似针对农民或士兵（俄国的大多数士兵出身农民）的体罚时，他都会义愤填膺。发生在别人身上，他都无法忍受，过去一听说此类事情都会怒发冲冠，如今自己却生活在恐怖的阴影中。处境的无助与无望让他只能怒火中烧，只能拼命压抑。

三

但这些情形只是构成陀思妥耶夫斯基出现危机的基本框架，它们当然要考虑进去，但如果过分看重就错了，它们只是诱因而非根本原因。毕竟，劳役营可恶的生活环境、克里夫佐夫虐待狂式的统治都或多或少是陀思妥耶夫斯基能够想到的，尽管事实（与他对彼得保罗要塞隔离生活的反应不同）证明比他所能想象的更悲惨。他最不能想到的是，他要么落入克里夫佐夫的魔掌，要么遭受同狱犯的虐待，此外别无选择。陀思妥耶夫斯基的期待是什么，我们无法确知，但我们已经引过彼得拉舍夫斯基天真的苦心孤诣之语，引过陀思妥耶夫斯基临行前的最后一次谈话。他安慰哥哥米哈伊尔说，他不是被送到丛林中与野兽为伍，他会生活在人群中间，跟他一样的人，也许比他好。尽管迫于情势，这些话有些装腔作势，但它们透露的是希望，被残忍欺骗了的希望。

要充分理解这种希望的内涵，我们就得明白，陀思妥耶夫斯基有关人民的印象是在一八四〇年代俄国博爱与慈善思想的决定性影响下形成的，又
受到所阅读的一八三〇年代法国社会小说（特别是雨果、乔治·桑）的灌育， 92
这些作品有鲜明的社会主义和“进步”的基督教色彩（两者尚未分离）。正如马克西姆·勒鲁瓦所说，这些作品充满了“对人民的神圣化”，理所当然地认为“他们是好人，有德行，比富人好，比富人更道德”。[6]其时最能表现这种“神圣化”的法国作家是基督教极端分子拉梅内神父，在陀思妥耶夫斯基的鼓励下，米柳科夫将他的《一个信徒的话》译成了俄文，并在帕尔姆-杜罗夫小组会议上朗读过。“这是我深刻的信仰，”拉梅内在另一部作品中写道，“今天，人民，真正的人民，被漠视、衣衫褴褛、每天艰辛度日的人民，依然是社会最健康的部分，在他们中间可以发现最理智的东西、最公正的东西、最人性的东西。”[7]陀思妥耶夫斯基本人的《穷人》——实际上他一八四〇年代的大多数作品——都充满这同样的信仰。如果我们认真看待他跟哥哥的谈话，那表明，在出发去劳役营与人民共命运时，他满心期待能够在那里找到对这一观点的暖心确认。

可他却遭遇当头一棒，因为他在那里发现的是残忍和野蛮，与卑劣的克里夫佐夫的淫威毫无二致。是的，陀思妥耶夫斯基在《死屋手记》中记载的第一件事就可怕地表明，对犯人施暴的绝不仅仅是克里夫佐夫一人。一天前刚抵达的他和杜罗夫走进偌大的监狱伙房，买了一杯茶；监狱定量没有这样的奢侈品，但厨子在正常伙食外给他们提供了他们买得起的东西。两个人坐下，开始津津有味地品茶，周围是狼吞虎咽的人，食物也是买来的。两个新来者对农民犯人投过来的邪恶目光故意视而不见。突然，醉醺醺的鞑

鞑靼人加津过来搭讪。他身材硕大，一喝酒就面目狰狞，他嗤笑着问两位“绅士”，从哪儿弄到钱得此“待遇”的，他们到西伯利亚是否就是来享受喝茶的。面对蓄意挑衅，他俩沉默不语，加津抓起旁边一个大的面包托盘，恶狠狠地要扣在他们头上。一触即发之际，不知是碰巧还是故意（陀思妥耶夫斯基吃不准），一个人冲到加津面前，跟这个大量走私伏特加的家伙说，他的存货被偷了，这个鞑靼人赶紧走开，这才没有造成伤害。但这件不祥的事毫无疑问留在了陀思妥耶夫斯基心头，他知道他同样面临狱伴的魔爪，在克里夫佐夫们惯常的残暴和狱伴的狰狞之间，他没有什么选择。

93 实际上，陀思妥耶夫斯基所担心的这种对生命和肢体的直接威胁所幸结果只是例外而非定则。但恶意是始终能够感受到的，尽管从没有实施。陀思妥耶夫斯基提供了大量证据，都是关于罪犯们的相互对待，说明威胁随时能演变为重创。他描写一个犯人说：“他特别喜欢偷窃，经常被人毒打；但其他人又未尝没有偷过，没有因此而挨揍呢？”（4∶146）犯人们一旦酗酒无度，斗殴就经常发生，造成一片混乱，进而惹得“八只眼”要对整个兵营加以训诫。陀思妥耶夫斯基很清楚，加津在这类事情中很嚣张，有时灌下几杯伏特加后，他甚至对人动刀。陀思妥耶夫斯基多次目睹接下去的情形：“他兵营里的十几个人一起扑过去揍他，无法想象还有什么比这种雨点般的拳头更可怕的：他们揍他的胸脯，他的心脏，他的肚子、腹股沟，他们恶狠狠地揍他，不知疲倦，直到他失去知觉、像个死人才住手。”（4∶41）

陀思妥耶夫斯基打心底厌恶野蛮的场景，尽管其时他尚未被迫恶心地亲眼目击，但无休无止的咒骂、侮辱、威胁、吓唬仍不断让他想到那样的景象，说明同狱犯经常处于怒气冲冲的状态。在他看来，可怕的争吵似乎随时都会爆发，但让初来乍到的他惊讶的是，许多时候事态又都在一阵不堪入耳的谩骂声中结束。“相互侮辱，恶语中伤，”他说，“是允许的。对大家来说这甚至是种消遣。但斗殴并不总能得到[别人的]饶恕,只是偶尔的时候冲突双方才拔拳相向。"(4∶25)而痛揍是为了制止可能带来麻烦的斗殴,暴力威胁的气氛始终弥漫。

因此,营地生活对陀思妥耶夫斯基的感受来说是无尽的、最痛苦的折磨。如他在信中所说,无法躲开"身边没完没了的敌视与争吵,斗嘴、吼叫、咆哮、喧嚣……"我们知道,所幸还有一个临时避难所——逃到医院去,尽管那里有传染的危险,束缚在臭气熏天的院子里,无法呼吸新鲜空气。"不过,起码刚开始时,"陀思妥耶夫斯基写道,"我经常去医院,有时是生病,有时只是去躺躺,我要逃离监狱。那里的生活无法忍受,比医院更不能忍受,**道德上无法忍受**。"(4∶164-165;黑体字为引者所加)

四

这种道德反感不仅是弥漫在罪犯彼此间的残暴态度的结果,它还因陀 94
思妥耶夫斯基很快知道的一件事而严重化,那就是盛行在他们中间的可怕堕落,这显然超过他所能预料的一切。陀思妥耶夫斯基描写过悲惨生活中的人们,但那些真正邪恶的人总是来自上层社会或蓄意作恶。他显然想不到会在农民犯人身上发现丑德败行,过去他认为这只属于他们的长官大人;或者如果他怀疑到这类事,现实也比他所能期待的更难忍受。因为他在描写突然被抛入罪犯生活中间时说:"我吃惊、沮丧,仿佛直到那时我才怀疑或听说过这一切,不过我早就知道,也听说过。**但现实印象跟我从书本或别处获得的还是大相径庭**。"(4∶65;黑体字为引者所加)书报检查制度当然不会允许他直言不讳地谈论罪犯的道德，但他的意思已经很直白了。

有关偷喝违禁伏特加而纵酒狂欢的描写非常详细，据说陀思妥耶夫斯基对走私手段的谙熟与暴露让后世的监狱同伴们难度加大。男妓女娼也显然提到，关于后者写得很明确（鄂木斯克找得到女人，看守只要拿到贿赂，对在城里干活开小差就会视而不见），对前者的描写则拐弯抹角得多，但仍确切无误。最令陀思妥耶夫斯基吃惊的是猖獗的偷窃之风——事实是，“总体说来，[犯人们]可怕地互相偷窃”。(4∶18)他很吃惊，这并不奇怪，因为他曾写过一个动人的小故事《诚实的小偷》，其中一个无可救药的酒鬼为了得到一点伏特加，从几乎跟他一样穷困的朋友那里偷了一条马裤，最后为此死于心碎和悔恨。但陀思妥耶夫斯基很快明白，在劳役营看不到这样的心碎。“几个犯人在我周围游荡，怀疑我身上有钱，”他写道，谈的是他第一天的事，“他们随即开始巴结我，教我戴枷锁的方法，帮我——当然要钱——弄到一个带锁的箱子，放值钱的东西，还有我带到监狱的几件内衣。第二天他们就偷走换酒了。其中一个后来对我很忠心，但他从没有放弃偷窃我，一有机会就下手。”(4∶25)

95 陀思妥耶夫斯基发现偷窃现象后，内心当然充满愤慨；他发现自己落入缺乏最起码的诚实原则的人之手，当然很沮丧——对这些人来说，“友谊”并不妨碍不时的偷盗。但他的最后一句话心平气和，没有任何怒气。很明显，这是一个普通道德准则不复存在的世界，他在农民犯人中间看不到为罪行悔改或抱恨的任何迹象，无论过去还是现在，这确认了上述结论。“几年里，”陀思妥耶夫斯基写道，“我从未看到这些人有任何悔意，他们也从没有因为想到自己的罪行而有沉痛之感，大多数人内心都认为他们是绝对正确的。这是事实。这很大程度上归咎于自负、吹牛、坏的榜样、错误的羞耻观。但另一方面，谁能说他探寻到这些无望者的内心深处呢？谁能读得出他们对外界隐藏的秘密呢？诚然，在这几年里本有可能注意到某些东西，本可以发现这些心灵中的内在痛苦和遭遇的种种迹象，但却没有人这样做，根本就没有人这样做过。”（4：15）

因此陀思妥耶夫斯基最后说，“无法用现成的观点来理解犯罪”，而且“犯罪哲学比设想的要更复杂一些”。（4：15）他在这里表达的无疑是他面对劳役营的遭遇所产生的最初的、困惑性的反应，因为怀着“现成的观点”的人不就是他吗？我们可以推断，难道他没有以为农民犯人会因沉重的罪孽而低头折腰吗？只要浏览一下他早期的几个作品，我们就明白，他完全会欣悦于这种诚实的误解。

陀思妥耶夫斯基不断刻画低层人物（不是农民，而是俄国社会中同样处于低下地位的人们），他们因怯弱、微不足道的反抗而悔恨内疚。马卡尔·杰武什金（《穷人》）为掠过心头的“自由思想”而恐惧，那不过是他对耻辱处境的微弱抗议；戈利亚德金（《双重人格》）无法接受上司对他参加晚会的拒绝而采取了一些冒失举动，最终让他精神分裂。《女房东》中那个美貌惊人的女主人公卡捷琳娜出身商人家庭，显然是作为俄罗斯人民的象征而塑造的，在陀思妥耶夫斯基笔下，她背负着沉重的罪孽，邪恶的穆林利用她对永恒责罚的担心而肆意支配着她。可以推知，陀思妥耶夫斯基希望在劳役营能遇到与这一预想相应的某种心态，哪怕少一些耸人的伪装。鉴于下层阶 96
级在俄国社会被迫忍受的一切，哪怕是表现过分的良心也行，但是没有，他吃惊地发现，丝毫的道德不安痕迹都没有。

因此陀思妥耶夫斯基发现他所处身的环境让他充满了惊愕和恐怖，在《死屋手记》中他直言不讳地表达了自己的反应。有一段是描写漫长的冬夜的，犯人们早早就被锁在屋内，直到困意来袭，他们有几个小时的时间要待在一块儿，他宣泄了几天来困扰他的痛苦厌世情绪。他描绘了一幅冷酷的场景,并作了冷峻的判断:“喧闹,咆哮,大笑,咒骂,镣铐哐啷,煤烟灰尘,光秃秃的头,打着烙印的脸,破烂的衣衫,到处是**龌龊**、**下贱**。什么生活人不能过?人是能适应一切的造物,我想这是对人的最好定义。”(4:10;黑体字为引者所加)一个评论家认为,陀思妥耶夫斯基不断赞美人类精神的天生弹性,最后的几句话又是一次礼赞。我的理解恰恰相反。难道这不是对龌龊之无尽深渊的冷嘲热讽吗?农民犯人——但显然不是陀思妥耶夫斯基本人——不得不学会在这里生存,甚至要安之若素![8]

五

至此就很明白,何以陀思妥耶夫斯基没有像敌意的批评家有时认为他应该的那样,费心跟其他同伴解释他的罪行。(不管陀思妥耶夫斯基和杜罗夫之间存在什么分歧,这一点我们马上就要谈到,后者也不惮烦那样做,而且也是带着对处境的类似估计来的。)显然,陀思妥耶夫斯基无法在《死屋手记》中直接谈论此事,但书中的一些段落有助于理解此事。陀思妥耶夫斯基获悉的第一件事是由一个过去是军官的犯人告诉他的,说农民犯人“不喜欢绅士,尤其是政治犯,他们会生吞掉他们的,这可以理解。首先,你属于另一个血统,跟他们不同,而他们都是农奴或士兵。你自己想想,他们会不会喜欢你”。(4:28)此外,另一个说法更直接地让陀思妥耶夫斯基决定保持沉默。“如果我巴结他们,试图赢得他们的善意,”他写道,“跟他们相熟……他们马上就会认为,我这样做是出于害怕和怯懦,就会轻蔑地待我。”(4:77)

因此，陀思妥耶夫斯基不想跟农民犯人有更亲密的接触，而是远离他们；但尤其让他惊讶的是，他发现他们的敌意是根深蒂固的。何以这会成为 97
一种启示，是一个问题；毕竟，鉴于俄国社会的性质，为什么要期待其他反应呢？陀思妥耶夫斯基相信他的父亲是被农奴杀害的，他当然知道其他的农民不满的例子，为什么他还幻想受善待呢？一个可能的理由是，既然监狱里的条件是一视同仁的，陀思妥耶夫斯基就会觉得，农民和“绅士”之间的随和关系自然就会产生。这样的期待在下述情形的思考中得到体现，结果当然相反。“作为一个普遍法则，昔日的贵族会被看作威胁，不能友好相处，”陀思妥耶夫斯基发现，“尽管他们被剥夺了一切的等级特权，处处都跟其他犯人一样，后者也从不会把他们当同志。老实说，这甚至没有任何有意的偏见，而不过是无意识。”(4∶26)

但另一个理由可能是对俄国农民的轻蔑态度，这在西欧派那里很普遍——这种态度我们在陀思妥耶夫斯基给调查委员会的供词中已经看到。因为尽管农民面对伤害和虐待当然会反击，但一般都认为他太简单，心智不发达，对自己的地位和处境无法进行自觉的反抗。一八四一年，别林斯基写了一篇关于彼得大帝的文章，这被视为俄国西欧派的思想宣言。在这篇著名的文章中，别林斯基说：“俄罗斯**农民**仍是半亚细亚式的，且很独特；他喜欢快乐，但认为那绝对是在流水席上，在他吃吃躺躺的炕上。当收成很好、面包很多时，他快乐、满足，过去、未来的想法打搅不了他！因为在自然状态的人，除了满足饥饿等需要外，是不会思想的。”[9] 如果陀思妥耶夫斯基对**农民**也有几分这样的看法，我们就能理解，他一旦发现他们其实具有某种社会政治意识，他就会非常震惊。他开始认识到，俄国农民根本不是得过且过，只是面对眼前的需要才做出反应，他们很能思考，有自己非常成熟的独立的

98 世界观。[*] 而眼前最影响陀思妥耶夫斯基的就是农民犯人的这种自觉意识，他们对整个贵族、对他个人怀有难以调和的敌意。

六

从一开始，陀思妥耶夫斯基就从投射过来的“阴沉目光”中不安地意识到了这种敌意，这类目光的意思在监狱伙房与加津遭遇的事件里得到证实。别人才不会为了贵族们的利益而横加干预的，但如果其他农民犯人在类似情况下遭到威胁，当然就有人挺身而出。“他们一声不吭！”陀思妥耶夫斯基发现。“没有人对加津喊叫，他们对我们的仇恨很强烈！”这只是许多事件中的第一桩，后来陀思妥耶夫斯基从一个波兰犯人那里获知了真相。后者也是一个政治拘留犯，陀思妥耶夫斯基天真地问他，虽然许多农民犯人也在吃自己的食物，他们何以要对他们喝茶耿耿于怀。这个已被铁窗磨砺得冷酷的波兰贵族答道：“不是喝茶的缘故，他们虐待你，因为你过去是一个绅士，跟他们不一样。他们许多人都非常喜欢伤害你，侮辱你。你在这里会遇到许多的不快。”（4：32）

几天后这样的预言就应验了，陀思妥耶夫斯基首次被派去跟一个劳动

---

* 需要指出的是，这样的农民观绝不仅限于俄国西欧派，十九世纪五六十年代的欧洲也很普遍，有些国家维持这种看法的时间更长。比如，巴尔扎克就说，农民过着“纯粹的物质生活，近乎野蛮状态”。哲罗姆·布鲁姆从多个国家的多部小说采集了阐明同样信念的引文。可参见他那篇非常增长见闻的文章《小说与欧洲农民：作为历史源泉的现实主义小说》，《美国哲学学会论文集》，第二卷（1982），第128页及以后。

队一起干活，他对体力活不在行，发现“自己处处碍手碍脚，到处被推来搡去。那个衣衫褴褛的最下等的人，本身就笨手笨脚，对别的比他机灵的犯人嗓门都不敢高，却认为有权呵斥我，如果我在他旁边他就怪我碍他的事。后来一个有头脑的人毫不掩饰地跟我说：‘你往哪里挤？滚！你干吗戳在不需要你的地方！’”于是，陀思妥耶夫斯基写道：“我只好靠边站，别人都在干活，我却靠边站，这让我羞耻。可当我走开，站到驳船的船尾时，他们立刻又叫了起来：‘瞧他们派来的好劳力，谁能跟他们相处呢？你们屁事也干不了。’”（4：76）

我们只有忆及我们从陀思妥耶夫斯基西伯利亚之前生活中所了解的那个人的性格，才能理解这样的境况对他的影响。在彼得堡的文学圈子中，他的极端多疑、敏感、病态及神经质是出了名的，稍有反对或敌意，他就按捺不住。在别林斯基的文学沙龙里，他跟其他几位年轻作家起初尚能友好坦诚相处，但很快就因为他对任何评论都生气动怒而破坏，一八四〇年代末他获 99
得了一个不值得羡慕的名声，即难以相处和病态地多疑。尽管我们不应该将地下人的性格视为作者的写照，但陀思妥耶夫斯基的性格与那位被迫无奈跟他人一起生活而病情恶化、浑身长刺、自我辩解的地下人仍有许多相似。总之，敏感皮薄、极易受伤、睚眦必报的陀思妥耶夫斯基如今落入了耻辱的梦魇，却无处逃生，只有学会如何忍受。

哪怕这样的敌意不是针对他本人，也包括了其他所有的贵族，这对陀思妥耶夫斯基也不是安慰。事实上，不加分辨只是令人更难忍受，因为就他本人而言，面对明显的不公，他不由自主地会感到心痛。在《死屋手记》中，他不断强调这种无情的阶级仇恨所带来的心痛。真的，他逐渐认识到，这是监狱生活所有的折磨中最令人痛苦的，始终被敌人包围，始终被广大的大多数疏远，置身无边的敌视却束手无策，这会让人崩溃。他说，一个普通的农民犯人，“到后不到两小时……就跟其他所有人站到了一起，如鱼得水，拥有这个群体中的其他人一样的权利，每个人都懂他，每个人都视他如同志。**绅士**就截然不同了，那是不同阶级的人［黑体字为原文所有］。**不管他多么直率、温和、聪明，他会遭受数年的仇恨、蔑视，没有人理解他，更糟的是，没有人相信他**［黑体字为引者所加］。他不是朋友，不是同志，尽管在未来岁月中他可能会在他们中间获得这样的地位，不再受辱，但他永远不会成为他们的一员，他始终都会痛苦地认识到，他是孤独的，他跟所有的人都很遥远。”（4：198）

这些话表明，陀思妥耶夫斯基知道，他必须顽强地在周遭的敌意中存活，最好的情形下也得面对同情的蔑视。一个农民犯人叫彼得罗夫，过去是一个士兵，公认（陀思妥耶夫斯基认为是恰当的）是监狱里最危险、最铁石心肠的家伙——但跟其他许多凶相毕露的人相比，他不太争吵好斗——他是他那个阶级中少有的跟陀思妥耶夫斯基打交道的人。就是他偷走了陀思妥耶夫斯基的《圣经》，尽管在书中描写的那个著名的浴室场景中，他对陀思妥耶夫斯基关照有加，且每天都来找陀思妥耶夫斯基友好交谈。彼得罗夫识字，爱琢磨，跟陀思妥耶夫斯基问东问西——有时是关于法国政治，有时是
100 问地球对面的人是否用头走路。尽管与彼得罗夫的交往是一种可喜的安慰，但陀思妥耶夫斯基也始终充满警觉。

“我有这样一个印象，”他写道，“总的说来，他把我当作孩子，差不多是一个刚出生的婴儿，对最简单的事也无法理解……我觉得，他不假思索就认为，他无法像跟其他人一样地跟我谈话，在书本之外我一无所知，也没有能力去理解，因此没必要用那些来烦我。”（4：86）陀思妥耶夫斯基相信，哪怕是在偷他时，彼得罗夫都在可怜他，因为他无力保护自己的财物。“有一天，他跟我说，”陀思妥耶夫斯基回忆说，“我是‘一个好心肠的人’，‘太单纯，太单纯了，因此让人感到愧对你’。”（4：87）这种居高临下但缺少彼得罗夫所表示

的同情的讽刺态度，是其他犯人的主要态度，尽管他们不会公然侵犯陀思妥耶夫斯基，但他们的相对宽容安慰不了陀思妥耶夫斯基的陌生感，缓解不了他处境的苦痛。

七

在劳役营最初一年左右的时间里（很难确定这些事情的具体时间），陀思妥耶夫斯基在《死屋手记》中所描写的环境对其生理、心理及道德的重压让他沮丧心碎，却找不到缓解的办法，他坦承自己陷入痛苦的自责情绪之中。"'这是我长途跋涉的终点，如今我入狱了！'我不断地对自己重复这样的话。'许多漫漫长夜我都将在这里度过……谁知道呢？也许多年后我要离开时，我会抱憾的！'我接着说，不无某种恶意的快感，有时人们几乎渴望故意揭开自己的伤口，好像是想咀嚼自己的痛苦，好像意识到悲哀是真正的享受。"（4∶56）

在陀思妥耶夫斯基笔下，这种自虐式的自我仇恨是他对新环境的第一反应，但只要他认为周遭的一切可恶，类似的情绪冲动就会反复出现。一个局外人说他就像"一只困兽"。"他脸色苍白发黄，没精打采，布满了黑色雀斑，从没有闪过一丝笑容，他的嘴巴只有在涉及一些事务性事情时才会冒出片言只语。他的帽子压在额头上，直到眉毛；他神情凶恶、孤僻、敌视，他垂着头，眼睛直勾勾地盯着地面。"[10]陀思妥耶夫斯基的极度孤独在下述场景中得到生动表达。他描写自己收工回来、受到监狱里那条狗沙里克愉快的 101
问候时自己的感激之情，那条狗没有人疼爱，除了他："我记得，对我而言，就像得意于我的遭遇一样，我会乐观愉快地想到，世上只有一个生灵爱着我，忠于我，做我的朋友——我忠实的狗儿沙里克。”（4：77）

没有人能准确地说出，在这些备受折磨的岁月里，陀思妥耶夫斯基精神和内心深处都经历了些什么，但这一离群时期标志着试图修正早期思想和信仰的开始。“在我精神孤寂时，”他写道，“我检讨了过去的一生，不放过任何细枝末节，我咀嚼着我的过去，严酷无情地审视自己，有时甚至感谢命运给我孤独，否则我就不会这样审视自己，不会如此严厉地反思我的过去。”（4：220）我们知道，陀思妥耶夫斯基对这些自责玩味的内容不置一词，他狱中回忆录的几页文字惟有当作伊索寓言才可理解，它们暴露了他做革命密谋者的徒工时的盲目愚蠢。

这几页构成了名为“请愿”的章节。开头描绘的是，陀思妥耶夫斯基有一天注意到，大多数农民犯人在一个反常的时间在监狱院子里集合。陀思妥耶夫斯基以为，他一定没有留意到某个命令，于是赶紧跑过去等着点名。但令他惊讶的是，他习惯的在队列中的出现却引来一阵奚落和侮辱，那些人出言不逊地要他走开。这突如其来的呵斥让他困惑不解，他犹豫着是否要听从四处冲着他的吼叫，最后有人抓着他的手臂——礼貌但坚决——把他带到了伙食房。那里喧闹着，聚集着一些农民犯人和所有别的绅士，他们立即告诉他，大家组织了一次针对克里夫佐夫少校的“请愿”，因为最近伙食更差了。他终于明白是怎么回事：农民犯人自发且一致地拒绝让绅士加入他们的抗议行列。

结果，请愿轻而易举地就被那位狂怒的少校给粉碎了，他不由分说地下令对几个抗议者一顿鞭笞，陀思妥耶夫斯基受到的待遇则成为痛心的、告诫性的回忆。“我在监狱中从未遭受这样的侮辱，”他写道，尽管曾遇到其他种种羞辱，“这次我感到非常痛苦。”（4：203）他从未像今天这样渴望被别人作

为同道而接受,从未像这次这样被断然排斥。此外,同一天下午,当他想打 102
听事情的原委时,他更明确地理解了被拒绝的全部含义。

再次出乎他的意料的是,他发现,农民犯人对那些袖手旁观的人毫无憎恨或不快之意。这样的大度让人摸不着头脑,他跟彼得罗夫谈起这件事:

> "告诉我,彼得罗夫,"我[陀思妥耶夫斯基]说,"他们生我们的气吗?"
>
> "为什么生气?"他问,像刚醒过来一样。
>
> "犯人跟我们——贵族们生气。"
>
> "他们干吗要生你们的气?"
>
> "因为我们没有参加请愿。"
>
> "可你们为什么要请愿?"他问,似乎想努力理解我的话。"你们自己买饭吃。"
>
> "天啦!但你们几个参加的人也是自己买饭。我们应该一起行动——是同志。"
>
> "可……可你们怎么能是我们的同志呢?"他困惑不解地问。[4:207]

这段交流深深印入这位昔日的革命密谋者的意识中,他一度还想鼓动一场农民革命,对他来说,其中的社会-政治含义根本就无须再费多少口舌。很显然,农民会在获得自由的斗争中接受贵族的领导,这样的念头纯属痴心妄想。我们还应该注意,这件事发生时,陀思妥耶夫斯基照理还没有失去叛逆的道德及社会冲动,正是这种动因导致他当初加入了彼得拉舍夫斯基小组的行列。如果得到允许，他是否会有意跟抗议者们站在一起，这是一个无法回答的问题，但他感到有道义上的责任加入其中，这一点是没有问题的。

但只有我们注意到陀思妥耶夫斯基在书中其他地方提及彼得罗夫时的口吻，他俩谈话的完整意义才能显现。他被描述为来自俄国民众的那样一种类型，“在某些群众暴动或革命时，会挺身而出，占据主要地位，从而立即倾其所能”。换言之，彼得罗夫是一个天生的革命者，正是斯佩什涅夫们希望求助的那种农民——如陀思妥耶夫斯基所写的，那些人“是第一批跨越最糟糕的障碍的人，会不假思索、无所畏惧地面对每一个危险……”(4∶87)他如今明白了，这样的人是无法理解他会跟一个贵族(他与之和睦相处的人)在社会抗议中像同志一样团结的。陀思妥耶夫斯基
103 不再相信激进知识分子的努力会在鼓动广大的俄罗斯人民方面有丝毫效果，在他的一生中——尽管他去世半个世纪后情形不然——历史将会证明这种想法是正确的。

此外，不但人民和知识分子之间的任何合作是不可能的，从人民中间脱离出来的领袖——这些领袖在混乱的时代高踞不满的群众之上——只能将他们引向灾难。因为这些“鼓动者和头目”，控制着“大批的工人，成群的士兵等”(换言之，任何可以想到的俄国民众起义的干部)，都是“生气勃勃的人，渴望正义，直截了当且非常真诚地相信其必然的、直接的尤其是立竿见影的可能性”。他们“不比他们的同伴笨，事实上其中一些人要更聪明，但他们**太过热情**，因而不精明审慎”(黑体字为引者所加)；这样的领袖是没有能力控制并引导成功的群众运动的。“如果有人善于巧妙地领导群众、赢取事业，他们就会属于另外一种类型，是民众爱戴的英雄，是人民的天然领袖，而这一类型的人**我们极少有**。我刚才所说的那些鼓动者和头目差不多总是失败，结果是入狱、服苦役。”(4∶201；黑体字为引者所加)

显然，这些话为通过革命鼓动促进俄国社会变革的任何可能敲响了丧钟。人民永远不会追随知识分子，那些走在前列的领袖只能奔向自我毁灭；“他们［领袖］因为热情而失败，但恰恰是他们的热情影响了群众。”（4：201）这些当然是陀思妥耶夫斯基“严酷无情”地审视自己的过去时得出的悲哀结论；他这样做时，一定会想到普希金在《上尉的女儿》中的那个著名的结束句，这部小说是以十八世纪血腥的普加乔夫起义为背景的。确实，普希金的话可以表达陀思妥耶夫斯基如今自己形成的看法：“上帝保佑我们不要看到俄国暴动，无情而没有意义。那些在我们中间策划不可能的起义的人们，要么年轻、不了解我们的人民，要么是一些铁石心肠的人，他们对自己和他人的生命视若草芥。”[11]

注释

［1］陀思妥耶夫斯基，《书信集》，第一卷，第446页，一八五四年七月三十日。

［2］陀思妥耶夫斯基，《作家日记》（1873），第152页。

［3］同上。

［4］陀思妥耶夫斯基，《作家日记》（1876），第184–186页。另可参见拙著《陀思妥耶夫斯基：反叛的种子，1821–1849》，第70–73页。

［5］多利宁编，《同时代人回忆Ф. М. 陀思妥耶夫斯基》，第一卷，第104页。

［6］马克西姆·勒鲁瓦，《法国社会思想史》（三卷，巴黎，1946–1954），第二卷，第442页。

［7］同上，第441页。

［8］参见皮埃尔·帕斯卡尔在他出色的法文翻译中的评论，《死屋手记》（巴黎，1961），第14页，注释2。

［9］别林斯基，《哲学论文选》，第125页。

[10] 马尔季扬诺夫,《在转折的时代》,《历史学报》,第十一期,第448页。

[11] 亚历山大·普希金,《上尉的女儿》,娜塔莉·杜丁顿英译,重印于《普希金诗歌、散文、戏剧集》(阿夫拉姆·雅莫林斯基编辑,纽约,1936),第741页。

第八章　俄罗斯爱国者

一

陀思妥耶夫斯基政治希望的崩溃本身不足以将他抛入他所遭受的内心 104
混乱和道德-精神危机状态。当然，他无情地责备自己无可救药的天真，竟会鲁莽轻率地投身社会政治冒险，他根本就不是一个政治生物——比如像彼得拉舍夫斯基和斯佩什涅夫——后来他倾向于将自己卷入革命活动视为多少是一种生平偶然事件。这种看法也不只是较为清醒的年代才产生的愧疚心理，当初深陷其中时他就对自己的行为惴惴不安，曾以宿命论的口吻说，他的“靡菲斯特”——斯佩什涅夫——让他陷入政治活动，仿佛全然违背了他的意愿。实际上，政治并没有介入其性格的最深层次，尽管在请愿事件中受到的对待令他备感屈辱，但这只不过是农民犯人常见敌意的又一例证，虽然更伤人。让他更深为不安的是,他对待这种敌意的反应所提出来的更大问题。

因为陀思妥耶夫斯基大为困惑的,不仅是他遭到了同狱犯们的肆意对待,而且面对他们可怕的行为举止,他畏葸不前,这令他更加不安。同狱犯们的实际表现,他对这些表现的态度,两者都令他猛然惊醒。在《死屋手记》一段直接跟读者——像他一样有教养的阶级成员,大多对人民怀有同样的人道主义感情——告白的文字中,他道出了自己沮丧的实质。他告诉这些读者,他们认为他们了解农民,可悲哀的是,他们所知的一切都是错的;他们不加分辨地按照一般的社会生活进程来处理农民问题,但通过这样的接触获得的印象是彻底的误解。只有在下列情况下才会知道农民**究竟**是什么,"当**贵族**因环境所迫被彻底剥夺他过去的特权,变成了一个农民。你也许一生都在跟农民打交道,你也许四十年来每天都跟他们交往,或者是以公事公办的行政管理方式,或者就是一种朋友的方式,做一个恩人,有时甚至是某种意义上的父辈——但你永远不能真正懂得他们。一切不过是一种视觉幻
105 象,不过如此。我知道,那些阅读这些话的人都认为我是夸大其词。但我相信这是真的,我不是从书本、从抽象理论获得这个信念的,而是基于现实,我有足够的时间来证明这一点"。(4：198-199)

这些句子有着自省式的反讽,说明陀思妥耶夫斯基首先彻底清除了他过去关于农民的全部想法,毫无疑问他以前起码是有意从恩人(如果不是父亲)角度来支持他们的。如今这种恩人态度被代之以对周遭一切的嫌恶,而最重要的是对农民犯人的嫌恶。"监狱第一年的悲惨生活是无法忍受的,"他写道,"它令我恼怒、痛苦。"(4：178)悲惨的主要原因也是毋庸置疑的:"最初的几年,犯人们不断把我视为'贵族',我对此很不喜欢,无法忍受,这**毒害了我整个的生活**。"(4：176;黑体字为引者所加)这些话同样表明,陀思

妥耶夫斯基是牺牲品，这具有腐蚀效应；但释放不久后，他在给冯维辛娜夫人的一封信中直截了当地记载了另外一种反应。“［在劳役营］有时候，”他坦承，“我讨厌碰到的每一个人，不管他有罪还是无罪，我把他们看成偷儿，他们偷走了我的生活，却不受惩罚。最无法忍受的不幸是，你本人也变得不公正，卑鄙，邪恶；你知道这一点，甚至斥责自己——但你却身不由己。”[1]

面对同狱犯们“顽固不化的憎恨”，陀思妥耶夫斯基也由此难以抑制地对他们“卑鄙邪恶”；这是他对初次碰撞的反应。因此，他的感情经历了从过去人道的手足之情的彻底反转；未来他将带着辛辣的讽刺描写这类“席勒式”的柔肠，那是这种“信仰重生”之最初反面阶段的艺术结果。当然，我们不能夸大劳役营对陀思妥耶夫斯基人道主义信仰之破坏的重要性，但完全将之排斥于阐释关注中心的做法也有几分危险。因为，尽管列夫·舍斯托夫也正确地强调了这种心理-感情转变的重要意义，但他又认为，陀思妥耶夫斯基从未真正克服“对人类的憎恨”，在服刑期间，这种情绪压倒了他——在舍斯托夫看来，这种憎恨后来在地下人那尖刻的长篇大论中爆发，他反对所有那些“崇高美好”的理想，而年轻的陀思妥耶夫斯基一度非常天真地发誓说那就是他的信仰。“陀思妥耶夫斯基不但焚毁了他过去膜拜的一切东西，”舍斯托夫认为，“他还将它踩在泥淖中。他不仅恨他早年的信仰，他还鄙视它。”[2]

因此，在舍斯托夫看来，《死屋手记》某些场景中仍回响着的人道主义音
调，后来的陀思妥耶夫斯基所宣扬的爱与宽恕的精神，不过是关于人的可怕 106
真理之胆怯的掩饰，其全部力量连陀思妥耶夫斯基也不敢面对。“但是劳役营的真相，”舍斯托夫说，“不管他如何设法安排和修饰，显然保持着其本来的痕迹。”[3]因此，在强调劳役营的动乱给陀思妥耶夫斯基带来的极度不安感方面，舍斯托夫与我的看法是一致的，但我们的分歧在于，他指责作家的

“错误”和“不真诚”，没有足够的勇气坚持将这种痛苦的自我主义作为最终的明智之语。我们起码应该公正地接受陀思妥耶夫斯基全部的感情和信仰，而不应该像舍斯托夫那样用尼采的异样标准去衡量它们。

舍斯托夫当然没有谈到陀思妥耶夫斯基如何去解决他的道德-精神危机，他也不指望这样做，因为在他看来，真正的解决并没有出现。但陀思妥耶夫斯基确实试图寻找走出痛苦的、充满愤恨的心理陷阱的道路，他经受的体验具有通常转变时所有的特征——无论是过去的宗教转变，还是近来与政治效忠有关的问题。但在描述所发生的种种细节之前，我们需要回过头概述陀思妥耶夫斯基在劳役营处境的其他方面，这些与他的重生过程密切相关。

二

直到目前，我们只是集中于《死屋手记》所描绘的陀思妥耶夫斯基与农民犯人的关系，但还有一些犯人跟他是同一个阶级，他与他们相处很好，尽管这些熟人在缓解他的痛苦心病方面无济于事。“那第一个夏天，我差不多完全孤独地在监狱中踯躅，没有一个朋友……我有同阶层的同志，但他们的同志情谊无法缓解我心头的重压。”他写道。“我恨眼前的一切，却无计逃离。”(4：199)再没有更多的话——起码没有明确的话——有助于澄清这个令人困惑的问题，即何以这些友谊是如此不能让人满足。我们知道，在陀思妥耶夫斯基服刑期间，鄂木斯克劳役营还有十二个贵族犯人，尽管他只列了十一个，而将杜罗夫排除在外(原因稍后分析)。其中三个是俄国人，陀思妥耶夫斯基关于他们的描述模糊但充分地表明，他与他们的相处是很不舒服的。

一个是俄军在高加索时的前军官，陀思妥耶夫斯基叫他阿基姆·阿基梅奇，其真名为叶菲姆·别雷赫。他以前是边防前哨的司令官，因为玩弄法律处死了当地的一个部落首领而被判刑。照理说来，这位首领与俄国人是和平相处的，但热心的军官怀疑他叛逆、试图烧毁俄国要塞，就想当然地自行其是了。陀思妥耶夫斯基一来，阿基姆·阿基梅奇就跟他做了朋友，在最初的关键几天成为他的向导和导师，给了他莫大的帮助与友善。但陀思妥耶夫斯基从未真心同情他、亲近他。阿基姆·阿基梅奇是一个非常乏味的人，容易屈从，顺从是他的爱好，是第二天性。陀思妥耶夫斯基认为，他可能是惟一绝对随遇而安的犯人。"他脾气很好……但我老实说，"陀思妥耶夫斯基写道，"有时，尤其是最初，他让我非常沮丧，让我更加悲哀……有时我渴望一句生动的话，不管多么痛苦、不耐烦或恶意。"但什么也没有，阿基姆·阿基梅奇乐此不疲、唠叨不停的只有细琐、刻板的军营生活，"其一本正经的语调始终像雨滴一样"。陀思妥耶夫斯基承认，有时"我（总是突如其来）差不多要恨阿基姆·阿基梅奇，我诅咒命运让我与他头顶头地睡在一张通铺上"。（4：208-209） 107

另一个俄国贵族罪犯只是称作"弑亲者"，其真实姓名叫 Д. И. 伊林斯基，对陀思妥耶夫斯基的生活有某种重要性：他的生平为这位小说家提供了《卡拉马佐夫兄弟》的主要情节，他的个性可能还是德米特里·卡拉马佐夫性格特征的源泉。伊林斯基过去是一名官员，被怀疑（只依靠间接证据）为了获得遗产而杀害父亲，将尸体埋在一个浅沟里，上面盖了几块木板。被害人"穿着整洁，灰白的头颅被割掉后又装到尸体上，凶手在头下放了一只枕头"。（4：15-16）在陀思妥耶夫斯基看来，伊林斯基是"一个难以言喻、头脑轻浮的人，极端不负责任，但绝不愚蠢"，他始终"精力充沛，活泼开心"，坚持否认他的罪行。（4：16）

令陀思妥耶夫斯基着迷的是，伊林斯基欢快的举止与他被指控的严重罪行格格不入，对被害人尸体的处理又颇有嘲弄、玩世不恭的意味。伊林斯基似乎彻底忘记了任何错误行径，在谈话过程中他提到"已故的父亲"时甚
108 至无动于衷。陀思妥耶夫斯基认为，"这种野蛮的麻木不可思议"，可能源于"某种体质缺陷，某种科学尚未发现的精神和肉体的畸形"。(4∶16)因此，他不全然相信伊林斯基的罪行，尽管那些知道详情的人告诉了他事情的原委，证据似乎很充分。

多年后，陀思妥耶夫斯基在写作监狱生活著作的最后一稿时，他获知伊林斯基已经被无罪释放：一个罪犯因其他罪行被捕，他供词了杀害老伊林斯基的案子。可见，陀思妥耶夫斯基基于对伊林斯基性格的观察而产生的心理本能被证明是正确的，他反对针对这位犯人罪行的所有"事实"。在《罪与罚》中，拉祖米欣将使用一模一样的观察方法，认为那位年轻、粗心的农民油漆匠尼古拉不可能杀害放高利贷的老太婆及其妹妹。因为就在罪行发生不久，有人看到尼古拉跟同伴一起，在公寓的院子里友好地打闹溜达。而德米特里·卡拉马佐夫也会表明，鉴于他在饮酒作乐中表现出来的人性，他不会杀害他那讨厌的父亲，尽管针对他的证据堆积如山。虽然陀思妥耶夫斯基永远忘不了这位前少尉，或他的冤案的道德意义，但伊林斯基却根本不是那种与陀思妥耶夫斯基有许多共同点的人。

第三个贵族叫帕维尔·阿里斯托夫，陀思妥耶夫斯基提到他时只用姓名的首字母 A。他是一个极其阴险的家伙，托博尔斯克的朋友曾警告过陀思妥耶夫斯基。实际情况是，阿里斯托夫比陀思妥耶夫斯基料想的更阴暗，他是"一个最为反叛的人，是人沉沦、堕落到最深处的榜样，能够轻而易举地毁灭自身的一切道德感情，却毫无悔意"。(4∶62)为了捞钱过放荡的生活，阿里斯托夫在秘密警察面前告发许多非常清白的人，说他们是政治阴谋家。他不断揭发"危险分子"，只要给他钱就行。不过一段时间以后，第三厅也开

始怀疑,阿里斯托夫最终因侵占和诬告被送进劳役营。* 他在监狱里巴结克里夫佐夫,作为特务和告密者监视农民犯人。陀思妥耶夫斯基见到阿里斯托夫这样的人后真的惊呆了,他超出了陀思妥耶夫斯基关于魔鬼的最狰狞
的想象,一个人不管怎么刻意忍受、蓄意作恶,都不至于到这种地步。“我在 109
监狱的整个时期,”他说,“A 都像一具行尸走肉,只有牙齿和肚皮,对各种感官的、野蛮的快乐贪得无厌。”(4∶63)

更糟的是,阿里斯托夫绝非那种凭外貌举止就能确信其极度堕落个性的讨厌坏蛋,相反,“他狡猾聪明,相貌堂堂,甚至有教养、有能力”。让陀思妥耶夫斯基忍无可忍的是,阿里斯托夫知道自己声名狼藉却沾沾自喜:“看到他始终嘲讽的笑容,我厌恶透顶!他是一个恶魔,一个道德上的加西莫多。”(4∶63)为了找到一个比较对象,陀思妥耶夫斯基不得不借助于雨果《巴黎圣母院》中那个丑怪的形象——在与人类常态生活相龃龉的畸形方面他们是一样的,但彼此又相反,因为加西莫多肉体上是魔鬼,灵魂上却不然。陀思妥耶夫斯基忘不了伊林斯基,阿里斯托夫也在他的记忆中挥之不去:在陀思妥耶夫斯基的笔记本中,最初提到斯维德里盖洛夫,《罪与罚》中那个玩世不恭、冷嘲热讽的贵族浪荡子时,他就是放在阿里斯托夫名下的。[4] 更直接的是,陀思妥耶夫斯基认为,阿里斯托夫对劳役营价值危机的恶化是要负责的。“他毒害了我在监狱最初几天的生活,”陀思妥耶夫斯基解释说,“使日子变得更糟糕,我对自己陷身其中的卑鄙与堕落感到恐惧……我以为这里的一切都卑鄙

---

* 在彼得堡,阿里斯托夫因蒙骗秘密警察而声名狼藉。A. B. 尼基坚科担任重要的书报检查官多年,又是圣彼得堡大学俄国文学教授,他出身农奴,持温和的进步的政治观,他那很有价值的《日记》也记录了阿里斯托夫的斑斑劣迹。他指出,因为阿里斯托夫的指控,七十位完全无辜的人被逮捕,他却拿着第三厅给他的钱花天酒地。参见亚历山大・尼基坚科,《俄国检查官日记》(海伦・萨尔茨・雅各布森选编、翻译,麻省阿默斯特,1975),第 120 页。

堕落。但我错了，**我根据 A 来判断一切**。”(4: 64;黑体字为引者所加)

三

虽然谢尔盖·杜罗夫跟陀思妥耶夫斯基同在劳役营，但在献给贵族同犯的“难友”一章中却没有提及。对杜罗夫的忽视引起了许多评论，这部分可从文学策略加以解释；如果准确地说起杜罗夫，会立即让人想起彼得拉舍夫斯基案，进而让此书的出版变得不可能。此外，陀思妥耶夫斯基的目的主要是想让读者了解劳役营世界的居民，让他们走进陌生的、未被探索的环境，这个环境迄今仍处于可怕的秘密状态；大段描写杜罗夫显然不适合这一用心。但即使更广泛地描绘杜罗夫，也不足以改变陀思妥耶夫斯基所描绘
110 的自身饱受折磨的孤独图景。因为有证据表明，这两位昔日的彼得拉舍夫斯基分子在许多问题上意见不再一致，他们过去的友谊也在某种程度上降温。

根据一个亲近政治犯的前海军士官生的回忆录，陀思妥耶夫斯基和杜罗夫一起应邀走进卫兵室，他们彼此拒绝交谈，冷酷地分坐在房间的对角：“他们打心底互相仇恨，彼此躲着对方，在鄂木斯克服刑期间，他们始终一句话也不交流。”[5]如此证据确凿与否，是非常可疑的；不管陀思妥耶夫斯基和杜罗夫有时在第三者面前如何行事，他们的关系绝不像这些说法所表明的那样充满敌意、无可调和。一八五四年二月离开劳役营后，他们在康斯坦丁·伊万诺夫家和平相处了一个月；一年后，杜罗夫仍在鄂木斯克，陀思妥耶夫斯基请鄂木斯克的一个朋友“代我问候杜罗夫，以我的名义祝他一切都

好。请他相信我对他的感情和真心”。[6]

尽管如此，仍有充分的理由相信，在囚禁的岁月，这两个人开始疏远，虽然他们继续彼此尊重，没有中断一切交往。因为杜罗夫基本上没有因劳役营的苦难而改变（尽管他的健康饱受摧残），从服苦役的地方回来后，他像当初进去时一样，仍是俄国统治的激烈批评者。而陀思妥耶夫斯基的观点则在悄然改变，两个人一定意识到了他们日益扩大的意见分歧；陀思妥耶夫斯基如今正为过去的错误和幻想而痛苦地后悔，杜罗夫的存在对他却是不断的提醒。看到他，跟他交谈，只能是在陀思妥耶夫斯基疼痛的伤口上动刀子，让他想起愚蠢的过去，他如今才真正开始明白那种愚蠢。陀思妥耶夫斯基在这里找不到任何安慰和释怀，过去的同志、昔日的朋友只能进一步增加他的不幸。*

四

鄂木斯克营还有八个波兰贵族，都因谋求祖国从俄国统治下独立、参与 111
形形色色的策划而被送到西伯利亚。在陀思妥耶夫斯基看来，他们中只有三个人受过良好教育，与所有其他上流社会的罪犯相比，陀思妥耶夫斯基与

---

* 最近一些研究找到新的证据，说明陀思妥耶夫斯基在《死屋手记》中没有提杜罗夫并非出于什么根深蒂固的仇恨。因为，陀思妥耶夫斯基一回到彼得堡，他最先做的一件事就是，为住在敖德萨的、患病的杜罗夫设法寻求经济补助。为了帮助穷困的作家和学者，他们成立了文学基金会，陀思妥耶夫斯基被选为会员。一八六〇年三月二十八日，他提交一个申请，要给杜罗夫补助金（照理应该通过）。那位在文学基金会的档案中发现这份材料的苏俄学者还评论说：“陀思妥耶夫斯基是在警察监视下才被允许在首都居住的，他为［杜罗夫］求情，这是相当勇敢的行为。”П. Б. 扎波罗娃，《陀思妥耶夫斯基与文学基金会》，《俄罗斯文学》，第三期（1975），第158–170页。

其中两个的关系要亲密一些。《死屋手记》很少用赞美的口吻描绘其他同伴,但对波兰罪犯却不吝笔墨,他跟他们成了朋友。M 的全名叫亚历山大·米列茨基,陀思妥耶夫斯基这样说他:“我从一开始……就[跟他]处得很好。”他说米列茨基是“坚强、高贵的人”。另一位波兰贵族 Б(约瑟夫·博古斯瓦夫斯基)在陀思妥耶夫斯基看来是“一个心地善良,甚至可以说心地伟大的人”;尽管他后来跟所有的波兰人都断绝了关系,谈到 Б 时他说:“我从没有停止爱他。”我们这样想,这些词语都是陀思妥耶夫斯基不轻易使用的,在周遭的黑暗中,它们仿佛耀眼的色斑,非常突兀,说明陀思妥耶夫斯基与这两个波兰流放者之间有着非同寻常的真挚之情。他还颇为赞许地说到希蒙·托卡热夫斯基,我们前面提到后者有关鄂木斯克囚禁生活的回忆录,陀思妥耶夫斯基说他“心地善良,有男子汉气,是个出色的小伙子”,尽管“他不是一个受过教育的人”。(4:209)

我们从托卡热夫斯基那里获知,波兰贵族热情洋溢地欢迎两位俄国政治流放犯,最终非常欣喜地发现,他们跟自己一样,而不同于其他的普通犯人。“这两个人[陀思妥耶夫斯基和杜罗夫]来到鄂木斯克,跟我在一个屋檐下生活,”他非常感伤地写道,“我仿佛看到两束平静的光照亮了阴暗的北方天空。”[7]但这种拔高的期待随着进一步接触就变成痛苦的失望;与陀思妥耶夫斯基的最初友谊渐渐变为冷漠,然后变成明确的反感,起码对波兰人来说是如此。“他们[波兰人]中的优秀分子,”陀思妥耶夫斯基针对这种情形写道,“是病态的、反常的,根本无法忍受。其中两个人我最终放弃了交流。”(4:209)为何态度发生变化,陀思妥耶夫斯基没有说,不过在说到米列茨基时,他说“他最感兴趣的是政治”。(4:217)在陀思妥耶夫斯基交往最密切的所有波兰流放者中,政治确实是他们的兴趣点,主要(尽管不是单单)就是因为政治上的分歧,才导致他们最终与陀思妥耶夫斯基分裂,也让他觉得他们“无法忍受”。因为,他们无法容忍他在俄罗斯与波兰关系上的观点,他也断然否定他们主张从俄国统治下独立的权利。

作为沙皇钦定的敌人,波兰人当然指望陀思妥耶夫斯基同情波兰独立事业,这样的态度对当时此后的一个俄国进步分子来说是理所当然的,也是理由充分的。但陀思妥耶夫斯基却是一个偏激的、桀骜不驯的俄罗斯爱国 112
者,这让波兰人惊骇不已,尤其是,在托卡热夫斯基看来,“从他的个性及姓名判断,可能会发现他的波兰出身”。可能有人以赞美的方式跟他提过有关其祖先的看法,陀思妥耶夫斯基却报以侮辱性的言辞,托卡热夫斯基这样写道:“他常常说,如果他在血管里发现流淌着一滴波兰的血液,他会立即清洗掉的。”[8]

不过更重要的一点是,当谈话显然转向波兰犯人为神圣事业而遭受残酷惩罚时,陀思妥耶夫斯基表现了恶毒的俄罗斯民族主义思想:“这位密谋分子,这位为了自由与进步事业而被判入狱的人,竟然坦言,只有当所有民族都受俄罗斯统治时,他才会感到高兴。这样的话非常令人痛苦。他从不承认,乌克兰、沃利尼亚、波多利亚、立陶宛及整个波兰是被俄国占领的国家,却坚称所有这些地区永远都是俄国的财产;正义之手已经将这些省份和乡村置于俄国沙皇的统御之下,因为它们从未能独立存在,长久以来它们都处在蒙昧、野蛮和可怜的贫困境地。在陀思妥耶夫斯基看来,波罗的海诸省属于俄罗斯本土,西伯利亚和高加索也一样。从这些论调我们形成这样一个信念,费奥多尔·米哈伊洛维奇·陀思妥耶夫斯基受到精神病的影响。”[9]

托卡热夫斯基的回忆录是在陀思妥耶夫斯基死后出版的,他既了解陀思妥耶夫斯基怀着复仇心对波兰人的讽刺,也熟知其在言辞激烈的长篇论说《作家日记》中所鼓吹的大俄罗斯民族主义。尽管托卡热夫斯基的著作是根据当时的笔记写成的,但陀思妥耶夫斯基后来的作品所激起的敌意很可能也被吸收到最终的修订本中。实际上，陀思妥耶夫斯基在有些场合可能说过的话太过细琐荒谬，很难尽然信以为真。（例如，人们指责他拒绝相信波兰人曾在一八四四年发起捐款，以翻译欧仁·苏的《流浪的犹太人》，估计是因为他认为波兰文化竟然如此退步！）同样难以置信的是，像陀思妥耶夫斯基这样一个崇拜席勒、雨果、巴尔扎克、乔治·桑、狄更斯和莎士比亚的人，居然会说“比之于俄罗斯文学，其他民族的文学只不过是简单的文学模仿”。[10]另一方面，我们还有别林斯基在一八四〇年代中期的说法，那是由帕纳耶娃提供的：“当他［陀思妥耶夫斯基］生气时，他不知道他在说什么”；还
113 有帕纳耶娃自己的评论：“陀思妥耶夫斯基［在讨论中］被逼到墙角后，有时会用最滑稽的观点激烈地防守。”[11]

可以说，托卡热夫斯基记载的情形表现的正是这种无法控制的暴怒——由于身体和神经不断衰弱，如今更难管控——不应视为深思熟虑的意见。但不管陀思妥耶夫斯基在类似争执中有没有说过这些话，争执毫无疑问是发生过的事实，也没有理由质疑托卡热夫斯基对陀思妥耶夫斯基政治观念的描述。他始终是坚定的俄罗斯爱国者，即使在一八四〇年代他接受亲欧思想的当儿，陀思妥耶夫斯基也表现出了仇外情绪。他从未像彼得拉舍夫斯基小组的一些成员包括好友瓦列里安·迈科夫那样，将民族观念弃之如过时的、蒙昧主义的偏见；他相信，俄国注定要走一条迥异于欧洲的历史道路，我们可以从中嗅出早期斯拉夫派的一点气息。

在《死屋手记》中，陀思妥耶夫斯基对这样的政治主张保持沉默（即使他想说，书报检查制度也不允许），但他跟昔日的波兰朋友确实触及了另一个争论点，这可能更粗鲁地伤害了他的神经。波兰人痛恨俄国农民犯人，他们居高临下地看待这些人，仅仅把他们当一帮罪犯，这让陀思妥耶夫斯基非常失望。

“犯人们特别讨厌波兰人，甚至超过那些俄国贵族，”陀思妥耶夫斯基首次提到波兰这个群体时说。“波兰人（我仅指政治犯）的礼貌煞费苦心却冷若冰霜，他们跟农民犯人根本无法交流；他们从不掩饰对犯人们的厌恶，后者对此看得很清楚，也还以同样颜色。”（4∶26）后来陀思妥耶夫斯基对波兰人的轻蔑作了解释：“他们在犯人身上看到的只是残忍，看不到任何优秀品质、任何人性，他们也无意于此。”（4∶210）这样的描绘得到了托卡热夫斯基的证实，他记录了刚走进后来陀思妥耶夫斯基也加入其中的兵营时的反应：“天啦，出现在我们面前的这些家伙是多么可怕，”他这样说俄国同伴，“这些人样的或该死的东西走近我们，伸出了手，那些多少次沾染了鲜血的手，多少次被罪行弄脏了的手。尽管恐惧厌恶，我们迫不得已要伸出手来。我抽开手，把每个人推到一边，高傲地昂着头颅走进兵营。”[12]

这就是波兰人的态度——而陀思妥耶夫斯基若不明白这也是他的态 114
度，他也就太迟钝了。他难道没有直言不讳地说过，他相信所有农民犯人中间都会有许多的阿里斯托夫吗？除了认为他一度也像波兰人一样对这些犯人有着同样难以言表的蔑视外，还可以有其他意思吗？但热情的爱国者陀思妥耶夫斯基不久就忙于为自己的祖国辩护，还有其居民的大多数，而不是劳役营里那些受过教育的人，尽管后者他从个人感情来说喜爱他们、尊敬他们，他们起码一度曾帮助他缓解令人麻木的孤独。既然要为俄国说话，他又怎能不克服对就在他身边存在的有血有肉的俄国人民的强烈厌恶之情呢？他如今被判跟他们过一样的生活。这样我们就能够理解，这种思想与感情的纠缠将成为催化力量，激发陀思妥耶夫斯基的转变，稍后我们会看到这一点。因为他与波兰流放者的争论只会使他的内心危机更加尖锐强化——这种危机最初是由他对人民的人道信仰被破坏而引发的——发展到无法忍受的心理疾病的程度。对陀思妥耶夫斯基来说，一方面是对祖国的根深蒂固的爱,另一方面是对劳役营可恶居民的极端的否定反应,找到调和之策,是他最迫切的感情需要。

五

《死屋手记》的一个反常之处在于,陀思妥耶夫斯基没有在其中讲到他的转变体验。他为何这样,这很难说清;也许这件事过于私密,牵涉过多的心理暴露,而他希望保持客观的叙述语调,两者难以融洽。当然,他也无法像后来那样自由运笔,那时他将不再讳言服刑的政治原因。无论如何,直到二十六年后,在《作家日记》(一八七六)一篇题为《农夫马列伊》的文章里,陀思妥耶夫斯基才增加了他监狱回忆录的缺失部分,有助于揭开"[他的]信仰重生"之谜。这种重生包括对待俄国农民时新的、根本性的感情转变,他恢复了对他们的信仰,但这种信仰与过去已截然不同。

陀思妥耶夫斯基的文章出现在《作家日记》一八七六年二月号上,那是他新的著作的第二期,一个月前另一篇文章猛烈地揭露了俄国人民中间肆虐的恶习。酗酒在吞噬他们的道德素养,打老婆在法庭上被农民辩护为可
115 以接受的行为,村里失火人们应该先救小酒馆而不是教堂。"似乎到处都弥漫着药的味道,那种曼陀罗草的味道,还有放荡的渴望。"陀思妥耶夫斯基写道。"人民受到某种前所未闻的堕落思想的影响,纷纷崇拜物质主义。"[13]一八四〇年代的俄国西欧派从没有像最后阶段的陀思妥耶夫斯基这样尖锐地抨击人民,而长期以来他那有名的狂热信仰就是,俄罗斯的拯救就在于人民道德宗教信仰的坚定性。不过,这个时候,他的感情沉浸在过去劳役营最

初阶段曾压倒他的那种情绪状态。正是这种旧时敌意的暂时复活——那种让他在劳役营变得如此“不公正，卑鄙，邪恶”的敌意——作为解毒剂，唤来了《日记》下一期所发表的答复。

他承认，前一篇文章将人民描绘成“粗鄙无知，贪杯好色”，是一群“期待光明的野蛮人”，为了抵消这种令人不安的效果，他从劳役营的记忆中捞起了一件往事。当时他处在同样的失望印象中，这件事让他摆脱了绝望。换言之，劳役营记忆缺失的段落是在他多年前被迫对付的同样危机刺激下出现的；对农夫马列伊的回忆表明，那个时候他成功地恢复了心理-感情的平衡。如他所说，不正是出于这样的理由，他才希望跟读者讲述他过去的“一段轶事”，“一段遥远的回忆，不知为什么，我非常想就在这里，就在这个时刻，在我们关于人民的议论行将结束的时候，把它讲出来”？[14]一旦我们明白，冒着将读者置于他过去所面临的同样绝望境地的危险，他准备跟读者分享他对人民的看法，而恰恰是人民的光辉导致了他自己的重生，这样我们就能很好地理解他的那种急迫性。

这篇文章的重要性当然早已被认识到；但就我的知识所及，尚没有人费心从我们现在的心理转变的角度对它进行检讨，去探索聚集在陀思妥耶夫斯基这一关键时期的全部心理、精神及情感压力。但惟有这样做，我们才有望对他的沉默作些补充，而不是简单猜测，才能在理解这一神秘的、决定性的阶段方面更进一步。

注释

［1］陀思妥耶夫斯基，《书信集》，第一卷，第143页，一八五四年二月二十日。

［2］列夫·舍斯托夫，《陀思妥耶夫斯基与尼采：悲剧哲学》，见于《俄国文学文集，保守的观点：列昂季耶夫、罗扎诺夫、舍斯托夫》（斯宾塞·E.罗伯茨编译，佐治亚

州雅典,1968),第 6 页。

[3] 同上,第 68 页。

[4] 陀思妥耶夫斯基,《〈罪与罚〉笔记》(爱德华·瓦西欧勒克编译,芝加哥,1967),第 176 页。瓦西欧勒克教授准确翻译了文本中的"阿里斯托夫"这个名字,但似乎没有注意他与斯维德里盖洛夫的关系,有一处(第 67 页)他用了这个名字的阴性形式。有关联系请参见陀思妥耶夫斯基,《全集》,第七卷,第 315、408 页。

[5] 马尔季扬诺夫,《在转折的时代》,《历史学报》,第十一期,第 452 页。

[6] 陀思妥耶夫斯基,《书信集》,第一卷,第 202 页,一八五六年十二月十四日。

[7] 瓦茨瓦夫·莱德尼茨基,《俄国、波兰与西方》(纽约,1954),第 276 页。莱德尼茨基的书包含了托卡热夫斯基在其《七年苦役》中关于陀思妥耶夫斯基那一章大部分内容的翻译。

[8][9][10]同上,第 275 页。

[11] 多利宁编,《同时代人回忆 Ф. М. 陀思妥耶夫斯基》,第一卷,第 140–141 页。

[12] 莱德尼茨基,《俄国、波兰与西方》,第 272–273 页。

[13] 陀思妥耶夫斯基,《作家日记》(1876),第 187 页。

[14] 同上,第 205–206 页。

第九章　农夫马列伊

一

一种信仰与观念向另一种信仰与观念的转变，这样的问题通常会在宗 116
教史中加以讨论，圣保罗、圣奥古斯丁等西方宗教传统奠基人的生平由此得到生动的描绘。直到晚近，有关此话题的大多数处理要么是教诲性的，要么是嘲讽质疑性的。转变直接归因于信仰者的神圣干预，或者被充满怀疑精神的启蒙人士斥为牧师的骗局或欺诈，是精神疾病的表现。

只是到了十八世纪末，随着历史主义的兴起，人们开始同情地研究诗性和神秘的想象活动，才可能超越过去的抵制情绪，而以一种超然的、不偏不倚的方式对待这个问题。人们对与转变有关的信仰之真伪问题并不下判断，只是研究其发生的主观进程，其心理结果则作为转变的必要性和有效性的充分材料加以解释。威廉·詹姆斯就是基于这种精神写作那部迄今无法逾越的《宗教经验种种》的。最近,对转变的研究从宗教领域转向了政治领域(说得更准确些,人们注意到二者的并重),并与洗脑技术的运用相关。如今有大量的神经精神病学文献来分析心理-生理机制,转变的发生就与这些机制运作有关。而这些手段有助于理解陀思妥耶夫斯基身上发生的变化。

二

许多作者——得承认,是受陀思妥耶夫斯基本人一些游移说法的鼓励——认为,他劳役营的重生主要是宗教信仰的恢复,四十年代中期遇到黑格尔左派的无神论后,他丢失了这种信仰。但这种看法是对陀思妥耶夫斯基关于个人生活误导性说法的不加批判的接受,在七十年代与俄国民粹派
117 的争论中,他有意巧妙地作了一些歪曲。[1]当然,陀思妥耶夫斯基非常熟悉黑格尔左派反对宗教的观点,在别林斯基的文学沙龙和彼得拉舍夫斯基小组的聚会上,人们自由地谈论着这些观点。对神圣基督的攻击无疑让他困惑沮丧,但没有证据表明,他彻底缴了械,这一点我们已经说过。他始终跟法国空想社会主义更亲近,后者虽然反对罗马天主教所代表的官方宗教,但又认为他们激进的社会理想是将神灵启示下的爱的基督信条运用到现代世界。正如马克西姆·勒鲁瓦所说,“早期社会主义者尤其是共产主义者的精神中有着真正的宗教内容,他们差不多一致认为,他们是早期基督教教义的继承人。”[2]正是这样的社会主义对陀思妥耶夫斯基的思想和想象发挥了最大影响。

既然陀思妥耶夫斯基始终在某种意义上是一个基督徒(尽管是非正统的信徒,他接受了社会主义者的观点,把基督教的天上乐园变成了人间乐园),他在劳役营的转变就不能视为一个迷途的昔日信徒回到基督的怀抱。《罪与罚》的尾声常被当作陀思妥耶夫斯基重生的真实记录,也就被用来支持这样的解释;但尽管它包含的许多细节跟《死屋手记》和后来的那篇文章《农夫马列伊》相同,陀思妥耶夫斯基还是重新编排了这一材料,以适合小说主题及思想的需要。拉斯柯尔尼科夫的理论是一八六〇年代中期第一次在俄国文化中出现的思想的戏剧化表现,他的观点绝不可能等同于陀思妥耶夫斯基一八五〇至一八五四年服刑期间的观点。仔细阅读尾声,我们其实可以发现,陀思妥耶夫斯基只是谨慎地将拉斯柯尔尼科夫的无神论思想表现为他从农民犯人那里感受到的敌意的投射,而非叙述人所宣称或保证的某种客观事实。当轮到拉斯柯尔尼科夫在大斋期接受圣餐时,“他走向教堂,与他人一起祈祷。此后,**他自己也不知道为了什么**,一天起了争执;他们对他发怒”。(黑体字为引者所加)那时其他人对他叫嚷:“你是个无神论者!你不信上帝!”(6:419)但小说文本本身丝毫没有流露这种指责的意思,我们可以从拉斯柯尔尼科夫的态度推知,他愿意参加宗教仪式并祈祷,内心没有障碍或保留。

因此,严格意义上讲,陀思妥耶夫斯基的转变不能说关乎宗教信仰,尽管它毫无疑问表现为带着强烈宗教联系与意味的信仰,也是在充满宗教感情的状态下发生的。但正如威廉·詹姆斯所揭示的,转变过程无论如何都可以在“与任何精神材料,[而]不一定是宗教形式”[3]相关联的情况下发生。 118
但转变总是在有问题的人遭遇严重内心冲突的困扰、成为詹姆斯所说的“分裂的自我”时才发生,他碰到内在的困惑与混乱,若想继续工作,就必须加以解决。“这个挣扎的、整顿秩序的阶段其特征就是不快乐,”他说,“如果这个人心地善良、对宗教很敏感，不快就会采取道德悔恨、自责的形式，内心感到丑恶、错误，与自身存在之创造者、自身精神命运之委任者处于虚假的关系。”[4]陀思妥耶夫斯基无疑属于“心地善良、对宗教很敏感”一类的人，他当然感到不快乐，他真的“内心感到丑恶、错误”——这些说法几乎跟他给冯维辛娜的信如出一辙——与他所接受的最高道德权威处于“虚假的关系”状态。因为他对农民犯人十分厌恶，他深受沉重负担的困扰无力自拔。他在良心深处知道，这种厌恶是跟对农民的同情相背离的，长期以来，他把这种同情视为基督教义的精髓。

与此同时，陀思妥耶夫斯基又生活在身心都被置于无法承受的压力的环境中。自巴甫洛夫研究条件反射后，这种压力对神经系统的后果已经受到许多关注；巴甫洛夫的神经精神病学观点被用于人类（不仅是为了洗脑，也为了缓解极端的创伤和忧郁），说明过度的身体和情感压力能够破坏神经系统的既有反应模式。饥饿、疲劳、疾病、恐惧引起的极度紧张，身心的虐待，极端的羞辱——所有这些因素都会导致大脑条件反射模式发生混乱，使主体容易接受新模式的形成，从而接受新的观念。威廉·萨根特医生是英国著名的神经精神病学家，他指出，洗脑技术与过去、现在的卫理公会和原教旨主义的信仰复兴运动，美国南部的玩蛇宗教仪式，海地的伏都教仪式以及世界各地庆祝的狂热宗教仪式等获得的效果是一样的。所有这些宗教活动都会导致神经疲竭，使大脑功能达到“超限抑制”，往往引起暂时的崩溃。旧的大脑行为和反应模式被消除，个人或集团特别容易接受新的印象和建议的影响，在某些情形下，到达巴甫洛夫所说的“超反常相”。在这种极端情况下，过去的思想和态度就彻底颠倒，出现向全新的相反信仰的“转变”。[5]

119 不管陀思妥耶夫斯基在漫长的时期适应得多么好，劳役营的艰辛让他承受的就是这样的压力，导致他大脑功能被破坏；一个训练有素的洗脑者也没法把事情安排得更好。此外,洗脑的关键要素是在主体身上激起威廉·詹姆斯所强调的那同样的罪孽感。“洗脑者运用的是一种转变技术,”在萨根特医生看来,它依靠“激起个体的焦虑,真实或想象的罪恶感,忠诚的冲突,并且强烈持久到足以导致崩溃的地步”。[6]由于一系列的偶然事件,既取决于他危险的命运,也依赖于他先前的思想和理想,陀思妥耶夫斯基不经意间就被置于转变得以发生的理想的身心环境中。虽然没有真正的“崩溃”发生,但跟崩溃同样的效应——消灭脑反应的旧模式,为新模式开辟道路——却由于癫痫病的发作而造成。

就我们所知,这些发作开始于一八五〇年,后来在一八五三年以每月一次的频率恢复;在这两个时间之间,可能也有间歇性的发作;这些发作大大强化了陀思妥耶夫斯基的神经脆弱和心理-感情的可塑性。从临床医学的角度说,癫痫病让大脑饱受刺激、达到转变的程度,作为一种疾病,它造成的正是巴甫洛夫所说的“超限抑制”状态。电击治疗“就是癫痫病发作的人为诱因”[7],这样的治疗用于动摇导致精神错乱行为的任何大脑模式,进而让健康的模式取而代之。无论其频率或严重性如何,陀思妥耶夫斯基的发作只能让他更容易、更持续地接受对过去的信仰和价值观的重塑。

三

陀思妥耶夫斯基在《农夫马列伊》中描述的事件发生在“复活节的第二天”[8]——这立即提出了一个年代学问题。这是他在劳役营度过的第一个复活节还是第二个？他说他二十九岁,这似乎确定是一八五〇年这第一个日期;但也有理由怀疑这种说法的准确性。因为陀思妥耶夫斯基将这个事件归因于他对农民犯人态度的转变,如果我们相信《死屋手记》,那么这种转变就不可能发生得这么快。

陀思妥耶夫斯基是一八五〇年一月下旬抵达鄂木斯克的,到复活节时
120 他才在那里生活了两个半月;如果我们相信他的说法,那么在这以后,他开始重新看待他的同狱犯,那就很难理解他何以要在回忆录中将这个过程描绘得如此冗长。"**第一年**期间,"他明确宣布说,"我忽略了悲哀生活中的许多事。我闭起眼睛,不想看。我在可恶的、敌意的同伴中间找不到一个好人——那种能思想、会感受的人,尽管冷若冰霜。"(4:178-179;黑体字为引者所加)因此,将农夫马列伊的段落放在劳役营的**第二个**复活节似乎有道理。不过无论早晚,一个根本性的变化确实发生,陀思妥耶夫斯基回想,那是由对农夫马列伊的回忆而引发的,他是父亲的一个农奴,陀思妥耶夫斯基儿时就认识了他。

陀思妥耶夫斯基在文章中没有说到劳役营里的复活节仪式,但《死屋手记》提到一些,因此不应作为背景或引言而忽略。在大斋期,所有囚犯被分成七个组,每个组负责各一周的四旬斋禁食。每个组轮流负责圣餐,陀思妥耶夫斯基的那一组安排在第六周,就在复活节日前不久。那一周囚犯们无须工作,每天去教堂两三次。"我非常喜欢准备圣餐的那一周……"陀思妥耶夫斯基写道,"我去教堂已是很久以前了。从我在父亲家里的那些遥远的日子开始,我就非常熟悉四旬斋的仪式,庄严的祈祷,匍匐——所有这些都在我心里唤起了很久、很久的过去,让童年的岁月浮现在眼前……"犯人们站在教堂后边,就像陀思妥耶夫斯基年轻时那些农民一样。他记得他在一个有利的位置,曾看到他们"懒散地分开,为一个胖胖的挂满肩章的官员、一个矮墩墩的贵族或一个浓妆艳抹却很虔诚的妇人让路……那时我常常想,

在教堂门口,他们不会像我们一样地祈祷,其实他们很谦卑、热情地祈祷,把自己放得很低,充分意识到他们卑贱的地位”。(4∶176)

因此,复活节的准备活动自然唤起了陀思妥耶夫斯基童年宗教虔诚的记忆——那时他的信仰没有任何麻烦,非常平静——还有那时对农民的看法,他们是更为真正的基督徒,比之于那些把他们粗鲁地搡到一边的傲慢的统治者来说,他们更加忠诚。也正是在这个大斋期,可能是第一次,陀思妥耶夫斯基感到在感情上能跟农民犯人认同。“犯人们认真地祷告,每次每个人都会带着可怜的积蓄到教堂,买上一支蜡烛,或投进捐款箱。‘我也是一个人,’他想,在献上祭品时会觉得,‘在上帝眼里,我们是平等的……’晨祷时我们领圣餐。牧师手擎圣杯,口念祷词:‘……主啊,请接受我,哪怕当我是盗贼吧。’他们几乎所有人都弯腰及地,镣铐叮叮当当, 121
显然一字一句都认乎其真。”(4∶177)这种印象当然会削弱陀思妥耶夫斯基的看法,即这些罪犯是粗制滥造的阿里斯托夫的复制品。我们也不应忽视东正教复活节仪式本身的可能效果,在庆祝耶稣复活这个主要的神秘事件时,它特别强调兄弟之爱和彼此的宽恕,那会将所有信仰的人在这个神奇的事件中喜悦地团结起来。在东正教的仪式中,所有会众在复活节的高潮会相互拥抱、亲吻。*

---

* 也许有人反对说,陀思妥耶夫斯基对劳役营第一个复活节的描述的所有这些细节都不应用于在第二个复活节发生的农夫马列伊事件。但在我看来,《死屋手记》对复活节的描述也是指第二年,他所记录的观察与感受很难说是他到达后几个月所记录的内容。

事实上,陀思妥耶夫斯基非常自由地压缩时间,以获得更大的艺术统一性。我们从其他渠道获知,圣诞节的戏剧演出也是发生在陀思妥耶夫斯基在那里的第二年,尽管他的印象是紧跟着第一个月。正如皮埃尔·帕斯卡尔所说:“得承认,如果陀思妥耶夫斯基忠实地描绘事实,他也是根据其文学爱好自由地安排这些事实。”陀思妥耶夫斯基,《死屋手记》(皮埃尔·帕斯卡尔法译,巴黎,1961),第 lxxvii 页。

四

到复活节的第二天，陀思妥耶夫斯基已经经历一个很长的阶段，其最崇高的感情不断被激发；因此看到身边令人惊怖的景象他会更加愤怒。“那是营地‘假日’的第二天，犯人们没有给带出去干活，许多人都喝醉了，到处爆发没完没了的谩骂和争吵。乌七八糟的下流小调；蹲在木板铺下方的赌徒；打得半死的犯人，因为吵嚷太激烈而触犯众怒，他们躺在木板床上，盖着羊皮袄，还没有苏醒过来；刀子已经动过几回——假日第二天里的所有这一切，折磨得我心力交瘁。”[9]最终迫使他“像疯子一样跑出[兵营]”的是，“六个强壮的农夫一起扑向喝醉了的鞑靼人加津，以便制服他，接着开始揍他；他们劈头盖脸地打——这番暴打就是一只骆驼也会被打死的，但他们知道，要打死这个赫拉克勒斯很难，因此他们无所顾忌地猛揍”。[10]

陀思妥耶夫斯基一刻也无法忍受这种恐怖的景象，他跑了出去，外面阳光朗照，头顶是蔚蓝的、灿烂的天空。他开始像平常那样漫步，走在栅栏和建筑物中间的开阔地带。美丽的日子并不能平复心头的愤慨。“最后，”他
122 回忆说，“我的心里燃烧着仇恨”；就在这个时候，他遇到了波兰犯人米列茨基，也在偏僻的步道上踱着，显然出于同样的原因。“他阴郁地看着我，眼冒怒火，嘴唇抖颤：‘Je hais ces brigands[我恨这帮匪徒]！’——他嘀咕着，牙齿紧咬，嗓门压低，走了过去。”[11]

这些话起了作用，陀思妥耶夫斯基随即转身回到营房，尽管一刻钟前他刚刚怒冲冲地离开。对这一奇怪的转向他没有解释，但现在我们能够明白

他默不作声的意思了。米列茨基似乎能读懂他的内心：这位波兰人道出了那个讨厌的想法，显示了同样的愤怒，它们郁积在陀思妥耶夫斯基心头；这令他颤栗。这让他意识到（或起码浮出了表面），在反对俄国同胞方面，他跟波兰人是多么一致；他回到营房，这是与同胞团结一致的隐秘姿态。同时，他仍无法忍受室内依然故我的乱七八糟，于是他躺到那数英寸宽的木板床上，假装睡觉。他经常采取这种策略，因为“人们不会打搅一个睡觉的人”。这样，他可以不受打扰地沉思默想。“但这时我无法默想：我的心不安地跳着，我能听到米列茨基的话在我的耳边回响：‘Je hais ces brigands！’”[12]

陀思妥耶夫斯基的文字清楚地表明，他内心冲突的激烈程度达到了顶点，因此他无法像平常他已经习惯的那样把眼前的东西抹掉，听任自己的下意识沉浸于过去。在营地的全部四年里，他都运用这种无意识联想的手段，某种意义上跟精神分析或药物治疗那种释放压抑的记忆的功能一样，因此能够缓解他的心理堵塞和病态执著。这种手段还有额外的、宽心的作用，能够在他被禁止用纸笔写作的情况下保持艺术官能的活力。“它通常始于某个点，”他在谈到这些联想时写道，“某个特性——有时几乎无法察觉——接着，逐渐地形成一个完整的画面——某种强烈、稳定的印象。我往往会分析这些印象，在历久弥新的事物上增加一些新的色调，然后——更重要的——我会加以修正，不断地修正。”[13]陀思妥耶夫斯基就这样锻炼他的视觉想象，对场面和形象进行修饰完善，就像他创作长短篇小说时所做的那样。

不过，这一情形下浮现的是早已忘记的他儿时的一段记忆——由于复
活节的筹备活动及仪式而在下意识中复苏的一段生活。要谈论的这件事包 123
含了劳役营狂欢所激起的同样的感情：震惊，恐惧，害怕。在父亲凋敝的小“庄园”，九岁的陀思妥耶夫斯基一天在树林里闲逛，他以为他听到一声叫喊，说附近一只狼过来了。实际上，树林是和峡谷交叉的，有时会有狼出没，

陀思妥耶夫斯基的母亲也叫他当心。惊骇的孩子奔出树林，跑向正在附近犁地的农夫，那是他父亲的一个农奴，他只知道他叫“马列伊”。吃惊的马列伊停下活儿，安慰这个脸色煞白、颤抖慌张的孩子，说没有人喊叫，附近也没有狼。陀思妥耶夫斯基回忆说，马列伊温和地朝他笑着，“像一个母亲”，为他画十字祷祝，自己也画了个十字，然后送他回家，并让他放心，会一直目送他的。“不知为什么，所有这一切突然在我面前重现，”陀思妥耶夫斯基写道，“栩栩如生，活灵活现。我猛地睁开眼睛，在木板床上挺直身子，我记得，我的脸上依然挂着回忆中的那种温和的笑意。”[14]

在这惟一的接触之后，陀思妥耶夫斯基再也没有跟马列伊说过话，他坚信他彻底忘记了这件事。“可突然如今——二十年后，在西伯利亚——我想起了那次相遇，如此鲜明，巨细无遗。”当然，陀思妥耶夫斯基说，“任何人都会给孩子打气的”，但他不满足于这般普通的反思。因为他肯定，“在这次单独的相遇中，某种截然不同的东西发生了，哪怕我是他的亲生儿子，他看待我的表情所流露的爱意也不会更纯真。谁会强迫他这样做呢？他是我们的农奴，我终究是他主人的儿子；没有人知道他是多么善良，也没有人会为此奖赏他……这次相遇发生在空旷的田野，旁边没有一个人，也许只有上帝从上面看见，人类的感情是多么深沉、亮堂，一个粗鄙、野性、无知的俄国农奴心里充满着怎样雅致、几乎是女性般的温柔，而他还不曾指望或料想他能获得自由。”[15]

作为这种抚慰性记忆的结果，陀思妥耶夫斯基猛然发现，他对同狱犯的整个态度经受了神奇的转变。“我记得，当我爬下木板床、打量四周时，我突然觉得我可以用全然不同的眼光来看待这些不幸的人，突然，**就像奇迹一样**，所有的仇恨和怨气都从我的心头消失。我走着，注视着我遇到的面孔。那个剃光了头、脸上烙着印记的讨厌的农夫，喝得踉踉跄跄，吼着嘶哑的、醉

监狱营房简易床上的囚犯(H.卡拉姆津画,十九世纪九十年代)

124 醺醺的小曲——说不定，他就是马列伊，我毕竟无法看到他的内心。”（黑体字为引者所加）同一天晚上，陀思妥耶夫斯基再次碰到米列茨基；这次他心底踏实了，并且能够怀着居高临下的对可怜、不幸的波兰人的同情来面对早先的控诉。“他不可能有任何关于哪个马列伊的记忆，对这些人除了‘Je hais ces brigands’外也不可能有其他看法。不可能的，比起我们来，这些波兰人要忍受的东西更多！”[16]

五

根据詹姆斯的观点，转变经验有三个特征：“主要的一点是不再有任何忧虑，一切最终都很好，安宁、和谐，乐于生存，尽管外在环境依旧”；其次，有一种“认识了以前不知道的真理的感觉”；最后，“心安理得的第三个特征是客观的变化，世界似乎经常发生这种变化”，因此“新的面貌美化了每一个事物”。后一个特点还常常伴随“幻觉或假幻觉现象，用心理学家的话说就是**幻视**”。詹姆斯引用了许多例子，最著名的是圣保罗在去大马士革的路上所见的耶稣幻象，君士坦丁在米尔维安大桥战役中看到的天空的十字。[17]陀思妥耶夫斯基身上没有发生这类事，他周围的世界很难说突然不言而喻地披上了上帝的美与荣光。但他确实体验到詹姆斯所说的内心的安宁、和谐与平静，尽管没有任何外部事件发生；他也明确感到认识了一个真理，如果说以前或许曾朦胧地瞥见，却从未如此清晰、如此深刻地认识它。

此外，即使没有任何“幻视”，陀思妥耶夫斯基也相信他最终能够透过世界的表象，看到此前一直被他的道德感之眼蒙蔽的美。因为，他就是用这个说法来表达他在农夫马列伊的回忆之后把握到的崭新真理的。“囿于环境，”他写道，“差不多在整个俄国历史上，人民都沉湎于放纵，他们堕落太深、诱惑太多、折磨太重，因此真正让人惊奇的是，他们是如何成功保持了人的形象，美就不用说了。可是他们确实也保持了美好的形象。”陀思妥耶夫斯基如今发现的就是这种“美好的形象”；他最终懂得如何将“[俄罗斯农夫的]美与淤积的野蛮”分开，“在污秽之中发现钻石”。[18]

可见，陀思妥耶夫斯基身上发生的一切都带有真正转变活动的印记，同
时也包含了我们所看到的信仰的恢复。但那不是对所质疑的上帝或基督的 125
信仰，而是对俄罗斯普通人民的信仰，从某种意义上说，那是基督的人类形象。必须强调陀思妥耶夫斯基重生的这个方面，即主要着眼于他与人民的关系，因为还有另外一种认真的说法。在关于陀思妥耶夫斯基的那篇影响巨大的文章中，弗洛伊德认为，陀思妥耶夫斯基的被捕、假死刑及随后的监禁引发了他的受虐愿望，他想接受沙皇-父亲的惩罚，以缓解无意识的罪孽，因为陀思妥耶夫斯基压抑的俄狄浦斯情结有弑父的冲动。但没有丝毫的经验性证据证明，陀思妥耶夫斯基甘愿或寻求沙皇-父亲的惩罚；在直接面对代表着沙皇的政府官员的调查时，他寸步不让的行为说明情形恰恰相反。陀思妥耶夫斯基只想从人民那里获得赦免，既由于劳役营的复杂感情所导致的眼前的罪孽感，往远处说，也因为他觉得父亲的被害他难辞其咎。因为陀思妥耶夫斯基朦胧地感到，他对生活费的过分要求导致父亲对农民的压榨，进而让这些平和的农夫们铤而走险。既然陀思妥耶夫斯基对人民有双重的罪，他希望的就是他们的原谅，而对农夫马列伊的回忆实现的就是这一功能。

六

这只能称为“信仰的飞跃”,这是对俄国农民美德的信仰,对其无限地热爱与宽恕那些长期以来对他们犯罪的人的信仰。借助于这种信仰,陀思妥耶夫斯基解决了折磨着他的心理和精神的痛苦,他的罪孽意识,他纠缠于心的矛盾着的忠诚。如今,每个俄国农民都是一个潜在的马列伊,他们努力在灵魂上保持最崇高的基督教的美德。这样,在精神紧张、心理分裂、身体疲乏的环境下,这种环境与强烈、突然的信仰改变经常发生的那些环境很相似,陀思妥耶夫斯基经受了一次显著的内心变化。虽然乍看上去他似乎只是恢复了早先信仰的基础——即回到一八四〇年代的慈善信仰——但实际发生的却截然不同。因为,表面的回到起点是在复杂的环境下发生的,这就赋予了他的人民观崭新的意义。

首先,它现在的焦点是俄罗斯的普通民众,因此新增了强烈的民族主义
126 意向。对陀思妥耶夫斯基来说,他必须不惜一切代价将农民犯人认同为俄罗斯人,以应对波兰人的轻蔑,并将他们身上发现的任何美德看作是民族独有的(“他不可能有任何关于哪个马列伊的记忆”)。此外,在这位俄国西欧派分子身上,旧的阶级优越感也发生了剧烈改变,他过去是骄傲地把自己看作人民的恩人和父亲的。从明显的无力从事体力劳动到所遭遇的原则性拒绝和敌视,劳役营生活的一切难堪的处境将他昔日慈善情怀中隐含的居高临下的痕迹一扫而空。他不再视人民为值得**他**施舍且应报以感激的受众,也不再试图对他们慷慨大方来缓解自己的罪孽感。如今**他们**才有权利——

他明白，长期的苦难赋予了他们这种权利——进行审判，加以宽恕。最后，如果说俄罗斯人民确实拥有陀思妥耶夫斯基如今在他们身上发现的那种非凡的道德能力，这些能力对他而言就非常显然，对他童年的宗教感情发生了净化的影响；它们与东正教信仰有着紧密的不解之缘，他和农夫们分享着这种信仰。因此，他在人民身上发现的信仰也是对东正教的一次再发现，或起码是对他过去的“进步主义”基督教的一种疏离，后者的教义是他过去全部幻想的致命源泉，他会予以严厉谴责。

这类教义的一个根本特征是对人民的一种天真、乐观的美化，认为他们是美德的不竭源泉；对陀思妥耶夫斯基来说，这种形象不再是过去那种感伤的、田园诗的、差不多卢梭式的形式。生活在“那个剃光了头、脸上烙着印记的讨厌的农夫，喝得踉踉跄跄，吼着嘶哑的、醉醺醺的小曲”且随时准备对挡道的人拔拳相向的威胁下，这种形式被破坏了。可是，陀思妥耶夫斯基坚持相信，即使在这个农夫身上也有纯正的道德品质，哪怕违背了他基于感受和理性的证据。要支撑这种信仰，就需要一种信念，在矛盾、非理性和不可能面前决不退缩，坚定不移地乐于接受丑恶与野蛮，同时要在讨厌的外表下寻找并发现隐藏着的存留的人性之光。也许可以这样说，就像陀思妥耶夫斯基对复活奇迹的信仰因复活节仪式而恢复了一样，他对俄国人民的信仰也因马列伊在他意识中复活的“奇迹”而更新。毫无疑问，接受基督战胜死亡的说法需要一种飞跃，这在导致他改变对农民犯人的看法时的类似飞跃中发挥了作用。无论如何，这两种飞跃的特征将在陀思妥耶夫斯基的感 127
受中始终混合在一起，最终导致他终有一天宣布的对俄国人民的真正“圣化”。

很久以前，少年陀思妥耶夫斯基曾写过稚气而热情的信件，他说基督是上帝的肉身，被派到尘世，以给现代世界“井然有序的精神及尘世生活”。作为基督信息在他时代最好的体现，他在维克托·雨果的诗歌中独独发现了“基督教的天真无邪的倾向”。[19]如今，他将放弃这种普世性的忠诚，并且未来将仅仅从农夫马列伊的世界中发现基督的真正教义。

注释

[1] 有关这一点的更多讨论，请参见拙著《陀思妥耶夫斯基：反叛的种子，1821-1849》，第十四章。

[2] 马克西姆·勒鲁瓦，《法国社会思想史》，第三卷，第82页。

[3] 威廉·詹姆斯，《宗教经验种种》（纽约，1929），第172页。

[4] 同上，第167页。

[5] 威廉·萨根特，《为心而战》（纽约，1971），第一至七章。

[6] 同上，第223页。

[7] 同上，第130页。

[8] 陀思妥耶夫斯基，《作家日记》（1876），第206页。

[9] 同上。

[10] 同上。

[11] 同上。

[12] 同上，第206-207页。

[13] 同上，第207页。

[14] 同上，第209页。

[15] 同上，第210页。

[16] 同上。

[17] 威廉·詹姆斯，《宗教经验种种》，第242-246页。

[18] 陀思妥耶夫斯基，《作家日记》（1876），第202页。

[19] 陀思妥耶夫斯基，《书信集》，第一卷，第58页，一八四〇年一月一日。

第十章　新眼光

一

陀思妥耶夫斯基的想象始终趋向戏剧性的高潮和突然、急剧的感情转 128
变，他的人物一律会在生活中陷入紧张或危机的时刻。相应地，只要公开谈论到个人生活，他基本上都用同样的方式加以描述。他关于农夫马列伊的文章捕捉的就是这样的时刻，描绘了它的解决（“所有的仇恨和怨气都从我的心头消失”），并且以启迪性的意蕴结束，陀思妥耶夫斯基如今成了一个新人。不过，若将这种说法当真，将他对生平中一个事件的巧妙处理与其精神演变的实际形态混为一谈，那就错了。

农夫马列伊的故事发生是否正如他所描述的那样，他在复述时作了多少艺术“加工”，我们无法确切地知道。但无论这个故事最初是什么样的形式,它所想传达的真实体验却无可争议地听命于那开始在陀思妥耶夫斯基世界观中发生的道德精神转变。不过他所描绘的那耀眼的洞察时刻根本谈不上稳定,它所开启的重生过程如他自己所说,经历了"很长、很长的时间"。故态复萌,再行挣扎,以获得安慰性信仰的鼓舞,这些无疑都难免。但整个阶段,陀思妥耶夫斯基都在学习如何用新眼光看待农夫们的信仰,最终摆脱了过去使他蒙昧的恼人痛苦。因为如他所说,直到那时,"我周围的一切都是敌意的——可怕的,尽管一切并不都真的如此,但对我来说就是这样…… 当然,那时有许多东西我都没有注意: 我对面前发生的事情不加怀疑"。(4∶56-57)

因此,农夫马列伊的故事为陀思妥耶夫斯基擦亮了眼睛,让他得以第一次准确地观察身边所发生的事,他相信这一点。《死屋手记》中的许多故事讲述的都是这种再教育的过程,这当然是此书的一个重要主题;但该书的重点是非个人化的、集体性的,而不是忏悔式的、个人化的,这个过程就始终不是直截了当的。它得从种种暗示及旁敲侧击推知——比如叙述者的惊奇反
129 应,他偶尔要读者特别留意这个或那个观点。这些暗示给我们启发,可以注意陀思妥耶夫斯基本人的认识渐渐在改变,使我们能够追踪陀思妥耶夫斯基信仰重生的轨迹。

二

下面是这种观点变化的明显例证,陀思妥耶夫斯基讲述了他如何克服自己的一个根深蒂固的信念——俄国西欧派分子的信念——俄国农民是笨

拙、无能的劳动者。我们可以在他早期的一篇小说中找到他持有这种观点的证据，其中一个年轻的自由派贵族——显然是作者的代言人——评论说，一个退役的老兵接受了俄国军队的欧式训练，他懂得如何行事，因为“他的技能、本领和机智要比农民强得多”。这个老兵“不喜欢像一个遇到麻烦的**农民**那样抱怨血腥的屠杀，他凡事亲力亲为，不哭诉，有章法”。(2：422)

这些就是陀思妥耶夫斯基第一次安排跟一个劳动小组一起做工时怀揣的想法；他立即发现，这种轻蔑的判断有了显著的确证。尽管自己对体力活一窍不通，他仍这样写道：“看到一帮壮汉对如何开工毫无头绪，这真叫人大光其火[对谁？为什么？]。”他们的任务是将额尔齐斯河上残破驳船的一些还没有断朽的横梁搬走；但“当他们开始拆第一根最小的梁木时，它好像在断”。“自己断了。”就像他们歉意地报告监工时所说。没有什么比这个更能说明农民的无能，它本能地激起陀思妥耶夫斯基上流阶级的忿怒，尽管他对恰当地做事并不关切。

在劳动小组消磨时间并等待新的工具时，另一个监工过来了，他给罪犯们限定了“任务”：如果在正常的工作时间前完成，他们就可以提前回营房。突然，每个人都努力干了起来，显然农民们等的就是这个。“看不到懒散，看不到无能。斧头丁丁；……**令我吃惊的是**，[梁木]现在完整无损，活儿进展飞快。好像每个人一下子都聪明绝顶起来。”工作在下班前半个小时完成，“犯人们疲倦但非常满足地回去了”。(4：75；黑体字为引者所加)众所周知的**农民**的愚笨就是如此——显然是农民用怠工对抗命令、用笨拙掩盖不屈从的古老策略！

一个非常相似的令人大开眼界的事是几个农民表演者在圣诞节演出时 130
展现的技巧和才能。在一个多世纪的民族主义之后，我们今天很难完全理解俄国西欧派对其民间文化深深的蔑视，他们认为那只是未开化的过去的

被遣送上工的苦役犯(H. 卡拉姆津画,十九世纪九十年代)

野蛮残留。例如，别林斯基始终否定任何肯定民间诗歌价值的企图，在谈到普希金的《新郎》时，他说："把俄罗斯民歌都加起来，其民歌精髓也不及这一首民谣！"[1]换言之，这样的民间材料需要经过精致的俄欧感受的过滤，才能具有真正的文学品质。如果我们假设（这是有可能的）陀思妥耶夫斯基有某些类似的观点，我们就能更好地领会他对农民犯人乐队的喜出望外——两把小提琴，三把自制的巴拉莱卡琴，两把吉他，一面铃鼓，后来又加了三台手风琴——他们在节日期间开演了。"说实话，"他写道，口吻就像一个酷爱去音乐会的人，"直到那时，我都无法想象，就这几件简单的民间乐器能做什么。声音的融合与和谐，尤其是乐曲构思的精神和特点，对曲调自身精髓的处理，都太迷人了。我第一次认识到了欢快、遒劲的俄罗斯舞曲那奔放的冲力与热烈。"（4：123）*

陀思妥耶夫斯基确实颠倒了别林斯基的判断，他说起杂耍小品《菲拉特卡与米罗什卡》是在他的帮助下由农民犯人上演的（尽管他只是暗示自己参与过）。在彼得堡时他看过这个小品多次，他觉得扮演菲拉特卡的犯人演员——一个叫巴克卢申的老兵，天生的滑稽剧演员——比他记得的都强。"巴克卢申扮的菲拉特卡真是棒极了。他活灵活现地演这个角色……我敢肯定，就塑造菲拉特卡而言，城里的演员都不及巴克卢申。跟他一比，那些人太像**法国农民**（paysans），而不是地道的俄国农民。"（4：124）职业演员接受的是欧洲传统和程式的训练，他们无法像巴克卢申那样本色当行，塑造真

---

* 谈及一八三〇年后法国人文主义者努力勉励出身工人阶级的诗人时，保罗·贝尼舒说："在同时代人中间，乔治·桑对这样的作品最有兴趣，她在《独立评论》最初几期发表的文章和多种文集的前言就是证明。不过说实话，那时没有人想到所谓原创性的无产阶级诗歌，后来的情况就不一样了；人们高兴地看到，工人（还有一些女工）开始接触诗歌，其模本是由有教养的阶层作者提供的。"就艺术而言，这样的态度在俄国更如此，这可以解释陀思妥耶夫斯基何以惊喜。保罗·贝尼舒，《先知的时代》（巴黎，1977），第407页。

实的俄罗斯农民；陀思妥耶夫斯基用那个法文词，说明他认识到这个欧洲混合物所透露出的矫揉造作的意味。在看到这些戏剧演出时，他无疑也开始
131 觉得，他迄今所认识的俄罗斯农民都是**卢梭式的农民**，是一种畸形的化装，在乔治·桑的作品中，或者更早一些，在卡拉姆津和拉季舍夫的作品中，他遇到过这些形象。

三

对陀思妥耶夫斯基来说，死屋生活中最难探寻的无过于农民犯人与上流阶级的关系——这种关系太错综复杂，远过于他事先所能想到的。我们已经看到，他期待能得到友善的接受，结果却因强烈的阶级仇恨被残忍地拒绝；尽管贵族根本不能被农民当作自己的一员而接纳，但陀思妥耶夫斯基也发现，农民们的态度比他最初认识到的要复杂。因为，如果你懂得他们的世界观，在跟他们打交道时考虑到这一点，克服或者至少缓解他们的敌意是有可能的。

“我入狱后的第一个问题，”陀思妥耶夫斯基写道，“是我该如何行事，我在这些人面前该采取什么态度。”(4: 76)既然陀思妥耶夫斯基强调说，他最初的一两年内心很孤独，那很可能这个问题就在农夫马列伊故事的那个阶段自答了。他从农民犯人那里退缩得一定很远，就像跟波兰人一样，他与他们保持着表面的、敷衍的关系。但另一方面，既然陀思妥耶夫斯基并非全然忽视身边发生的一切，他就便注意到许多跟他的想法相反的东西。他为农民犯人的某种固执感到吃惊，例如，他们坚持认为，他仍保持着跟他的阶级

地位一致的那种做派。陀思妥耶夫斯基是一个开明、进步的人文主义者，他起初尽可能表现得随和些，一切细小之处都将自己放在与农民平等的地位；但他发现，这种努力根本不被视为善意之举，反而让他显得滑稽可笑。

“按照他们的想法……”他说，“我在他们面前甚至应该保持并尊重我的阶级优越感，一切都嗤之以鼻，扮演真正的优雅贵族……当然，他们会因为我这样做而骂我，**但他们私下会因为这一点而尊敬我**。”（4：76；黑体字为引者所加）陀思妥耶夫斯基说，对他而言，这样做是不可能的，因为“我从来就不是他们所理解的那种贵族”——也就是说，那种主张由等级和地位所赋予的各种特权的人。（4：76-77）不过，尽管他如此声明，他并不能完全逃离本阶级，他喜欢被人照顾，那个人实际上就是一个贴身的仆人，而他支付的费用很可怜。

农民希望保持地位等级，这在他们对待统治他们的官员的态度方面也 132
很明显。那些设法赢得他们的尊重甚至感情的人，从不会公然试图越过阶级障碍而做到这一点。陀思妥耶夫斯基明确指出，这种发现对他是多么出乎意料：“我得说说另一件怪事：犯人们不喜欢长官**过于**亲昵、**过于**温和地对待他们。[黑体字为原文所有]他们愿意尊重那些对他们有权的人，过于温和会失去他们的尊重。犯人喜欢他们的长官拥有勋章，也喜欢他仪表堂堂，喜欢他们在上司那里得宠，**喜欢他严格**、**自负**、**公正**，喜欢他保持尊严。犯人们更喜欢这样的官员：他们觉得他保持了自己的尊严，但不侮辱他们，这样他们就觉得一切都好，理所当然。”（4：91；黑体字为引者所加）

因此，农民犯人本能地偏爱那些照其等级行事的长官；但他们真正喜欢的是这样一些人，他们尽管如此行事，却不夸耀自己的优越，或带着傲慢与不屑轻视那些比他低的人。陀思妥耶夫斯基好奇地注意到，犯人们总是充满感情地说起斯梅卡洛夫中尉，虽然他跟其他所有人一样也执行过同样无情的鞭笞。"可事实是,犯人们带着爱和满意回忆他的鞭笞——这个人在讨他们喜欢方面太成功了！怎么回事？他是如何得到这样的欢迎的？……斯梅卡洛夫懂得如何举手投足,因此他们把他看作自己一员,这是伟大的艺术,说得更准确些,是一种内在能力,甚至拥有这种能力的人也从没有想到过……**他们不轻视、不嘲笑受他们控制的人**——我想,道理就在其中。他们身上没有优雅贵族的痕迹,没有阶级优越感的痕迹;哎呀！人们为此需要多么敏锐的嗅觉……他们总是喜欢最严厉的人,而不是最仁慈的人,只要前者有一点儿他们自酿的味道。"(4∶150;黑体字为引者所加)

陀思妥耶夫斯基在Γ中校身上找到了同样的性格特征,后者在鄂木斯克工程部管过一段时间,很快就受人爱戴。"只要看到犯人,他就会对他说一些善意、幽默的话,跟他开开玩笑,说说笑话。最绝的是,这里没有一点儿权威的痕迹,**没有任何俯就或纯粹官样善意的味道**。他是他们的同志,完全是他们中的一员。尽管他的做派和情感有种本能的民主,可犯人们一次也没有对他失敬或狎昵。"(4∶215;黑体字为引者所加)

133 显然,陀思妥耶夫斯基钦慕这种神秘的能力,它在缓解犯人们惯有的敌意方面有神奇的作用;他本人的态度类似于这样的官员。他谨慎保持着农民的礼节规范所要求的恰当的社交距离,又努力表示可以发展进一步的友谊,这样就可以克服不信任。"我下定决心,尽可能简单、独立地行事,"他解释道,"不勉强跟他们套近乎,但如果他们想友好,我不会抵触;我不怕他们的威胁和憎恨,并尽可能装作若无其事的样子……另一方面,我不想彬彬有礼却冷若冰霜地拒他们于千里之外,就像波兰人所做的那样。"(4∶76-77)

长此以往,陀思妥耶夫斯基的策略产生了他所希望的效果,他设法取得了中间地位,既保持了自尊,也尊重农民们的态度,又可以超越他们根深蒂固的敌意。"没有什么比赢得人民的信心(尤其是这样的人民)、得到他们的爱更难。”陀思妥耶夫斯基写道。差不多“在监狱两年,我才成功地获得犯人们的善意,”他满意地记载说,“最终大多数人开始喜欢我,把我看作一个‘好人’”。(4∶26)这样的胜利当然很重要,使得陀思妥耶夫斯基能够对付剩余刑期的心理负担,同时也具有更大的意义。因为它让陀思妥耶夫斯基彻底相信,虽然农民的思想无法想象另外的社会,它不同于那已经存在且因时间而神圣化了的社会,但由现存的阶级关系所导致的仇恨可以克服,他本人和死屋里的其他一些人看到了这种仇恨的消失。因此,他后来激烈地坚持认为,俄国的社会进步不是通过企图变革社会及政治制度而取得(在他看来,无论如何,所有这类企图都注定必然失败),而是从上层阶级对待人民态度的道德转变而获得。

四

陀思妥耶夫斯基渐渐能够同情农民们的世界观,这也让他注意到一些积极的道德方面,他发现,他们天生拒绝假装跟他们的上级“平等”。在他对圣诞节戏剧演出活动的描写中,我们非常清楚地看到他的发现,这是他自己感情转变的一个关键活动——这个活动深深地影响了他可能是几个月后发生的更为人瞩目的重生。正是在这里,陀思妥耶夫斯基第一次突然看到,农民犯人真诚、天真地喜欢戏剧活动,并因此而“重生”。 134

“所有的脸上都表现出心地单纯的期待……那些布满皱纹和烙印的额头、面颊,那些通常非常阴郁忧伤的脸,那些有时露出非常可怕的怒火的眼睛,都闪烁着奇异的光辉,那是纯洁之光,孩子般的喜悦之光,甜醇的愉快之光。”(4：122-123)演出期间，“他们尽情释放他们的快乐”，最后，为了排遣愉快与满足，“他们赞美演员，他们感谢军士……每个人都非常满意，甚至可以说是幸福，他们入睡时不像往日那样，而是差不多带着平静的情绪——为什么？可能有人会觉得奇怪。这些可怜的人只是被允许做他们喜欢的事，尽管很少，可以像人一样快乐，过短短一个小时好像不在监狱的生活——尽管只有几分钟，他们的道德发生了改变……”(4：124,129-130)

陀思妥耶夫斯基到达演出地时受到的待遇，也给他留下深刻印象。通常情况下，别人对他都很粗鲁无礼；人们根本不会特别顾及他，要么被存心忽视，要么在安排活儿时就被当作妨碍而不是帮手粗暴地给晾在一边。但如今在进入用作戏院的兵营时，陀思妥耶夫斯基对他所受到的尊重甚至敬重感到吃惊；他马上得到一个前排的位置，而这个狭小空间里的拥挤是“难以置信的”，犯人们站着，坐在通铺上，甚至从临时舞台的后面观看。他解释说，一个理由是，“彼得罗夫天真地告诉我，我之所以有一个前排位置，部分原因是，我会多捐一些钱”，即在传来传去的盘子里多放点钱，作为给演员的酬劳。但陀思妥耶夫斯基拒绝接受这种惟利是图的动机作为他待遇的深意，或者更准确地说，他将这种实际目的只是看作他所揭示的深意的一部分。因为他坚持认为，犯人们这样对待他，是因为他们觉得，他过人的戏剧知识让他得到了特别的尊重。“他们在某种程度上视我为剧院常客，是一个内行，经常看与此大不相同的演出，他们看到巴克卢申一直在跟我商量，对我很尊重，因此在这种场合下我就得到了坐在前排的殊荣。”(4：121-122)

陀思妥耶夫斯基因此就顺从了农民犯人对他的估量，在戏剧问题上他确实比他们高一等，尽管在劳役营生活的其他所有方面，他都明显不如他们。“犯人们可以嘲笑我，在劳动时把我看作蹩脚货。阿尔马佐夫可以鄙夷地把我当作一个‘贵族’，他因为懂得如何烧石膏就在我们面前趾高气昂。

但与他们的虐待和嘲弄相混杂的，还有另外的东西：我们曾经是贵族；我们 135
属于他们过去主人的那同一个阶级，他们对主人可能没有好印象。但如今在剧院，他们为我让了路。”在陀思妥耶夫斯基看来，这样的尊重并非那种对权威叩头的礼节（怎么可能呢，这些农民可以轻易地把他当作一只苍蝇赶走），而是一种尊严，他们不能在他们能力以外的领域行使权力。“即使是那些很不喜欢我的人（我知道是真的），”陀思妥耶夫斯基说，“如今也急切地希望我对演出加以赞同，他们让我占有最好的位置，却没有丝毫奴性……”（4：121）

关于彼得罗夫说陀思妥耶夫斯基要给演员更多捐款，也给出了同样的解释。是的，他要给更多的钱，这样演员的回报会更丰厚；但他被给予优先权却不是因为钱。不如说是出于观众的普遍愿望，要给那些能为大家带来许多快乐的人尽可能多的回报。在解释犯人们的下意识行为时，陀思妥耶夫斯基谈了如下（虚构的）想法：“你比我富裕，因此你站在前排，虽然我们都是平等的，但你要给更多的钱；因此，像你这样的观众能够让演员更开心。你必须摆在首位，因为我们大家在这儿都不是考虑钱，而是要表达尊重，所以我们要主动对我们进行分类。”陀思妥耶夫斯基补充说：“这里有着多么优雅、真正的骄傲！这不是对钱的尊重，而是对自己的尊重！”是的，正如陀思妥耶夫斯基事后所想的那样：“我不记得，他们［农民犯人］有谁因为钱而贬低自己。”（4：121-122）

对陀思妥耶夫斯基来说，这件事有着重要的象征意义。如果它真是发生在农夫马列伊的故事之前，就可以视为其道德的、社会的预表。因为它揭示的是农民犯人的同一种能力，能够为了更高的价值而克服自身针对昔日主人的本能的报复心。陀思妥耶夫斯基从这些事件中引出的道德是：“我们的人民最高尚、最惊人的特点，正是他们的正义感和对正义的渴望。**普通民众无论何时都根本不想付出任何代价去当抢在头里的公鸡，不管他们该不**

该如此。我们只须揭开表面遮盖的外壳，更仔细、认真地看看内在的核心，不带偏见，我们一些人就能在人民那里看到我们本就不该怀疑的东西。我们的明哲之士能教给他们的并不多，相反，我认为，明哲之士应该向人民学习。”（4：121-122；黑体字为引者所加）

136 我们再次来到将成为陀思妥耶夫斯基信仰源泉的一个地方，那是西伯利亚后的他最珍视且深信不疑的信仰。因为后来他不是以充满激情的先知口吻宣称，俄罗斯农民充满了诚实的道德感，能够作为“主子们”光辉的榜样吗？尽管这样的想法经常遭到对手的奚落，可对陀思妥耶夫斯基来说，它深深地植根于牢狱生涯的救赎情感，根本无须质疑其有效性。我们还可以看出，农民拒绝主张他们在一切领域无条件的平等权，当在他们看来是正当时，他们就乐于放弃优先权，这让陀思妥耶夫斯基得出了这样的结论，如他获释后不久跟朋友弗兰格尔男爵所说：“**就目前而言**，在俄国进行一场政治颠覆是无法想象的，是不成熟的，考虑到农民大众的无知，想照西方模式制订宪法也是荒谬的。”（黑体字为原文所有）[2]

确实，无论未来陀思妥耶夫斯基涉猎何种社会或政治问题，他都始终带着这些根深蒂固的记忆所预定的想法去面对它们。他从没有忘记，他和别人是如何设法去赢得农民犯人的好感的；他从没有忘记，他在他们身上看到的那令人印象深刻的“尊严”感，他们在演出活动中拒绝对他提出蛮横的主张。他坚定地认为，这些经验让他洞察了俄国社会心理隐秘的深处。“总之，”在那封已经反复引用的书信中，他告诉米哈伊尔，“我［在劳役营］没有浪费时间，我虽然没有学会认识俄国，但起码认识了她的人民，我对他们非常了解，**也许很少有人了解他们**。哎呀，这就是我有点自豪的地方。我想这是可以宽恕的。”（黑体字为引者所加）[3]

五

服刑初期,陀思妥耶夫斯基出于自我安慰地想,这当然带有几分自虐式的讽刺,营地居民可能也像外面世界的人们一样,是由好人和坏人混合组成的。"一想到这些,"他继续写道,"我就摇头。不过,天啦! 如果我当时知道那是多么正确多好!"(4:57)起初,他把其他绝大多数同伴都看作邪恶的阿里斯托夫的诸多翻版;但后来,受农夫马列伊看法的激发,他放弃了这最初的反应,努力采取更为赞许的观点。一旦这样做,他便发现,他的第一反应彻底错了,就像对待劳役营的其他许多事一样,他完全听凭自动的上等阶级的反应。

陀思妥耶夫斯基宣称那里有许多"好人",哪怕是在一帮通常至少犯过
一次谋杀案的人中间,乍一看这似乎令人不安。确实,这引起了非常广泛、 137
普遍的误解。人们常常以为,在某个点以后,陀思妥耶夫斯基的好坏之分开始模糊,他开始崇拜罪犯,说他们"强大"(如司汤达的早年、尼采的晚年所做的那样)。但这样的意见经不住对陀思妥耶夫斯基作品不偏不倚的细读。他从没有为罪行如此辩护,甚至明确极力反对那些试图这样做的观点。"事实上,有一些观点,"他承认,"人们会用来为犯罪辩护。但不管形形色色的观点是什么,每个人都得承认,有些罪行,开天辟地以来,在各种法律制度下,都始终确切无疑地被看作罪行,只要人还是人,就仍将被视为罪行。只有在监狱,我才听到有人能够用最自然、孩子般的愉快笑声,去讲述最可怕、最反常行为的故事,最荒谬的谋杀故事。"(4:15)陀思妥耶夫斯基这里也许指的是可怕的加津,别的犯人说,他是一个嗜血的虐待狂,"喜欢杀害幼童,

纯粹是为了寻开心”。(4∶41)

因此,说陀思妥耶夫斯基对罪及罪行怀有隐秘的同情,是“超善恶”之壮丽表现,这完全错误。他从未放弃这样的信念,即人的人性依赖于对保持两者界限的道德准则的接受。但这并不是说,所有谋杀的发生都必定出于同样的理由,或所有的杀人犯都是虐待狂和性反常的家伙。而且陀思妥耶夫斯基对同狱犯了解越多,他越明白,一些所谓的罪行是由他不能完全谴责的原因促成的。他发现,有一些是错误或事故,其背后的动机根本不能说是道德卑鄙或丑恶。鉴于俄罗斯生活的普遍状况,其他一些罪行常常是个体反对不堪忍受的虐待的惟一手段,是面对不堪承受的羞辱时对尊严和自尊的主张,是对不公正的愤怒抗议。

第一组是那些由于不幸来到苦役地的人,可以算进来的有阿基姆·阿基梅奇、达格斯坦的鞑靼人阿列伊(陀思妥耶夫斯基对他作了浓墨重彩的描绘)、愁眉苦脸的苏希洛夫,后者成了陀思妥耶夫斯基的贴身仆人,不时得到几个戈比的奖赏。阿基姆·阿基梅奇显然根本不能说是罪犯,他杀了叛逆的地方首领,他认为只是作为俄国官员在尽自己的高尚义务。阿列伊也不能算是犯人,尽管他跟哥哥们一起,参与杀害了一个亚美尼亚商人及其保
138 镖,并抢了他们的大篷车。阿列伊只是遵守哥哥的命令,跟他们结伴,并不知道他们的打劫意图;他是盲从家庭权威的牺牲品,他出于最高的道德原则尊重这样的权威。“他像一个贞洁的姑娘那样纯洁,”陀思妥耶夫斯基写道,“监狱里的任何丑恶、无耻、肮脏、不公正或暴力行为都会在他漂亮的眼睛中激起愤慨之火,两只眼睛因此变得更美丽。”(4∶52)阿列伊是一个伊斯兰教徒,他在陀思妥耶夫斯基的指导下通过《新约全书》学习俄语,他为耶稣的训诫“饶恕,爱,不伤害别人,甚至爱你的仇人”深深打动。(4∶54)阿列伊关于耶稣的热情话语直指陀思妥耶夫斯基的心灵,显然有助于加强后者的信念,

即基督的宽恕一切的爱的教义有着普遍的吸引力。

在《死屋手记》中,陀思妥耶夫斯基用相当多的篇幅写了苏希洛夫,并用他作为主要的例子说明,一开始就能认识农民犯人的真相是多么困难。他也许为他最初的误解大吃一惊,因为苏希洛夫似乎就是从他自己的某篇小说中走出来的,照理他应该一目了然。这个无害的农民为何被弄到西伯利亚的,我们不得而知;也许是碰到一点儿倒霉的事,但根本说不上犯罪。不过,一路上由于被安排跟重罪犯人一起押送,他就被蒙骗跟一个判处死刑的犯人调了包(一个惯常的做法),后者先是不停地给他灌伏特加,后又付给他一个银卢布和一件红衬衫。等他明白就里时,一切都晚了,苏希洛夫就这样失当地划到了“特科”,那是为判无期徒刑的最危险犯人准备的。“苏希洛夫是一个可怜的人,”陀思妥耶夫斯基告诉我们,“成天无精打采、卑贱谦恭,任由肆意蹂躏,尽管没有人虐待他,但他天性就是供人蹂躏。”(4∶59)他对陀思妥耶夫斯基忠心耿耿,一天因为一件小事疏忽受到责备,但陀思妥耶夫斯基说还是要给他钱。以后的几天他情绪低落,当陀思妥耶夫斯基再次给他钱时,他拒绝拿。相反,他跑到外边,用头撞击栅栏,哭了起来,因为陀思妥耶夫斯基不懂,苏希洛夫替他做事不是为了钱,而是出于感情。可见,就连可怜的苏希洛夫也能培育最优雅的感情,不计利益地表现人类的忠诚!

六

在营地,像苏希洛夫这样意志薄弱、没有恶意的人是例外而非通则;陀

139 思妥耶夫斯基也逐渐重新审视其他一些截然不同、更为倔强类型的人。他渐渐懂得,他们也根本不是那种道德上堕落、人性上无可救药的人。陀思妥耶夫斯基当然不能过于直白地谈论他们犯罪的原因,但他不时地说起细节,这样就不言自明了。彼得罗夫是营地最危险的人,过去是一个士兵,"入狱前,有一天……在操练时被上校打了。可能此前他已被打过多次,但这次他忍无可忍了,于是大白天里,当着全团士兵的面,他把上校给杀了"。(4:84)

卢卡·库兹米奇,营地没有人把他当回事,尽管他装出一副亡命之徒的架势,他第一次被捕,只是因为他是流浪汉,纯粹鸡毛蒜皮的事。他决定"放倒"负责他的牢房的少校,因为"伙食很差;而且少校肆意地对待他们[其他囚犯]"。这位少校恐吓其他所有的人,每次露面就叫嚷着说:"我是沙皇,我是上帝!"卢卡准备了一把刀,并反驳说,只有"上帝本人为我们安排的"上帝和沙皇,这让少校勃然大怒,于是他一刀捅进少校的肚子,只剩刀把子露在外面。讲完这个故事后,陀思妥耶夫斯基慢慢给读者解释,并谨慎地将议论限定在过去的事,不幸的是,"过去,类似的许多说法许多长官都经常使用",并导致了同样后果。"傲慢的自高自大,狂妄地以为自己能为所欲为,"他说,"会激起最顺从者的憎恨,让他们不耐烦。"(4:89-91)

同样,西罗特金是一个温和、英俊的同性恋,他不习惯军营的严苛,尤其是遭到一个官员的烦扰与迫害。最初他笨拙地想自杀以结束悲惨生活,后来在一阵愠怒中他杀了折磨他的人。陀思妥耶夫斯基还发现,很难将好脾气的巴克卢申看作冷酷的罪犯,他相信后者的说法,只是想吓唬那个最终被他杀害的德国老头。他的本意是吓唬那家伙,不要违背别人的意志去娶那个漂亮的德国姑娘,后者已经跟一个无能又无钱的俄国士兵吐露情愫。但那个德国市民坚持说,巴克卢申不敢朝他开枪,这就让这位俄国人忍无可忍了。不过,这样的激情犯罪只不过让他获得相对较轻的判罚,若不是在法庭上他又遭到巡官的虐待。他反击说，那位巡官“在正义之镜”面前侮辱他——那是一个透明的棱镜，上面是帝国的双头鹰，俄国每个法庭的桌子上都放着这样一面棱镜。巴克卢申在意法庭的尊严，拒绝接受侮辱，进而被列为特科。

陀思妥耶夫斯基发现，许多罪犯越发难以不分青红皂白地予以谴责，以 140
上只是很少的一些例子。《死屋手记》还有一段为其他许多人开脱的大胆文字，那些人的个人生平他并没有仔细交代：“有些人就是因为要服苦役而犯罪，**为的是逃避外面更大的终身劳役**。他［犯人］的生活极端恶化，从不知果腹的滋味，从早到黑为剥削他的人干活……”（4∶43；黑体字为引者所加）这样的犯人觉得，苦役强如在残忍的地主手下当农奴，陀思妥耶夫斯基没有说不同意这样的选择。基于这种想法，我们必须提到书中最著名的一个段落，它经常被引用，更经常被误解。“终究，”陀思妥耶夫斯基说，“我们得说出全部的真相，这些人是特别的。也许他们是我们的人民中间最有天赋、最强大的人。”（4∶231）但这不是因为他们是罪犯，而是因为他们的罪行源于性格的强悍，常常是为了保护那些本能的道德原则，在别人也许已经被彻底压垮时，他们却展示了这些原则。

陀思妥耶夫斯基不断强烈地意识到一个罪行与另一个罪行之间的道德差别，他说，这让他产生了“一个念头，这个念头在我服刑期间始终挥之不去，那是一个无法彻底解决的难题”。简单地说，这个难题就是，同样的罪行在同样的法律下接受的是差不多同样的惩罚；但从道德角度说，犯罪的原因却是千差万别的。“一个人可能不为什么，只是为了一颗洋葱而杀人。他在公路上杀了一个农民，后者结果身上什么也没有，只有一颗洋葱。”（正如监狱里的一句格言所说：“一百次杀人加一百颗洋葱［每个值一戈比］你得到一卢布。”）“另一个人杀了一个好色的暴君，为的是保护他的未婚妻、姐妹或孩子的名誉。又一个人是逃犯[也就是逃跑的农奴],被一大群追踪者包围,他杀人是为了保护自己的自由和性命,否则就常常会死于饥饿;还有人杀害幼小的儿童,纯粹为了杀人的快乐,喜欢把玩他们温暖的血液,享受他们恐怖的样子,他们临终前在屠刀下鸽子般的扑腾。可是所有这些人都被送去服苦役。”刑期长短的区别并不解决问题,因为“它们的情形千差万别,性质种种不同”;陀思妥耶夫斯基承认失败,最终放弃了找到答案的可能性:“这本身是一个无法解决的难题,就像画一个正方形的圆一样。”(4:42-43)

这些话预示,后来的陀思妥耶夫斯基公然讨厌任何类型的法律俗套,那
141 纯粹是纠缠于法律的字面意义,根本无法探究犯罪个体的内心和精神。只有某个天才、敏感的怪人,比如《罪与罚》中的那个调查员波尔费利·彼得罗维奇,才能真正把握激发拉斯柯尔尼科夫的复杂动机,但他显然是个例外。陀思妥耶夫斯基最终将他在这个问题上的全部痛苦都倾泻在对德米特里·卡拉马佐夫有罪推定的调查描写上,那种调查关心的只是“事实”,根本不顾德米特里本人的说法和反应。

不过此刻我们能够看到的是,对农民犯人中间人性多样性的深入理解,极大地扩展了陀思妥耶夫斯基四十年代的慈善信念——却没有导致他模糊善恶的界限。过去是对软弱、基本上是顺从的人的同情,是一种感伤主义,如今带上了悲剧的复杂性,陀思妥耶夫斯基对不屈的农民犯人的同情将官方道德的界限扩展到崩溃的边缘。比罪行更重要的是罪行发生的动机和人的处境。而且,如果说可怜的苏希洛夫指向陀思妥耶夫斯基过去的文学,那么他对众多监狱同伴不断增长的敬意则明确无误地指向未来。

七

如果说陀思妥耶夫斯基对农民犯人的态度很大程度上受他对其犯罪原因深入了解的影响，那么他看到他们本能地接受、尊重基督教道德法则，也给了他很大影响。诚然，他在他们中间从没有发现抱愧与悔恨，虽然他拒绝排除这种可能："谁能说他探寻到这些无望者的内心深处呢？"他还渐渐懂得，起码说形成了一种理论，不能按照上流社会成员的标准来判断农民的良心。从农民的角度说，针对主人的罪行根本就不是罪行，它们不过是两个集团永恒的阶级战争中的又一阶段。"［农民］犯人懂得并且毫不怀疑，他自己的阶级审判会宣布他无罪释放，他知道他们永远不会惩罚他（最大可能是彻底判他无罪），只要他的行为不是针对跟他地位相等的人，他的兄弟和农民同伴。"（4：147）他急忙下结论说，不为这样的罪行悔罪并不是说农民犯人完全缺乏道德感，恰恰相反的说法才是正确的。我们已经看到，农民犯人在复活节仪式上所展示的忠诚；陀思妥耶夫斯基还举了其他许多例子，基督教价 142
值观是如何渗透在劳役营的生活中，有助于缓和一些无情及没有人性的方面的。

刚到监狱的第一天，陀思妥耶夫斯基就悲伤地发现，所有犯人都无耻地、不停地相互偷窃。可不久，为安全起见，差不多所有的人都把钱交给了一个来自斯塔罗杜比耶[①]的旧礼仪派教徒，他因为纵火焚烧一座东正教教堂

① 斯塔罗杜比耶是切尔尼戈夫省的一个地区，是旧礼仪派（即分裂派）的聚居地。

而入狱。陀思妥耶夫斯基描绘了这个旧式信仰的殉道士,他的圣洁品质赢得了普遍的信任。陀思妥耶夫斯基的措辞让人想起了多年后他在《少年》中对俄国农民朝圣者马卡尔·伊万诺维奇的描述:“他快活,笑个不停……笑得温和率真,他的笑声中有许多孩子般的质朴天真。”(4:34)同样,年纪大的那个波兰犯人Z(若霍夫斯基),刚到营地就受到鞭笞,也赢得了犯人们的尊敬,因为他在吃鞭子时不喊不叫,打完以后,他立即跪在地上祈祷。真正的宗教虔诚总是能吸引犯人,他们从不戏仿或嘲笑这些宗教行为,所有人都不时地显示出对宗教的足够感情。一个农民犯人的命名日(为纪念他的守护神而举行的庆祝活动)上,所有能掏得出钱的人都沉浸在宴会的酣醉之中;但陀思妥耶夫斯基还写道:“命名日的那天,那个犯人一起床就在神龛前点了一支蜡烛,喃喃地祷告起来。”(4:35)

我们知道,陀思妥耶夫斯基觉得,大多数时候,劳狱营里的人际环境是令人头疼、压抑的;因此他对发生的变化就特别喜欢、印象深刻,哪怕只是宗教节日的短暂阶段。关于圣诞节,他写道:“教会的伟大节日从幼小时起就在农民心里留下了生动印象,它们是从艰苦的劳作下获得休息的时候,是家庭聚会的日子……尊重这庄严的日子已经成为习惯,犯人们也严格遵守。很少有人大吃大喝,大家都很严肃、专注,尽管许多人其实并没有什么事可做。但不管是喝酒还是无事可做,他们都努力保持某种尊严。”如果有谁破坏了这种基本气氛,“哪怕是出于无心,犯人们也会开始呵斥他、谩骂他,对他生气,仿佛他对节日本身表示不敬一样”。“犯人们的这种心理状态,”陀思妥耶夫斯基补充说,“很了不起,也相当感人。”(4:105)在行为放肆已经司空见惯的这帮人中间,能够看到这样的礼仪表现,当然很感人——也是莫大的安慰。

陀思妥耶夫斯基还明白,农民的基督教信仰在保持犯人作为人类社会

之一员方面发挥了重要作用，不管他犯了什么样的罪。“除了固有的对那个
伟大日子的尊敬外，”他说，“犯人们也不自觉地感到，遵守圣诞节仪式，他们
就可以与整个世界保持联系，他们不尽然是被抛弃的、迷路的人，没有彻底 143
被切割；在监狱跟在其他人中间是一样的。”（4：105）这也绝不是他们的幻想，宗教节日往往会借助慈善形式导致犯人内心涌起一种精神上的团结感。“人们带来大量的物品，如面包卷、奶酪蛋糕、甜点、烤饼等好东西。我相信，镇上的中下层家庭主妇都会送上一些她们烤制的食品，作为给这些‘不幸的人’、监禁的人的圣诞祝福。”（4：108）在这种怀着圣诞精神参与的活动中，陀思妥耶夫斯基有意排除了上等的、有教养的阶层，他在其他地方说：“俄国的上层阶级根本不明白，我们的商人、店主和农民是何等关心那些‘不幸的人’。”（4：18）

这时，陀思妥耶夫斯基再次强调农民犯人对基督教道德准则的认可，它对他们的行为所具有的平息效果。“不管礼物是什么，送礼物的人是谁，所有[礼物]都在同样的感激声中收下。犯人们在收礼时脱下帽子，鞠躬，表达他们的节日问候，然后把礼物带到伙食房。礼物堆成一座座小山，人们叫来年纪大一些的犯人，他们按牢房把一切都均分。没有责骂或争吵，人们诚实、公平地做事。”陀思妥耶夫斯基的营房由阿基姆·阿基梅奇和另一个犯人分配，他们“就随手给每个犯人一份。一点抗议都没有，一点嫉妒都没有；大家都满意，没有人怀疑礼物被隐瞒或分得不均”。（4：108）这跟平常彼此为个人物品而争吵、偷窃形成了鲜明对比！

宗教节日期间，当地居民提供救济品的活动达到高潮。这样的活动全年都在持续，有时是直接给犯人钱，当他们排成出工的队列慢慢走过鄂木斯克街头时。陀思妥耶夫斯基第一次这样接受救济是“我刚来到监狱不久”。一个十岁的小姑娘——一个年轻士兵的女儿，她去看望死去的父亲，在军医

院见到陀思妥耶夫斯基——遇到他，当时他正在看护下走过，小姑娘跑过来
给了他一个硬币。“‘喂，可怜的、不幸的人，看在基督的分上，拿一个戈比
吧。’她叫道。她赶上我，把一枚硬币塞到我手里……我珍藏这个戈比很
久。”(4：19)最后一句话一点儿也不假：陀思妥耶夫斯基的第二任妻子确
认，他许多年里都把它作为纪念保存，由于疏忽弄丢了后，他非常沮丧。[4]这
件事对他的意义究竟有多大？我们可以读一下《罪与罚》，拉斯柯尔尼科夫
144 切断与人的联系，表示他拒绝任何同情与怜悯的刺激，其象征性动作就是，
他将一个小女孩作为慈善给他的一枚二十戈比扔进了涅瓦河。

八

因此，陀思妥耶夫斯基以这种直接而动人的方式，与俄国下层生活如此深厚的人性及基督性建立了联系，他至少可以在农民犯人的行为中观察到同样感情残留的愉快效果。当然，这些表现是对农夫马列伊景象的珍贵证明，更重要的，它们说明，他早期作品中的人道主义及慈善的理想，过去他以为是由俄国西欧派的进步观念带进俄国生活的，其实就体现在俄国农民本能的道德反应之中，而这些人一直被蔑视、被诋毁。因此陀思妥耶夫斯基后来坚决反对那些企图用其他道德观代替基督教价值观的人，这一点也不奇怪。他激烈地相信，那样做将破坏他所了解的俄国生活的道德基础，而**任何**留存的道德都只能看作奇迹！我们也不要忘记，劳役营真正最邪恶的家伙，最阴暗、最无耻的恶棍，是那个有教养的阿里斯托夫，他的玩世不恭没有底线，传统的道德约束被他视若无物。

刑期结束时,陀思妥耶夫斯基对大多数同伴的估价彻底反转,尽管作为一个贵族,他的陌生感并没有彻底克服,但他终于可以在道德上、感情上跟其他人认同,超过他所想到的可能程度。这种认同也因同样的爱国感情和民族主义感情的进一步高涨而扩大,为他的重生提供了重要激励。

一八五三年爆发了克里米亚战争,他服刑的最后一年,人们成天都在谈论这场战争。俄国与土耳其(后者受到法英的支持)的麻烦关系已经紧张多年,这种敌意的回响当然也在监狱高墙内飘荡。起初,冲突的原因只是东正教与巴勒斯坦的罗马天主教之间的权力之争,有证据表明,这种问题也在陀思妥耶夫斯基与信奉罗马天主教的波兰犯人间的激烈争执中体现。* 无论如何,他出狱后坚定地相信,他与农民犯人的关系与他对祖国的爱紧密相 145
连。"我告诉您,"一八五六年他写信给阿波隆·迈科夫说,"我天性亲近俄罗斯的一切,甚至连犯人也不会让我害怕——他们是俄罗斯人民,我不幸的兄弟,我很高兴,我不止一次在一个强盗身上发现了灵魂的伟大。就因为我能懂他:因为我也是一个俄罗斯人。"[5]

注释

[1] 安杰伊·瓦利茨基,《斯拉夫派的矛盾》(伦敦,1975),第 417 页。同一页的

---

* 在托卡热夫斯基的回忆录里,有一个与陀思妥耶夫斯基相关的故事,显然涉及因克里米亚战争而引发的争议:"他[陀思妥耶夫斯基]甚至说,塞瓦斯托波尔本该早就属于俄罗斯,还有整个欧陆的土耳其,他认为很快它就将成为俄罗斯帝国的花朵。有一次,陀思妥耶夫斯基给我们背诵了他的一首诗,描绘的是胜利的俄国大军必定进入塞瓦斯托波尔的情景。这首诗确实很美,但没有人对他的赞美当真。我问他:'你有没有诗写班师的?'他勃然大怒,扑到我的面前,骂我不学无术、野蛮无知。"

陀思妥耶夫斯基的创作中没有这首诗,不过托卡热夫斯基也许提及的是《一八五四年的欧洲事件》的一个初稿,陀思妥耶夫斯基可能还在劳役营时就开始写作(参见第 181–183 页)。另参见莱德尼茨基,《俄国、波兰与西方》,第 275 页。

一段引文反映了别林斯基观点的一般倾向:“我们素朴民歌的单调形式足以表现古俄罗斯部落的、自然的、当下的、半宗法制的有限生活内容,但[现代生活的]新内容不适合它,容不得它,它需要新的形式。我们需要的不是民族性而是欧洲化……”

[2] 弗兰格尔,《回忆费·米·陀思妥耶夫斯基在西伯利亚》,第 35 页。

[3] 陀思妥耶夫斯基,《书信集》,第一卷,第 139 页,一八五四年二月二十二日。

[4] 陀思妥耶夫斯基,《全集》,第四卷,第 289 页。

[5] 陀思妥耶夫斯基,《书信集》,第一卷,第 166 页,一八五六年二月十八日。

第十一章　悲苦中的恶魔

一

陀思妥耶夫斯基的死屋岁月让他接触到了无量多的人(与非人),真正的圣洁与卑鄙的邪恶杂居共处。危急关头,差不多每个人都会越过正常社会生活的藩篱,做出某种暴力之举,进而彻底决定了他的命运。陀思妥耶夫斯基从身边听到的那些故事可以与充斥在他青春想象中的哥特式小说及浪漫主义文学中的任何最疯狂行为相比,而这些故事又是普通寻常的俄国人单调、污浊生活的一部分。因此,陀思妥耶夫斯基的伟大作品后来被认为是浪漫离奇与俄国平淡无奇的日常生活的结合,这一点也不奇怪。如果说陀思妥耶夫斯基比其他任何小说家更能将情节剧式的谋杀情节提高到高级悲剧的层次,那当然是因为,他就亲身经历过,他曾被抛掷到那样一个世界,其 146

中耸人听闻的情节剧远胜简单的文学惯例。他能够感受到它们在他脉搏中的奔涌,他是从他被迫与之朝夕相处的人们嘴边采到的。

对陀思妥耶夫斯基想象性地把握人类经验而言,这样的接触其影响当然巨大,他后来的性格塑造无论是深度还是高度都有质的飞跃,这直接与此相关。不过,营地生活还有一个特别的方面,后来成了他天才的最显著标志。《死屋手记》包括了一系列精彩分析,专注于人类心理的无意识冲动,描绘了它肯定自身、确认其固有尊严的不可抗拒的需要。这种需要非常专横,当劳役营的压抑环境无法让它找到正常宣泄口时,它就以种种非理性、荒谬甚至自毁的形式冲决而出——其行为乍一看似乎完全无可理喻、难以解释。陀思妥耶夫斯基始终关注因缺乏自由而导致的性格畸形,他在早期小说中探索过这个主题,但那时只是浮光掠影。劳役营的生活给了他独特视角,可以研究极端心理压力下的人,他们面对压力时极度疯狂的行为反应。一旦
147 陀思妥耶夫斯基充分掌握洞察环境的本领,他就能懂得,即使是**这种**挑战理性的行为也是真正的人类需要的产物——而非彻底超越人性底线的一群道德的加西莫多,堕落的恶魔。

事实上,如果我们将他的认识与价值观念跟它们得以产生的心理约束环境截然分开,我们就无法真正理解陀思妥耶夫斯基后来的世界观。因为陀思妥耶夫斯基相信,只有承认——并且缓解——人类精神这些无可压抑的需求,人类的法则才最终证明是可行的。

二

人们常说,陀思妥耶夫斯基在劳役营发现了“人性”的“恶”,这种发现吓

得他接受了一种超自然的信仰,作为对抗人类内在腐败的惟一道德堡垒。我们可以反驳说,陀思妥耶夫斯基的早期小说有足够多的恶人,因此这种发现并没有新奇之处;而且这样的说法也与《死屋手记》中的证据相抵牾。如果说有什么发现,那情形恰恰相反:陀思妥耶夫斯基发现,农民犯人比他当初所能想象的要好得多。不过,这样的解释也有足够多的真实,进而会让它产生严重误导,因此不能简单否定了事。如果恰当地予以限定修正,它也能揭示陀思妥耶夫斯基演变的某个基本面。不过,不应匆忙对这方面进行概括,尤其不能外在于陀思妥耶夫斯基所继承的宗教假想传统而理解。

首先,既然陀思妥耶夫斯基本人坚定地认为,人与人之间的道德差异巨大,采用单一的标准是不公平的,那么无论用什么盛气凌人的人性理论来强加于他都必然是错误的。也不应认为,陀思妥耶夫斯基的宗教信仰,或他关于这种信仰是人类精神真正需要的说法,主要归因于他担心顽固不化的人性之恶所导致的后果,毕竟,在这种担心开始出现前,他早就信仰基督。还要强调的一点是,原罪说,认为人性无可救药地为恶所迷的说法,对东方基督徒的作用远不如对天主教或新教教徒。作为一个神学家,厄内斯特·本茨指出:“人被打上了上帝形象的烙印,这样的意识[在东正教那里]占绝对优势,因此原罪观念从没有像其生硬的西方形式那样在东正教会确立。”东正教把罪看作是“破坏”或“对上帝形象的玷污,但它剥夺不了人原有的高 148
贵”。[1]与西方的奥古斯丁教义认为人免不了是邪恶的相比,这样的观点更接近陀思妥耶夫斯基在死屋的发现。尽管说了这么多,陀思妥耶夫斯基在一些人身上看到可怕的深渊,超过他以前知道的任何东西,这种说法仍是对的。虽然总体说来,他的犯人同伴因为传统的基督教信仰仍旧保持着人性,但确实有一些人丧失了善恶之分,似乎属于另一个物种。

这种丧失的最突出典型当然是阿里斯托夫。加津也是一个例子,在陀思妥耶夫斯基的印象中,他看加津的外貌就像“看一只巨大的、人般大小的蜘蛛”(蜘蛛是陀思妥耶夫斯基经常用来描绘绝对邪恶的形象),加津属于那种其恐怖令陀思妥耶夫斯基着迷的人。(4∶40)另一个可怕的人是强盗头子科列涅夫,他不是劳役营的囚犯,而是陀思妥耶夫斯基在托博尔斯克见到的罪犯。“他完全就是一头野兽,”陀思妥耶夫斯基写道,“当您站在他附近,哪怕还不知道他姓甚名谁,您都会本能地感到,您身边有一个可怕的畜生。”最让陀思妥耶夫斯基吃惊并浑身哆嗦的是,“这个人死气沉沉,其肉身彻底压垮了一切精神特征,猛一看,您在他的脸上什么也发现不了,只有凶恶的肉体满足的欲望——好色,贪吃”。(4∶47)

脾气截然相反但一样可怕的是另一个叫奥尔洛夫的强盗头子,陀思妥耶夫斯基听过关于他的“精彩故事”,后来在军医院时又见过他。奥尔洛夫“是少见的罪犯,他冷酷无情地杀害老人和儿童——其意志顽强得可怕,且为这种顽强自豪”。如果说科列涅夫压倒一切的肉欲让他失去了人性,那么在陀思妥耶夫斯基眼里,奥尔洛夫“毫无疑问是一个彻底战胜肉体的人。这个家伙的控制力显然无穷无尽,他蔑视任何惩罚与折磨,天不怕地不怕”。他无疑是非常镇定自若的人,陀思妥耶夫斯基“惊讶于他奇怪的傲慢不逊,他睥睨一切,但又不费吹灰之力保持着傲慢态度——那是一种自然”。(4∶47)

尼采第一次读到《死屋手记》时激动不已,他似乎早就将奥尔洛夫看作他超人的化身;而陀思妥耶夫斯基所讲的他跟那个著名强盗的谈话恰好预示了
149 尼采对主奴道德的区分。* 因为当陀思妥耶夫斯基开始问奥尔洛夫他的“冒险经历”时,后者意识到,他的对话人“试图触及他的良心并想在他身上发现

---

* 尼采对《死屋手记》的态度可以从以下摘自《权力意志》(第三卷)的段落见出。第一段错误地认为,陀思妥耶夫斯基支持尼采著作的一个主要观点:“将好良心还给一个邪恶的人——这是我轻而易举的[unwillkurlich]努力吗?只要这个恶人就是最强悍的人?这里我们应该引入陀思妥耶夫斯基对劳役营罪犯的看法。”但第二段与陀思妥耶夫斯基本人的观点更接近:“在差不多所有的(陀思妥耶夫斯基所描述的)罪行中,对所有人都不可或缺的品质非常重要。陀思妥耶夫斯基公正地指出,西伯利亚劳役营的服刑者是俄国人民最强悍、最优秀的部分。”

(转下页)

后悔的痕迹”。奥尔洛夫的惟一答复是，他对陀思妥耶夫斯基“极其蔑视傲慢地瞄了一眼，仿佛我在他眼里立即变成了愚蠢的小孩子，跟这样的人你是没法讨论问题的，不像成年人。他脸上甚至流露出对我的某种同情。过了一会儿，他冲着我大笑起来，一种开心爽朗的笑，没有任何讥讽……”(4:48)

陀思妥耶夫斯基与奥尔洛夫同时离开医院，奥尔洛夫烦躁不安，他要经受“棍刑”(要跑过一群人的夹道棒打)剩余的另外一半，结果没有逃过那一劫。当他跟陀思妥耶夫斯基握手时，后者将那个动作视为“他非常有信心的表示”。不过陀思妥耶夫斯基最后说：“他情不自禁地要鄙视我，一定把我看作一个虚弱、可怜、顺从的家伙，处处都低他一等。”(4:48)阅读这些文字，我们不能不想到《罪与罚》里拉斯柯尔尼科夫那激动的辩证法，虽然滋养它的那些思想尚未在俄国社会文化舞台上登场，但陀思妥耶夫斯基一定从这种回忆中获得许多活力。拉斯柯尔尼科夫完全可以视为一个备受良心折磨的知识分子——就像 150
这个时候的陀思妥耶夫斯基——他试图鞭策自己，像某个奥尔洛夫一样行

以上两段引文都出现在沃尔夫冈·格斯曼的那篇优秀文章《八十年代欧洲背景下的尼采与陀思妥耶夫斯基》，《斯拉夫世界》，第二期(1961年7月)，第129-156页。这篇文章对涉及尼采与陀思妥耶夫斯基关系的所有事实材料进行了概括，包含了来自书信和作品的相关引文。关于陀思妥耶夫斯基与尼采问题的讨论，还可参见B.B.杜德金与K.M.阿扎多夫斯基，《陀思妥耶夫斯基在德国(1846-1921)》，《文学遗产》，第八十六卷，第三章，第678-688页。

有关将陀思妥耶夫斯基与尼采并举或认为他私下同情尼采学说的观点，可参见列夫·舍斯托夫那部影响广泛的著作《陀思妥耶夫斯基与尼采：悲剧哲学》，见于《俄国文学文集，保守的观点：列昂季耶夫、罗扎诺夫、舍斯托夫》，第3-183页。Г.弗里德兰德坚决反对这样的解释，并予以令人信服的反驳，他依据的是最近在尼采档案馆里(他为《群魔》作的笔记)发现的新材料，该文章题为《陀思妥耶夫斯基与尼采》，见于《陀思妥耶夫斯基与世界文学》(莫斯科，1979)，第214-254页。弗里德兰德的观点并不新颖，至少可以追溯到勃兰兑斯，后者告诉尼采，陀思妥耶夫斯基也表达过奴隶道德的观点，德国思想家用锤子将它哲学化了。尼采同意并回信(1888年11月20日)说：“不过，我将他珍视为我所知道的最有价值的心理材料——我特别要感谢他，无论他与我最深刻的本能始终存在多大抵牾。”引自格斯曼，《八十年代欧洲背景下的尼采和陀思妥耶夫斯基》，《斯拉夫世界》，第二期，第142页。

动，但最终发现，他的道德无法支撑行为最终可怕的结果。

在陀思妥耶夫斯基看来，某个拉斯柯尔尼科夫变成某个奥尔洛夫也不是不可能，起码在环境压力下暂时如此。这种可能——陀思妥耶夫斯基在《死屋手记》出色地思考鞭笞与酷刑时明确表达了这一点——潜伏在每一个人的心底，对残忍、非人道行为的认可或习惯会导致道德情感的彻底钝化。他引用了他所熟悉的一个官员的例子，他“脾气很好，诚实，甚至受到社会的尊重，可却不能平静地放过一个人，直到他在皮鞭下尖叫，哀求开恩”；这就是习惯性反应，倘若效果达不到，这位官员会觉得自己受到侮辱。(4：155)“任何人，一旦尝过这种权力滋味，”陀思妥耶夫斯基评论说，“这种对跟自己一样是血肉之躯的同伴不加限制地主宰其血肉与灵魂的人，按照基督的律法来说是他的兄弟——任何体验过这种权力、对同样照上帝的形象构成的另一个生命肆意凌辱的人，都会下意识地失去理性控制……我认为，哪怕是最优秀的人也会因为习惯变得粗鄙、冷酷，成为一个畜生。”(4：154)这就含蓄地表明，维护基督教的良心不受玷污十分重要，是抵制道德感僵化的内在屏障。如果说陀思妥耶夫斯基后来成为六十年代激进派的不妥协的敌人，那不是因为他反对他们的社会-政治目标，而是因为，他担心他们鼓吹的伦理教义会破坏至关重要的对道德僵化的防守。

三

如果我们从他的书所提供的根据进行判断，那么在死屋岁月里，陀思妥耶夫斯基最着迷的是，它提供了关于人类精神具有巨大的非理性、意志性、感情性力量的根据。是的,陀思妥耶夫斯基的思想倾向,他对理性局限的切身认识,他全部的创造目标——都让他充分利用独特的机会去观察人心对极端威严与压迫的反应,这比他早期能够预料的更强烈。

陀思妥耶夫斯基始终倾向于某种理论上的非理性主义,还是年轻人的时候,他就认为艺术而非哲学是藉以认识永恒真理的最高形式。(他的哥哥 151
米哈伊尔持相反的观点,他们年轻时的交流反映了十九世纪三四十年代谢林和黑格尔对俄国文化的竞争性影响。)他还遭遇过他所谓“神秘的恐惧”的侵袭,他颤栗地认识到“某种我无法界定、无法把握、外在于事物的自然秩序的东西,但当时又呈某种形状,仿佛在嘲弄所有理性的结论,它像某个无法否认的事实一样来到我面前,可恶,可怕,无情”。(3∶208)这种不确定的恐惧的迫近使他意识到理性与心理-非理性尖锐的“内在区别”,前者无法有效地控制后者。作为作家,陀思妥耶夫斯基早期最优秀的作品正是集中于感情需要和心理冲动,心理坚持要得到承认和自我肯定的权利。既然这样的需求遭到俄国主流社会生活环境的坚决否认,陀思妥耶夫斯基所描绘的那些心理不适的人都被他理解为这种环境的牺牲品。但他不再去想象这些需要的爆炸性危险,过去如果这些需要被压抑,他会觉得眼前就会出现灾难性后果。如今他明白,人类性格的这种非理性动机有着无孔不入的力量,它们必然会轻而易举地战胜人类行为的所谓理性的部分,可他过去根本无法理解,这一点也不奇怪。

《死屋手记》到处都是对这种非理性力量的展示,它们性质不一,程度各异,我们很难寻觅端倪。不过我们可以先看看陀思妥耶夫斯基对强加于犯人的集体生活导致其心绪不宁的看法。他们被迫聚在一起,始终无法彼此逃离,陀思妥耶夫斯基相信,这种贴近使得他们异常烦躁易怒,远远超过许多人的明确认识。“我肯定,”他断言,“每个犯人都觉得这是一种折磨,尽管许多时候当然是一种不自觉。”对他本人而言,监狱生活最可怕的“折磨,差不多比其他都可怕的……[也许是]**被迫共同生活**”。(4:20-22;黑体字为原文所有)他在其他地方重复说:“举个例子吧,我压根儿都没有想到,我监禁的[四年]最可怕、最痛苦的事是,从来就没有让一个人独自待上一分钟过。”(4:11)

差不多就在释放的当儿,陀思妥耶夫斯基给冯维辛娜写过一封重要的信件,证实了以上说法的真实性:“如今差不多五年了,我一直生活在一帮人的监视下,从没有独自待过一个时辰。独处是正常的需要,就像吃喝一样。
152 **在这种强迫的共产状态,人变成了人类的仇恨者**。成天跟别人在一起,这是无法忍受的折磨,四年里我受这样的罪最多。”[2](黑体字为引者所加)我们惊讶地发现,陀思妥耶夫斯基很早就将劳役营的生活等同于那些理想的社会主义乌托邦的生活(傅立叶,卡贝),彼得拉舍夫斯基小组的许多朋友一度崇拜的生活。他本人从未接受过这样的乌托邦,但他的拒斥如今本能地植根于人性强烈地要抵御心理上的入侵。此外,无法摆脱这种压迫会让人恼羞成怒,进而导致要扫除所有的理性区别,那是形形色色的个体性格能够(也应该)有的区别:在汹涌的仇恨下,不分青红皂白的厌恶会把一切都搅和在一起。

非理性冲动影响人的行为,陀思妥耶夫斯基在谈论犯人等待鞭笞或棍棒惩罚时,举了一个更为戏剧性、会给个人造成伤害的例子。“为了拖延惩罚的时刻……犯人们有时会采取可怕的权宜之计……刺伤一个官员或同伴,他们就要接受新的审判,惩罚兴许就会推迟两个月,他们的企图就得逞了。两个月后,他们的惩罚也许会两倍、三倍地严厉,但对他们来说无所谓……”(4:144)医院里的一个病人为了拖延惩罚,喝下去一大杯混合了鼻烟的伏特加,结果送了命(陀思妥耶夫斯基在中篇小说《斯捷潘奇科沃村》中运用了这个细节,那是在西伯利亚期间写成的)。可见,眼前无法控制的恐惧将寻常的审慎彻底抛诸脑后。

四

老实说，这些例子还在对劳役营的威严之"正常"反应范围内，它们只是以不同的方式说明，感情冲动战胜了更为理智的反应，但尚未超出理解的界限，它们的非理性成分仍是可理解的原因的激发。而其他类型的行为就不然了，因果完全不相称，或者干脆就找不到什么直接原因。陀思妥耶夫斯基的真正天才就在这时表现出来了，他转而探索这些异常的极端情形，凭直觉领悟其深刻的人性意义，而从某个普通的观察者的角度，这些就会被视为极度愚蠢甚至疯狂。

例如，农民犯人生活的一个特别而神秘的特征是对金钱的普遍态度。
陀思妥耶夫斯基指出，金钱在监狱里"有着巨大而压倒一切的重要意义"，尽 153
管犯人供吃供穿，应该不再需要什么。但事实上金钱能够让他们得到各种被禁止的奢侈品——额外的食物，烟草，伏特加，性快乐——从而使生活更堪忍受。因此我们可能以为，犯人们会嗜钱如命，十分节俭，可情形恰恰相反。他们根本不会铢积锱累，每个犯人在设法聚足一小笔钱后，都无一例外地在命名日或宗教节日为了买醉而挥霍一空。因此，在"挖空心思，想尽办法，常常连偷带骗"地积攒了一些钱后，犯人会像陀思妥耶夫斯基所说的"孩子般任性"一样花光。

但他紧跟着补充说，这"并不证明他[犯人]不喜欢[钱]，尽管乍一看似乎确实如此"。相反，"如果他像垃圾一样扔掉，恰恰是因为他认为更有价值才这样扔"。比起所有的物质利益来，犯人从金钱获得了什么更有价值的呢？“自由或对自由的梦想。”陀思妥耶夫斯基回答说。因为我们必须懂得，“罪犯一词没有其他意思，它恰恰指没有自己的意志的人，而花钱就是显示自己的意志”。通过狂饮大嚼，通过破坏监狱的纪律和制度，通过欺凌他的那些悲惨的同伴，犯人“在同伴面前假装甚至劝说自己相信，他比所以为的有更无限多的权力和自由，**哪怕只是一阵子**”；换言之，“他能让自己相信，他绝不可能是那个可怜的家伙”。（4：65-66；黑体字为原文所有）对犯人来说最为重要的是，他要能够觉得，他可以主张自己的意志，因此可以行使自己的自由，没有他拒绝经受的危险，没有他不能忍受的惩罚，只要为了这暂时（也是虚幻）但无限珍贵的满足。

陀思妥耶夫斯基这里不再简单地强调非理性在人类行为中的主导作用，人格需要发挥它的意志，这样做时可以体验到一种自主性，这才是心理的**最强大动机**。要实现这样的动机，人就要牺牲所有其他的利益和价值，如果它们不能以任何方式满足（纵酒狂欢起码是一种宣泄），结果可能就是灾难性的。似乎是为了证明这一点，陀思妥耶夫斯基紧接着讨论了有时发生在模范犯人身上的事，他们多年来表现得无可指责，结果当局正中下怀。

一天，这样“一个犯人莫名其妙突然爆发了，就好像中了魔一样，他胡
154 闹、狂饮、大叫，有时主动犯下严重的罪行……”狱方认为了解他，对此困惑不解，只好“目瞪口呆地看着他”，但陀思妥耶夫斯基知道是怎么回事。“谁都不会想到，这个人会突然爆发，而爆发的原因可能始终就是那种强烈的、歇斯底里的自我表达的渴望，那种无意识的对自我的向往，渴望坚持自己的权利，渴望肯定自己被压迫的人格，这种渴望突然攫住了他，达到愤怒、怨恨和精神反常的顶点，发作和神经惊厥的顶点。因此，一个活埋并在棺材中醒来的人，会捶击棺盖，拼命要将它掀开，尽管理性当然会告诉他，所有的努力

都无济于事，但麻烦不在理性，而在神经惊厥。”（4：66-67）

这种爆发也不仅仅是监狱生活极端约束的结果，类似的情况也存在于外边的世界，许多犯人入狱，就因为对它们的反叛。每个人过去都曾是农民、杂役、士兵或工人，他们长期过着安静、平和的生活，他们忍耐、顺从地承受着命运的重荷。“突然，他里面的某种东西似乎断了，他的耐性没有了，他一刀戳进敌人和压迫者的体内。”在陀思妥耶夫斯基看来，这样的行为“是犯罪，但［仍］是可以理喻的”；随后的事就不然了。因为那同一个安静、平和的人如今常常开始不加区分地杀戮，“为了愉快，为了片言只语的侮辱，为了一个眼神，凑一个整数，甚至仅仅是‘走开，不要挡我的路，我来了！’这个人好像喝醉了，处在谵妄状态。就仿佛一朝越过神圣界限，他就洋洋自得，他眼前没有什么神圣……”（4：87-88）这类犯人常常有最糟糕的犯罪记录，但他们绝不是危险顽固的家伙，一旦发作过去，他们很快平静下来，他们的本性再次占了上风。对模范犯人的解释这里显然也适用，尽管陀思妥耶夫斯基并没有明确地将它们关联起来。

遭遇无法忍受的压迫，歇斯底里地疯狂发作，对压制拼命反抗，对这类人格的描写是该书最动人的部分。陀思妥耶夫斯基分析其行为时所用的比喻，让我们得以看到，他在将个人的神经症变成心理洞察的丰富源泉时的一些内心过程。因为他本人对活埋的恐惧挥之不去，有次曾留下书信，万一他睡死过去，请把他的葬礼推迟几天，防止出错。他无疑时不时地会想象在坟墓中苏醒的恐惧，这种可怕的幻想如今投射在人格环境之中——活埋在高墙内外令人窒息的各种建筑的棺材内。就像在陀思妥耶夫斯基的噩梦中一 155
样，面对这种陷阱，人们都会狂怒，会在这种无法抑制的需要的激动下，做出最狂野、最没有人性的蠢事来。这显然就是后来成为地下人所反抗的对象的源头。不过，那部作品只能写于那样一个时期，陀思妥耶夫斯基相信，一八六〇年代激进思想所展望的世界及人格处境跟他在劳役营所看到、所感受的情形一样。

五

我们上面所谈的非理性、歇斯底里的爆发是监狱生活的例外而非通则。大多数时候，一切都平稳如常，陀思妥耶夫斯基甚至岔开去嘲讽那些跟俄国罪犯了不相关却无一例外地过分恐惧他们的人。他将罪犯们引起的害怕归咎于他们的外形（镣铐，囚服，剃得奇形怪状的头，打上烙印的脸），还有模糊的印象，以为高墙后压抑了许多炽热的愤恨。“大家只要走近监狱就能感到，所有这帮人都不是出于个人自愿聚到一起的，而且不管采取什么手段，一个活人不会变成一具尸首，他仍然有感情，渴望复仇，渴望生活，他有热情，也想满足这些热情。”但陀思妥耶夫斯基强调说：“没有必要害怕罪犯，他不会突然轻易就对另一个人拔刀相向。”（4：44-45）

《死屋手记》的许多细节有助于我们懂得，农民犯人很努力地保持着心理的平衡，在这方面他再次强调了非理性成分胜过犯人行为的其他方面。苦役地维护稳定的一个最重要措施是，犯人们得工作，但陀思妥耶夫斯基严格区分了强制劳动和犯人主动做的工作。我们知道，犯人们喜欢给一个“任务”，而不是简单地按照规定的劳动时间干活。“任务”分配会让他们干得更起劲，以争取一点点额外的自由时间，这样他们就能获得一定程度的自我支配权。总之，正是出于这个原因，人人都讨厌强制劳动，认为那是特别的负担，尽管陀思妥耶夫斯基吃惊地发现，那相对来说很轻松。许多农民犯人在

个人生活中更加勤奋，陀思妥耶夫斯基承认，“很久以后[才明白]……工作
的艰辛、惩罚性质不是因为其困难、没完没了，而是因为它是强制性的、必须 156
的和被迫的”。(4∶20)

陀思妥耶夫斯基将强制劳动与犯人们业余时间的职业做了比较，对比更加强烈。他们大多是熟练的手艺人，通过做手艺活并将它们卖给当地的居民，他们可以挣点小钱。对这些活儿当局不会认真禁止，但所用的工具必须禁止，因为它们可能会变成武器。不过所有犯人都掌握一套工具，陀思妥耶夫斯基推测，对这类破坏规定的事“当局有时也是视而不见”。他们本能地懂得，对犯人来说，这些活计是重要的安全阀，他们压抑了对强制劳动的仇恨，需要某种感情释放。“如果没有自己的私活可以聚精会神、津津有味地全身心投入，”陀思妥耶夫斯基写道，“人就没法在监狱里待。”(4∶16-17)

类似的劳动当然会有额外的钱，但这种“私活”——即自找的任务，做得灵活，每个人能随己意投入——更重要的是心理收益。“没有劳动，**没有合法的正常财产**，人就没法活，他会堕落成一个畜生……工作让他避免犯罪；而没有[私]活犯人就会像玻璃罐中的蜘蛛一样相互吞噬。”(4∶16-17；黑体字为引者所加)这段话的社会-政治含义一目了然，也是对空想社会主义(或任何其他形式)道德基础的断然否定，后者将私有财产视为一切恶的根源。劳役营让陀思妥耶夫斯基相信，私活是人的心理保持平稳的基础，它让个人觉得镇定，有道义的自由；这种私活提供了相对“正常”的自我保护本能的手段，以对抗劳役营生活的破坏性力量。

但是，就像人格能被逼向彻底的非理性犯罪和自我毁灭一样，它也有完全非理性的自我保护功能，防止它走向单纯的危险极端。这种自我保护很简单，就是人的希望能力。希望是犯人生活里始终存在的力量，陀思妥耶夫

斯基描绘了其形形色色的形式。许多犯人像他本人一样刑期相对较短，他们的心思自然就会期待释放的那一天。“从入狱的第一天起，”陀思妥耶夫斯基说，“我就开始梦想自由。”至于其他许多犯人，“他们希望的惊人大胆一开始就给我留下深刻印象”。仿佛牢狱生活并非犯人生活的一部分，他在感
157 情上无法接受这个事实。“也就是说，每个犯人都觉得他不在家，是在做客。他把二十年看作两年，满心以为他五十五岁出狱后，会像现在三十五岁一样精力充沛地去生活。”(4∶79)

甚至判处了终身监禁的犯人也依旧希望转运——比如，彼得堡突然一道谕令，把他们送到煤矿，缩短刑期，尽管几乎没有理由相信这样的奇迹会发生。陀思妥耶夫斯基将犯人这种无休无止的倔强归因于这种潜伏的、着迷的期盼，它始终让犯人不至于狂躁。“这种持续的不安，尽管没有说出来，其表现却确切无疑，**这种奇怪的不安和强烈的希望**，有时是不由自主地表露，有时则像谵妄一样疯狂，最令人吃惊的是，那些表面上最按常理行事的人常常最执著于它——这就给了这地方一种特别的样子和特点……让人一下子就觉得，高墙之外没有类似的情况。”(黑体字为引者所加)对一八四〇年代的陀思妥耶夫斯基来说，“幻想家”是指某个受过高等教育的知识分子，耽于浪漫主义的想象，却无力承担现实生活的道德及社会任务，但现在他用它来描述整个的犯人心理状态特征。“这里所有的人都是幻想家，这是一目了然的。”(4∶196)

为了阐明希望功能不可思议的力量，陀思妥耶夫斯基举了一个他想来是最虚幻的例子。他记得，他曾看到犯人被锁在托博尔斯克监狱的墙上，无法移动超过七英尺的距离，五年有时十年都这样。可所有的人都很乖，很安静，“每个人都渴望刑期结束。怎么回事？你会问。我告诉你是怎么回事：他会走出那窒息、阴暗的屋子，那低矮、砖砌的弧形屋顶，会在监狱天井里散

步……就这些。他永远也走不出监狱。他知道,戴镣铐的人要一辈子蹲监狱,到死都锁链缠身。他知道这些,却仍急迫地渴望结束锁链的生活。可他怎么能够五六年都手铐脚镣,却不死心或忘了那种想法?有些人完全不堪忍受”。(4:79-80)

可见,正是希望的能力让人在最可怕的环境下清醒地活着。“人一旦失去全部的希望,生命的一切,”陀思妥耶夫斯基以尖锐的口吻指出,“他往往就会变成悲苦中的恶魔。”他只举了两个囚犯的例子,在他看来,他们没有“希望”。一个是圣洁的旧礼仪派教徒,犯人们在钱财方面很信任他;但据陀思妥耶夫斯基推测,尽管他“失去了一切希望”,“他内心的苦难非常可怕…… 他也有自己 158
逃避的手段和解决办法——祈祷,殉道的思想”。(4:197)另一个囚犯很虔诚,但不是任何不顺从教派成员,过去一直“读圣经”,最终决定寻找“一种逃避方法,成为自愿的、差不多是人为的殉道者”,他朝克里夫佐夫扔砖头,想杀死他,但没有成功。他没有逃过惩罚,几天后在医院死去。他说,他做这些“没有什么恶意,只是想‘接受苦难’”。(4:197)这个故事陀思妥耶夫斯基是从旁人听来的,给他留下了深刻印象。两个“殉道者”后来都获得了象征价值,表明俄国人民是多么彻底地接受了上十字架、受辱的基督的观念——这种神性放弃的观念是俄国基督教的典型,Г. П. 费多托夫指出,它的基础是“把受苦视为最高的美德,差不多自成目的”。[3]

因此,殉道的观念甚至能够支撑失去一切希望的人,或产生有意自我牺牲的举动;但绝大多数犯人被不停的自由梦想所包围,他们很幸运,从未走到彻底绝望的地步。与此同时,陀思妥耶夫斯基这时的想象力情不自禁地发生了末世论的飞跃,成为他的一个重要特征——跃向他所想到的任何实际环境的终极条件——因此,为了突出希望对人生的极端重要性,他有意**创造**了一种环境,其中希望遭到系统的破坏。这样的段落出现在他对面对自由和强制劳动的不同反应的分析之中，成为全书最令人难忘的部分。

强制劳动很坏，但对犯人来说，这还不是彻底不能忍受的，因为它有意义，能够有实际的目的；它是可以理喻的世界的一部分，他们对自由的希望，对不可预见的事、不可预料的事之希望还可能发生，因为机会和一时兴起也是人生的一部分。但如果犯人被故意、刻意派遣去做毫无用处、毫无人性的任务，那将如何？陀思妥耶夫斯基对这个问题的回答，一下子切入其宗教信仰的核心：

> 我想，要想彻底摧毁、消灭一个人，让他遭受最可怕的惩罚，连最
> 凶恶的杀人犯也会不寒而栗、望而生畏，只须给他安排绝对、彻底无用
> 又荒谬透顶的工作。虽然如今强迫的苦役让犯人觉得单调乏味，但它
> 本身还是理性的；犯人们打砖、挖坑、泥墙、建筑，这类工作还是工作，
> 159 有意义。犯人们有时会变得热心，试图做得更灵巧、更快更好。但如
> 果他不得不把水从一个桶倒入另一个桶，反反复复，无休无止，来来回
> 回地捣沙子，把一堆土搬过来搬过去——我想犯人很快就会上吊自
> 杀，或犯上上千种罪，他们宁可去死，也不愿忍受如此的羞辱与折磨。
> ［4：20］

只须稍微将这段文字的几个词换一下，我们就可以看出其中重要的形而上意义。在后期的陀思妥耶夫斯基看来，不相信上帝和不朽，就注定要生活在毫无意义的世界之中。他伟大作品中的那些达到自我意识水平的人物，必然要自我毁灭，因为他们拒绝忍受没有希望的人生折磨，进而成为悲

苦中的恶魔。*

六

《死屋手记》可能是陀思妥耶夫斯基篇幅较大的作品中最少被阅读的一部，肯定是读得最粗疏的一部，解释者和评论家往往会马马虎虎地对待它。这部作品貌似客观、没有明确意图，但其中包含了后期陀思妥耶夫斯基的母体。我认为，仔细检阅，可以进一步理解其中大量意义深远的思考。因此，《死屋手记》是合适的语境，可以成为陀思妥耶夫斯基所写作的最有争议的那个段落的注脚。

这段文字出自他释放不久写给冯维辛娜的信，那封信坦率动人，对我们理解陀思妥耶夫斯基与信仰问题的纠缠具有启发意义。其时，他往昔的女 160
恩人已经回到俄罗斯，在一个村庄监视居住，陀思妥耶夫斯基对那个村子很

---

* 事实上，陀思妥耶夫斯基在十九世纪只是想象的那种实际并不存在的可能在二十世纪被付诸实施。他本能地觉得，毫无意义的劳动具有破坏性效果，这得到一个目击者的证实。尤金・海姆勒谈到一帮匈牙利犹太犯人在德国集中营的反应，他们被迫从事类似的劳动，这是党卫队"医学专家"设想的一种"精神卫生实验"。海姆勒活了下来，成为英国一个精神病学社工，他描绘了这件事。

直到那时，犯人们都在一家合成燃料厂工作，该工厂一九四四年八月遭遇轰炸并被彻底摧毁。当时监狱的长官"命令我们几百个人将沙子从工作的这一头搬到另一头[这些'专家'读过陀思妥耶夫斯基?]，我们做好后，又被要求把沙子搬到原来的地方。起初我们以为，我们的看守一定搞错了，但后来发现不然。从那时起，日复一日，周而复始，我们来来回回地搬运，直到慢慢地人们的精神垮掉了。即使是那些顽强工作的人也受到影响，直到厂子被炸。因为即使这种工作对德国人来说有某种用处和目的，但对我们来说毫无意义，因此大家开始失去理智。有些人发狂、想逃走，结果被看守枪杀，另一些冲到通电的电线网前，被活活烧死"。一天，那个长官"开玩笑"地说："如今不再需要火葬场了。"尤金・海姆勒，《精神疾病与社会工作》（哈蒙德斯沃斯，1967），第107-108页。

熟悉，因为它坐落在从莫斯科到他家小村庄必经的路边。“那条路我来回走了起码二十趟，我能清晰地想象您的避难地，或者说您新的囚禁地。”他写道。随着书信内容的展开，最后那个说法所蕴含的痛苦意味变得更加明显。从书信的语气看，陀思妥耶夫斯基猜测，她的还乡之情悲哀大大地压倒了喜悦。“我懂得这一点，”陀思妥耶夫斯基让她相信，“我有时想，哪一天我回到家乡，我的印象会包含更多的痛苦而不是欢乐。”他相信这样的反应是必然的，他解释说：“我认为，每个流放者回乡时都要在自己的意识和记忆里把过去全部的不幸重温一遍。它就像一台天平，将他所经历、忍受、失去的一切加以衡量，称一称它们真正的重量，还要衡量一下，善良的人们从我们这里拿走了什么。”

在这样把流放者归乡的悲伤与对“善良的人们”的怨恨联系在一起之后，陀思妥耶夫斯基用他找到的宗教信仰安慰冯维辛娜夫人的痛苦。他的文字表明，他想说的话有助于控制自己忧伤、愤怒之情的奔涌。“我听许多人说，Н. Д.，您是一个信徒……不是因为您是一个信徒，而是因为我经历并感受到[她的沮丧情绪]，我告诉你，这个时候人会像‘枯草’[①]一样渴望信仰，并最终会找到，因为真理在不幸之中变得一目了然。我告诉你，我是一个世纪儿，一个不信与怀疑之子，我现在如此（而且我知道）并至死都这样。对信仰的这种渴望对我来说是多么可怕的折磨，就是如今仍让我付出代价，尤其重要的是，我找到的反面论点越多，我内心对信仰的渴望就越强烈。不过，上帝有时也给我片刻的完全平静；那时我爱他人，也感受到他人的爱，正是在这些时候，我自己形成了一个**信条**，这时一切对我来说都是清楚的、神圣的。信条很简单，就是：相信没有什么比基督更美好、更深刻、更可爱，更明

---

① 语出圣经。

智、更刚毅、更完善；我怀着赤诚的爱心告诉自己，不仅没有，也不可能有。更进一步说，若有人对我证明说，基督是外在于真理的，而真理又**确实**是外在于基督的，那我宁可跟基督在一起，也不跟真理在一起。”[4]

关于这段文字的注释已是连篇累牍，且常常迅速偏离陀思妥耶夫斯基，进
入对他所提出的伟大“永恒问题”进行神学的、哲学的沉思的汪洋大海。这些 161
问题并非与他不相干，但我们应该始终记住，他的回答源于他监狱生活中两个最重要的经验，这封关键的书信第一次予以披露。一个是关于农夫马列伊的看法以及最后的精神重生，他所引发的灵感帮助那时的陀思妥耶夫斯基获得了内心的平静，并喜欢跟他人认同，他得以形成自己的**信条**。另一个则是他对人生中的非理性之中心地位及力量的认识，导致他明确选择基督而不是“真理”。

诚然，陀思妥耶夫斯基关于基督之美好完善的说法在他早年任何时候都能够表达出来。在一八四七年的一次谈话中，他曾深受困扰，真的到流泪的地步。别林斯基用新黑格尔左派的说法攻击并否定基督，那些观点刚被引入俄罗斯左派人士中间。但对那时的陀思妥耶夫斯基来说，基督是神-人，他将基督的兄弟之爱与精神平等的信息主要视作社会转变的信条。但如今，基督的理想与信息意味着更亲密、更个人化的东西，跟他自己感受中最痛苦的需要深深纠缠。信仰基督在他面对死亡时给了他支持，他和俄罗斯同胞之间有着重要联系，既在监狱之内，也在高墙之外；它将他从生活在一个没有希望的世界的可怕景象中拯救出来。陀思妥耶夫斯基作为一个“世纪儿”的全部怀疑——早在遇到别林斯基前他就熟悉这些怀疑——完全被他的一个新的认识压倒，那就是人的精神有心理的、感情的需要。这些怀疑不再能动摇他的信仰，因为死屋的一切都在打消这些怀疑，并且宣称，理性在面对生存的危机处境时苍白无力、微不足道。

人们常常问,是否应该只看重陀思妥耶夫斯基**信条**的表面价值?他认可真理外在于基督的可能性,是否表明他不够诚实,不敢承认无神论?一个承认根深蒂固的怀疑论的人还能算是虔信的基督徒吗?这样的问题当然永远没有满意的答案,我们这里也不能对陀思妥耶夫斯基宗教信仰的真诚度妄加评判。但我们斗胆谈一些相关的思考作为结论。

自圣保罗(他知道,他的信仰"在外邦人为愚拙")以来,理性与信仰的冲突就一直是基督教的一个传统;一批基督教思想家,从德尔图良、圣奥古斯
162 丁到路德、帕斯卡尔和克尔恺郭尔,都思考过理性与启示之间的对立。陀思妥耶夫斯基最接近那位丹麦人,伟大的信仰卫士,后者面对黑格尔左派对宗教进行批判、认为是人类精神的自我异化的全部压力,他选择**接受**这种批判,把信仰与人类理性彻底分割。

与陀思妥耶夫斯基一样,甚至比他更严格,克尔恺郭尔决意对抗理性,坚持信仰的非理性立场,并将二者的对立推向悖论的地步。他说,信仰是"主观的确然",他将之界定为"客观的不确定……需要对最热情的内在性加以理解才可把握"。[5]克尔恺郭尔笔记中的一些话更有助于阐明"最热情的内在性"的主观的、存在论的方面,陀思妥耶夫斯基也借助于这种说法,为他的基督信仰的"客观不确定"进行补偿。"我是否有信仰,"克尔恺郭尔写道,"我永远无法用直截了当的确定性来确认——因为信仰恰恰是这种辩证的徘徊,它始终处于恐惧与颤栗之中,但从不绝望;信仰正是这种永不止息的自我担心,它让人保持警觉,准备经历一切危险,这种对人是否真有信仰的自我担心——注意!信仰就是这种自我担心。"[6]这是对陀思妥耶夫斯基本人的信仰始终处于惴惴不安、摇摇晃晃的平衡点的最好描述,我们知道,它自然而然地

表现在他的**信条**中，将始终危险地"辩证地徘徊"在怀疑的深渊上空。*

注释

［1］厄内斯特·本茨，《东正教》（纽约，1963），第 18 页。

［2］陀思妥耶夫斯基，《书信集》，第一卷，第 143 页，一八五四年二月二十日。

［3］Г. П. 费多托夫，《俄国宗教精神》（两卷，纽约，1960；麻省坎布里奇，1966），第一卷，第 341 页。

［4］陀思妥耶夫斯基，《书信集》，第一卷，第 142 页。

［5］瓦尔特·劳利，《克尔恺郭尔》（两卷，纽约，1962），第二卷，第 138 页。

［6］转引自瓦尔特·鲁滕贝克，《克尔恺郭尔，基督教哲学家及其作品》（柏林/法兰克福，1929），第 225 页。

---

* 在一篇有趣又有说服力的文章中，理查德·吉尔比较了柯尔律治的《古舟子咏》和《罪与罚》。他把强调信仰的非理性特征称为"文艺复兴后的典型策略"，并提出一些富有启发性的说法。"从帕斯卡尔到克尔恺郭尔及二十世纪宗教存在主义者中他的一些追随者，这种选择或'信仰的飞跃'为受到现代种种怀疑主义攻击的真诚基督徒提供了一种权宜之计。不过，这种针对信仰的反智手段在成为一种普遍策略后，也不是没有危险，克尔恺郭尔本人也认识到了。承认在终极信仰问题上智性确定性是不可的，就依旧容易受怀疑之痛苦的影响，就得承认要保持警觉、再行奉献。对柯尔律治和陀思妥耶夫斯基而言，这尤为明显，因为对他们的矛盾性格来说最自然的思想方式本身是辩证的。两个人都对对立和矛盾表现出明显的开放性甚至是迷恋。他们的教友可能竭力谋求舒适的确定的信仰，他们却一视同仁地对待他们的理性主义对手，甚至到了同气相求的地步。"

吉尔接着引用了陀思妥耶夫斯基给冯维辛娜书信的一段文字，上文我们已引，以说明"他的宗教需要与理性怀疑之间的辩证性紧张……"参见理查德·吉尔，《〈古舟子咏〉与〈罪与罚〉：存在主义的寓言》，《哲学与文学》，第五期（1981 年秋季号），第 145 页。

第三部分　初恋

第十二章　渴望知识

一

一八五四年二月十五日或前后，陀思妥耶夫斯基从鄂木斯克监狱获释，165
从最明显的字面意义上说，变成了一个自由人。但他急迫地等待了如此之久的自由仍极其有限，摆在面前的未来就只是在俄国军队无限期服役这一枯燥前景。如他在给冯维辛娜的信中悲哀地所说：“穿上了士兵的外套，我跟过去一样仍是个囚犯。”[1]由于健康缘故，他获准在鄂木斯克待了一个月，其间他与杜罗夫一起住在好客的康斯坦丁·伊万诺夫夫妇家中。三月中旬，他动身去了塞米巴拉金斯克，加入他被安排的兵团——西伯利亚兵团第七编队营。

陀思妥耶夫斯基的书信生动描绘了他作为一个下等士兵的处境，有时都不忍卒读,因为他的地位导致他举步维艰,状况悲惨。他完全依靠别人的好意甚至慈悲过活,被迫低三下四,不断乞求帮助。更糟的是这样一种信念,他已经从牢里出来了,作为一个作家,有新的力量,只要允许发挥才能,他的问题就会迎刃而解。但这是一个漫长而艰苦的斗争,需要朋友的帮助,要通到沙皇本人的侍从,陀思妥耶夫斯基才能重返文学界,直面怀疑甚至是彻底的敌意,以重建名望。

二

陀思妥耶夫斯基跟哥哥米哈伊尔关系一直很亲密,在去西伯利亚之前,他只跟哥哥吐露心事。他们也分享彼得拉舍夫斯基小组的共同记忆,在通过私人信差递交的第一封信中,陀思妥耶夫斯基不忘告诉哥哥,他通过西伯利亚秘密渠道获知有关他俩熟人的消息。"我们所有的流放者都过得很好。"他写道,详述了他获悉的各种新闻。他最关心的是彼得拉舍夫斯基和
166 尼古拉·斯佩什涅夫。"彼得拉舍夫斯基跟过去一样缺乏常识。"他犀利地评论道,肯定了他长期以来对这个古怪的人的看法。他对斯佩什涅夫的说法则预示了未来的斯塔夫罗金给与之接触的人带来的催眠效果。"斯佩什涅夫在伊尔库茨克省,他赢得了所有人的尊敬与爱戴。这个人的命运多好!不管他怎样出现在哪里,那些最单纯、天真、普通的人都会立即怀着忠诚和崇敬簇拥到他的身边。"[2]陀思妥耶夫斯基还问米哈伊尔,在彼得堡有没有听到阿列克谢·普列谢耶夫的消息,后者是彼得拉舍夫斯基小组成员中陀思妥耶夫斯基后来与之改进关系的惟一一个,而他与其他人的关系都很一般。

陀思妥耶夫斯基相信，米哈伊尔是他家可以指望的一个亲人，入狱期间，他一度深为不安，因为他收不到来自彼得堡的片言只语以维系他们的关系。陀思妥耶夫斯基非常担心，这也许意味着某种感情的冷漠，是他未来不好的兆头。他悲观时会怀疑，米哈伊尔也许会在他最需要帮助时弃之不顾，他的信件充满了各种疑虑的说法，但随后就是煞费苦心的自我责备，竟怀揣这些没有用的预感。“立即写信回复［我］……”他嘱咐哥哥，“写得详细些，长一些。我现在就像一根从你们那里砍掉的枝条——我希望再次长起来，但我做不到。Les absents ont toujours tort.①难道在我们之间也应该是如此？不过不要沮丧，我对你有信心。”[3]

结果表明，陀思妥耶夫斯基的怀疑完全没有道理。在他释放前几周，米哈伊尔交给第三厅一封信，里面有给弟弟的五十卢布，但直到三月的第一周才抵达。陀思妥耶夫斯基曾在报纸的广告中发现，米哈伊尔的名字作为一个烟草制造商赫然在列，他也为此担忧。一八五二年，陀思妥耶夫斯基家的田产卖给了 А. П. 伊万诺夫医生——陀思妥耶夫斯基的二妹薇拉的丈夫——卖得的钱在孩子们中间分了（费奥多尔·米哈伊洛维奇除外，他一八四五年出售了自己的份额），米哈伊尔就用得来的钱开了一家小卷烟厂。米哈伊尔过去是诗人、短篇小说家和文艺记者，如今突然变身为商人，这让陀思妥耶夫斯基十分焦虑。米哈伊尔会像他希望的那样乐于帮助他吗？或者，作为经济援助的回报，他会坚持要弟弟也像自己选择的那样谋求更加“实际”的营生吗？

因为所有这些原因，我们就非常理解，何以陀思妥耶夫斯基在回信时坚
持要米哈伊尔“用最准确的方式把过去四年你所发生的所有重要的事都写 167

① 法文：缺席者总是错的。

出来”。但陀思妥耶夫斯基一方面强加给哥哥这样的任务,作为不可规避的职责,另一方面又对自己的情况三缄其口:“最重要的是什么?”他若有所思地问,“最后几年里,对我来说真正最重要的是什么?当我想到这一点,我觉得在这封信里我还是什么都不说。我不知道如何向你说出我脑海心田里的一切,我所相信的一切,我的立场所依。我不想这样做。这样的任务绝对不可能。我不喜欢做半拉子的事,事情只说一半毫无意义。”[4]陀思妥耶夫斯基的决心非常顽固,因为不能和盘托出,进而不置一词;但这样的决定表达了某种感情,这种感情在他这几年的书信中不断回荡着。

陀思妥耶夫斯基断言,他在感情上需要再次归属为一个家庭成员,我们如果不能认真看待其表面价值而采取玩世不恭的态度,就不妥当了。但起码对米哈伊尔而言,陀思妥耶夫斯基要求全面报告所有亲人的情况及米哈伊尔的实际经济状况,他是无意隐瞒内心非常实际的想法的。他希望发现的是,他是否能指望他们的支持,他决意发动一场战役,重新赢得他失去的文学声誉。因为陀思妥耶夫斯基信中的主要主题,如过去已经昭示的那样,正是他要坚定不移地重返俄国文学界。他知道,这将是一场长期艰苦卓绝的斗争,这期间他的存活将依赖他从家人朋友那里谋求的帮助。“我需要钱,”他直率地告诉米哈伊尔,“**我得活下去,哥哥。这几年不能一事无成地过去**……你为我所花的钱——不会白白浪费。如果我能活下去,我会有利益回报的……如今我不会再写那些无足轻重的东西。你会听到别人谈论我的。”[5]陀思妥耶夫斯基不只是热情洋溢地重申他的文学使命,他也正确地预见,劳役营的生活在他面前开辟了崭新的文学创作前景。

三

陀思妥耶夫斯基没有浪费时间，他发动了一场两翼之战，一是恢复他俄国公民的身份，二是恢复自己的文学声名。他急切地请米哈伊尔找彼得堡的权威人士，说服他们，如果可能就将他从西伯利亚转到现役兵团。其时俄国驻高加索的军队正与土耳其交战，陀思妥耶夫斯基也许相信，如果他能在作战区服役，展示忠诚，他将来获得彻底宽恕的机会就能提高。

对米哈伊尔的另一个请求是寄书，语气也更急迫。在克里夫佐夫上校 168
暴戾恣睢的统治下，陀思妥耶夫斯基很难弄到书，阅读也很危险。即使后来上校被推翻，陀思妥耶夫斯基与文学的整个关系仍然非常令人头痛、问题重重，他根本无法轻松拿到一本书。每当获得一部作品，他都免不了受下列问题的折磨，他本人还能在俄国文学界东山再起吗？他在《死屋手记》中写到，中断很久后他看到了一本书，“给我留下非常奇怪而特别的印象……我相信，对许多人而言，［这些印象］全然无可理喻”。（4：54-55）

陀思妥耶夫斯基答应稍后会在信中“更具体地说说这些印象”，最后几页，就在描述他的释放之前，他回忆了“我在监狱读到的第一本书时奇怪、不安的印象”——结果那其实不是书，而是俄国的一本“厚”杂志，包括文学作品、批评及社会评论。“仿佛另一个世界传来的消息，”他解释说，“我过去的生活栩栩如生地呈现在我面前，我试图从阅读中推想我究竟落后了多少。我离开时发生了许多事情吗？如今激动着人们的是什么样的感情？他们都在想些什么问题？我咀嚼着每一个字句，试图在字里行间找到关于过去的隐秘意义和暗示。我寻找我那个时代曾令我们激动不安的种种蛛丝马迹。当我认识到，我离这种新生活多么遥远，跟这一切多么无缘时，我非常悲伤。我必须习惯一切新生事物，重新熟悉新的一代。”(4∶229)

这种反应有助于解释，陀思妥耶夫斯基何以对“小水手”提供的那些通俗消遣读物没有多少兴趣，在给米哈伊尔的信中，又何以明确焦急地要把失去的时光弥补回来。是的，他祈求米哈伊尔给他寄书，实际上足以构建一个研究性小图书馆的内容。“我还有一些钱，”他说，“但什么书也没有。”如大家期待的，陀思妥耶夫斯基要求寄来“今年的杂志，哪怕是《祖国纪事》也好”，他显然关心跟俄国文学的最新潮流同步，似乎更急于以认真、系统的方式钻到过去。“但以下是必不可少的：我需要(迫切需要)古代历史学家(法译本)和现代史学家——即维柯、基佐、梯利、梯也尔、兰克等的著作，经济学家，教父和教父们的著作。选最便宜、最合用的本子。立即寄来……要知道，我需要的第一本书是德语词典。”[6]

169 几段之后，陀思妥耶夫斯基再次强调他需要书，并且在书单上又加了几本。“给我卡鲁斯*，康德的《纯粹理性批判》，如果你能秘密寄书，别忘了捎上黑格尔，尤其是黑格尔的《哲学史讲演录》。我的整个未来都与之相系。”[7]陀思妥耶夫斯基三番五次地说，米哈伊尔应该询问一下，是否可以给他寄书；但即使不准，这些书也要寄给某个化名(米哈伊尔·彼得罗维奇)，或寄给康斯坦丁·伊万诺夫，让他的哥哥转交。陀思妥耶夫斯基教米哈伊

---

* 该信此处的译文与俄文版陀思妥耶夫斯基书信集不同。俄文版带星号的这个词 Carus 印作 Coran(古兰经)，通常被认为是指伊斯兰教的那部圣书。让·多罗利曾请著名的苏俄陀思妥耶夫斯基专家 C. B. 别洛夫核对文本，他在最近的一篇文章中指出，这个词不是“Coran”而是“Carus”，最初的抄本是错误的。参见陀思妥耶夫斯基，《书信集》，第一卷，第 131 页，一八五四年二月二十二日；让·多罗利，《A. C. 多利宁编俄文版陀思妥耶夫斯基书信集中的一个错误》，《欧洲与斯拉夫研究》，第十九卷(1974)，第 118–120 页。

苦役犯在羁押解送站休息(无名画家,十九世纪八十年代)

尔将他的书信烧掉,可见他害怕惹麻烦;但他对书籍的渴望如此强烈,为了得到它们,他愿意冒违规之险。他是否真的收到了所有这些书,我们无法确知。一年多以后,还没有从米哈伊尔那里寄出的书,尽管后者曾将一批东西委托给他们共同的朋友 E. И. 亚库什金邮寄。有一些在一八五五年春末到达目的地,陀思妥耶夫斯基曾因收到包裹致谢米哈伊尔。但他根本不可能收到他想要的所有东西:那时他跟弗兰格尔男爵共住一间小木屋,后者提到"我们可怜的书堆",说陀思妥耶夫斯基每本都反复读了无数遍。[8]

陀思妥耶夫斯基的书信还表明,他已经注意到文坛冉冉升起的几颗新星。"你跟文学保持着什么样的关系?你在文学界处于什么位置?"他焦虑地问米哈伊尔。"你写作吗?克拉耶夫斯基家有什么消息?你们的关系怎样?我不喜欢奥斯特洛夫斯基,至于皮谢姆斯基,我没有读过他的作品,德鲁日宁让我头痛。我对叶夫根尼娅·图尔充满热情,我喜欢克列斯托夫斯基。"[9]

A. H. 奥斯特洛夫斯基不久将成为俄国十九世纪最著名的戏剧作家,刚刚因对俄国商人生活的描写开始有些影响,陀思妥耶夫斯基不久对他的看法会有好转。陀思妥耶夫斯基无疑曾在批评文章中看到过阿列克谢·皮谢姆斯基的名字,后者一八五一至一八五四年间由于一系列长短篇小说而喧嚣一时。德鲁日宁已经因《波林卡·萨克斯》(一八四七)而出名,这部小说追踪乔治·桑,宽容地描写了一个妻子的不忠行为。但陀思妥耶夫斯基可能说的是德鲁
170 日宁的**文学小品文**,后者深为一八五〇年代一度流行的忧郁风格所染。* 图尔与克列斯托夫斯基都是女作家,陀思妥耶夫斯基喜欢图尔,屠格涅夫也部分喜

---

* 陀思妥耶夫斯基不喜欢德鲁日宁的**小品文**,几年后在《斯捷潘奇科沃村》中更公开地表达了这个态度,尽管不那么直接。讨厌的福马·福米奇,其文学趣味是自命不凡与无知的古怪混合,认为它们达到了机智与愉快的顶点(德鲁日宁的名字没有提到,但指涉是确切无疑的)。参见陀思妥耶夫斯基,《全集》,第三卷,第 70、512 页。

欢她，曾在《现代人》杂志（一八五〇）为她写过一篇重要文章。陀思妥耶夫斯基也关心自己的作品，并问米哈伊尔有否从当局那里收到《小英雄》的手稿。“如果收到，什么也不要做，不要把它给任何人看。”他劝道。还有，“那个一八五〇年写了《孪生兄弟》的切尔诺夫是谁?”他着迷地问，显然关注他的文学资产。[10]

四

陀思妥耶夫斯基兴趣广泛，博览群书，其阅读量超过一般人的想象，而他所要的阅读材料其主要的博学特征更令人吃惊。例如，为什么不要更多的小说家和诗人的作品？答案很可能是，他在琢磨几个计划，他希望加快回归。一则是一篇《关于俄国的文章》，他在两年后（一八五六）的一封信中提到，尽管这时他已放弃了念头。他告诉弗兰格尔，那是“一篇真正的政治文章”，但他放弃是因为“我怀疑，是否允许我以抨击性的文章开始发表作品，尽管其中有着最爱国的思想”。[11]他要的那些历史学家和经济学家的著作为他的计划提供了背景，他希望能够首先获得那些作品。

同一封信还提到了另一个他在着手的计划，他认为那是“十年反思的结果，我在鄂木斯克酝酿已久，字斟句酌……有些章节将直接取自那篇抨击文章。总的说来，它关心的是基督教在艺术中的使命”。陀思妥耶夫斯基想把这个作品叫作《谈艺书简》，将它献给尼古拉一世的女儿玛丽娅·尼古拉耶夫娜，当时的艺术学院主席。“我要求准许将我的文章呈献给她，”他解释说，“并且不署名发表。”[12]（同意发表，尽管是匿名，将确立一个很有价值的先例,比较容易打破将来的行政藩篱。)如果陀思妥耶夫斯基在劳役营已经在考虑这样的文章,那么一经获释,他当然想立即获得材料;且教父们的著作已经提供了他关于神学的知识及早期教会对待艺术的态度。至于康德和
171 黑格尔,这说明陀思妥耶夫斯基想深化思考的基础,又涉及另一个计划,即借助翻译再次闯入出版业。

说陀思妥耶夫斯基在考虑翻译,因为他曾要一部德文词典,“我需要的第一本书”;而下一个月他还需要“任何关于生理学的著作”,一本关于物理学的教材。如果他需要这样的科学读物,那是因为他想着手开展有关“卡鲁斯”的工作——那个著名的德国物理学家、生理学家、画家和文人,卡尔·古斯塔夫·卡鲁斯。陀思妥耶夫斯基要米哈伊尔给他寄“卡鲁斯”,他要的是卡鲁斯一度很有名的关于心理学的论著,有时被称为精神分析的先驱之作,《心理,亦即灵魂的发展史》(一八四六)。* 十个月后(一八五四年十一月),年轻的弗兰格尔在见到陀思妥耶夫斯基后不久写了一封信,他告诉父亲,他和新结识的朋友准备“翻译黑格尔的《哲学》[?]和卡鲁斯的《心理》”。[13]陀思妥耶夫斯基只是提到作者的名字,这种提要求的随便口吻说明,米哈伊尔知道他具体想要哪本书。我们不知道陀思妥耶夫斯基是从哪儿、通过何种方式知道这本书的,但他习惯跟自己的医生兼朋友亚诺夫斯基借阅医学类图书,尤其是关于精神疾病的著作。因为卡鲁斯出版过三卷本的《生理学系统》,并将这些研究运用到那本不甚专门的《心理》,陀思妥耶夫斯基可能很想轻易找到科技德文中专业名词的俄文对应。

---

* 参见兰斯洛·罗·怀特,《弗洛伊德之前的无意识》(纽约,1960),第149页。怀特说,《心理》是无意识研究的“地标”,并指出弗洛伊德的私人藏书中有几本卡鲁斯的书(不清楚《心理》是否在其中)。“弗洛伊德主要关心的是冲突,卡鲁斯相对而言忽视了这一点……不过他强烈地意识到性功能与整个心理关系的重要性,其无意识状态就是本能,意识状态则是感官享受。”

因此，陀思妥耶夫斯基显然将翻译视作重返文学的一种不甚唐突的手段，也对他这个低下的二等兵菲薄的收入不无小补。《罪与罚》中，拉斯柯尔尼科夫嘲笑这种微不足道的前景，但那位更加实际的朋友拉祖米欣却全身心地致力于这种谦卑的文学苦工，尽管他也承认："我的德文有时很差，因此我降格以求，自我补课，并且用这样的想法自我安慰，这也许有所提高。"(6:88-89)陀思妥耶夫斯基的德文也不可能好到哪里，虽然年轻时的他完全能够判断哥哥翻译席勒的准确性。[14]弗兰格尔男爵给法文和德文报纸投稿，陀思妥耶夫斯基迫切地想读来自布鲁塞尔的一份报纸，但弗兰格尔告诉我们，陀思妥耶夫斯基几乎很少浏览《奥古斯堡汇报》，因为"他不懂德文，不喜欢德 172
语"。[15]毫无疑问，这就是陀思妥耶夫斯基随即列出他的朋友助手的原因，后者出生于波罗的海一个男爵之家，德文就像俄文一样是母语。

五

根据弗兰格尔一年后所说的，陀思妥耶夫斯基可能收到过一本《心理》，尽管无法确定。但即使没有收到，他无疑也熟悉其内容，且被深深地吸引，这让我们知道了他本人思想的某些痕迹。卡鲁斯的科学及医学资历是无可挑剔的，他是德累斯顿医疗诊所的教授，萨克森统治家族的御医，陀思妥耶夫斯基崇拜他，是因为他的思想完全与生物学及生理学的最新理论保持同步，又继续按照谢林《自然哲学》的老概念加以解释。还是一个在校学生时，陀思妥耶夫斯基就接触到了谢林的思想，后者对宇宙抱唯心主义看法，拒绝将世界视为没有灵魂的机制，完全受物理法则的统治，这在陀思妥耶夫斯基年轻的心灵上留下了深刻持久的印象。他因此立即认同了卡鲁斯，后者认为自然及人类生活起源于一个神圣的思想，个体灵魂是不朽的，因为它分享了这种神圣创造原理的永恒性。*

回到一八四〇年代中期，陀思妥耶夫斯基曾跟别林斯基争论过自由意志、道德责任及基督，热情洋溢的西欧派分子别林斯基引用利特雷的生理学，作为支持无神论、接受唯物主义和决定论的理论根据。为了支撑自己的反对观点，陀思妥耶夫斯基急切地抓住卡鲁斯的著作不放，他想表明的是，这是最新的、“科学”的，同时又是一个著名的生理学家，可以不放弃对某种超自然原则或基督教道德训诫的信仰而着手某些东西。因为陀思妥耶夫斯基能够在卡鲁斯那里发现对这种道德基本品质的闪光贡献，那就是爱的法
173 则，得到来自《新约》引文的支持。在卡鲁斯看来，那贯穿整个自然、始于性别差异的爱的法则首先在人类中激发起忠诚和牺牲的冲动，最终征服了利己主义。此外，这种法则在低层的作用则为“无条件地交托给盘旋在所有意识之上的神圣，简言之，对上帝的爱”铺平了道路。卡鲁斯描述这种存在于自然之中的爱的法则的口吻，预示了四十年后《卡拉马佐夫兄弟》中佐西马长老的那些说法。如卡鲁斯所看到的那样，人是受道德教化的，不仅受性爱效应的教化，也受“爱一切造物，我们生于斯、长于斯的地球，照亮我们道路

---

* 现代时期，卡鲁斯多少被遗忘，尽管如此，仍旧有一些崇拜者。一九二六年，路德维希·克拉格斯重新编辑了《心理》，阿尔伯特·贝甘在他那部出色的德国浪漫主义研究著作《浪漫主义之灵与梦想》（巴黎，1939；第三卷，第八章）中设专章讨论了他。

贝甘还在别处说，卡鲁斯的著作“包含了无意识的心理学，许多方面都预见了有时甚至超越了现代科学的成果。他从歌德、席勒那里吸收了关于宇宙的有机观和‘活力’论，又继承了自然哲学家关于堕落及未来黄金时代的思想（舒伯特、奥肯、斯蒂芬……他们多少受诺瓦利斯的启发，并经他追溯到波梅以及帕拉克里索斯），但他去除了他们那种占星术及魔法语言中的时髦命题”。后一个特征可能使他受到陀思妥耶夫斯基的热爱。参见阿尔伯特·贝甘，《创造与命运》（皮埃尔·格罗泽编辑，两卷，巴黎，1973-1974），第一卷，第55-56页。

的星辰，我们呼吸的空气，植物、树木、动物……”等等的教化。[16]

我们知道，牢狱生活让陀思妥耶夫斯基极其深刻地意识到，非理性在人的存在中发挥作用，这只是确认了他过去从卡鲁斯那里了解的知识。因为卡鲁斯在开篇第一句就宣称，他的著作主题就是强调非理性和无意识的这种力量：“理解人的意识生活本质的钥匙在无意识领域。”[17]不过，卡鲁斯所说的“无意识”不仅指心理生活，也指全部的自然，在他看来，后者也具有灵魂-生命，它跟心理的区别只是意识和自我意识的程度而已。虽然意识的高级形式对人格和人精神的全面发展来说必不可少，但卡鲁斯不断强调说，它们必须与存在的无意识力量保持均衡，如果它们不想失衡的话。这是一种初始的荣格模式，我们从中可以看到它与陀思妥耶夫斯基“根基主义”思想的相似性，当然也是对后者的一种鼓舞。就在几年之后，陀思妥耶夫斯基阐述了这个思想，他呼吁受西方理性主义和启蒙思想激发的知识分子要与沉睡在俄国人民心中、仍未腐化的无意识道德力量融合起来。

在这样的联系中，卡鲁斯不断谈到高级意识层面过量理智的危险，他认为，某些情况下的自杀行为就是自由的自我意识最全面、最高级发展的表现（但又急忙补充说，就个体情形而言，这种行为几乎从来就是不正确的）。不过，完全自觉的自杀，哪怕就是那种毁灭自身生命的行为——也就是，毁灭其存在的无意识基础——是对自我意识之自由的肯定。为了把这个意思表达到位，卡鲁斯用了莎士比亚《裘力斯·恺撒》中的一句台词，承认这种行为获得了某种崇高。[18]在陀思妥耶夫斯基的小说中，许多自杀或关于自杀的想法都受类似观念的刺激，个人的自我毁灭被表现为自我意识病态地过分发 174
展的结果。

与陀思妥耶夫斯基创作主题的另一个联系是卡鲁斯对恶德和生理疾病状态的比较，无意识力量调节着一个有机体的健康，而恶德和生理疾病都是对这种力量之正常状况的偏离。但就像在生理疾病的情形下,自然有恢复自身平衡的手段一样,道德意识也有自己的“无意识”手段——人的“良心”——它可以恢复人格的道德健康。[19]将良心视为人心理的自然、本能的调节器,其扭曲或堕落导致自我真正“生病”,将成为未来陀思妥耶夫斯基伟大作品的主要主题。

也许需要提及的是,卡鲁斯还相信幻象及预兆可能有某种客观意义,因为整个自然是一个巨大的有机体,它的各部分在不同无意识层面上的关系远远没有得到彻底探究。因此,陀思妥耶夫斯基一定在卡鲁斯那里找到自己相信征兆和迹象的证明,弗兰格尔曾不无幽默地谈到他的这种信仰。“他突然变得很迷信,”陀思妥耶夫斯基在向他的第一任妻子求爱时,他的朋友曾记录过一个困难时刻,“开始告诉我有关千里眼的事,那时我二十二岁,也有自己的罗曼司,他把我拖到一个老妇人那里,用豆子算命。”[20]卡鲁斯还相信个体之间各种神秘的“磁性”关系真实不虚,陀思妥耶夫斯基也经常暗示这种联系,但他处理得小心翼翼,只是强调其氛围意义。

还可以(且已经)指出陀思妥耶夫斯基的作品与卡鲁斯的思想之间的其他许多关联,但都不够具体,只是影影绰绰。[21]不过比任何具体“影响”更多的是,陀思妥耶夫斯基对卡鲁斯及《心理》思想的兴趣揭示的是他本人精神的永恒爱好,因为他将继续表现出对学术著作如饥似渴的好奇心,对现代科学和哲学最新立场的洞察与把握,继续执行捍卫唯心主义和宗教世界观的任务。

注释

[1] 陀思妥耶夫斯基,《书信集》,第一卷,第 143 页,在一八五四年二月二十日与月底之间。

[2] 同上,第 140 页,一八五四年二月二十二日。

[3] 同上,第 133 页。

[4] 同上。

[5] 同上,第 138 页。

[6] 同上。

[7] 同上,第 139 页。

[8] 弗兰格尔,《回忆费·米·陀思妥耶夫斯基在西伯利亚》,第 66 页。

[9] 陀思妥耶夫斯基,《书信集》,第一卷,第 140 页。

[10] 同上。

[11] 同上,第 183 页,一八五六年四月十三日。

[12] 同上,第 183-184 页。

[13] 弗兰格尔,《回忆费·米·陀思妥耶夫斯基在西伯利亚》,第 34 页。

[14] "[席勒的]散文翻译得真好——无论是表现力还是准确性,"他跟哥哥说,"你抱怨席勒的语言,但我的朋友,请注意,他的语言不能是另外的样子。"陀思妥耶夫斯基,《书信集》,第二卷,第 553 页,一八四四年夏。

[15] 弗兰格尔,《回忆费·米·陀思妥耶夫斯基在西伯利亚》,第 21 页。

[16] 卡尔·古斯塔夫·卡鲁斯,《心理》(普福尔茨海姆,1846),第 297-298 页。

[17] 同上,第 1 页。

[18] 同上,第 201-202 页。

[19] 同上,第 93 页。

[20] 弗兰格尔,《回忆费·米·陀思妥耶夫斯基在西伯利亚》,第 53 页。

[21] 格奥尔吉·吉边,《卡鲁斯的〈心理〉与陀思妥耶夫斯基》,《美国斯拉夫与东欧评论》,第十四期(1955),第 371-382 页。

第十三章　列兵陀思妥耶夫斯基

一

175　无论陀思妥耶夫斯基有着什么样的知识及文学活动计划，面对严峻的生存需要，他都不得不迅速放弃。他给米哈伊尔的长信是在鄂木斯克短暂的恢复阶段写的，离开伊万诺夫夫妇舒适的家后，他的悠闲也就结束了。在给哥哥的信中，他用衷心的话语赞美他们的机智、善良和慷慨大方。“要不是碰到这些人，我早就死了，”他坦言，“K. И. 伊[万诺夫]待我情如手足。他尽其所能地为我做一切事……我欠他二十五银卢布。但我们如何回报真心的欢迎、每求必应和兄弟般的关心呢？而且他不是孤立的，世界上有许多高贵的人。”[1]

去塞米巴拉金斯克的路程花了三天，他将在那里服兵役，三天也给他留下了难忘的记忆。陀思妥耶夫斯基去世前一年,一个朋友匆匆记录了他的描述:“离开苦役地后,他非常高兴地动身去安置的地方。他跟其他人一起步行,遇到运草绳的马车队,于是几百俄里他就坐在这些绳子上。他说他一生从没有如此幸福过,当他坐在硬邦邦、不舒服的绳子上时,他从未感到如此美好,头顶是天空,身边是广阔的空间、纯净的空气,还有灵魂的自由。”[2]对陀思妥耶夫斯基来说,那三天纯粹的狂喜是他很长时间里感受到的最后一次。

二

正如弗兰格尔男爵所描绘的,塞米巴拉金斯克原来是一个“半城半乡”[3]的地方,伸展在一个古代蒙古小镇的废墟中间,额尔齐斯河陡峭的西岸坡上。多数房子是一层的木结构,只有惟一一座东正教教堂,迫于跟七座清真寺竞争,所以用石头砌就;一个大型市场搭着顶棚,里面是骆驼和驮马的商队,在俄国和中亚之间从事繁忙的商贸往来。河对岸可以看到半游牧的吉尔吉斯人栖息的大毡棚,如果他们有家,那也仅仅在冬季才用得上。

美国新闻记者乔治·凯南一八八五年曾访问塞米巴拉金斯克,他发现: 177
“从[镇子的]差不多任何内在角度看,其外貌都特别灰暗、沉闷,部分是由于完全缺少树木草地,部分是由于没上油漆的木房子日晒雨淋、灰蒙蒙的样子,部分则是由于布满街道的浮尘扬沙。”凯南跟当地的官员聊天,那些俄国官员仍旧把这个地方叫作“魔鬼的粪箱”,跟三十年前弗兰格尔听到的一模一样。清真寺,骆驼,白头巾、白胡子的毛拉,这些让凯南想起了“建筑在北非沙漠上的伊斯兰小镇”。[4]塞米巴拉金斯克也还是大草原边的边境地区的一部分,蒙古人的突击队和敌意的吉尔吉斯人入侵这个地区是家常便饭,尽管一个兵营小镇往往不会直接受到威胁。

最初几个月,陀思妥耶夫斯基再次碰到跟一帮主要来自俄国农民阶层的人们协调相处的问题。军营很像劳役营,睡的是木板床,吃的东西难以下咽,而且他也还不能得到他跟冯维辛娜说的他在世上最渴望的东西——“图书,可以写作,**每天都独自待上几个小时**”。(黑体字为引者所加)[5]他的战友还能让他安静地待上一阵,甚至待他友善。但不幸的是,那位中士无情地迫害他,一个军官曾跟这个中士说,对待昔日的犯人不要仁慈。虽然苦役岁月里他的身体饱受折磨,但陀思妥耶夫斯基发现,适应军队生活的过程也非常乏味,让人极度疲惫。不过他在完成兵役使命时感到自豪,他接受了必须忍耐的斯多葛式的顺从,这些都是咎由自取。“我不抱怨,这是我的十字架,我该当如此。”他在给米哈伊尔的信中忏悔道。[6]

陀思妥耶夫斯基的邻床是一个十七岁的犹太人 Н. Ф. 卡兹,一个军队子弟(俄国戍边士兵的儿子),他当然不知道他所认识的这个阴郁、痛苦的战友是什么大人物。卡兹在兵营不断受到他人的虐待,因此对陀思妥耶夫斯基的温和善良充满感激,后者待他没有丝毫的优越感或居高临下。

“陀思妥耶夫斯基仿佛就在我面前,”许多年后他跟一个调查人说,“他中等个子,平胸,脸颊深陷,胡子刮得很干净,看上去病恹恹的,要比实际年
178 龄大一些。他的眼睛是灰色的,表情严肃忧郁。兵营的人从没有在他脸上看到过笑容。有时兵团里某个搞笑的家伙为了博大家开心,会玩一些好笑的把戏,所有人都笑得前仰后合,而费奥多尔·米哈伊洛维奇只是嘴角歪一下,轻微得根本注意不到。他的声音轻柔愉快,他吐字清楚,不慌不忙。他从不跟兵营里的人说起过去。总之他说得很少。他拥有的惟一一部书是

塞米巴拉金斯克的街道(乔治·凯南,《西伯利亚与流放制度》)

《新约全书》，他倍加爱护，显然看得很重。他在兵营里什么也不写，当然那时士兵的自由时间很少。陀思妥耶夫斯基很少离开兵营，大多数时候都坐在那里苦思冥想。”[7]

陀思妥耶夫斯基陷入沮丧的沉思时所想的都在他的书信中明白地表达出来。他曾给弟弟安德烈写信，说起劳役营的可怕，他悲哀地说：“先前我觉得，脱离苦役是幸福的复苏，是振奋精神过新的生活……但我的新生活遇到了许多新的困难，说真的，我才刚刚好转。”[8]我们只是在卡兹的回忆中才知道，“困难”之一必定让陀思妥耶夫斯基厌恶得难以忍受。他被迫跟其他士兵一样站在队列中，那些受罚的人要走过兵团的夹道，遭受“棍刑”。要逃避参加这种残酷仪式是不可能的，一个军官会来回巡视，确保每个士兵都在履职，那些不能使劲、准确地杖笞的人将受到同样形式的惩罚。就在几年后的《死屋手记》里，陀思妥耶夫斯基强烈谴责体罚，说“一个无动于衷地看待这种现象的社会其根基已经污染了”(4：154)，这一点也不奇怪。

三

伊万诺夫夫妇的仁慈不知疲倦，来自他们的幸运干预再次拯救了陀思妥耶夫斯基。通过他们塞米巴拉金斯克军队高层几个有教养的朋友的斡旋，陀思妥耶夫斯基获准在镇上独自生活。他终于能够每天单独地过上几个小时，这是他在劳役营迫切渴望的事！他在兵营附近找到一个不起眼的住处，那里比糟糕的塞米巴拉金斯克一般的情况更空旷荒凉。那是一个单间的木屋，房主是一个年老的孀妇，屋子很大但阴暗，屋顶低矮，家具极其简单。据挑剔的弗兰格尔说，成群的蟑螂肆意在桌上、床上和墙壁上爬来爬去。

陀思妥耶夫斯基的家务由这家的大女儿打理，她二十二岁，是一个士兵 179
的遗孀。显然她觉得陀思妥耶夫斯基很有魅力，悉心照料他，经常待在他屋里。弗兰格尔记得，夏日的一天他跟陀思妥耶夫斯基在门外喝茶，（他谨慎地措辞说）**穿着宽大睡衣**（就是一件罩衫，腰部束着腰带，其他什么也没有）的主妇漫不经心地加入进来。人们不禁疑惑，四年的劳役营生活之后，陀思妥耶夫斯基是否真的能抵挡得住身边女性的魅力。没有什么比这更简单、自然的事，我们知道，他对这个家庭的事务表现出了强烈的个人兴趣。他曾试图劝说那位母亲，不要让十七岁且非常迷人的小女儿偶尔在兵营卖身来贴补家用。

渐渐地，一个叫陀思妥耶夫斯基的昔日犯人，曾有过某种文学声名，在塞米巴拉金斯克较有文化的俄国人中间被人们知晓。那里受过教育的人很珍贵，形形色色的流放者（主要是波兰人）被雇为家庭教师，以补充甚至代替对俄国儿童来说非常稀少的公共教育资源。像《死屋手记》那个虚构的叙述者戈梁奇科夫一样，陀思妥耶夫斯基很快被找去教各色家庭的子女，这样他就开始跟各样的家庭建立更紧密的关系。

陀思妥耶夫斯基连队长官的妻子斯捷潘诺娃待他很好，她丈夫也如此，后者是一个坚定不移的酒鬼，他的贪杯导致他被放逐到西伯利亚的荒野。斯捷潘诺夫是一个士兵，也是一个诗人（这样的组合在俄国不常见），因此很高兴认识又一个文人。结果证明，文学是阶级障碍的伟大平衡器，斯捷潘诺夫随即要陀思妥耶夫斯基帮他修改诗歌。陀思妥耶夫斯基还结识了他营里的一个军官，一个脾气很好但很放荡的陆军中校别利霍夫，他是从行伍中爬上来的，因此完全不拘社交小节。

这个可敬的官员喜欢追踪世界的最新进展，但发现阅读又是讨厌的苦差事，于是他请来陀思妥耶夫斯基给他读报刊。安排非常舒适，这位穿着不太合身的军大衣的卑贱列兵经常被留下吃晚饭。别利霍夫头脑简单，他的兴趣就是纸牌和美色，基本上都在他士兵的妻子和女儿中间挑来挑去；他为人和善，于是手下人对他这种偶一为之的享乐也就不甚吝惜。不幸的是，就
180 像《卡拉马佐夫兄弟》中卡捷琳娜·伊万诺夫娜的父亲一样，他有一天想稍稍扩大一些资源，就侵占军队的经费留着已用，并且令人尊敬地饮弹自尽，而不是面对耻辱。正是在别利霍夫家，陀思妥耶夫斯基一天晚上遇到了亚历山大·伊万诺维奇·伊萨耶夫，还有他的妻子玛丽娅·德米特里耶夫娜。

四

伊萨耶夫是又一个无可救药却迷人的俄国酒鬼，陀思妥耶夫斯基曾在老波克罗夫斯基(《穷人》)这个形象上描绘过这类人物。《罪与罚》在描写索尼娅的父亲马尔美拉多夫时，可能运用了他对伊萨耶夫的一些记忆，这个人物因而得以不朽。陀思妥耶夫斯基遇到他时，伊萨耶夫已经彻底崩溃。他过去是一所学校的校长，来塞米巴拉金斯克时是海关官员，出于某种模糊的原因——也许是喝酒，也许是一个酒鬼变本加厉的傲慢——他从职位上退了下来。因此，伊萨耶夫一家，包括七岁的儿子帕沙，只能上顿不接下顿地度日，养家的人则有名无实地另谋营生。他和妻子积攒的菲薄钱财又被伊萨耶夫跟小镇上的一帮狐朋狗友在推杯换盏中挥霍一空。

当地许多家庭都对伊萨耶夫家关上了大门，与其说是因为亚历山大·伊万诺维奇的好酒(贪杯在俄国社交的教义问答中属于可宽恕的罪)，不如

塞米巴拉金斯克

说是因为他经常跟不三不四的人打交道。弗兰格尔告诉我们,陀思妥耶夫斯基对人的各种小缺点及过错非常仁慈,他在伊萨耶夫死后关于后者性格的描述证明了弗兰格尔的说法。在给米哈伊尔的信中,陀思妥耶夫斯基说,伊萨耶夫“受到当地社会许多不应该的迫害,他像流浪汉一样粗心,自我中心,骄傲,但他无法自我约束,如我说的那样,沉沦底层。可他受过很高的教育,是最善良的人。……尽管有种种污垢,他仍十分高贵”。[9]不过,吸引陀思妥耶夫斯基一直待在伊萨耶夫家的不是丈夫,而是妻子,后者注定成为他一生中伟大的初恋情人。

玛丽娅·德米特里耶夫娜的姓氏叫孔斯坦特,说明她的祖籍在法国;她父亲过去是阿斯特拉罕高中校长,其时在里海边那个港口城市负责对来旅游的人进行检疫。他的几个女儿都在一家私人**寄宿学校**接受过认真的教育,伊萨耶夫夫人的智力和精神能力毫无疑问高居塞米巴拉金斯克军政配偶的一般水平之上。“玛丽娅·德米特里耶夫娜大约三十岁,”弗兰格尔写道,“她中等个子,身材苗条,金发碧眼,非常漂亮,天性热爱崇高的感情。那
181 时她苍白的脸上已经有病态的潮红,几年后肺结核夺走了她的生命。她读书很多,很有教养,渴求知识,善良,非常活泼,令人印象深刻。她对陀思妥耶夫斯基非常感兴趣,待他很好,我想不是因为她很看重他,而是为一个不幸的人被命运打倒感到难过。可能她甚至依恋他,但不可能是爱情。”[10]

弗兰格尔相信,从一开始她就知道陀思妥耶夫斯基患有“癫痫”,但这很成问题。她当然跟镇里其他人一样知道他有“病”,但他本人也还不确定真正的诊断。“我跟你说过我的病,”他写信给米哈伊尔说,“奇怪的发作,类似于癫痫,不过不是癫痫。”[11]比较可靠的是,她觉得他“特别需要出路,她说他是一个‘没有未来’的人。费奥多尔·米哈伊洛维奇将怜悯与同情当作了相爱,于是带着青春的全部火热死心塌地地坠入爱河。”[12]

五

陀思妥耶夫斯基的爱情第一次在他的生命中认真地燃烧，也格外地刺激了他，要采取种种可能手段，以恢复文学生涯。这个方向的第一步摸索只能通过他所有的关系。一八五四年五月，陆军中校别利霍夫，西伯利亚兵团第七编队营的指挥官，给中将雅科夫列夫呈上二等列兵、昔日的犯人陀思妥耶夫斯基写的一首诗，题目叫《一八五四年的欧洲事件》。别利霍夫充满敬意地请求上级争取将这首爱国诗篇在《圣彼得堡日报》上发表；雅科夫列夫中将对这种非正统的诗性冒犯没有戒备，把诗歌交给主宰一切的第三厅终决。

如记录所示，陀思妥耶夫斯基以前从未写过诗，后来也不会写（除了小说中的那些非常滑稽的戏拟之作）。因此他的诗歌就是一种引人注意或试图如此的手段，不应该认真当作是对俄国缪斯的奉献。他的第一首诗明显受到普希金那首名诗《给诽谤俄罗斯的人们》的影响，那是诗人针对法国人发表声明同情一八三〇年波兰起义而创作的。陀思妥耶夫斯基所指的“欧洲事件”是克里米亚战争中英法两国与土耳其的联盟——联盟缔结于陀思妥耶夫斯基通过官方渠道发表诗歌前两个月。即使在一八四〇年代赞美彼 182
得大帝的成就时，陀思妥耶夫斯基的字里行间也难掩某种反欧情绪；克里米亚战争则将他潜在的反西方的仇外情绪永远固化下来。诗歌非常明显，它第一次表达了许多这样的感情，后来陀思妥耶夫斯基将在他的杂志上继续表现这些感情。

诗歌是照老派的颂歌或凯旋曲写成的，充满当时战争宣传的陈词滥调。

诗歌庄重得体地赞美俄罗斯的壮丽和力量,重温了她光荣的历史(尤其是一八一二年打败欧洲列强的故事),预言俄国军队必胜。同时,陀思妥耶夫斯基也试图在这些陈旧的主题中注入无疑是他自身的调子——强调俄国能忍受灾难与痛苦,并从中坚强地崛起。“但要懂得,在这最后的折磨中/我们将坚忍不拔!”(2:403)这既是对未来陀思妥耶夫斯基的预兆,也申明了俄国在世界历史中的天命,不过此时还只是局限在东方,但不久将扩大到欧洲:

> 你们不明白的是她[俄罗斯]前定的命运!
> 东方——属于她!千秋万代的人们
> 不知疲倦地向她伸出他们的手,
> ……………………………………………
> 于是一个时刻来临(这是上帝的旨意!):
> 俄罗斯复活了古老的东方。[2:405]

这首正式的爱国诗歌的另一寻常主题是,英法这些名义上的基督教国家却与伊斯兰异教徒合伙,跟基督教同伴开战,这是很不光彩的。陀思妥耶夫斯基赋予这个主题一种特别生动的调子,他将它描述为基督一次新的受难。基督不再是一八四〇年代空想社会主义诗歌中的那种形象,被财富和权力压迫、蹂躏的象征,而是十分俄国化和东正教化的基督形象,被欧洲一些所谓的基督教国家钉上十字架,他们伙同土耳其人要征服土耳其帝国中的东正教斯拉夫人:

> 看吧——他在被钉上十字架,

他神圣的鲜血再次流淌！
但如今那个出卖耶稣的犹太人在哪里？
再次出卖他永恒的爱？
……………………………………………
基督徒伙同土耳其人反对基督！ 183
基督徒——穆罕默德的守护人！
可耻啊，十字架的背叛者，
神圣之光的熄灭者！［2：405］

这样的字句其音调与传统的修辞大相径庭，不管形式上多么呆板僵硬，揭露的却是真正的背叛。从此以后，陀思妥耶夫斯基将不可能再相信，基督教价值和真正的基督教信仰能够在欧洲人的内心存在，尤其是法国和英国。

尽管感情特征无可指摘，陀思妥耶夫斯基的诗歌却从未公开印刷。诗歌寄到彼得堡后，它就被小心翼翼地保存在第三厅卷帙浩繁的档案馆中——直到一八八三年才被发掘出来，那时陀思妥耶夫斯基已经去世两年。人们没有找到给雅科夫列夫的回复，陀思妥耶夫斯基据说也没有听到关于他的第一首诗作命运的回音，后来他又写了另外两首。除了抱憾外，他什么也做不了，只好更多地转向玛丽娅·德米特里耶夫娜·伊萨耶夫，寻求“友谊”的安慰。在他们关系的早期，他的感情究竟公开表现到何等程度，这一点尚不清楚。我们所知道的是，他成了“这个家庭的密友”，做他们儿子的家庭教师，像弗兰格尔所说的那样，“整天待在伊萨耶夫家”。[13]就是在这种情形下，弗兰格尔于一八五四年十一月登场，给了陀思妥耶夫斯基更亲密的友谊，更大的保护，比他迄今能获得的更多。

注释

［1］陀思妥耶夫斯基,《书信集》,第一卷,第137页,一八五四年二月二十二日。

［2］多利宁编,《同时代人回忆Φ. M. 陀思妥耶夫斯基》,第二卷,第312页。

［3］弗兰格尔,《回忆费·米·陀思妥耶夫斯基在西伯利亚》,第15页。

［4］乔治·凯南,《西伯利亚与流放制度》(两卷,纽约,1891),第一卷,第158页。

［5］陀思妥耶夫斯基,《书信集》,第一卷,第143页,一八五四年二月二十日至月底之间。

［6］同上,第146页,一八五四年七月三十日。

［7］A. 斯坎金,《陀思妥耶夫斯基在塞米巴拉金斯克》,《历史学报》,第九十一期(1903),第203页。

［8］陀思妥耶夫斯基,《书信集》,第一卷,第148页,一八五四年十一月。

［9］同上,第二卷,第560页,一八五六年一月十三日。

［10］弗兰格尔,《回忆费·米·陀思妥耶夫斯基在西伯利亚》,第38页。

［11］陀思妥耶夫斯基,《书信集》,第一卷,第146页,一八五四年七月三十日。

［12］弗兰格尔,《回忆费·米·陀思妥耶夫斯基在西伯利亚》,第39页。

［13］同上。

第十四章　有影响的朋友

一

陀思妥耶夫斯基站在谢苗诺夫校场的行刑台上，那痛苦的二十分钟到 184
半个小时时间里，他的眼睛一定不时地转向围观的黑压压的人群，平静地打量着。由于军队的警戒，人群隔了相当一段距离，他们只是邻近街道边一些模糊的轮廓。但如果陀思妥耶夫斯基能够辨别人影，看清面部神情，他一定会被一个年轻人——刚刚十七岁，三角帽，制服外套，亚历山大贵族学校的装扮，那是一所坐落皇村的精英学校——打动，此刻他正专注而悲哀地观看着行刑的过程。这个年轻人名叫亚历山大·叶果罗维奇·弗兰格尔，出身于波罗的海一个俄德贵族家庭，尼古拉一世时期，这些家庭在政府机构和部队高层任职，亚历山大二世时期很大程度上继续如此。

年轻的弗兰格尔跟彼得拉舍夫斯基事件毫无牵连，不过他见过彼得拉舍夫斯基、尼古拉·斯佩什涅夫以及站在行刑台上的其他几个人，他们过去是皇村学校的学生，常去那里。彼得拉舍夫斯基被捕所激起的骇浪也波及这个独一无二的神圣区域，尼古拉一世担心——不无理由——这所学校成了羽毛未丰的阴谋家的温床。因此，他们对学生宿舍进行了一次搜查，看是否能翻到任何“颠覆性”文件。但学生们事先接到警告，弗兰格尔匆忙将普希金的诗[！]藏到铺盖下面，事情平安地过去。

在家里，弗兰格尔也听到关于这个案子的谈话——那些谈话比闲适的沙龙聊天要正式很多。他的一个叔祖父是大陪审团成员，是他家的亲密朋友，也是一个参事，官方让他了解调查的最新结果。弗兰格尔兴趣盎然地听着一切谈话，特别是提到陀思妥耶夫斯基的名字时，他的耳朵就会竖起来。
185 因为他刚读过《穷人》，正在读《涅托奇卡·涅兹万诺娃》，充满了崇拜之情。关于这位天才却不幸的陀思妥耶夫斯基的命运的任何消息，都会激起弗兰格尔的兴趣和好奇，虽然他小心翼翼，从不暴露自己的文学趣味，在他所处的环境中，那会被认为在政治上是可疑的。

假死刑的那天，弗兰格尔留意到，一支不寻常的马车队神秘地在街上走过，马车一律遮得严严实实，旁边还有荷枪实弹的骠骑兵。就在他盯着窗外时，一个叔叔过来，说起这个庄严队列的重要意义。这位叔叔是掷弹骑兵团军官，他的部队也接到参加这次严肃活动的任务，他就是去那里的。弗兰格尔急忙穿起外套，抓上帽子，跟叔叔一起去了谢苗诺夫校场。他跟零散的看客群众混在一起，他们跟他不一样，对为何要进行这样的惩罚和处决毫不知情。另一个军官，也是年轻人的亲戚，在人群中认出了他，便正色说道，如果上司知道，他擅自来观看彼得拉舍夫斯基小组的受刑，会惹大麻烦的——或许会从皇村学校开除。为了打消他的好奇心，也是催他赶紧离开，这位军官说，不会有真正的死刑：原先的死刑最后被改判了。尽管这个消息宽了他的心，弗兰格尔还是待到这个可怕喜剧的最后，直到人群散去才离开，“为他们画十字，赞美沙皇的仁慈”。[1]

几年后，弗兰格尔从皇村学校毕业，因为厌倦司法部乏味的生活，他决定跟几个同学一起，申请西伯利亚的一个职位。他坦言，他才二十一岁，完全缺乏实际的处世经验；迄今为止，他的职责只是签发一些文件，所涉事务大多所知甚少，也漠不关心。但他仍被任命为包括塞米巴拉金斯克在内的地区公诉人一职，于是他着手准备出发。他显然在彼得堡见过米哈伊尔·陀思妥耶夫斯基，说跟他很熟（但陀思妥耶夫斯基给米哈伊尔的信表明，这个熟人只不过是点头之交）。无论如何，弗兰格尔动身远行前很高兴造访米哈伊尔，并从他那里拿到家人给费奥多尔·陀思妥耶夫斯基的书信，几件衣服，书籍，还有五十卢布。出发前弗兰格尔还走访了阿波隆·迈科夫，陀思妥耶夫斯基曾动员他参加斯佩什涅夫的秘密社团，结果没有成功；他从这位老朋友那里拿到又一封给那位流放者的信，迈科夫如今成了一个重要诗人。

二

抵达最终目的地塞米巴拉金斯克之前，弗兰格尔在鄂木斯克稍作逗留， 186
拜访了省长 Ф. Х. 加斯福特，他父亲过去的战友。在加斯福特府邸，他跟伊万诺夫夫妇待了一个晚上，他说伊万诺夫太太是“一个出色的、心地善良的妇女，富有教养，是不幸的人尤其是政治犯的保护人”。[2] 还有一些旅行趣事,这些有助于说明,陀思妥耶夫斯基妙趣横生的一些讽刺性肖像画——《群魔》中的德裔俄国省长冯·列姆布克——是对的。值得一提的是,冯·列姆布克为逃避公务负担,便充满奇思妙想地制造一些精致的拼贴玩具。此外,他最显著的性格特征就是愚蠢透顶,以至于无法理解事关政府职责的任何东西。陀思妥耶夫斯基的描写非常广泛谐谑,人们习惯认为那是纯粹的讽刺漫画,但他的想象力从弗兰格尔叙述的故事中汲取了丰厚的养料。

弗兰格尔在给老弗兰格尔的信中说起他对加斯福特的第一印象,省长"极其无知愚蠢,我都懒得跟他说话";[3]后来的一件事充分验证了最初的这种评价。在塞米巴拉金斯克,弗兰格尔焦躁地等待加斯福特的到来,以便跟他说说新监狱替代旧监狱的事——这个仁慈的年轻人第一次视察监狱,那里的境况让他感到恐怖——还要建一家医院,一所学校。"可我彻底幻灭了,"他悲哀地写道,"省长首先关心的是他的发明——我的制服[由加斯福特亲自设计的特殊款式,给人们留下了深刻印象]。'不错,不错,彼得堡人确实在缝纫方面很在行,'加斯福特说,'但外套比标准长了三[英寸]——**剪掉就行**。'但接着,他又以批准的口吻补充说:'下一年我会给你所有标准的马嚼子,鞍褥和马鞍。'"[4]会面就这样结束了,弗兰格尔再也没有机会谈论迫切需要的改善事宜。另一个德裔俄国人是军事总督弗里德里希少将,他也是弗兰格尔家的老朋友,但这位年轻人直言不讳地跟父亲说,弗里德里希"蠢透了,他一边吹着笛子,一边站着听报告。他将送给他签署的文件放到秤上称,然后吹嘘他每周签发了多少磅,总之我的亚当[弗兰格尔的男仆,一个芬兰文盲]跟一个军事总督也差不了多少"。[5]

在第一次失望地接触了西伯利亚的官僚之后,弗兰格尔继续他的旅程,一八五四年十一月二十日到达塞米巴拉金斯克。他做的第一件事就是打听

亚历山大·叶果罗维奇·弗兰格尔

187 陀思妥耶夫斯基的住处,第二天军事总督就派通信员去邀请列兵陀思妥耶夫斯基跟弗兰格尔喝茶。“陀思妥耶夫斯基不知道谁在找他,为什么找他,”弗兰格尔回忆说,“他来了以后非常拘束,穿灰色的士兵外套,红硬领,红肩章,神情阴郁,脸色苍白,病恹恹的,布满了雀斑。他淡色的头发剪得很短,个子中等略高。他灰蓝色的眼睛,眼神犀利地注视着我,似乎想窥视我的内心——他究竟是怎样一种人?他后来坦陈,当我的通讯员告诉他,‘刑事公诉官’找他时,他非常担心。”[6]

弗兰格尔为唐突地召唤向陀思妥耶夫斯基表示歉意,后者放松下来,他专注地阅读着弗兰格尔带给他的信件,读到兄妹的书信时他默默流下了眼泪。弗兰格尔也有大包书信要处理,他迫不及待地拆阅,以慰藉“刺心的悲哀与孤独”,几个月的长途跋涉,这样的情绪经常向他袭来。这是他第一次真正离家,当家人、朋友的记忆纷纷浮现眼前时,他也突然不能控制地抽泣起来。“我俩面对面地站着,被命运抛弃,感到孤独……我非常痛苦,尽管身居高位……我不假思索、不由自主地趴到费奥多尔·米哈伊洛维奇肩上,他站在对面,表情悲哀忧愁地看着我。”[7]那位年长的安慰着年轻人,他俩答应,尽可能经常地相互往来。

虽然起步不尽寻常,而且一旦冷静下来彼此也会觉得尴尬,但陀思妥耶夫斯基和弗兰格尔还是一见如故。年龄的差距(陀思妥耶夫斯基三十三岁)有助于缩小社会地位的差异,而且弗兰格尔真心崇拜作为作家的陀思妥耶夫斯基。在他们结识差不多一年后,陀思妥耶夫斯基在一封书信中对这位年轻朋友的性格作了分析,它有助于解释他们的友谊何以如此亲密真挚。“他很年轻,”陀思妥耶夫斯基跟米哈伊尔说,“很温和,虽然有培育得很强的**荣誉心**,十分善良,有点骄傲(不过只是表面的,我喜欢),带一些年轻人的缺点,有教养,不够有才气,不够深刻,喜欢学习,性格非常柔弱,像女子一样敏感，有点忧郁，或更准确些神经质，那些让其他人恼怒的事会让他痛苦——这是心地很好的标志。**非常得体**。”[8]陀思妥耶夫斯基骄傲而自尊，他从心底对贵族没有什么同情，因此他并不畏惧这样一个人，且很容易学会了如何与这位贵族子弟相处。

两个人开始长时间地待在一起，当地的一些饶舌者在弗兰格尔所谓“受 188
贿的官僚”[9]（他们无论如何都是他的天敌）中间开始风言风语，他还注意到，他的邮件总会比其他人晚上三四天。军事总督认为弗兰格尔少不更事，觉得要提醒他有关陀思妥耶夫斯基的事，放任自己受这样一个名声不好的革命者的影响，可能会有危险。弗兰格尔决定自行其是，他跟这个官员交情很好，就让心存狐疑的他邀请陀思妥耶夫斯基到他家，以便自己作出判断。沉默了一段时间后，这位体贴的官员答应了，陀思妥耶夫斯基穿着士兵制服，“不慌不忙”地去做客。拜访非常成功；又连续几次受邀；从那时起，在弗兰格尔的巧妙斡旋下，陀思妥耶夫斯基被塞米巴拉金斯克的各种名流圈子所接受。

弗兰格尔的出现使陀思妥耶夫斯基的处境大为缓解，当然也提高了他在最重要的玛丽娅·德米特里耶夫娜眼中的地位。不久，他在弗兰格尔舒适的住处待的时间至少跟在他自己那阴暗、压抑的屋子里待的时间一样多。现在他的自由时光都分给了弗兰格尔和伊萨耶夫夫妇，他于是试图尽可能地将两方撮合到一起，但不太成功。正如弗兰格尔所说，他“还竭力把我拽
到[伊萨耶夫家]，但由于丈夫的缘故，我不喜欢那家的环境”。[10]我们无法 189
确知，这时陀思妥耶夫斯基迷恋伊萨耶夫夫人到了何种程度，但差不多一年后陀思妥耶夫斯基的书信表明，他们比弗兰格尔所怀疑的要更亲密。“哎，”陀思妥耶夫斯基在给后者的信中以叹息开头，“我从没有告诉你：你还在这儿时，我就**因为我无可比拟的嫉妒心**而让她绝望……”[11]可以这样想，如果

陀思妥耶夫斯基觉得有**嫉妒**的权利,那么他跟玛丽娅·德米特里耶夫娜的关系就一定超过了单纯朋友的界限。在同一封信中,他相信弗兰格尔知道玛丽娅爱他,弗兰格尔不是情敌,他坦言:“我的朋友!这件事上我从没有完全对你诚实。”[12]这种暗示无疑说明,玛丽娅以某种方式回应了陀思妥耶夫斯基的求爱,因此她的爱慕程度一目了然。

三

弗兰格尔初次涉足塞米巴拉金斯克两个月后,发生了一件震惊整个俄国的事,陀思妥耶夫斯基的未来也因此有了新的更可期待的前景。一八五五年二月十八日,尼古拉一世突然在神秘的状况下死了,差不多一个月以后,这个消息才终于传到遥远的西伯利亚前哨。在一所俄国教堂里,陀思妥耶夫斯基和弗兰格尔参加了葬礼,气氛庄严肃穆;但只有少数头发斑白的老兵为他们敬畏的总司令去世无愧地流下了眼泪,沙皇一命呜呼,而此时的俄国却正陷入激烈的生死冲突之中。许多政治流放犯则考虑起大赦的前景,过去新皇即位常常发生这种情况。此外,“关于新沙皇性格温和、人道、善良的谣言一直在西伯利亚流传”。[13]陀思妥耶夫斯基也有这种期待,有影响的弗兰格尔就在身边,其家庭跟最高的宫廷圈子有联系,他有足够的理由相信,他的期待会实现。

一个月不到,弗兰格尔富有预见地给父亲写了一封信,从前后情形看,他是第一次在信中提到陀思妥耶夫斯基。“命运将我跟一位心性与精神都很罕见的人安排在一起,”他说,“他就是年轻而不幸的作家陀思妥耶夫斯基。我非常感激他，他的话语、建议与思想将使我的一生变得坚强。”弗兰格尔说，他们准备一起翻译黑格尔和卡鲁斯，并继续写道：“他是一个非常虔诚的人，有病可意志刚强。”接着说到关键的问题：“亲爱的父亲，你知道是否会有大赦？许许多多的人在等待，在盼望，就像落水的人抓住稻草一样。我们 190
的皇上心地善良、仁慈，他难道不知道，宽宏大量是征服幸灾乐祸者的最好办法？”两周后，他给妹妹写信，要她问父亲有关大赦政治犯的事，并建议跟杜贝尔特或奥尔洛夫太子为陀思妥耶夫斯基说情：“这个杰出的人难道就在士兵的位置上枯萎吗？那太可怕了，我为他感到悲伤难受。我爱他如弟兄，敬他如父亲。”[14]

在写这些信件时，弗兰格尔跟陀思妥耶夫斯基一起住在小镇边的一个**乡村别墅**里，他们深情地叫它“哥萨克花园”①。夏季的塞米巴拉金斯克天气酷热，弗兰格尔决定在初春大草原花开草绿时逃走。他在丰草长林中的河边找到一所空房子，陀思妥耶夫斯基兵团夏季的营地就在附近，因此方便安排陀思妥耶夫斯基跟他同住。在弗兰格尔笔下，他们的生活仿佛田园诗一般，陀思妥耶夫斯基许多年都无法再次领略。弗兰格尔热心园艺，是个多面手，他要让当地人懂得，当地不知名的各种花果都可以种植，与此相关的工作也让“陀思妥耶夫斯基开心、投入，[他]不止一次地回忆起童年和家里的田庄”。[15]

弗兰格尔绘声绘色地描绘了作为园丁的陀思妥耶夫斯基，我们不禁要将这种不寻常的牧歌消遣抄上一段：“我依然记得费·米的生动形象，他认真地帮我给幼苗浇水，眉毛间沁着汗珠，他脱掉军外套，就穿一件玫瑰色的棉布马甲，因为洗涤已经褪色。他的脖子上总是悬着一根长长的表链，是细

① 这是拥有一座大花园的别墅，属于一富商，他是哥萨克人，故名“哥萨克花园”。

小的蓝玻璃珠做的,有地方特色,是谁送给他的;表链下挂着一只大大的、洋葱状的银表。他往往专注于这项工作,显然在这样的消遣中找到很大的满足。"[16]两个朋友还会骑马远游,到大草原上的吉尔吉斯营地,享受友好首领的热情款待(陀思妥耶夫斯基过去不会骑马,但现在掌握了诀窍),捕鱼,训练两条住在他们阳台下的蛇,它们定时来喝碗里的牛奶。当地的一些妇女经常来访,观赏他们的花园,并且为了证明她们非常欣赏,将花园的花儿掐摘一空,这让弗兰格尔非常生气。一天下午,她们几个又来了,但两条蛇突
191 然游了出来。那些女人大惊失色,这件不幸却注定的事件发生后,她们很长时间都不来花园。

陀思妥耶夫斯基跟乔坎·瓦利哈诺夫(俄国人这样叫他)交谊很好,后者是吉尔吉斯可汗家族的杰出后代,本人也是一个苏丹,他皮肤黝黑,非常英俊。陀思妥耶夫斯基因此对当地吉尔吉斯人的生活和习俗产生兴趣。瓦利哈诺夫是他的民族中第一个在西伯利亚学生兵团接受俄国高等教育的人,那时在俄国部队担任一名军官。他的地方知识使他很受军事当局的重视,但在提供敌对的边境部族信息的同时,瓦利哈诺夫还有着认真的科学兴趣。他绘制了中俄边境间的荒野地图,成为本民族第一个民族志学家,抄写他们的民间史诗、传说和民歌,奠定了我们今天拥有的吉尔吉斯文化知识的基础。陀思妥耶夫斯基给他的信迄今只有一封流传下来,书信充满了真挚的敬意(这种敬意是双向的)。陀思妥耶夫斯基催他尽一切努力去彼得堡继续研究,成为他的民族"与俄国的开明调解人"。[17]俄国东方学家很快认识到瓦利哈诺夫工作的价值,他也确实去过首都且最终到了欧洲。但彼得堡
192 的气候、无数探险的艰辛劳累破坏了他的健康,他一八六五年早逝——那时他对俄国统治彻底失望,因为他们的专制暴君始终虐待吉尔吉斯人民。

乔坎·瓦利哈诺夫

瓦利哈诺夫和陀思妥耶夫斯基

四

弗兰格尔的回忆录非常乏味，对陀思妥耶夫斯基的许多描写跟他俩日常生活的刻板记录混在一起。这些描写让我们得以看到别处很难看到的平凡的陀思妥耶夫斯基，也有助于提醒我们，他也跟任何凡夫俗子一样，并不是成天都纠缠于那些永恒真理。但在这些饾饤琐事中间，也有让人欣喜、富有启迪的信息，尽管不常见。这些细琐材料尚未有人加以捡拾，我们在这儿顺便梳理一下。

谈及陀思妥耶夫斯基与彼得拉舍夫斯基小组的牵连时，弗兰格尔说："他阴郁地拒绝谈论他的审判，我也不强迫他回答。我只知道，也听他说过，他不喜欢彼得拉舍夫斯基，对他的那些把戏没有任何同情……"[18]接下去仍是陀思妥耶夫斯基的看法，我们已经引用过，谈论的是当时俄国没有政治剧变的可能，想按照欧洲模式在俄国搞"宪法"是荒唐的。他作为昔日的斯佩什涅夫分子，赞成"剧变"；而法学家彼得拉舍夫斯基则渴望宪法和民主共和。但如今陀思妥耶夫斯基相信，他俩的希望都落空。关于他那些在彼得拉舍夫斯基小组的老同志，他最经常地说到的是杜罗夫、普列谢耶夫和格里戈里耶夫。

两个人的话题还较多地关注引人注目的时事新闻，他们怀着崇高的爱国热情与焦虑跟踪相关报道。每天下午在花园里干活之后，他们会坐在阳台上喝茶、吃饭，接着"费·米和我一边抽烟，一边读报，回忆彼得堡和那些跟我们密切相关的东西，谩骂欧洲。争夺塞瓦斯托波尔的战争还在继续，我们既悲伤又惊恐"。[19]差不多二十年后，陀思妥耶夫斯基在一封信中回忆了为塞瓦斯托波尔忧虑伤神的这个时刻。报纸上的一篇文章说起很久以前的这个时候俄国知识分子的情绪——非常准确——作为战败者,他们甚至多少希望盟军胜利,作为对不堪忍受的尼古拉一世暴政的打击,陀思妥耶夫斯基的信就是针对这篇文章的。

“不,我的自由主义没有走那么远。”陀思妥耶夫斯基怒气冲冲地说,“那时我还在劳役营[日期上的小错误],不会为盟军的成功幸灾乐祸。我的同
193 志,那些‘不幸的人’和士兵,跟我一样都认为自己是一个俄国人,渴望俄军胜利。尽管别林斯基等蜣螂们毫无价值的宣传让我还保留了几分强烈的、卑鄙的俄国自由主义思想,但我认为,说自己是俄国人,这并非不合常理。”[20]与俄国人民血肉相连、感情相系,在很大程度上缓解了他在劳役营整个生活里承受的孤独与敌视,这种认识深深地影响了陀思妥耶夫斯基以后思想的色调。

弗兰格尔提到,陀思妥耶夫斯基非常喜欢阅读果戈理和雨果;特别兴高采烈时,他喜欢背诵普希金,尤其是神采飞扬、血肉丰满的《克里奥佩特拉的宴会》(未完成的故事《埃及之夜》的一部分)。在普希金的杰作中,难以抗拒的埃及女皇激动起一场罗马狂欢,她愿意跟任何以牺牲性命为代价的人共度良宵。三个迷恋的情郎接受了致命的交易,但在约定执行前,诗歌中断。这时,陀思妥耶夫斯基本人热情洋溢,毫无疑问他特别响应诗歌的主题。我们不久就会看到,他也愿意走向自我牺牲的顶点——当然不是诗歌中的顶点——以证明并表达他的忠诚。

弗兰格尔在给父亲的信中说,陀思妥耶夫斯基“非常虔诚”,这可以视作这位年轻人所发起的一场运动的一部分,他要说服那位疑心的长辈,这个过去的政治犯应该得到宽恕,他在努力争取。他的回忆录也将陀思妥耶夫斯基描述为一个真正虔诚的人,虽然后者并没有正规的神父朋友。正如弗兰

格尔所说，陀思妥耶夫斯基的“宗教”似乎非常个人化，有着模糊的自然神论和泛神论色彩，但又是以基督为核心的。

夜晚，陀思妥耶夫斯基喜欢躺在草地上，“看着头上满天的星斗在深蓝色的夜空闪烁，这样的时刻让他觉得安慰。庄严造物主创造的景象，全知全能的神圣力量让我们的内心充满了温柔的情感，意识到自己的虚无，给我们的灵魂以慰藉。我很少跟陀思妥耶夫斯基讨论宗教。他非常虔诚，但很少去教堂，不喜欢神父，尤其是西伯利亚的神父。说起基督，他则心醉神迷”。[21] 显然，这里所记载的某些感受融进了阿辽沙·卡拉马佐夫形象的塑造，在生命走向精神危机时，阿辽沙也会举头凝望，夜空中闪耀的星星，“浩瀚深邃”；也会感到“大地的神秘跟星星的神秘是一回事”；也相信这时“像穹苍一样坚定、不可动摇的东西进入了他的灵魂”。（14∶328）

五

我们知道，转变阶段的陀思妥耶夫斯基对宗教产生了深刻的怀疑，这种 194
怀疑在癫痫发作时完全可能非常活跃。以前人们只是从神经病学的角度予以讨论，说它们通过将他的神经系统维持在非常敏感可塑的接受状态，从而调节其信仰的重生。不过，有足够的理由推测，它们也以更具体明确的方式作用于他。诚然，这是充满争议的问题，称职的神经病学家无法就陀思妥耶夫斯基的发病引发的问题达成一致。但可以获得的证据似乎很充分，它基于三种说法：他本人在《白痴》中对发作之初的描述——叫作“癫痫之先兆”；斯特拉霍夫的传记记载了目击证人对这种“先兆”效应的讲述；另一段文字来自索菲娅·科瓦列夫斯卡娅，她一八六〇年代中期认识陀思妥耶夫斯基，当时还是一个少女，他在向她的姐姐求爱。*

195 《白痴》中的那个著名场景是出自陀思妥耶夫斯基笔下惟一一段描写"先兆"的第一手资料，虽然名义上写的是他的人物梅什金公爵，但描绘明显是自传性的。陀思妥耶夫斯基告诉我们，在这些时刻，"他的精神和内心奔流着奇妙的光，所有的不安，所有的怀疑，所有的焦虑瞬间得到缓解；全都融化在崇高的平静中，充满了安详、和谐的喜悦与希望，知晓一切，还有事物的终极原因"。这些时刻透露了"一种完全、均衡、和解的感情，此时尚不明确，也不神圣，它狂热、忠诚地融合进生命最高的综合体之中"。同一段的稍后，我们知道梅什金"在那一秒钟真的跟自己说，为了他所感受到的无尽幸福，那一秒钟抵得上整个生命……那一刻我[梅什金在说]似乎懂得了那句不同寻常的话：'**不再有时日了**。'也许……就是那一秒钟，水还未及从穆罕默德的水罐流出，这位患癫痫的先知已经有时间打量真主的全部居所"。(8：188-189)

196 这些词语表达的是意识的狂热提升，在他清醒状态下的发作之初向他袭来(幸运的是，大多数是在清晨浅睡眠时发生的)。完全意识到它们时，他

---

* 当然，陀思妥耶夫斯基的癫痫有大量的医学文献。对普通读者来说，关于此事最出色全面的讨论是雅克·卡图的那部杰作《陀思妥耶夫斯基的文学创作》(巴黎，1978)，第五章(《疾病》)。卡图教授的著作是多年来陀思妥耶夫斯基研究中最重要的一个成果，它对第一手及第二手资料应用裕如，不仅涉及陀思妥耶夫斯基的癫痫病，还有其他许多问题，充满洞见和启发。遗憾的是，这样的基础性研究尚未译成英文。

就目前而言，我们只须知道，称职的现代专家将陀思妥耶夫斯基的癫痫病诊断为精神运动性颞叶癫痫的一种类型，其病因往往是大脑的局灶性病变。这种类型不同于原发性全身性癫痫，后者一般没有具体的原因。一九四〇年代，精神运动性颞叶癫痫病的说法得以确立，这拜大脑研究的进步所赐。从那时起，陀思妥耶夫斯基的症状，包括他对"迷狂先兆"的描述，都被认为是对这种诊断的确认。

(转下页)

就出窍进入类似某些神秘主义者所描述的状态，尽管他没有用任何明确的教义内容来描述自己的感觉。相反，它们是 R. C. 策纳所说的“自然的”神秘经验

但这个结论在一九七七年受到亨利·加斯托的质疑。加斯托是世界著名的癫痫病专家，对陀思妥耶夫斯基长期感兴趣。他过去是如今他反对的这种观点的坚定支持者。对资料的重新研究让他相信，陀思妥耶夫斯基患的是原发性全身性癫痫；在彻底研究了以前关于“先兆”的文献后，他发现，直到《白痴》出版前，所有关于“先兆”的医学描述都聚焦于其恐怖可怕的性质。“因此可以不冒任何错误风险地承认，十九世纪末，最杰出的癫痫病专家，收集了数千份的癫痫先兆并加以分类，但尚未读过陀思妥耶夫斯基的作品，他们完全了解害怕、恐惧、焦虑的感情先兆，却根本不知道存在着欣悦及延伸后的迷狂先兆。”

直到二十世纪初，陀思妥耶夫斯基的小说进入医学文献，那些例子才被认为是愉快的或欣悦的先兆（不过仍很少）。因此，加斯托最后得出结论，他和许多人都错误地接受了存在“迷狂先兆”的说法，那是以陀思妥耶夫斯基的证据为基础的，尽管证据始终存在疑问。他认为，接受这种说法的另一个理由是，“迷狂先兆”填补了“先兆”之经典分类的空白，前者是由著名神经病学家 J. 休林斯·杰克逊提出来的。加斯托认为，陀思妥耶夫斯基的描述是将“他的意识在几秒钟内的混乱改变（这时他从周围环境疏离）”转变成“几个短暂的时刻……他与整个世界的完美和谐”。换言之，陀思妥耶夫斯基的“迷狂先兆”是根据他的宗教观念虚构出来的，不是事件的客观数据。但加斯托又补充说，他“深信他所描述的体验的真实性”。但故事并没有结束。一九八一年夏，人们在索菲亚·安蒂波利斯（法国）聚会，纪念陀思妥耶夫斯基逝世一百周年。在那次会议上，本人听到加斯托在一篇尚未刊发的文章中说，他又推翻了自己的观点。重读陀思妥耶夫斯基的著作，他回到精神运动性颞叶癫痫的诊断看法。是否再次确立“迷狂先兆”的存在，我印象模糊。无论如何，这就是目前医学讨论的情况。

耶鲁大学医学院神经病学教授吉尔伯特·H. 格拉泽是美国著名的癫痫病专家，承蒙他阅读上面的说法，并就陀思妥耶夫斯基的情况谈了他的看法。在他看来，“就我对各种描述的阅读……［陀思妥耶夫斯基的］癫痫类似于精神运动性颞叶癫痫，而非其他”。格拉泽也相信：“那种先兆不是不兼容的。我亲自看过一些病人，还有其他一些读过其病历的人，他们是明确的精神运动性颞叶癫痫病，也有那种先兆。我不否认，它们也在全身性癫痫病中出现。但我们知道，有些病人可能以类似的某个先兆开始癫痫病的发作，接着表现出精神运动性颞叶癫痫病的征兆和症状，接着是浑身抽搐（也就是说，‘继发性全身性癫痫’）。”

至于加斯托在一种诊断与另一种诊断之间的游移，格拉泽医生指出——这一点要始终记住——“如果一个人没有跟病人打交道的**实际的**、**个人的**经验，就很难确定。”但他又总结说：“精神运动性颞叶癫痫病类型最‘吻合这个病例中所知道的事实’。”（所有引文都来自一九八二年七月二日本人跟格拉泽的通信，黑体字为信上所有）

要了解更多的情况，请参见上文提到的卡图的著作；T. 阿拉朱安，《陀思妥耶夫斯基的癫痫病》，《大脑》，第八十六期（1963），第 209–218 页；亨利·加斯托，《陀思妥耶夫斯基对癫痫病症状学及预后的偶然贡献》，罗杰·布劳顿译，《癫痫》，第十九期（1978），第 186–201 页；吉尔伯特·H. 格拉泽，《癫痫，神经心理的诸多方面》，《美国精神病学手册》（西尔瓦诺·阿里埃蒂编辑，第二版，纽约，1975），第四卷，第 314–355 页。

的一种，这时个人的自我被遗忘，融合到与宇宙的和谐之中。[22]对陀思妥耶夫斯基来说，这种融合时刻更鲜明，因为它是对时间的超越，或者说得更准确些，是时间感的消失，是知道存在着永恒后一种压倒一切的幸福感。一些神秘主义者进入这同样的迷狂状态时，会用它证明死的虚妄和灵魂的不朽；陀思妥耶夫斯基无意证明什么。主宰他的是在跟“生命最高的综合体”联合、和解后那无以言喻的狂喜，他跟时间与变化以外的领域相连——对陀思妥耶夫斯基来说，这种领域的真实性是无可辩驳的，他的真切感受就是证明。

斯特拉霍夫提供的其他材料对这幅图景没有实质性补充。他说到一次谈话，时间大致发生在一八六三年，复活节的前夜（在陀思妥耶夫斯基的生活中，纪念基督复活的这个圣日有着特别的象征作用）。两个人就某个没有提及的主题进行热烈交谈，陀思妥耶夫斯基在斯特拉霍夫的屋子里非常激动地来回踱着。“他［陀思妥耶夫斯基］的话充满了崇高和喜悦”，突然他中断了，好像在找词语，接着发出奇怪的、尖声的哀号，失去意识，倒了下去。“费奥多尔·米哈伊洛维奇，”斯特拉霍夫写道，“有好几次跟我说过危机之前的那种欣喜若狂的时刻：‘有一些片刻，我感到正常状态下不可思议的幸福，那些没有体验过的人是无法想象的。我跟自身、跟宇宙处于完美的和谐状态；这种感觉非常强烈、愉快，因此为了这短暂的幸福，人们愿意付出十年甚至一生的时光。’”[23]

但科瓦列夫斯卡娅提供了一份新材料，据说她根据陀思妥耶夫斯基的讲述记下了那个故事。又是复活节的前夜，但地点是在西伯利亚，陀思妥耶夫斯基从劳役营释放之后。陀思妥耶夫斯基的一个老朋友（关于他我们无从知晓）来访，两个人开始争论关于上帝的话题。那位朋友是一个无神论者，陀思妥耶夫斯基则是一个信徒，他们彻夜谈论关于人生的所有这些“该
197 死的问题”，而俄罗斯人喜欢这样做是出了名的。陀思妥耶夫斯基激情洋

溢，大声宣称他相信上帝是存在的，就在这时，“附近教堂的钟声响起，宣告复活节的晨祷。气氛开始活跃兴奋起来。‘我心底有一种感情，’陀思妥耶夫斯基继续说，‘天国已经降临人世，把我吞没。我真的理解上帝，感到他存在于我的周身。我于是喊道：是的，上帝存在。此后我什么也记不得了’”。这个故事结尾时，陀思妥耶夫斯基像穆罕默德一样断言，他看到了天堂，他不愿意用这个时刻跟尘世的各种快乐交换。[24]

如果我们对这个故事信以为真，尽管许多特点令其可疑*，那么它就说明，陀思妥耶夫斯基本人看到了他的宗教信仰与他的神秘经验之间的某种联系。但重要的是，这种经验只是有助于确认他对上帝的信仰而不是激发这种信仰。也没有像较传统的神秘主义那样的任何高潮式的上帝景象，而是与“生命最高的综合体”的融合，我们已经熟知的天与地的统一。是的，他如今用传统的名称“天堂”来指称迷狂时刻，其标志是时间的消失。但提到穆罕默德，这显然说明，它与陀思妥耶夫斯基本人的基督教有着特别的联系。因此，他的神秘主义其特征不是有神论的，而是策纳所谓“panenhenistic”，是对一切的直觉，大多数自然神秘主义的典型特征。[25]从这个角度看，陀思妥耶夫斯基在满天星斗下的幻想，它们给他的安慰，可以视为抓住他的“癫痫之先兆”带给他的某种情感上的神灵启示的努力。

但是，陀思妥耶夫斯基的神秘主义有一个特征，使得它具有悲剧而非较传统的崇高特点——所谓“崇高”，是指人的精神胜利地断言，它能够超越时间与衰朽的局限。他的癫痫发作是不自觉的，没有这样的断言，并且始终伴

---

* 卡图将科瓦列夫斯卡娅的讲述跟斯特拉霍夫的故事排印在一起，指出其语言上可疑的雷同之处。斯特拉霍夫的说法出现在一八八三年，科瓦列夫斯卡娅则在一八八七年开始写作她的《回忆录》。当然，陀思妥耶夫斯基在讲这两个故事时可能用了许多相同的表述，但直接影响的可能性不能排除。参见雅克·卡图，《陀思妥耶夫斯基的文学创作》，第156–157页。

随恐惧,担心发作所导致的身体抽搐将他抛入肉身的衰败或死亡。这些恐惧也体现在对梅什金公爵的描绘中,他思考着自己的疾病及其矛盾的后果。“等到他完全恢复,再次想到那个时刻[幻想中的超越时刻]时,他常常跟自己说,所有这些光,‘生命最高感觉’和自我意识的闪光,故而存在的全部最
198 高形式,都不过是疾病,是常态的破坏;如果是这样,那就根本不是什么存在的最高形式,而是相反,应该算作最低下的东西。”

但梅什金——也许是陀思妥耶夫斯基——得出“悖论式的结论”,这些“瞬间”的病根不会削弱其至高的价值,“毫无疑问那一秒钟抵得上整个生命”。但疑问始终存在。“他[梅什金公爵]并不坚持他观点的辩证部分。作为这些‘更高时刻’的结果,神智昏迷、精神黑暗、痴呆状态都明白无误地摆在他的面前;他当然不会硬要跟人们争辩的。在他的结论里,也就是他对那个瞬间的估价中,无疑有个错误,但感觉的现实性有时让他困惑。他能拿那个现实性怎么办呢?”(8: 188-189)由于缺少其他文献,我们可以将它视为陀思妥耶夫斯基的困惑与疑虑的表达,这使得他始终没有像其他神秘主义者那样,用这些稍纵即逝的启示来解决自己的宗教质疑,获得某种内在的平静。但他也无法接受这样一个世界,轻易就否定或否认这些绝对之光的真实性,无论它们多么危险、不可靠。[26]

六

“哥萨克花园”的生活舒适悠闲,但它当然不会妨碍陀思妥耶夫斯基继续追求他最重要的目标——重建文学的名誉与声望。一系列的计划在按部

就班地进行，尽管弗兰格尔提供的信息少得可怜。我们知道，这时有一些草稿，比如《死屋手记》，还有后来成为陀思妥耶夫斯基讽刺性小说的两个作品，《舅舅的梦》，《斯捷潘奇科沃村及其居民》（英语世界更熟悉的名字叫《家庭的朋友》）。弗兰格尔记得，陀思妥耶夫斯基跟他谈过两部中篇的第一部，“他情绪欢快，很有感染力，他狂笑着叙述了他‘舅舅’的历险，哼着一部歌剧的片断……”[27]陀思妥耶夫斯基的轻松愉快可能源于他与玛丽娅·德米特里耶夫娜的关系，他尽可能经常去看她，据弗兰格尔说，每次回家他都“心花怒放，迷醉之情难以言表，若是我不插话，他就觉得奇怪”。[28]但所有这些计划都没有在一八五五年春夏完成（哪怕近乎完成）；陀思妥耶夫斯基完成而非草稿的惟一一个作品是又一首颂诗，《一八五五年七月一日》，标题是前皇后的生日，她是刚去世的尼古拉一世的妻子。

与第一首相比，陀思妥耶夫斯基第二首诗的好战情绪明显减少，关于克里 199
米亚战争也是一笔带过。“上帝会在他们和我们之间决断！”（2：408）这是关于那场鏖战的惟一暗示（也很简略）。相反，陀思妥耶夫斯基尽心努力安慰悲伤丧偶的皇后，要她不要沉溺于绝望，要从亡夫的伟大行为和业绩中寻求安慰；这一切将继续存在于所有俄罗斯人心中，存在于全国那些纪念沙皇荣光的纪念碑上。前一首诗所缺乏的个人色调现在出现了，陀思妥耶夫斯基为自己的大胆道歉，他竟敢跟如此高贵的人说话，甚至宣称要安慰她的痛苦：

宽恕，宽恕我，宽恕我的希望；
宽恕我竟敢对你说话。
宽恕我竟敢怀揣无谓的梦想
想安慰你的悲伤，缓解你的痛苦。
宽恕我，一个悲哀的放逐者，竟敢

在这神圣的墓穴边高声。
但上帝啊，我们永恒的审判者！
你在疑虑不安的时候给我们宣判。
我真心地发现，眼泪是——赎罪，
我再次成为一个俄罗斯人，再次成为一个人！［2：407］

如果我们认真对待最后几行诗句，它们就可以表明，陀思妥耶夫斯基如今开始将他的被捕和定罪视为上帝的天命，让他流下赎罪的泪水，重新回到俄罗斯人中间，给他作为一个人的自尊。

注释

［1］弗兰格尔，《回忆费·米·陀思妥耶夫斯基在西伯利亚》，第8页。

［2］同上，第13页。

［3］同上，第12页。

［4］同上，第76页。

［5］同上，第12页。

［6］同上，第17页。

［7］同上，第18页。

［8］陀思妥耶夫斯基，《书信集》，第二卷，第538页，一八五六年一月十三日。

［9］弗兰格尔，《回忆费·米·陀思妥耶夫斯基在西伯利亚》，第25页。

［10］同上，第39页。

［11］陀思妥耶夫斯基，《书信集》，第一卷，第168页，一八五六年三月二十三日。

［12］同上，第170页。

［13］弗兰格尔，《回忆费·米·陀思妥耶夫斯基在西伯利亚》，第39页。

［14］同上，第34–35页。

［15］同上，第43页。

［16］同上，第44页。

［17］陀思妥耶夫斯基，《书信集》，第一卷，第201页，一八五六年十二月十四日。

［18］弗兰格尔，《回忆费·米·陀思妥耶夫斯基在西伯利亚》，第35页。

［19］同上，第45页。

［20］陀思妥耶夫斯基，《书信集》，第二卷，第291页，一八七〇年十月九/二十一日。

［21］弗兰格尔，《回忆费·米·陀思妥耶夫斯基在西伯利亚》，第52页。

［22］R. C. 策纳，《神秘主义：神圣与世俗》（纽约，1975），第30–49页。

［23］斯特拉霍夫，《传记》，第214页。

［24］多利宁编，《同时代人回忆Ф. M. 陀思妥耶夫斯基》，第一卷，第347页。

［25］策纳，《神秘主义：神圣与世俗》，第28–29页。

［26］就我阅读所及，很少有人注意到陀思妥耶夫斯基发作的这一点。但法国神经病学家阿拉朱安敏感地将陀思妥耶夫斯基的癫痫病发作与圣十字约翰的迷狂相对照。参见泰奥菲尔·阿拉朱安，《文学与癫痫病，赫尔内手册》，见于《陀思妥耶夫斯基》，第二十四期（雅克·卡图编辑，巴黎，1972），第309–324页。

［27］弗兰格尔，《回忆费·米·陀思妥耶夫斯基在西伯利亚》，第30–31页。

［28］同上，第46–47页。

第十五章 “穿女装的骑士”

一

200 陀思妥耶夫斯基在“哥萨克花园”度过的最初几个月田园诗般的宁静生活只是短暂的休息，随后他再次被抛入感情洪流的漩涡中。他与玛丽娅·德米特里耶夫娜的浪漫外遇这时一定已经像花一样一瓣一瓣地打开。这种感情越来越让他沉湎痴迷，他要完全拥有她，这种愿望驱除了他脑中的其他全部想法和内心的其他全部情感。与此同时，复原的努力也在继续，很快就成了解开他浪漫困境的钥匙。

二

令大家大为吃惊的是，亚历山大·伊萨耶夫真的成功找到了另一个职位——在库兹涅茨克小城，西伯利亚荒野深处一个寒碜的回水区。这个消息给了陀思妥耶夫斯基重重一击，让他苦心经营的相对满意的脆弱世界瞬间瓦解。最令他沮丧的是，玛丽娅有着女性的务实，她没有多加反抗就接受了离开的想法。“你看，她同意了，”他痛苦地跟弗兰格尔说，“她不反对，这才令人震惊。”[1]这些话当然表明，陀思妥耶夫斯基有足够的理由相信，玛丽娅也许真的选择要跟**他**在一起。

伊萨耶夫夫妇一贫如洗，旅行和搬家的开销他们根本负担不起；贫困的陀思妥耶夫斯基跟乐于助人的弗兰格尔借了点钱，又帮他们把需要的拾掇在一起。五月一个温柔的夜晚，月色如水，伊萨耶夫一家在“哥萨克花园”稍作逗留，作最后的到访。按照俄国风俗，弗兰格尔和陀思妥耶夫斯基陪他们走过最初一程。弗兰格尔用香槟将心甘情愿的伊萨耶夫灌得烂醉如泥，然后把他扔到另外一辆马车里，以便两个恋人分手前能单独相处。说再见的时候到了，陀思妥耶夫斯基和玛丽娅搂在一起，抹着眼泪，那位昏昏沉沉的
一家之长则被放回敞篷的俄式马车（тарантас），伊萨耶夫一家只能靠它出 201
行。“马儿跑了起来，车子开始移动，浮尘从地面扬起，车子、旅客已经远逝，铃铛声渐行渐弱……陀思妥耶夫斯基仍站在那儿，像栽在地里一样，他低头沉默，泪水从面颊滑落。我走过去，拉他的手——他仿佛从沉睡中醒来，一声不吭地爬进马车。黎明时分我们回到家。”[2]

塞米巴拉金斯克与库兹涅茨克之间跟着就飞鸿不断,差不多一周一封。拜一方书信所赐(很遗憾的是,只有一方的书信保存了下来),我们才获得陀思妥耶夫斯基感情的第一手印象,还有他对伟大初恋的恭维。玛丽娅在他的生命中有着非常重要的意义,他的文字使这一点变得完全可以理解。因为他说,如果没有她,他会觉得跟一八四九年一样凄惶,那时,被捕和监禁剥夺了他所亲近的一切。“我从没有把我们的相遇等闲视之,”他写道,“如今,失去了你,我明白了许多。我过了五年与世隔绝的生活,形单影只,没有一个人(完全意义上的)可以倾诉内心……一个女人向我伸出手,这一简单的事实在我生命中构成一个崭新时代。某些时候,即使是最优秀的男人,如果可以说,也不过是一个笨蛋。女人的心地,女人的同情,女人的关怀,我们想不到的无穷的善良,甚至由于愚蠢常常未能留意的那种善良,是无可替代的。我在你身上发现了这一切……”[3]

显然,他们的关系也经历风雨,暴风骤雨的过去对未来根本不是好兆头。但陀思妥耶夫斯基愿意承担大部分责任(“首先,我是一头忘恩负义的畜生”),认为玛丽娅的情绪爆发是高贵的天性“受到侵犯,可恶的社交界不珍惜您,不理解您;您性格如此刚烈,面对不公,不可能不反抗;这是真诚高贵的品格。这是您性格的基础,但生活和麻烦当然在您那里也夸大了,让您倍加恼怒;可是,上帝啊!所有这些都连本带利地补偿了,超过百倍”。[4]陀思妥耶夫斯基始终以奉承的态度对待玛丽娅,认为她激烈的愤慨和脾气的爆发都是对生活不公所表达的高贵愤怒。终有一天,他会在《罪与罚》那个愤怒的悲剧性人物卡捷琳娜·马尔美拉多娃身上将她性格的这个方面永恒。

陀思妥耶夫斯基与玛丽娅的分手标志着一段焦虑、磨人的关系的开始,
202 这种关系起初似乎根本没有满意的结果。每周一封的书信,讲述的都是爱

玛丽娅·德米特里耶夫娜·伊萨耶娃

人生病，生活孤独乏味，照应酗酒的丈夫让她不堪（他的健康如今糟糕透顶），虽然一怀愁绪，还是想让帕沙体面地成长——所有这一切都让陀思妥耶夫斯基绝望愤怒。信中经常提到富有同情心的年轻教师，这也不能缓解他的焦虑。这位教师是亚历山大·伊万诺维奇的朋友，他显然开始在她生活中扮演过去陀思妥耶夫斯基扮演的角色。“每封信里，”弗兰格尔写道，“关于他的说法变得越来越热情，说他善良、忠诚、灵魂高贵。陀思妥耶夫斯基嫉妒得心烦意乱，他那忧郁的精神状态影响了他的健康，真让人怜悯。”[5]

真的，他的情绪十分低落，弗兰格尔忧心忡忡，他决定在两地中间的一个小城安排一次见面。他求得他俩朋友的帮助，一个流亡的波兰军医，名叫拉莫特，他放出消息说，陀思妥耶夫斯基受到一次发作余波的影响，在弗兰格尔家疗养。这种谨慎是必要的，因为陀思妥耶夫斯基没有官方的出行许可。两个朋友颠簸一路抵达后，却没有见到玛丽娅，只读到一封信，说她不能赴约，因为她丈夫的情况恶化，此外她也缺乏足够的资金成行。

三

203 一两个月后，一八五五年八月，亚历山大·伊万诺维奇断了气，留下玛丽娅一个人，痛苦又身无分文，在库兹涅茨克的泥潭里勉力挣扎。接到这个消息后，陀思妥耶夫斯基发狂地立即写信给正在出公差的弗兰格尔，要他尽可能给那位穷困的妇女寄钱。他描绘了一幅令人心碎的景象，说她被迫接受施舍会多么委屈，并跟弗兰格尔说，如果他真能提供帮助，务必要巧妙小心；感激的义务只能让她对任何不恰当的疏忽语气更加敏感。没有人比创作了《穷人》中的马卡尔·杰武什金的他更懂得一个有教养的敏感心灵的痛苦,他们因贫困和低下的社会地位而感到羞辱。

亚历山大·伊万诺维奇去世后,陀思妥耶夫斯基最终可能合法公开地拥有他心爱的太太;但如果他仍是一个低等列兵,求婚便是奢望。同时,他当然也到处想办法托关系,以便得到提升。一次正式宴会上,弗兰格尔请加斯福特省长将陀思妥耶夫斯基的第二首诗呈送孀居的皇后;它最终到了她面前,尽管此事究竟是如何促成的,还无法确定。有无可争辩的证据证明,诗歌是由加斯福特上呈的;但弗兰格尔讲了一个更为生动的故事。钢琴大师阿道夫·亨泽尔特给弗兰格尔家的所有孩子上音乐课,同时又跟悲伤的皇后那些热爱音乐的扈从是至交,据说是他从中斡旋,让那位读者注意到陀思妥耶夫斯基为她而写的那些诗句。[6]

结果,陀思妥耶夫斯基在一八五五年十一月被提到 unter-ofitser(унтер-офицер,无委任状的等级),未来还可希望更重要的奖掖。一个月后,弗兰格尔离开塞米巴拉金斯克,回彼得堡探亲(他想重返西伯利亚,但始终未能成功)。在首都,他一心为陀思妥耶夫斯基的事奔走。差不多在这个时候,陀思妥耶夫斯基给米哈伊尔写了一封信,恳求给他一百卢布偿债(主要是因伊萨耶夫家所致),自己也能将衣衫褴褛的行头换一换。另一封是弗兰格尔捎回的,陀思妥耶夫斯基对自己的处境作了详细交代,首先请哥哥原谅自己过于自我专注。但他解释说,有“两种情形迫使我逃避约束性环境,进而狂热地关心自己……我希望写作和刊印。我比从前更懂得,我走这条路[入狱和
流放]并非徒劳,我自己背负巨大的野心并非徒劳。我相信我有才能,能写 204
出好东西”。

第二个理由,陀思妥耶夫斯基继续道,是他想结婚;因为这是首次跟家人说起他迟来的浪漫故事,他就对背景情况讲了许多,我们都已经知道。在

他笔下，玛丽娅“迷人，很有教养，非常聪明，善良美好，和蔼，有一颗优秀、大度的心”。生活的艰辛压得她“疾病缠身，精神紧张，急躁易怒”，但陀思妥耶夫斯基相信“她的根本性格是开心顽皮的”。无论如何，“只要我的处境向好的、积极的方向改变哪怕一点点，我就娶她，我知道她不会拒绝的”。最后他哀怨地承认：“自从她五月份离开后，我就生活在地狱之中。”[7]

这个焦急的情人内心最大的期盼当然是弗兰格尔在彼得堡出现，这样他可以在那里亲自为陀思妥耶夫斯基说项。但若果真如此，他的事情进展之缓慢就令人发疯，很长时间里，弗兰格尔没有报告任何鼓舞性的消息。“我知道，”他写道，“赦免宣言会在加冕礼上发布，但究竟如何赦免彼得拉舍夫斯基小组成员，当然无人能料；就连杜贝尔特……也蒙在鼓里。一无所知令陀思妥耶夫斯基十分沮丧，他不是一天一天地，而是一时一刻地在失去耐心。不知怎的，他全然不懂，我这样一个无足轻重的西伯利亚官员，乳臭未干，根本无法一蹴而就地帮他；我许多身居高位的亲戚其实最终也无力推动他的事。”[8]因此，从弗兰格尔涉足彼得堡的那一天，到给陀思妥耶夫斯基某种希望的第一封信，中间拖了很久。在沉闷枯燥的流放地，陀思妥耶夫斯基焦躁不安地等待着决定他未来的消息。

四

如果陀思妥耶夫斯基能跟玛丽娅保持安稳无虞的关系，那么他表现得烦躁难耐，也就完全能够理解，但事情远非如此。因为正如陀思妥耶夫斯基写信告诉弗兰格尔的，她“忧郁，失望，不断生病，渐渐地，就对我的希望和我们命运的成功安排失去信心”。她是一个年轻的寡妇，漂亮但身无分文，又带着一个孩子，就不可避免地有其他人向她求婚。她信中的口吻让陀思妥耶夫斯基相信，她在隐瞒一些事，他又听到谣传，她答应了另一个求婚人。心烦意乱的陀思妥耶夫斯基坐下来，写信倾诉自己的痛苦，却被她寄来的一封信打断；如他告诉弗兰格尔的，信里根本不提“我们未来希望的任何事，仿佛那种想法已彻底抛诸脑后”。最后是他一直以来担心的那个问 205
题：如果一个男人向她求婚，“他正当年，有职业，未来有保证……”，她该怎么办？

这封长信如猫爪抓心，还要恳请兄弟般的建议，陀思妥耶夫斯基的反应可想而知，那种噬心之痛相当强烈，他的小说主人公因此常常陷身这种剪不断、理还乱的爱情困境。“我仿佛遭到闪电的袭击，踉踉跄跄，虚弱无力，彻夜哭泣……我整个一生都从未遭受这么多……我心如死灰，夜里做梦，尖叫，喉头的痉挛让我窒息，泪水有时顽固地拒绝流淌，有时又汹涌奔流。”我们能够理解陀思妥耶夫斯基为什么要呐喊：“哎！上帝啊，让世人免遭这可怕骇人的感情吧！爱的快乐如此伟大，但痛苦又如此怕人，还是永远不相爱的好。”

但最糟糕的，是他因痛苦的暧昧处境而陷入的道德冲突。他真的有权利阻止她安排合理的婚事，而自己的前程却如此飘摇不定？他的书信明确无疑地表明，他很纠结，他怕自己的行为自私自利、自我中心，长远地看会伤害爱人的利益。但想到像玛丽娅这样一个女人，“生病，紧张不安，心地如此纯良，有教养，聪明”，却要一生埋没在库兹涅茨克，跟一个“也许认为婚姻生活中打老婆是天经地义”的丈夫生活在一起——这会让他发疯！他不寒而栗地觉得，他在经受他第一部小说的那个悲伤的结局，玛丽娅陷身于“我《穷人》中女主人公的境地，后者嫁给了[残忍的]贝科夫(我多么有预见性!)”。

此外，他肯定她是真的爱他，只是生计所迫才考虑另一个。“Mais elle m'aime, elle m'aime①，我知道，我看得出——从她的悲伤，她的痛苦，她的忧郁，她信中不断的爆发，还有其他许多我不想写的东西。”[9]

为了抚慰良心，支撑希望，陀思妥耶夫斯基请玛丽娅直到一八五六年九月再做明确决定，那时过了规定的服丧期，她可以自由结婚。如果那时他的未来仍不确定，他可能会同意——尽管这个决定会要他的命——有必要通过稳固有利的婚姻来保证她的未来。与此同时，他差不多歇斯底里地催迫弗兰格尔，在彼得堡要加倍努力，争取将他调到文职部门，或提拔到有委任状的等级。最重要的，他需要允许发表（陀思妥耶夫斯基说，他九月将完成一部“小说”和一篇文章）。

他还违反军规给弗兰格尔寄去一封给 E. И. 托特列边的私信，后者前文
206 已经提及，他因在保卫塞瓦斯托波尔时设计了出色的防御工事而成为民族英雄。弗兰格尔替陀思妥耶夫斯基拜访过他，但陀思妥耶夫斯基想，作为最后一招，还是直接请求这位如日中天的人，利用他巨大的声望加快有利的决定。写信专门求君主开恩，效果要恰到好处，就须谨慎措辞，这样的信似乎不可能会披露写信人的真正内心。但这封给托特列边的信却出人意料地饶有意味。也许，悲凉的处境迫使陀思妥耶夫斯基最终以简洁优雅的文笔道出几分他在劳役营沉思的结论，这是我们在其他地方求之不得的。不管出于什么理由，他在几段文字中似乎第一次敞开心扉，我们因此得以一瞥迄今三缄其口的心思。

“我有罪，”在简要描述了被捕、受审、定罪的事实后，他向托特列边坦承，“我完全承认。我被判定为有反对政府的企图（但只是这一点）；我受到

① 法语：但她爱我，她爱我。

法律公正的惩处；长期磨人、残忍的苦难使我清醒，我的想法许多方面都变了。不过当时——当时我瞎了，居然相信理论和乌托邦……”随后，陀思妥耶夫斯基首次将早年对“理论和乌托邦”的信仰归咎于神经疾病，从一八四六年春开始，他就受这种病的折磨，直到两年后被捕时都有这样的病。“过去，我病了两整年，一种奇怪的精神疾病。我有忧郁症，有时我甚至会失去理智。我特别急躁易怒，敏感到病态的程度，能够歪曲最普通的事实，给它们另外一副样子。尽管这种疾病对我的命运发生了很大、很坏的影响，但我觉得它是非常可怜甚至可耻的理由。是的，我那时甚至都不能很好地认识到这一点。”[10]

陀思妥耶夫斯基后来对取材于俄国知识分子的文学类型进行刻画时，经常会生动描绘精神疾病与思想迷醉之间的关联，其源头就在这些文字中。当然，他过去也经常描写精神疾病，人们甚至将这些精神错乱的形象视为他这位作家（非常不健康）的特产。但如果说他一八四〇年代的人物精神崩溃发病，是因为他们缺乏内在的刚毅，去支撑他们反抗压倒一切的社会环境的斗争，但现在精神疾病有了新的意义，它跟特殊的观念幻想联系在一起，既是原因又是症状，并对那些易受危险诱惑的人物命运发生了“很大、很坏的影响”。

五

当陀思妥耶夫斯基的文件档案在俄国官僚机构那拜占庭式的迷宫里七 207
拐八绕时，为塞米巴拉金斯克和库兹涅茨克的距离睽隔的两个恋人的事也每况愈下。陀思妥耶夫斯基给哥哥和弗兰格尔的那些连篇累牍的疯狂书信让我们知道这种磨人关系的发展,或者更像是摇摇欲坠。对米哈伊尔,陀思妥耶夫斯基努力为自己决定结婚辩护——他很清楚,在家人看来这个决定是疯话,因为他的处境不稳定——并求他帮助告诉玛丽娅,如果她成为他的妻子,这个家庭会热烈欢迎的。他跟弗兰格尔则更加坦率地说起他感情纠葛的艰难、复杂。

那个"相当年纪、地位稳定的男人"的幽灵消失了,因为这个优秀的绅士似乎是杜撰出来的,只是为了检验陀思妥耶夫斯基的感情;玛丽娅害怕被抛弃,她想试探一下追求者的忠诚。"根据真实发生的某件事,"陀思妥耶夫斯基解释说,"她写信给我:'如果有人向她求婚,她该怎么回答?'如果我无动于衷地回复,她就会有证据说我真的忘记了她。接到那封信后,我回了一封非常可怕绝望的信,搅得她心烦意乱,接着又追了一封。最后那几天她病了,我的信真的让她彻底垮了。但我的绝望似乎让她感到甜蜜,尽管她因我而痛苦。"对他心爱的人来说,这无疑是施虐行为,但他为自己找借口,他归因于她受伤的自尊心,觉得自己被弃之不顾。"我理解她:她心地高傲。"他言之凿凿地跟弗兰格尔说。[11]

尽管这样的解释给人安慰,陀思妥耶夫斯基对未来仍忧心忡忡,绝不可能从容面对可能的对手。"我嫉妒她信中提到的任何一个名字。"他承认。他计划让玛丽娅搬到巴尔瑙尔,那是阿尔泰矿区的中心,陀思妥耶夫斯基有望在那里得到安排。但现在这个计划成了问题,因为"她怕去巴尔瑙尔,怕那里不愿接受她,又把她当乞丐轻看了她"。实际上,玛丽娅在等父亲的回音,是否希望她回到阿斯特拉罕;她建议他写信给父亲,向她求婚,但不要提到有关他的地位处境等有失身份的事。"对我来说,"他跟弗兰格尔坦白,"这一切都是折磨、受罪。"[12]对陀思妥耶夫斯基来说,比他知道的更折磨他的事还在后头,尽管他已经怀疑某些东西,他执拗地将它们抛诸脑后。

弗兰格尔对宽宏大量的托特列边将军的造访,陀思妥耶夫斯基那封措 208
辞巧妙的书信,最终为他的婚事克服了第一个障碍。这位大权在握、颇具影响的英雄答应过问陀思妥耶夫斯基的事,要求军务部把他提拔为少尉,或者放他去文职部门最低等的职位。无论哪种情况,陀思妥耶夫斯基还被给予出版文学作品的权利,同时受正常法律的约束。这是迄今他能从彼得堡获得的第一个肯定的消息,这激起了陀思妥耶夫斯基一八五六年五月二十三日欣喜若狂的回复。一切都还没有明确决定,但正如陀思妥耶夫斯基所写的:“如果我的理解正确,事情步入了正轨。”[13]对所有那些帮助他获得内心渴望的东西的人,他自然充满感激,首先是弗兰格尔,其次是最重要的托特列边,对阿道夫·亨泽尔特,他也是赞美有加,感激不尽。

还值得注意的是,弗兰格尔跟他说了新君主的情况,陀思妥耶夫斯基的反应也非常热情。早在一个月前,他就声称:“您说人人都热爱沙皇……至于我,我崇拜他。”[14]接到好消息后,陀思妥耶夫斯基再次老调重弹:“上帝赐福宽大为怀的圣上!啊,每个人都说,大家都热情地爱戴他,这都是真的!这让我多么幸福!**更多信心,更加团结,如果还有爱——那就无事不成!**”(黑体字为引者所加)[15]最后一句话差不多可以作为政治理想声明,从此以后,陀思妥耶夫斯基将生死以之——这种理想是将俄罗斯重新召集在信心与团结之下,还有爱的支撑,拥护亚历山大二世的统治。尽管这种理想当然是出于个人的感恩戴德,但考虑到这些书信的日期(一八五六年四月、五月),陀思妥耶夫斯基的话无疑也针对那些更不寻常的事件。因为在一八五六年三月,在跟莫斯科贵族讲话时,亚历山大二世发表了著名的宣言:“自上废除农奴制比等着最终自下开始废除要好。”[16]陀思妥耶夫斯基之成为革命者,就是要废除农奴制,就是因为所有的希望在落空,用普希金的话说,“沙皇亲手”扼杀了那些希望。但如今,普希金只能梦想的光辉日子已经破晓,陀思妥耶夫斯基余生赤诚拥戴的沙皇就是解放者沙皇,他最终决定,要从俄罗斯良心上彻底根除这一无法忍受的道德枯萎病。

六

尽管陀思妥耶夫斯基接到了国家的、个人的好消息,但他的精神状态很快又回到无可改变的忧郁之中;最初的快乐一经宣泄,他那倒霉的爱情纠葛
209 又不祥地现诸笔端。“我的韵事变得太糟了,”他私下跟弗兰格尔说,“我几乎绝望了。”玛丽娅如今断然拒绝去巴尔瑙尔;更糟的是,虽然她的信件有“温柔的片断”,但也暗示“她无法让我幸福,我们俩太不幸,我们最好……”(此处有两页被陀思妥耶夫斯基的第二任妻子报复地从书信手稿中撕掉了。)当书信内容接上时,我们发现,陀思妥耶夫斯基决定亲自去一趟库兹涅茨克,把事情弄清楚。“只要我能见到**她**,我准备坐牢。我的境况非常危急。我们必须谈一谈,把所有的事一下子决断。”[17]

一到现场,陀思妥耶夫斯基怕被取代的疑虑就得到充分的证实。“哎,现在我能够用全部力量去盼望,”针对弗兰格尔鼓励性的话,陀思妥耶夫斯基痛苦地写道,“可是……太迟了。我的好朋友,我去过那儿,见到了她……多么高贵的人,多么圣洁的灵魂啊！她哭着,亲吻着我的手,可是她爱另一个人。”[18]那个人是年轻的学校校长,叫尼古拉·韦尔古诺夫,伊萨耶夫一家抵达后,他跟他们做了朋友,随着时间的流逝,他跟玛丽娅的关系日益亲密。陀思妥耶夫斯基很清楚,他的前景进展缓慢,玛丽娅无疑失去了耐心。也许

她对他的前景完全失去了信心，最近的来信她一直试图摆脱那种前途渺茫的关系。年轻的校长就在身边，即使收入可怜，可也胜过更加拮据的作家，何况他名利双收的辉煌也许永远都不会实现。陀思妥耶夫斯基也许有足够的理由认为这是背叛，但他一句责怪的话也不说；那么对一个一百多年后的旁观者来说，又有什么理由去说三道四呢？

陀思妥耶夫斯基在库兹涅茨克待了两天，三个人之间发生的事堪比一部三卷本小说那些暴风骤雨的场面，几年后陀思妥耶夫斯基改变顺序写进了《被侮辱与被损害的》。诚然，他在那里对自己（或他虚构的主人公，一个年轻作家，《穷人》的作者）的描绘是，面对爱人的移情别恋，他无助地退缩了。但在现实生活中，他扮演了截然不同的角色。他根本不愿意不战就放弃战场，他最好的武器证明是他作为一个小说家的想象力。他调动了他全部的艺术才智，描绘了未来会出现的种种可怕的问题，因为玛丽娅和她年轻的恋人（才二十四岁）无论年龄还是性格都不相融。即使在跟弗兰格尔复述
这些事情时，陀思妥耶夫斯基仍激动不安，他的笔迹勉强才能认出，有些段 210
落很难破译，但上下文使得他的意思足够清楚。

“两个性格如此不同的人，有着不同的生活观念，不同的需求，怎么能一起生活？”他跟玛丽娅说，现在又说给弗兰格尔听。“而且[此处中断]几年后，她仍然[此处中断]，他不会巴望她死？……我预料将来必定有冲突，谁知道这种冲突会持续多久？”“他会不会有一天责怪她，说她指望他的青春，只是用他来满足自己的肉欲？”“哎，她啊，她啊！就是一个纯洁美丽的天使，也许不得不听到这些话！”当面交流时，所有这些焦虑的警告自然不会一股脑儿地倒出来。陀思妥耶夫斯基比较含蓄，不露声色，仅仅把他危险的想象作为猜测描绘出来，同时又认为，韦尔古诺夫不会那样做。“我什么都没有说服她，”他估计，“但我表示了疑虑；她哭了，心乱如麻。”[19]

这时情节发生了突转，这让我们想起陀思妥耶夫斯基小说中那些突然性的高潮时刻，相互的敌视瞬间转为爱恋。“我怜惜她，然后她彻底回到我身边——她怜惜我！你要懂得她是怎样一个天使多好，我的朋友！你永远不会懂她；她任何时候都是那么独到，明白事理，聪明但又矛盾，无限美好，高贵（一个穿女装的骑士），她有一颗骑士的心，她将是她自己的祸根。她不懂得自己，可我懂她！”陀思妥耶夫斯基还见到了韦尔古诺夫，他失魂落魄，在陀思妥耶夫斯基面前流泪。“我见了他，他哭了，就只知道哭。”他说，语气有些轻蔑。[20]在玛丽娅的建议下，陀思妥耶夫斯基给韦尔古诺夫写了封信，罗列了他反对两个人结合的所有重要理由。

在格兰纳达主教的催逼下，吉尔·布拉斯告诉了有关他布道的可怕真相，布拉斯由此失去了主教给他的厚禄。陀思妥耶夫斯基发现自己陷入了跟布拉斯一样的境地（这样的文学比较是自出机杼），这让人忍俊不禁。陀思妥耶夫斯基因为他的坦率受到了同样的回报：那两个人都对他怒气冲冲。不过玛丽娅像一只风向标一样不停地旋转，陀思妥耶夫斯基离开前她对他说：“不要哭泣，不要悲伤，一切都没有决定；你，我，没有别人！”“她就是这样说的，”他确定地告诉弗兰格尔，“我不知道那两天我是如何过的。那是狂喜和无法忍受的磨折！第二天结束时，我**满怀希望地**离开了。”[21]

同时，陀思妥耶夫斯基继续争取让帕沙·伊萨耶夫获准进入西伯利亚学生兵团。他问弗兰格尔，能否劝加斯福特将军发挥影响，帮助这位年轻的
211 请求者找一个位置。此外，他还求弗兰格尔另外一件涉及伊萨耶夫家的事。“看在上帝的分上，看在老天的分上，不要拒绝。她不应该受苦，如果她嫁给他，至少得让他们有点钱。”因此陀思妥耶夫斯基请弗兰格尔在加斯福特面前说说韦尔古诺夫：“一个优秀的年轻人，才能一流，把他往天上吹，就说你

认识他;给他一个高点的位置不是坏事……所有这些都是为了**她**,**只是**为她。这样她才不会在悲惨中终老,就这些!”[22]陀思妥耶夫斯基这样努力帮助韦尔古诺夫增加收入,最终是间接地帮助了玛丽娅。这种努力后来在《被侮辱与被损害的》中表现为叙述人面对类似处境时那种同情无私的态度,而弗洛伊德则解释为压抑的同性恋。但我们可以采取较少偏见的观点,陀思妥耶夫斯基对高贵的贫困那痛苦的悲惨处境有着切身的感受和文学的感受,我们相信,他是真心被他热烈爱着的女人未来可能的困境打动了,他对她感激不尽,亏欠太多。“她在我生命最悲哀的时候来到,”几个月后他跟弗兰格尔说,“她复苏了我的灵魂。”[23]

七

一八五六年的夏季,玛丽娅继续摇摆不定,陀思妥耶夫斯基继续希望与失望。他在七月给弗兰格尔写信,请他帮助加快一份经济资助申请,玛丽娅是文官遗孀,合法地享有这样的待遇;他还再次请求帮韦尔古诺夫做点什么。初秋时分,陀思妥耶夫斯基的晋升终于得到官方认可,他成为一个有委任状的官员,社会地位体面,收入也稳定。接到这个消息后,陀思妥耶夫斯基的第一也是惟一的想法是,他可以再去看望玛丽娅。如今,他全身心地陷入废寝忘食的热恋中,他跟弗兰格尔承认:“我爱她爱到疯狂的地步。”

他的精神状态真可怜,他无意隐瞒,他很清楚,那是病态痴情的恶果。“不要摇头,不要谴责我;我知道,在和她的交往中,我许多方面都很不理性,我几乎没有希望了——可是,有希望没希望都一样,我别的什么都不想！只想见到她,听她说话！我是一个可怜的疯子。这样的爱是一种病,我意识到了。”他交代说,玛丽娅继续给他写信,“充满了真诚和极度的忠诚”;尽管她时常直截了当地称他“兄弟”,他还是坚持认为她爱他。[24]显
212 然,他抱着一线希望认为,再去看她,会像第一次那样重燃旧情。他曾急迫地跟哥哥讨钱,又挥霍一空,自己也觉得愧疚,因此他请弗兰格尔不要告诉米哈伊尔他的计划,他打算再跑一趟,如果可能的话,要把他那勉强的情妇争取回来。

与此同时,陀思妥耶夫斯基又请弗兰格尔了解一下,既然他现在是一个官员,是否可能因健康原因退役。除了早先漫不经心的说法外,这是陀思妥耶夫斯基第一次在书信中谈到健康问题,他逐渐开始担心自己的身体和精神状况。“如果说我想回到俄罗斯,”他说,“那仅仅是想去拥抱我爱的那些人,去看合适的医生,以便弄清我的病情(癫痫),这些总是反复不断的发作,每次都让我的记忆力和所有的功能变得衰弱,我担心总有一天会让我发疯。我是哪一种官员?”[25]此外,陀思妥耶夫斯基尚未接到是否允许他发表作品的消息,他求弗兰格尔进一步弄清这个关键问题。事实上,陀思妥耶夫斯基并没有因为晋升而特别获得这一许可,它是随着将来他的良好行为偶然获得的。弗兰格尔最近(一八五六年七月)奉命参加俄国海军组织的环球远征,这在同一封信里引发了一段评论。那位重要的小说家 И. А. 冈察洛夫被任命为舰队司令的秘书,负责航海旅行日记(后来他就这次航行写了本平平淡淡的《战舰巴拉达号》)。“你见过冈察洛夫吗?”陀思妥耶夫斯基问他的朋友,“你觉得他怎么样？他是‘联合会’[一个慈善机构]那样的绅士,是其中的成员,一个经纶世务的家伙,没有什么思想,眼睛像条煮过的鱼,上帝仿佛开玩笑似的,给了他出色的才华。”[26]

БОЖІЕЮ МИЛОСТІЮ [illegible]ЛЕКСАНДРЪ ВТОРЫЙ,

ИМПЕРАТОРЪ и САМОДЕРЖЕЦЪ ВСЕРОССІЙСКІЙ,

и прочая, и прочая, и прочая.

Извѣстно и вѣдомо да будетъ каждому, что МЫ Ѳедора Достаевскаго, который НАМЪ унтеръ-офицеромъ служилъ, за оказанную его въ службѣ НАШЕЙ ревность и прилежность, въ НАШИ Прапорщики тысяча восемь-сотъ пятьдесятъ шестаго года Октября перваго дня Всемилостивѣйше пожаловали и учредили; яко же МЫ симъ жалуемъ и учреждаемъ, повелѣвая всѣмъ НАШИМЪ подданнымъ онаго Ѳедора Достаевскаго за НАШЕГО Прапорщика надлежащимъ образомъ признавать и почитать: и МЫ надѣемся, что онъ въ семъ ему отъ НАСЪ Всемилостивѣйше пожалованномъ чинѣ такъ вѣрно и прилежно поступать будетъ, какъ то вѣрному и доброму Офицеру надлежитъ. Во свидѣтельство чего, МЫ сіе Инспекторскому Департаменту Военнаго Министерства подписать и Государственною НАШЕЮ печатью укрѣпить повелѣли.
Данъ въ Санктпетербургѣ, лѣта 1857 [illegible]

Исправляющій должность Дежурнаго Генерала Главнаго
Штаба ЕГО ИМПЕРАТОРСКАГО ВЕЛИЧЕСТВА,
Свиты ЕГО ВЕЛИЧЕСТВА Генералъ-Маіоръ [illegible]

За Вице-Директора,
Гвардіи Полковникъ [illegible]

Въ Инспекторскомъ Департаментѣ Военнаго Министерства записанъ подъ № 2994

При запечатаніи въ Министерствѣ Иностранныхъ Дѣлъ подъ № 10398

陀思妥耶夫斯基晋升少尉的证书

一封给米哈伊尔的信，日期也署于十一月九日，包含了陀思妥耶夫斯基更多的文学职业细节，还有他发作时虚弱情况的生动描绘。“哎，我的朋友，”他让米哈伊尔确信，“我知道，我将干一番事业，能够在文学上赢得一席之地……我要写的东西太多，我饱受折磨……我想我可以很出色地讨论艺术；整篇文章都在我的脑子里，在我的笔记里，但我的小说拖着我。那是一部很长的作品，一部喜剧小说，开头很幽默，慢慢变成我满意的东西了。”陀思妥耶夫斯基想赶紧将这部长篇已完成的部分发表，他请米哈伊尔问问是否有可能。但如果说他对自己的文学前景很乐观，他却为健康深感苦恼。“至于说到发病，”他担忧地解释说，“它们在继续。我认为它们结束了，可是
213 结果又来了。每次都让我丧失勇气，我觉得，因为发病，我的记忆力衰退，能力下降。沮丧，有时气馁——这就是我发作的结果。”[27]

不过，陀思妥耶夫斯基不允许这种症状妨碍他追求玛丽娅。一八五六年十二月，他再次长途跋涉去了库兹涅茨克，终于成功地得到玛丽娅的同意。尽管如此，某种神秘不定的气氛依然继续笼罩在这个苦苦赢来的肯定上。陀思妥耶夫斯基告诉弗兰格尔，“**如果某种情况不予阻挡**”，婚事肯定就成了，但他从未解释这个“情况”是什么。不过他至今仍确信玛丽娅一心一意的感情。“**我去年夏天写的那些话**丝毫不影响她对我的爱。她爱我，我肯定知道……她很快就对她的新欢不再抱任何幻想，从她夏天给我的信我就知道了。”[28]

八

如今，陀思妥耶夫斯基的全部精力都转向筹措婚礼所需的钱财，对一个

已经债台高筑、只能巴望可怜薪水的官员来说，那可是一个惊人的数字。他不仅要花钱再去一趟库兹涅茨克，还得准备新妻继子坐密闭马车（那是隆冬季节）回来的钱，要搬运他们的家具，还要添置体面的家居生活的种种必需品。当务之急还有他因晋升导致的开销，他得从头到脚置办一套行头，在遥远的西伯利亚，这真的很贵。所幸的是，矿区一个友好富裕的工程师上尉提出来借他六百卢布作为长期贷款，他的一个妹妹最近又寄来两百卢布作礼物。而照他估计，他没有发表的手稿值一千卢布，他相信，一旦获准发表，他的问题就会解决。“不过，要是他们再禁上一年——我就完了。”于是陀思妥耶夫斯基再次请求弗兰格尔，只要有“**关于允许发表的**哪怕一点点**消息**”，请立即告诉他。他是如此急切，甚至宣称，如果一直需要，他愿意不署名或用化名发表。

如今，陀思妥耶夫斯基提到玛丽娅的名字时，语调就很就事论事了，韦尔古诺夫的名字仅仅出现了一次。他出人意料地说，他“比兄弟还亲”，又说，要跟弗兰格尔解释他们错综复杂的关系“得花很长时间”。韦尔古诺夫
可能平静地接受了玛丽娅的分手决定，在陀思妥耶夫斯基看来，他的表现高 214
尚得体。不管怎么说，他跟弗兰格尔说，那是一个值得支持的人：“替韦尔古诺夫说情不为过，**他值得**。”[29]陀思妥耶夫斯基为韦尔古诺夫的晋升所作的努力是否奏效，这一点不得而知，后者准备参加晋级考试。

两个月后，陀思妥耶夫斯基准备好了婚礼的一切手续，其间他给莫斯科的一个富有的叔叔写了封措辞谨慎的信件，请他送一份数额相当于他的借贷的礼物。随后他去了库兹涅茨克，在那里待了两天。一八五七年二月七日，他们举行了婚礼，当地的诸多要人出席，包括韦尔古诺夫，这是他最后一

215 次露面，他见证了他曾经爱过的女人和挫败了他的求婚的男人的婚礼。*

蜜月中的夫妇登上回塞米巴拉金斯克的那段让人精疲力竭的旅程，他们在巴尔瑙尔稍事逗留，接受陀思妥耶夫斯基的老友彼得·谢苗诺夫伯爵的款待，后者昔日曾偶尔光顾彼得拉舍夫斯基小组。最近，他参与（跟乔坎·瓦利哈诺夫一道）天山山脉的探险，位于俄罗斯和大清帝国之间。停留期间发生了一件事，从一开始就给陀思妥耶夫斯基注定不幸的婚姻笼罩了一层阴影。“回家的路上，”陀思妥耶夫斯基写信告诉米哈伊尔，“我在巴尔瑙尔停下来，投宿在我的一个好朋友家。接着不幸降临：完全出乎意料地，我的癫痫病发作了，我的妻子吓得要死，我的内心充满悲哀和沮丧。”[30]

玛丽娅以前从未见过这种怪异的尖叫，晕厥的发作，面部和四肢抽搐，

---

* 为备案起见，最好在这里留下有关韦尔古诺夫的进一步消息（如果可以这么说），它们存在于有关陀思妥耶夫斯基的作品中。它出自陀思妥耶夫斯基的女儿柳博芙所写的关于父亲的著作，父亲去世时她才十一岁，因此不可能掌握关于他这段生活的一手资料。她的书之重要在于，她第一次披露了陀思妥耶夫斯基的父亲据说被农民杀害这一家庭传说。其他就到处是错误、偏见和想象，各种断言除非有其他旁证，否则皆不足为凭。

柳博芙可能是根据她从母亲（陀思妥耶夫斯基的第二任妻子，她将玛丽娅跟丈夫的通信都从书信手稿里撕掉了）那里听来的故事再添枝加叶，首先讲了我们已经知道的情况：韦尔古诺夫是玛丽娅第二次婚姻前在库兹涅茨克的情人。但她接着宣称：“甚至在结婚的前一夜，玛丽娅还跟情人待在一起……”后来据说韦尔古诺夫跟着这对夫妇到了塞米巴拉金斯克，“她继续偷偷在夜里去找她的小教师”。陀思妥耶夫斯基据说认识这个年轻人，“但这位英俊少年太无足轻重，我父亲压根儿没有想到他会是竞争对手”。当然，陀思妥耶夫斯基的书信证明情况恰恰相反，这一事实性的反驳说明，柳博芙的书不足为凭。

人们也就不相信下一个故事，说韦尔古诺夫又跟这对夫妻去了特维尔，在那里他最终断了关系，“她坦白了一切，详细描述了她跟这位年轻教师的事。她残忍至极地告诉陀思妥耶夫斯基，他们嘲笑这位被欺骗的丈夫，这让他们非常开心，她说她从没有爱过他，嫁给他只是利益考虑”。这些话在夫妻一次（或多次）吵架时完全可能说得出，但说韦尔古诺夫是一个出现在特维尔的常驻情人，这类说法纯属编造。参见埃米·陀思妥耶夫斯基，《费奥多尔·陀思妥耶夫斯基》（伦敦，1921），第九章。

柳博芙一九二六年死于意大利，她写长短篇小说，是一个不成功的小作家，她病态、神经过敏，活得很不幸，大部分时间都在疗养院度过。父亲的生活于她主要是块画布，她在上面涂抹的是自己的怨恨和失意。

口角流沫，小便失禁，这些都是陀思妥耶夫斯基剧烈发病时的特征；发现自己不明智地把命运跟一个受此疾病蹂躏的丈夫连在一起，玛丽娅不寒而栗。更糟的是，如今陀思妥耶夫斯基第一次明白了他的疾病的真正性质。“那位医生（渊博又认真）告诉我，我患有**真性癫痫**，发作时我有可能因为喉部痉挛而窒息死亡。我亲自去恳请这位医生，既然他以诚实著称，那就把情况原原 216
本本地告诉我。总之，他劝我在新月时要小心。”

如果说有理由怀疑，玛丽娅后悔不久前的婚姻誓言，那么陀思妥耶夫斯基本人的感情则是毫不含糊的。“现在你明白了，我的朋友，”他跟米哈伊尔说，“是什么样疯狂的想法在我的脑海游荡，可为什么要说这些？也许我患有真性癫痫，这个说法并不对。结婚的当儿，我完全相信医生，他们说我只是神经性发作，只要我的生活环境变了，一切就会过去。**如果我知道患有真性癫痫，我就不会结婚**［黑体字为引者所加］。为了精神上能够平静，为了咨询**真正**的医生并采取**措施**，有**必要**尽快退役，回到俄罗斯，但这如何做到呢？”本该是精神焕发、得意洋洋的新郎，本该在长期艰苦的求爱后充满征服的胜利之情，可是蜜月中的陀思妥耶夫斯基感到的只是悲哀，忧郁的前景在前面若隐若现，还有折磨人的罪恶感，他不自觉间欺骗了他的新娘。

陀思妥耶夫斯基笔下最初几周的家庭生活也是一幅丧气、凉漠的景象。回到塞米巴拉金斯克后，玛丽娅病得很重；尽管陀思妥耶夫斯基事先已尽力安排了所有的事情，但他缺乏持家经验，仍有许多不尽人意的地方。不幸的是，这时部队又要检阅，“这折腾得我心力交瘁”。关于玛丽娅的一段描述给人安慰，但我们觉得陀思妥耶夫斯基言语之中仍有所保留，往日坎坷的岁月在她的性格中留下了许多不愉快。“她优雅温柔，有点性急，容易激动，特别感情用事。过去的生活在她内心留下了痛苦的印迹。她的印象改变极快，但她从未有失高贵优雅。我非常爱她，她爱我，**目前**一切都井井有条。”（黑体字为引者所加)[31]这些说法表明,陀思妥耶夫斯基开始重新审视玛丽娅感情平衡的危险趋势,他在准备应对玛丽娅情绪频繁失衡的时候。

九

新婚夫妇在塞米巴拉金斯克安顿下来,他们租了一套舒适的四居室房子。陀思妥耶夫斯基终于可以在军务之余认真投身文学事业。但他的发表权仍飘忽不定,他于是写信给弗兰格尔,后者结束环球航行回到了彼得堡:
217 "两件事折磨着我,健康和发表机会。"[32]婚后大约一年后,一八五八年一月中旬,陀思妥耶夫斯基以残疾为由,正式申请允许退役,以便在彼得堡找合适的医生看看他的癫痫。

关于这对夫妻亲密生活的可信资料极少,尽管他们显然很努力地以高贵、和睦、满意的夫妇形象出现在世人面前。不过,我们必须同意 A. C. 多利宁——第一部严肃的陀思妥耶夫斯基书信集的编者,俄国陀思妥耶夫斯基传记的一个最伟大的鉴赏家——的看法,"他们不幸的家庭生活秘密地隐藏着",由于缺乏证据而无法看透。[33]此外,仔细研究陀思妥耶夫斯基婚后两年时间里的书信,我们发现了沮丧、悲观的痕迹,即使这可能归咎于他不稳定的地位,但仍跟过去更严酷的环境下他所表现出的勇敢、坚定形成鲜明对照。这些话表明,他逐渐认识到,他坚持不懈、苦苦追求的结合是一个极其严重的错误。

结婚一个月后,他和玛丽娅收拾着他们的新家,陀思妥耶夫斯基给哥哥
218 的信仍充满希望,说他设法经受一切的痛苦。"至于未来,不知怎么的,我盲

陀思妥耶夫斯基在塞米巴拉金斯克的家

目地相信它，”他说，“只要上帝给我健康。真奇怪：我从痛苦的磨难和我所不知的痛苦的体验中获得了非凡的活力与自信。”[34]很长时间里，我们都不会再听到陀思妥耶夫斯基说这样的话，他本人对婚姻状况的评论也谈不上如愿或者哪怕是满意。他知道，家人不安地看待他的婚姻，因此在谈到这个话题时他本该尽量热情洋溢一点。可是他的话留给人的印象恰恰相反。“我们凑合着过，”在给米哈伊尔的信之后一周，他写信给大姐瓦尔瓦拉说，“不常跟人打交道，省吃俭用（可钱还是去得很快），巴望未来，如果上帝和皇上开恩，会好的。”[35]如果陀思妥耶夫斯基曾期待，玛丽娅会是勤俭持家的主妇，这些念头现在都打消了，同时飞快消失的还有他们菲薄的积蓄。

尽管如此，陀思妥耶夫斯基还是很男子气地履行着他的新责任，他设法将帕沙安置到西伯利亚学生兵团，忠实地给他的岳父和妻姐①（他当然从未谋面）去信。远非巧合的是，婚后差不多一年，在给这位隐身妻姐的信中，陀思妥耶夫斯基表达了厌世之情，它源于对个人生活的极度失望。“你知道吗，”他奇怪地说道，“我有一种预感，觉得自己很快就会死去。情绪紧张的人经常有这样的预感，但我告诉你，它此刻不是源于我的紧张情绪，我非常平静地肯定，死亡就在眼前。我在这个世界上仿佛已经经历了应该经历的一切，我无所期望。”[36]毫无疑问，这些话跟癫痫引起的恐惧相关，但也是内心疲倦的表现，最可能的解释是，他想逃离跟玛丽娅一起生活的重负。

随着时间流逝，涉及她的话题差不多完全消失，除了三言两语的议论，我们从中得以推断背后的斗嘴、揭短。玛丽娅心怀怨恨地相信，丈夫一家不喜欢她，但这也无济于事。“我的妻子向你问好，”婚礼九个月后，陀思妥耶夫斯基给米哈伊尔写道，“她给瓦莲卡和薇罗奇卡[陀思妥耶夫斯基的妹妹]

---

① 即玛·德·伊萨耶娃的姐姐瓦尔瓦拉·德米特里耶夫娜·孔斯坦特。

写信,却从未收到回复,这令她很痛苦。她说,这意味着你们生她的气,不希望她在这个家里出现。我肯定情况相反,但没用……她非常不幸。”[37]又过了一年,陀思妥耶夫斯基更绝望寡言。“我的生活艰难痛苦,”他跟米哈伊尔 219
坦白,“我不再对你说什么了,也许不久我们会见面的。”[38]

关于陀思妥耶夫斯基失策的婚姻,我们可以在他一封给弗兰格尔的信中看到最直白的消极情绪,谈到玛丽娅时,他对弗兰格尔毫无隐瞒,他知道,后者始终认为,这位年长者的痴情是不幸的灾难。这封信写在结婚两年后,陀思妥耶夫斯基说:“如果你想知道我的近况,我能跟你说什么呢? **我背负了养家的重担,勉力向前**。但我相信,我的生活还没有结束,我不想死。”(黑体字为引者所加)

像一头负重的牲畜,被牵到婚姻生活的马车前,套上了挽具,陀思妥耶夫斯基的这副形象其意义不能误解;吐露心迹地将婚姻与死亡自然而然地联系起来,其意义也不要歪曲,它有助于证实我们对引自他给妻姐的信的那段文字的解释。陀思妥耶夫斯基的痛苦感受其原因部分在同一封信的结尾得到揭示,他在那里明确说到了玛丽娅。“她很想见你,”他跟弗兰格尔说,接着突然补了一句:“一直生病。”[39]五年后玛丽娅死于肺结核,疾病的不断折磨只能让她更加急躁易怒,而这个懂正义敢愤慨的女人当初是如何吸引着陀思妥耶夫斯基! 平心而论,我们必须懂得,她有足够的理由心怀怨恨并背叛她的第二任丈夫,他答应过要重获声名,但遥遥无期,他的癫痫反复发作,频繁得可怕,让人永远没有盼头。

注释

[1] 弗兰格尔,《回忆费·米·陀思妥耶夫斯基在西伯利亚》,第50页。

[2] 同上,第51页。

[3] 陀思妥耶夫斯基,《书信集》,第一卷,第152–153页,一八五五年六月四日。

[4] 同上,第153页。

[5] 弗兰格尔,《回忆费·米·陀思妥耶夫斯基在西伯利亚》,第64页。

[6] 同上,第78–79页。另参见列昂尼德·格罗斯曼,《终身褫夺公民权的陀思妥耶夫斯基》,《文学遗产》,第二十二至二十四卷(1935),第683–692页。根据相应的文件,陀思妥耶夫斯基坚决相信弗兰格尔的说法,这可以从他的书信看出。

[7] 陀思妥耶夫斯基,《书信集》,第二卷,第559–561页,一八五六年一月十三日。

[8] 弗兰格尔,《回忆费·米·陀思妥耶夫斯基在西伯利亚》,第192页。

[9] 陀思妥耶夫斯基,《书信集》,第一卷,第168–176页,一八五六年三月二十三日。

[10] 同上,第178页,一八五六年三月二十四日。

[11] 同上,第184–185页,一八五六年四月十三日。

[12] 同上,第186页。

[13] 同上,第183页,一八五六年四月十三日。

[14] 同上。

[15] 同上,第187页,一八五六年五月二十三日。

[16] W. E. 莫塞,《亚历山大二世与俄国现代化》(纽约,1962),第42页。

[17] 陀思妥耶夫斯基,《书信集》,第一卷,第188页,一八五六年五月二十三日。

[18] 同上,第189页,一八五六年七月十四日。

[19] 同上,第190页。

[20] 同上,第191页。

[21] 同上,第189页。

[22] 同上,第192页。

[23] 同上,第198页,一八五六年十一月九日。

[24] 同上,第 197-198 页。

[25] 同上,第 198 页。

[26] 同上,第 199 页。

[27] 同上,第二卷,第 571 页,一八五六年十一月九日。

[28] 同上,第一卷,第 204-205 页,一八五六年十二月二十一日。

[29] 同上,第 205-206 页。

[30] 同上,第二卷,第 579-580 页,一八五七年三月九日。

[31] 同上,第 580 页。

[32] 同上,第一卷,第 218 页,一八五七年三月九日。

[33] 同上,第二卷,第 517 页。

[34] 同上,第 580 页。

[35] 同上,第 581-582 页,一八五七年三月十五日。

[36] 同上,第一卷,第 228 页,一八五七年十一月三十日。

[37] 同上,第二卷,第 588 页,一八五七年十一月三日。

[38] 同上,第 596 页,一八五八年十二月十三日。

[39] 同上,第一卷,第 253-255 页,一八五九年九月二十二日。

第四部分　再次开始

第十六章　俄罗斯之心

一

大体说来，陀思妥耶夫斯基一八五五至一八五六年间的书信要么是滔 223
滔不绝的愤激之词，说的是困扰他的那些实际问题，要么就在描绘、辩解和推动他跟玛丽娅的情事。但即使在全身心追求他所以为的幸福的同时，陀思妥耶夫斯基偶尔还会转向别处，从而为他思想及精神的演变提供了有价值的信息。

特别有一封给阿波隆·迈科夫的长信（一八五六年一月十八日），与此时其他任何文献相比，这封信更能吐露陀思妥耶夫斯基的心声。弗兰格尔到达塞米巴拉金斯克后，带来了迈科夫的信，让陀思妥耶夫斯基与文学知己恢复了联系，他再次感到，他仍是俄国文化的一部分。但由于个人生活动荡,加上通信困难重重,他拖了一年多才回复。弗兰格尔要回彼得堡,这给了他寻觅已久的机会;如今他可以在纸上一吐为快,比让一个不那么信任的送信人带信时要坦诚很多。此外,陀思妥耶夫斯基知道,他可以依赖迈科夫的谨慎,他曾守口如瓶,没有泄露朋友在斯佩什涅夫秘密团体的成员身份。

尽管迈科夫给陀思妥耶夫斯基的信不幸失踪,但通过陀思妥耶夫斯基的回答,我们仍能略窥一二;这些年间,迈科夫本人的社会-政治进展也提供了一些背景。克里米亚战争的爆发在迈科夫的生命中是重要时刻,直到那时,他不过是一个进步的西欧派分子,关心诗歌而不是政治。但对俄国的进攻激起了他蕴藏的全部爱国热情,他大声疾呼,这场冲突是俄罗斯历史命运的转折点。事实上,迈科夫致小说家 A. Ф. 皮谢姆斯基的公开信就是文化政治宣言,它发表在一八五四年的《圣彼得堡报》上,是记录高涨的沙文民族主义情绪(多数时候会逐渐消失,但他没有)的最重要文献之一,在同仇敌忾的当儿,这种情绪席卷了差不多整个俄国文学界。

224 “目前的战争,”他写道,“是我们私生活中的事件,是我们意见史上的事件,它跟在政治领域一样重要,一样具有决定意义。只有盲目、顽固、冷漠的人才会对这一震撼俄国所有阶层的电光无动于衷……我预言,目前的事件将是我发展的巨大一步:我的历史生活随之进入新阶段,即使仅仅是因为,它们迫使我立即站住,并问:‘我是谁?’无论他接受的是何种教育,从哪里获得知识和看法,所有声音都会凭着良心,立即异口同声地决定这样回答:‘我——是俄国人!’……没有什么能够压制我们心头的这个想法,完全可以做一个有学识、有教养的人,同时又感到自己是俄国人,对我们来说,高于其他任何一切的,是独一无二的、神圣的对祖国的热爱……作为作家,我们的重大责任就是,将我们跟其他所有人的感受化为不朽。我们的工作是阐明并具体地描绘俄国理想,每个人都感受到这种理想。”[1]

陀思妥耶夫斯基很可能在报上读到过这一忠诚的爱国宣言。他肯定——因为他宣称同意这些思想——读过迈科夫的诗《克勒芒会议》,那是在公开信表达的情绪激动下创作而成的。标题指的是十一世纪的事,教皇乌尔班二世为从穆斯林手下拯救圣地而在(法国)克勒芒召开宗教会议,并发表了十字军东征的著名演说。在一系列动人场景中,迈科夫将遥远过去的欧洲行为(挺身反抗伊斯兰异教徒对基督教的压迫)与如今在克里米亚战争中的行径进行对比。他的基本主题——欧洲国家与土耳其结盟,是对基督的背叛——与陀思妥耶夫斯基的颂诗《一八五四年的欧洲事件》相同;但迈科夫是真正的诗人,比之于陀思妥耶夫斯基宣言式的激情演说,他的诗句更形象生动。此外,在迈科夫笔下,俄国过去就在发动自己的十字军东征,致力于充当抵制蒙古入侵欧洲心脏地带的缓冲地而保护基督教的欧洲。他认为,欧洲列强忘恩负义,是担心俄国的日益强大:

在无垠的辽阔中
我们平整地基;在她面前
古老的帝国黯然失色,
新的力量,新的光荣
那年轻的太阳令他们丧胆!

诗歌结尾预言,从“冰封的俄罗斯”将出现“巨人民族”,“永不餍足地渴
望不朽,光荣和善良”——伟大的巨人彼得大帝就是一次预告,他也是俄国 225
的土地养育而成。[2]迈科夫的这些作品构成了补充性背景,从而让陀思妥耶
夫斯基那有些断略的信件满篇生辉。

二

陀思妥耶夫斯基首先回忆了他跟迈科夫一起度过的岁月，他跟热情好客又才华横溢的迈科夫一家的亲密交往。阿波隆的弟弟瓦列里安是一八四〇年代一个小型文学圈的中心，在陀思妥耶夫斯基的生活中发挥了重要作用。就在他一八四七年过早去世之前，年轻的瓦列里安在一篇极为敏锐的文章中反驳别林斯基，为《双重人格》辩护，这是对陀思妥耶夫斯基早期作品评价最出色的一篇文章。[3]陀思妥耶夫斯基被捕时，他的文件中发现了瓦列里安的一个文稿，他后来请求当局将手稿交给迈科夫家。“叶夫根尼娅·彼得罗夫娜[迈科夫的母亲]收到过一本书吗？那是不能忘记的瓦列里安·尼古拉耶维奇发表在《祖国纪事》上的文章和评论。”他焦急地问。[4]回忆过去，必然会有岁月沧桑之感，迈科夫显然在信中也表达过这种想法。陀思妥耶夫斯基答复时的语调成为贯穿整封信的主题：“您说许多时间已经过去，许多事情已经变化。是的，当然！但有一件好事，**我们作为人没有变**。我自己可以这样作答。”（黑体字为引者所加）[5]

迈科夫的信显然提到陀思妥耶夫斯基被捕、判罪的事，他不清楚为何命运之手独独挑选陀思妥耶夫斯基去经受残酷的打击。“您说你常常温馨地想起我，并且问：我为什么？为什么？我也温暖地记着您，至于您的问题：为什么——我什么也不能说，说了也是多余。”[6]在陀思妥耶夫斯基那些逃避了逮捕的朋友中，只有迈科夫真正懂得“为什么”，因此陀思妥耶夫斯基貌似天真地说多余，其实就是指这个意思。接着，为了回应迈科夫关于自己经

A. H. 迈科夫

受了很多的说法,陀思妥耶夫斯基答道:“我也想了很多,经受了很多。有这样一些情形,这样一些影响,需要好好经受,反复思考和消化,甚至超过我承受的能力。您很了解我,一定真心相信,我始终在追求我认为最好、最一往直前的道路,我不会欺骗自己的内心,无论投身什么,我都热情满怀。不要
226 以为这些话是在解释我现在的处境,我指的是下面这个意思:这不是谈论过往的时候,**无论如何,那不过是一个偶然事件**。**思想变了,心仍依旧**。”(黑体字为引者所加)[7]我们再次看到那个断言,不管事态表面上如何变化,陀思妥耶夫斯基其实跟迈科夫一样没有变化。两个人在“心”上都是同样的人,无论他们宣称的“思想”有了什么样的改变。这是陀思妥耶夫斯基坦白其信仰的序曲,他要把自己关于过去的想法说出来。

“我读了您的信,”他继续说,“没有理解其精髓。我是指爱国主义,俄罗斯思想,责任感,民族荣光,您津津有味地说的那一切。不过,我的朋友!是不是您曾有过其他想法?我始终拥有的恰恰就是这样的感情和信仰。俄罗斯,责任,荣光?是的,我根本上就是俄罗斯人——我坦率地告诉您。在您发现正在诞生的运动和您认为是新的倾向之中,究竟哪些是新的?我坦言,我理解不了您。我读过您的诗歌,它们很漂亮,我完全同意您的爱国感情,要在**道德上**解放斯拉夫民族。这是俄罗斯的责任,我们的神圣母亲,高贵、伟大的俄罗斯的责任。您的《克勒芒会议》结尾几句太美了!您是从哪里找到生花妙笔来庄严地表达那伟大的思想的?是的!我同意您的看法,欧洲及其使命将会由俄罗斯来实现,对我来说,这是早就明白的道理。”[8]陀思妥耶夫斯基所说的“信”无论是指迈科夫跟他的私人通信还是《致皮谢姆斯基的公开信》,有一点确切无疑,即陀思妥耶夫斯基所说的“使命”是基督教十字军东征目的的最终完成——从不信教者那里夺回圣地,结束穆斯林对东欧信奉东正教的斯拉夫民族的统治。

稍后一段更明确地谈到陀思妥耶夫斯基的过去，他怀着坚定的信仰认为，一切其实基本上没有改变，无论是他还是别人。“也许，不久前您还困惑于法国思想对那个在思考、感受、研究的社会阶级的影响。是的，那是特殊的。但每一个例外本质上说都会激发相反的情况。您会心悦诚服地同意，所有正确思考的人们，也就是说，那些认真对待一切事物的人，会科学地看待法国思想——如此而已，尽管他们会热衷于例外，但仍然保持俄国人的身份。您在哪里看到新的了？”[9] 当然，陀思妥耶夫斯基所说的“法国思想”指的是一八四〇年代激进的空想社会主义思潮，他不认为它能够改变俄国个
性。那些迷恋这种思想的人，“尽管他们会热衷于例外，但仍然保持俄国人 227
的身份”。就像给托特列边的信一样，我们能够发现，陀思妥耶夫斯基的自我解释注入并预告了他未来的创作：在他的主要人物身上，他会不断展示他对他所认为的“俄国性”的坚持，即使是那些受西欧思想严重影响与侵蚀的人物。因为陀思妥耶夫斯基热情地相信（他自己的经验就是这种真理无可辩驳的证明），俄罗斯人的本能感情和忠诚始终会以某种方式向前突破，无论在其性格塑造方面西欧文化的外衣多么难以穿透。

书信继续，陀思妥耶夫斯基进一步阐明了他作为一个俄罗斯人的再发现过程，重要的是，他将这个过程跟他劳役营期间个人态度的内在变化联系起来。“我告诉您，”陀思妥耶夫斯基在我们已部分援引的那个段落中斩钉截铁地说，“比如我就与俄罗斯的一切联系在一起，甚至连犯人也不会让我害怕——他们是俄罗斯人民，我不幸的兄弟，我很高兴，我不止一次地在一个强盗身上发现了舍己为人的精神。就因为我能懂他：因为我也是一个俄罗斯人。不幸让我从实际的角度明白了许多事，这种实际也许对我影响许多，但我很实际地懂得一件事，我内心始终是一个俄罗斯人。**一个人会在观念上犯错误，但在心灵上却不会**，不会因为错误而不诚实，即违背自己的信

仰。”（黑体字为引者所加）[10]

成为一个俄罗斯人，就是跟其他俄罗斯人联合，维系他们的是创造并唤起双方道德感上声气相求的纽带；这种纽带源自内心，与那些歪曲俄罗斯景象或钝化俄罗斯道德敏感的种种虚假错误的思想相比，它更深入，更原始。几年里，陀思妥耶夫斯基的许多人物形象就陷在这样的内心冲突之中，一方面是他们的俄罗斯之心，一方面是非俄罗斯思想的邪恶、腐败、非道德的力量。换言之，陀思妥耶夫斯基面对迈科夫而探索、沉思自己的过去时，浮现出来的是理性/非理性之二分的最初模糊轮廓，这是他西伯利亚以后创作的鲜明特征。这种二分已经开始具有具体的道德、心理及观念意义，未来的陀思妥耶夫斯基将会神采飞扬地予以表现。

三

陀思妥耶夫斯基给迈科夫的信极为珍贵，它是分析他个人发展及艺术进步的原始材料。但我们如何评价他关于本人和俄国文化的那些言之凿凿
228 的说法呢？他的自我解释可信度有多少——在支持他跟迈科夫相一致的观点时，他说他其实什么也没有变，这是真的吗？我们是否应该仅仅视之为在努力隐瞒——拒绝承认——他背叛了过去的理想？他说，俄国知识分子整体说来只是受到“法国思想”的表面影响，这在多大程度上是实情？

既然陀思妥耶夫斯基谈的都是个人，就有足够的理由相信他所说的话。很早时候起，他就有非常明显的仇外态度，在他激进阶段的高峰，这种态度绝不会消失。即使在一八四七年的一个小品文中，陀思妥耶夫斯基反对斯

拉夫派美化俄国过去的做法时，他仍对一些欧洲人冷嘲热讽，他们认为，无法想象俄国会沿着本民族的历史前进，遵循一条截然不同于西欧国家模式的发展道路。他宣称，俄国吸收西欧文明，不会破坏俄国民族性，而是带来“民族性的胜利，在我看来，它不会像许多人认为的那样轻易屈服于欧洲的影响”。(18∶26)正如我们看到的，陀思妥耶夫斯基的心始终是俄罗斯之心，始终处在不安的紧张中，有颠覆的冲动（主要是由仇恨农奴制引起的），他因此加入革命密谋的行列。从这个意义上说，他很可以认为——不必愧疚地回避——他过去反政府的罪行只是一个“偶然事件”。

至于俄国西欧派，情形就要复杂许多，陀思妥耶夫斯基把自己跟他们相类比，这很自然。人们以为，陀思妥耶夫斯基会相信，他们所有的人，或起码相当一部分人，会转而接受如今他跟迈科夫所共持的立场；换言之，他们也会在沙皇政府奋力挣扎时团结在其周边。他说，甚至那些倾心于法国思想的人在心里仍是俄罗斯人，用意正在于此。如果这**正是**他的意思，那么不幸的是，他错了。不仅是西欧派，就是爱国的斯拉夫派也被尼古拉一世政权在克里米亚战争期间暴露的腐败、混乱和无能惊呆了。俄国大多数知识分子，不管其政治派别如何，都有 А. И. 科舍廖夫在日记里所表达的那种感情。科舍廖夫是相对开明的斯拉夫派分子，他说，俄国在克里米亚战争中的失败“并没有让我们［也就是说，哪怕有着强烈民族主义情绪的斯拉夫派］特别沮丧，因为我们相信，俄国就是失败也比它这几年的情形更能忍受、更有利。社会情绪，甚至是人民的情绪，如果说部分不自觉，其本质却一样”。[11]陀思妥耶夫斯基脱离了俄国社会-
文化生活的中心，基本上生活在军事环境中，那里不习惯（甚至敌视）任何独 229
立思想，因此他显然意识不到这种激动的颠覆情绪。

不过，如果说一旦从狭隘的政治语境以外来看，陀思妥耶夫斯基的话没有真理，这也不符合历史的准确性。因为如果我们把俄国文化看作一个整体,而不是把我们的眼光局限于对政府的支持之类的问题,我们就会看到,一种类似于陀思妥耶夫斯基的进步也在俄国西欧派中间发生,时间恰好与陀思妥耶夫斯基的被捕与流放吻合。陀思妥耶夫斯基信仰的复活在个人传记中通常被视为纯粹的个人事件,而且相当古怪反常。但事实上,它跟这个时期出现的大量的俄国社会文化态度的转型现象高度融合,并且预期了这种转型现象。

这种转型的开始比陀思妥耶夫斯基的被捕还要早,可以追溯到别林斯基一八四七年发表的一篇著名文章,那是为了回应瓦列里安·迈科夫而写的。别林斯基是一个顽固不化的西欧派分子,他在这篇文章中宣称:“在这个问题[民族性]上,我更倾向于跟斯拉夫派在一起,而不是待在‘人道主义的普世派’那一边。”[12]别林斯基在这篇文章中所说的关于俄国、关于未来俄国人民能发挥的世界历史作用的许多观点,今后差不多会逐字逐句地出现在陀思妥耶夫斯基的文章中;那是一篇他烂熟于心的文章,他跟迈科夫说,法国思想的影响只是对真正俄国道路的暂时偏离,他心里想的就是这篇文章。别林斯基的文章标志着疏离严格的西欧派倾向的开始,一两年后也可以从彼得拉舍夫斯基小组那里看到这种趋势。彼得拉舍夫斯基开始谈论“村社”,视之为傅立叶法伦斯泰尔的胚胎形式,而陀思妥耶夫斯基则跟另外一些人一起,坚持认为俄国农民的社会机制提供了解决俄国社会问题的“更加可靠、更为合理的基本原理”,“胜过……圣西门及其学派的所有幻想”。

这些思想是П. В. 安年科夫发现在一八四〇年代后期出现的那种倾向的一部分,其时“‘斯拉夫’派[他称为亲斯拉夫者]与日俱增地获得了更多影响,支配了那些本性不那么屈从的人,他们的做法是宣扬未认可的、谬奖的、横遭诋毁的俄国民族性”。[13]因此,这种广泛意义上的“俄国性”的再发

现，差不多就是在陀思妥耶夫斯基被从俄国文学身边拽开的那个阶段开始
的，在随后的岁月中，它继续繁荣发展。所有俄国文化史学家一致认为，一
八五〇年代，最重要的新进展就是斯拉夫派的思想逐渐被整个有教养的舆
论所接受，这些思想与过去是西欧派的人们的思想相融，成为一个新的综合 230
体。既然产生这种综合体的最重要出版物都发表在海外，西伯利亚放逐期
间的陀思妥耶夫斯基就无法了解它们。但他的经验，虽然无可争辩是个人
性的，却与这一大的文化突变吻合。尽管从严格的政治角度看，给迈科夫的
信所表达的观点是错误的，但他正确地直觉到较为深广的感情变化。

四

这种新的思想综合体很大程度上是赫尔岑设计和推广的，如今他在俄国文化中甚至一度占据支配地位，而在一八四〇年代那是由别林斯基占据的。赫尔岑一八四七年去了欧洲，一八四八年革命的迷人希望激动着他，他在意大利和法国看到了革命初期的胜利，一八四八年六月，新的法国资产阶级共和政府下令国民卫队对工人阶级起义无情镇压，这让他感到恐怖。赫尔岑义愤填膺，对西方政治理想失望透顶，他把这些情绪倾注到那部深入人心的《彼岸书》之中——这部著作对现代欧洲文明的历史命运进行了深刻沉思，力量至今未减。他的结论是，西欧永远不可能实现向社会主义新千年的必然转变，因为财产私有原则、君主中心论（最终源自罗马天主教）、顺从世俗权威，这些东西在欧洲性格里根深蒂固，使得它们无法与其数百年的历史传统决裂。

赫尔岑发现,作为一个西欧派分子,他的旧理想在扫射声中百孔千疮,
整个欧陆一八四八年的起义就在这种扫射声中结束,《彼岸书》就是撕心裂
肺的绝望呐喊。不过它尚未指出死胡同外的其他任何选择,尽管他相信,
所有欧洲文明都无望地陷入这样的死胡同。但在接下去的几年中,在一系
列的重要论述(《俄国人民与社会主义》,《论革命思想在俄国的发展》,还
有许多不甚知名的作品)中,赫尔岑从否定走向肯定;他如今肯定的又与
他以前所信仰的形成极度鲜明的对比。因为他预言,正因为俄国处在欧洲
社会历史发展的主流以外,所以回向的俄罗斯是历史已经选定的重要力
231 量,她可以把世界引向社会主义时代。赫尔岑选取了斯拉夫派的一些观
点,跟那些西欧派的思想联系起来,产生了一个华美的混合物,它激动着俄
国人的想象力,并在本世纪的剩余时间里决定性地影响了俄国社会文化思
想的进程。

波兰研究斯拉夫派的杰出历史学家安杰伊·瓦利茨基对赫尔岑的根本立场作了很好的归纳。“从斯拉夫派那里,”他写道,“赫尔岑接受了农村公社作为新的、高级社会形式的胚胎期的说法,相信集体主义(他称之为‘社会主义元素’甚至‘共产主义’)是俄罗斯人民的民族性格……像斯拉夫派一样,赫尔岑强调指出,俄国人民没有受到罗马法遗产及与之相关的个人主义财产关系观的影响;跟他们一样,他看重公社的自我管理原则及其成员之间真率自然的关系,它们不受契约或成文法的管束。最后,像斯拉夫派一样,赫尔岑相信,俄罗斯的东正教信仰‘比天主教更忠实于福音教义’。宗教方面的孤立使得俄国人幸运地避免了天主教的败坏腐化,与欧洲的‘病态’文明保持了距离。多亏了这种孤立——也就是说,多亏了东正教——普通的俄罗斯人能够保留它的公社……没有屈服于权威,能够‘愉快地活着看到社会主义在欧洲的崛起’。”[14]

赫尔岑的话与几年后迈科夫、陀思妥耶夫斯基的话惊人地一致，他在一八五一年七月写道："我从没有像近年来那样清楚地觉得，我在很大程度上是一个俄罗斯人。"[15]像迈科夫、陀思妥耶夫斯基一样，赫尔岑也赋予俄国同样的弥赛亚使命，即成为世界领袖，尽管他对未来社会的设想截然不同。例如，一八四九年就谣传俄国与土耳其会爆发冲突，赫尔岑写信给意大利革命家马志尼，说俄国将会成功占领君士坦丁堡（他没有料到西方列强的干涉），这样的征服是未来整个世界革命的信号。他认为，尼古拉军队的农民士兵一旦获胜，就会拒绝回到农奴制的生活。他们会号召从土耳其解放出来的其他斯拉夫人加入他们，发动大规模的斯拉夫起义，建立以俄国为首的新的民主和社会联盟。"因为俄国是组织有序的斯拉夫世界，是斯拉夫国家。和谐属于她。"[16]这些话表明，陀思妥耶夫斯基的新信仰与其时俄国文化的主流是交融的，这一点常常被忽视。正如 Д. Н. 奥夫相尼科-库利科夫斯基在他那部关于俄国知识分子历史的经典著作中所说，一八五〇年代后期，斯拉夫主义"吸引了俄国社会最为进步的力量的全部同情"。[17]

赫尔岑一八五二年起住在伦敦，并在那里开办了第一个流亡的自由俄 232
国出版社；随后几年他开始发表自己的作品，同时也在创办一些新的出版物。其中一份是《北极星》，不定期的年鉴（十二月党人诗人雷列耶夫曾编过标题相同的年鉴）；最重要的则是他那著名的周刊《钟声》。几年后，赫尔岑的思想开始在俄国国内广泛传播，到处有人在读《钟声》（甚至谣传皇宫里也在读），尽管它在俄国是被禁的，只能分批从边境偷运走私。一八五〇年代末、一八六〇年代初，赫尔岑"俄国社会主义"的基本特征——强烈的弥赛亚民族主义色彩，对农民生活及体制积极的再评价——已经成为俄罗斯左派的基本意识形态，尽管不久就出现了形形色色的分歧，即如何阐释这些特征，尤其是，如何将它们运用到目前的俄国社会-政治环境中。

不过,虽然对迫切的政治问题的争论愈演愈烈,但关于俄国在世界历史中的作用,俄国农民的道德优点和社会优点,人们在这方面的思想、感情还是有共同的意识形态基础的,进而能将各个派别的知识分子团结起来。* 赫
233 尔岑笔锋犀利,他在一八六一年讨论到斯拉夫派与西欧派的所谓对立,对五十年代俄国文化前所未有的状况作了最好的界说,这种状况的促成他也是贡献良多。“他们和我,”他写道,“从最初那些年开始,就被一种强大的、无法理喻的、生理性的热烈感情所控制,他们是得之于记忆,我们则来自预言——一种无边无际的爱的感情,包围了我们整个的存在,那是对俄国人民、俄国生活方式和俄国精神特性的爱。像伊阿诺斯或双头鹰,朝着不同的方向,但**跳动的心脏却是一个**。”(黑体字为引者所加)[18] 因此,从这个意义上说,陀思妥耶夫斯基认为“俄国性”某些内核的再发现不是仅仅赐予他一人的启示,这种说法是对的。相反,那是非常普遍的现象,这就是陀思妥耶夫斯基何以后来能如此轻松、令人信服地把个人生平转换成典型性冲突的原因,他所有最伟大的作品都从这里出发——那是西方“思想”与俄罗斯“心灵”的冲突。因为他有足够的理由认为,这样的冲突继续在每个受过教育的俄罗斯人的心头激荡,哪怕大多数时候都是无意识。

---

* E. H. 卡尔也谈到俄国激进的西欧派与斯拉夫派在一八四八年革命后的观点趋同现象。“大约在巴枯宁向世界宣布俄国人民的革命命运时,他在莫斯科曾见过康斯坦丁·阿克萨科夫,后者阐发了一套学说,来自同样的前提,表现出许多同样的特点,得出的却是截然相反的结论。阿克萨科夫是最重要的莫斯科斯拉夫派分子,他们像巴枯宁一样特别重视斯拉夫民族的特殊命运。在彼得大帝使俄国成为一个现代国家之前,俄国乡村的土地拥有方式是公社制;彼得大帝的这个行为就像卢梭的所谓‘文明’一样,是现代时期堕落的根源。斯拉夫的使命是反抗现代文明的物质主义,将俄国(从俄国到世界)带回原始的完美状态,斯拉夫派在彼得大帝以前的古俄罗斯发现了这种状态。阿克萨科夫的结论是反动的,而巴枯宁的结论则是革命性的。但两个人的结论都是纯主观的,他们的学说其基本特征是一样的:关于俄国农民的理论是浪漫的,相信斯拉夫民族特殊的世界使命。”E. H. 卡尔,《米哈伊尔·巴枯宁》(伦敦,1973),第 180 页。 (转下页)

五

因此，陀思妥耶夫斯基给迈科夫的信可谓一种报偿，我们得以瞥视那尚在成形阶段的心理与思想的母体，终有一天，陀思妥耶夫斯基未来的作品会从中诞生。从更直接的意义上说，它还包含了我们可以获得的有关其文学计划与活动的最广泛可靠的信息。“我无事可做时，”他写道，这是第一次明确提到《死屋手记》，“就把监狱生活的一些回忆写下来，是那些特别稀奇古怪的，不过其中只有很少个人的事。如果我写好了，且机缘**凑巧**的话，我就把手稿送给您，作为我的纪念品。”[19]

这些话说明，在陀思妥耶夫斯基最初的设想中，此书纯属个人讲述的监狱生活，是为他自己及几个朋友写的。虽然尼古拉一世去世后，书报检查制度环境有些松动，但要在当时就出版这类著作几乎是不可能的。因此，陀思妥耶夫斯基在提到他的草稿时，只是称它为有趣的消遣，不管他是否考虑过

十九世纪俄国文化的这种深层一致性常常因为表面思想冲突的激烈而被历史学家忽视，不过这倒为其时艺术的繁荣昌盛提供了基础。阿伯特·格里森关于六十年代的一部敏锐之作也谈到了这同样的现象：“斯拉夫主义的知识源头是浪漫主义的、反革命的价值观，但它以一种挑衅的方式将俄国人民与俄国政府对立，对总体的俄国文化和具体的俄国思想构成了最深刻的影响。从一八四〇年代开始，斯拉夫派的思想影响了俄国政治阶层的方方面面，从极左到极右。”格里森还指出，斯拉夫派思想在索尔仁尼琴那里非常活跃，但他没有提的是，它们也许是通过陀思妥耶夫斯基这一中介。参见格里森，《年轻的俄国》（纽约，1980），第 36 页及整个第二章（《斯拉夫派与民粹派》）。

有关俄国历史上的这类信仰之根源的精彩而富有想象力的阐释，或者说得更准确些，俄国关于自身历史的神话，请参见米哈伊尔·切尔尼亚夫斯基，《沙皇与人民》（纽约，1969），尤其是第四至七章。

最终出版，他一定没有想到对内心生活进行任何“忏悔”或“探究”。他从一开始就强调该计划的非个人性，后来所有相关说法都坚持同样的主旨。

陀思妥耶夫斯基还告诉迈科夫——仅仅迈科夫一人——在劳役营期
234 间，他在脑子里构思他所说的“我的伟大的、决定性的小说”，遗憾的是，他无法写下来。他承认，他担心随着时间流逝，他对这部作品的热情会慢慢冷却；幸运的是，他像过去一样热情饱满。“我创造的那个形象以及整个故事的基础需要几年的发展，我相信，如果没有准备，写得特别狂热，我会把整个故事毁掉的。”陀思妥耶夫斯基闪烁其词地解释说，在释放时他还没有开始写这部“决定性的小说”，那是因为与玛丽娅的那段爱情故事（“一种情况，一个事件，花了很长时间才来到我的生活，终于来了，我完全被搅乱、被吸引了”）。结果那部重要作品没写，他着手某个更为轻松的。“我开始写一个喜剧，写着玩，却居然引出了许多喜剧性场景和许多喜剧性人物，我的主人公让我很满意，我抛弃了喜剧形式，尽管它很成功，哪怕只是更多地随我的主人公去冒险，嘲笑他们，我也很开心。这个主人公某种程度上像我。简言之，我在写一个喜剧小说，但目前只是写了我掌握的单个冒险故事，现在我要把它们**编成**一个整体。”[20]这些话是否指《舅舅的梦》或《斯捷潘奇科沃村》，这一点并不清楚；第一个很有可能，因为其中有早期戏剧形式的明显痕迹。

尽管他说“我今年几乎没有读什么”，陀思妥耶夫斯基还是跟迈科夫谈了他对文学近况的印象。“最让我开心的是屠格涅夫——只是很糟糕的是，这样**一个巨大的天才却缺乏自控能力**。”[21]无法知道，陀思妥耶夫斯基脑子里想的是屠格涅夫哪部作品，但《猎人笔记》已于一八五二年结集出版，一八五六年他的戏剧和短篇小说不断发表，《罗亭》的第一部分就在陀思妥耶夫斯基写信的当月在《现代人》杂志上连载。陀思妥耶夫斯基对屠格涅夫在一八五〇年代创作的作品始终保持敬意(尤其是发表于一八五九年的《贵族之家》),这也不奇怪:批评家们都认为,屠格涅夫是所有俄国重要作家中最顽固不化的西欧派,但像所有其他人一样,这时暂时经历了一个强烈的斯拉夫派阶段。[22]

陀思妥耶夫斯基还写道,一个仅仅署名为列·托(当然是列夫·托尔斯泰,正在文坛崭露头角)的作家“让我非常喜爱”,但他接着说出了有史以来最可怕的、错误的文学预言:“在我看来,他将写得很少(也许我是错的)。”[23]他确实错了,尽管托尔斯泰的早期作品有着明显的自传色彩(《童年》,《塞瓦斯托波尔故事》),这可能导致陀思妥耶夫斯基错误地认为,这位新手缺乏想象力,一旦个人生活题材耗尽,就无法超越。陀思妥耶夫斯基继 235
续表达对奥斯特洛夫斯基的兴趣,他承认只是读过选段,但他显然发现这些文字太外在化,太过于关注再现莫斯科商人阶级的地方特色。“他也许对俄国的某个阶级非常了解,但在我看来,他不是一个艺术家。此外,我觉得他似乎是**一个没有理想的诗人**。看在上帝的分上,请纠正我,把他最好的作品寄给我,这样我才可以了解他,而不为批评家左右。”[24]

这封信对皮谢姆斯基有些赞美之词,后者其时正声名鹊起;陀思妥耶夫斯基发现,他“聪明,心地善良,甚至可以说是天真:他懂得怎样讲故事”。但他觉得皮谢姆斯基写得过于匆忙;陀思妥耶夫斯基的话完全可以视作是对自己一八四〇年代许多心血的忧郁反思。“年轻时各种想法纷至沓来,但并非每个倏忽即逝的思绪都要捕捉,加以表达,我们不该匆匆说出口。最好等到更大的综合体——思考更多,直到表达一个想法的许多小的片断聚集在一起,成为一个更大的整体,一个栩栩如生的形象,然后再进行表达。巨人般的作家创造的巨人般的形象,常常是在艰苦漫长的时间内创造完成的。”陀思妥耶夫斯基将皮谢姆斯基与一般女性作家相比,他认为,她们都共同缺乏耐心,因此从不会成为真正伟大的艺术家,“哪怕像乔治·桑这样无疑是巨人般的艺术家也如此……”[25]陀思妥耶夫斯基还对伟大的哲理抒情诗人 Φ. И. 丘特切夫的诗歌大加赞美,屠格涅夫最近(一八五四)首次将丘特切夫的诗歌结集,作为《现代人》增刊予以发表。

这时的陀思妥耶夫斯基不再率尔操觚,为了继续证明对沙皇的忠诚,他又写了一首诗,《加冕与和约》,他分别通过加斯福特将军和弗兰格尔提交。这首诗没有什么个人关切,主要是祈祷至高无上的上帝祝福新沙皇,祝福俄罗斯的救星。据我们判断,他还写过我们已经提到的“爱国主义文章”,本想在克里米亚战争结束后发表,后来放弃了这个念头。他最想做的事情就是写小说,正如几个月后他给弗兰格尔的信中所说,他相信惟有小说“能让我成名,吸引我的注意力”;但别人劝他,目前还不允许他发表小说。“迄今为止,小说被视为一种消遣,”他说,料到了当局的看法。[26]他目前最抱希望的是《谈艺书简》,他想写出来(或许部分已经写好),主要讨论的是“基督教的艺术使命”。

六

236 遗憾的是,虽然他一八六〇年代初期的文学杂文无疑反映了他这个时期所玩味的思想,即艺术与超验或超自然理想的关系,但陀思妥耶夫斯基的文献里却找不到这种文章。我们知道,他对这项工作非常投入,曾请弗兰格尔询问米哈伊尔和迈科夫,看看哪里能够发表。“《现代人》始终对我怀有敌意,”他就此写道,“《莫斯科人》也如此[斯拉夫派的刊物]。《俄国导报》发表了卡特科夫研究普希金的导论，他的观点跟我截然相反。剩下的就只有《祖国纪事》了，可《祖国纪事》现在的情况怎样？”[27]卡特科夫表达的观点是，“诗从本质上说跟认知思维一样，跟知识一样，跟哲学一样”。[28]我们可以认为，陀思妥耶夫斯基反对任何这样等同性的说法，在他看来，诗的本质绝不能等同于“认知思维”，因为艺术表现的是理性思考不可及的生活诸方面，是超越理性思考之把握的。

至于《现代人》，一八四〇年代后期就对陀思妥耶夫斯基表现过敌意，最近再次不友好，这引起他的抱怨。因为就在他绞尽脑汁、想方设法让自己的名字重返文坛的当儿，他自己没有花什么力气，就有人把提醒文化界他存在着的任务完成了，可这激起的不是感谢而是愤慨。一八五五年十二月《现代人》刊发了 И. И. 帕纳耶夫的一篇短文（系列连载《新诗人关于彼得堡生活随笔》的一个部分），其中一部分内容明显在暗示，《穷人》因别林斯基赞美引起文坛骚动，作者声名昙花一现，最后被所有曾为其鼓吹的人抛弃。作者没有提到名姓（那个成问题的年轻作家只是被称作库米尔契克〔Кумирчик〕，或“小偶像”），对那些不了解情况、对彼得堡错综复杂的文坛闲话孤陋寡闻的读者来说，他们很可能不知道，这是在说陀思妥耶夫斯基。但他在乎的所有的人——他以前过从甚密的别林斯基文学沙龙的成员，他的文学同道和竞争对手——都非常清楚帕纳耶夫在讥讽谁。

这篇文章标题为《文学偶像、浅尝辄止的文学家及其他》，帕纳耶夫首先嘲讽自己有颂扬、美化文学名人的倾向——他承认，这是他早自青春期就有的一个特点。这种倾向有时会让他陷入麻烦，因为“我天性需要卡莱尔式的 237
英雄权威崇拜——在没有真正英雄的情况下，我会膜拜小偶像，那是由我信赖的身边人［也就是别林斯基］创造出来的。某个这样创造出来的偶像，我们对他是既烧香又磕头，他快要受不了了”。帕纳耶夫描绘说，他们一伙人抬着这个“小偶像”在大街上游走，对公众叫嚷道：“这就是我们刚刚诞生的小天才，他的作品不久就会消灭过去、现在的所有文学。膜拜吧！……”这些话明显在讽刺别林斯基对陀思妥耶夫斯基小说的过分赞美，而他圈子里的人又到处鹦鹉学舌。

帕纳耶夫继续闲话“小偶像”——一次高雅的舞会上，他在一位年轻漂亮、“雾鬓风鬟”的交际花面前出现——因为沉湎于感情（陀思妥耶夫斯基确实发生过这种情况）而江郎才尽。结果，“小偶像”因为尴尬，他拒绝回到文学界，而是回了自己的家，梦想着他跟那位无法抗拒他的声名诱惑的资产阶级美少女的恋爱场面。他醒来发现，那不过是一场梦，于是他抓挠着头，绝望地啜泣起来。随后，他跑到印刷商那里，后者计划将他的杰作收入一部选集，他坚持要将他的作品跟别人的东西分开，每页都要镶金边，并且要安排在全书的最后一篇。印刷商为“小偶像”的名声所迫，答应了他——回信用的是诗歌，并且引用了几句屠格涅夫和涅克拉索夫一八四六年写的嘲笑陀思妥耶夫斯基的讽刺诗。从那时起，帕纳耶夫写道：“我们的小偶像开始胡言乱语，他很快被我们从基座上挪走，彻底遗忘。可怜的人！我们杀了他，我们让他变得滑稽可笑。这不是他的错，他无法保持我们给他的高位。”[29]

对一个因为政治罪在监狱待了四年、目前仍在俄国军队服刑的人来说，帕纳耶夫的文章是极端邪恶、卑劣的重击。我们如何解释这种无缘无故的冒犯？当然不是跟别林斯基的文学沙龙、跟《现代人》（如今由涅克拉索夫、帕纳耶夫负责）昔日恩怨的残留。不是，理由在于，彼得堡新闻界是狭窄的小世界，编辑、作家每天都跟行政高官接触，有关陀思妥耶夫斯基两首诗——尤其是第二首，孀居的皇后亲自朗诵过——的谣言流传出来，导致一度非常普遍的针对他的反感再次复活。陀思妥耶夫斯基读了这篇侮辱性短

文，我们可以从阿列克谢·普列谢耶夫的一封信中推知其愤怒之情。“我明
确告诉他［涅克拉索夫］，”他在一八五九年四月写信给陀思妥耶夫斯基，“您 238
已决定，除非十分必要，您不会找他［也就是他的杂志］的，因为你们糟糕地
对待他；听我说了后，涅克拉索夫说，如果《现代人》真的［？］在您流放期间说
您坏话，那就非常可恶；他自己承认这一点。”[30]

七

涅克拉索夫面对普列谢耶夫指责时的闪烁其词，他话语中的明显不安，可能是因他本人的一个作品引起的，陀思妥耶夫斯基从未读到过。这个神秘的文本最终出版于一九一七年，是对一个故事冷嘲热讽的讲述，陀思妥耶夫斯基本人多年后也在他的《作家日记》里讲过这个故事——涅克拉索夫如何带着《穷人》的手稿去找别林斯基，那位大批评家如何起初怀疑、接着欢呼那是一部杰作，涅克拉索夫如何在深夜将陀思妥耶夫斯基叫醒、告诉他这个好消息。所有这些都被略加改动后在一个小说中展现出来——别林斯基被叫作莫特萨洛夫，陀思妥耶夫斯基是格拉日耶夫斯基，涅克拉索夫成了丘多夫，《穷人》改名为《铁石心肠》——但本事清清楚楚、明明白白。这个片断显然是一个较大的完整故事的一部分，以一种绝非谄媚的口吻，描述了别林斯基文学沙龙的生活与内幕。现存文本只有一部分是跟陀思妥耶夫斯基相关的，写作日期也不清楚，但优秀学者一致认为，应该与帕纳耶夫的**小品文**是同一年，这说明其所包含的对陀思妥耶夫斯基的尖刻描写是对他努力回归

文坛的同一种反应态度。*

片断首先是对别林斯基的深情描绘，他是一个易怒的人，总是被不分青红皂白的泛滥热情压倒，虽然徒劳挣扎想控制自己的过度情绪，但读了《穷人》手稿后，一切又故态复萌。诚然，是涅克拉索夫让他注意到这部作品，他对它的赞美也溢于言表，但明显的意思是，他相信这位批评家会再次勃然大怒，莫特萨洛夫宣称："我告诉你，丘多夫……我不会用整个俄国文学来换《铁石心肠》的。"[31]

片断最好的部分是对陀思妥耶夫斯基的刻画——尽管充满讽刺，陀思
239 妥耶夫斯基的形象对真正的折磨要比帕纳耶夫更敏感，那是他那恼人的害羞混杂着极度的虚荣所造成的。听到成功的消息后，陀思妥耶夫斯基非常开心，他答应第二天见涅克拉索夫，并拜访别林斯基，但最后爽约了。不耐烦的涅克拉索夫发现，他还在家里床上躺着，他怕见别林斯基。"那位伟人[讥讽陀思妥耶夫斯基的叫法]还没穿衣，脸上是迟疑很久的神情，他内心在斗争，很虚弱。"从陀思妥耶夫斯基的嗫嚅，涅克拉索夫推断，他担心个人相貌跟作品产生的效果相冲突；有一句残酷的评论，手稿上删掉了，但仍可以识别："丘多夫不禁笑了起来，他知道麻烦是什么……不过，这样的担心完全有理由。"[32]

这种犹豫不决激怒了涅克拉索夫，他愤然离开，后又被陀思妥耶夫斯基的仆人在街上叫住，请他等一等，于是两位年轻作家一起去了别林斯基的住所。一幕非常容易让人想起《双重人格》的相同喜剧再现了：陀思妥耶夫斯

---

* 学者们已经讨论过若干次，该片断初次印刷时是否为《铁石心肠》，是否一个更大完整作品的一部分，叫《我多么伟大！》，以特别小的版次单独出版。目击者说有这样一个作品，但迄今为止没有人看到过。更多信息包括日期问题，可参见 Н. А. 涅克拉索夫，《全集与书信》（В. К. 叶夫根涅夫-马克西莫夫、А. М. 克罗利娃、К. И. 丘科夫斯基编辑，六卷，莫斯科，1950），第六卷，第 573-578 页。

基没有勇气按门铃，退到了楼梯间；但当涅克拉索夫说别林斯基会不高兴时，他又猛地转身，两个人走了进去。陀思妥耶夫斯基蹑手蹑脚地走到别林斯基的房间，接受那位批评家的夸赞。这段描写虽然有些夸大其词，但足证涅克拉索夫的刻画才能，还有他对待这位昔日朋友半同情半嘲笑的态度。

> 直到那时，丘多夫[涅克拉索夫]才明白格拉日耶夫斯基[陀思妥耶夫斯基]的优柔寡断，他发现，《铁石心肠》的作者在批评家咄咄逼人的目光下吓得真可怕。十分胆怯时，他浑身哆嗦，习惯缩成一团，一般的害羞是根本无法表达他的那种状况的。丘多夫想，只能用他自己杜撰的那个词来描述这种情形了，即 стушеваться，让自己消失、不见、抹掉。* 格拉日耶夫斯基整个脸色突然变得很沮丧，眼睛消失在眉毛下面，头垂在肩上，他的声音一直很低沉，失去了全部的清晰与自由，听起来就像一个天才发现自己待在一只空桶里，空气稀薄；与此同时，他的动作、眼神、哆嗦的嘴唇、前言不搭后语都表示着怀疑与担心，太多的悲 240
> 哀，让人不忍嘲笑。[33]

这幅画面无疑捕捉到了陀思妥耶夫斯基性格的某个方面，是我们所能掌握的一八四〇年代他留给别人的最为生动的印象。正如 К. И. 丘科夫斯基所说，它还先行描绘了地下人的某些方面，几年后陀思妥耶夫斯基亲自创造了这样的人物形象。但如果以为真实的陀思妥耶夫斯基仍是这种

* 陀思妥耶夫斯基本人没有杜撰这个词，但他确实赋予了该词涅克拉索夫所提到的那个意思。在俄国文学语言定义词典中，解释其具有“乘人不注意溜走、消失”的含义时，第一个例子就引自陀思妥耶夫斯基的《双重人格》。《当代俄国文学词典》（十七卷，莫斯科-列宁格勒，1950-1965），第十四卷，第 1116 页。

举止,那就错了;涅克拉索夫创造的那个在《铁石心肠》写作时期的形象不复存在了,因为陀思妥耶夫斯基在劳役营已经彻底摆脱了他那后果严重的心神不宁与忧郁。“如果你们以为,我仍像在彼得堡时那样神经质、忧虑不安、怀疑自己疾病缠身,”他告诉米哈伊尔,“那就请你们改变想法,一点影子都没有了,其他情况也如此。”[34]痛苦已经坚固了陀思妥耶夫斯基。从流放地回来数年后,他为了自我辩护而与《现代人》杂志发生争执,这个一度滑稽、胆怯的“小偶像”,人人都可以讥嘲的人,最终证明是一个可怕的对手。

注释

[1] 转引自格罗斯曼,《终身褫夺公民权的陀思妥耶夫斯基》,《文学遗产》,第二十二至二十四卷,第688–689页。

[2] A. H. 迈科夫,《作品全集》(П. В. 比比科夫编辑,三卷,圣彼得堡,1914),第二卷,第13–20页。

[3] 更多细节,请参见拙著《陀思妥耶夫斯基:反叛的种子,1821–1849》,第十五章。

[4] 陀思妥耶夫斯基,《书信集》,第一卷,第164页,一八五六年一月十八日。

[5] 同上,第163页。

[6] 同上,第165页。

[7] 同上。

[8] 同上。

[9] 同上,第166页。

[10] 同上。

[11] 转引自 A. A. 科尔尼洛夫,《亚历山大二世时期的社会运动》(莫斯科,

1909),第 6 页。

[12] 别林斯基,《哲学著作选》(莫斯科,1948),第 371 页。

[13] 安年科夫,《非比寻常的十年》,第 159 页。

[14] 安杰伊·瓦利茨基,《斯拉夫派的矛盾》,第 587 页。

[15] 赫尔岑,《文集》(三十卷,莫斯科,1954–1961),第二十四卷,第 197 页,一八五一年七月二十六/十四日。

[16] 参见劳尔·拉布里,《亚历山大·伊万诺维奇·赫尔岑,1812–1870》(巴黎,1928),第 356 页。

[17] Д. Н. 奥夫相尼科-库利科夫斯基,《俄国知识分子史》(三卷,圣彼得堡,1909),第二卷,第 4 页。

[18] 赫尔岑,《往事与随想》,第二卷,第 549 页。

[19] 陀思妥耶夫斯基,《书信集》,第一卷,第 164 页。

[20] 同上,第 166–167 页。

[21] 同上,第 167 页。

[22] 亨利·格兰亚德称《贵族之家》是“[屠格涅夫]创作生涯中最斯拉夫派的作品”,参见其《屠格涅夫与同时代政治潮流》(巴黎,1954),第 242 页。

[23] 陀思妥耶夫斯基,《书信集》,第一卷,第 167 页。

[24] 同上。

[25] 同上。

[26] 同上,第 184 页,一八五六年四月十三日。

[27] 同上。

[28] 转引自罗伯特·路易斯·杰克逊,《陀思妥耶夫斯基对形式的寻求》(纽黑文,1966),第 38–39 页。

[29] И. И. 帕纳耶夫,《帕纳耶夫全集》(六卷,莫斯科,1912),第五卷,第 1–11 页。

[30]《普列谢耶夫与陀思妥耶夫斯基通信集》,见于《Ф. М. 陀思妥耶夫斯基: 资

料与研究》(A. C. 多利宁编辑,列宁格勒,1935),第 444 页,一八五九年四月十日;以下引文称《资料与研究》。

[31] K. 丘科夫斯基,《陀思妥耶夫斯基与别林斯基的文学沙龙》,见于《H. A. 涅克拉索夫: 文章与资料》(列宁格勒,1926),第 352 页。

[32] 同上,第 354 页。

[33] 同上,第 356 页。

[34] 陀思妥耶夫斯基,《书信集》,第一卷,第 159 页,一八五五年八月二十一日。

第十七章　“强”“弱”典型

一

陀思妥耶夫斯基急于重返文学生活，他强烈地感到，远离俄罗斯文化中心有诸多不利。书籍和杂志需要很长时间的间隔和拖延才能到达遥远的西伯利亚，图书馆之类的设施根本就闻所未闻。在给米哈伊尔的一封信中，他痛苦地抱怨说，与文学、文化界保持接触困难重重，在遥远受限的流放地，要掌握家里发生的大小诸事很不容易。“你无法知道，哥哥，”他写道，“闭目塞听地商谈（姑且这么说吧）文学事务，这是什么滋味，写作时手头连最起码的图书杂志都没有，这是什么滋味。我想以‘外省来信’之类的标题，写一组关于当代文学的文章。我在这方面已经积累很多，写了不少，我知道我能够引起注意。可结果是：因为缺乏材料，也就是说过去十年的杂志，我放弃了。我的一切，我的文学想法和文学事业就是这样烟消云散的。”[1]

因此，类似阿波隆·迈科夫这样的来信，能够让陀思妥耶夫斯基一窥他被迫暌离的文化环境，对他就十分珍贵。就此而言，这些年间与他书信往还的人，没有谁比普列谢耶夫做得更好。普列谢耶夫是一个活泼、投入、洋溢着理想热情的年轻诗人，是陀思妥耶夫斯基过去最亲密的朋友。两人属于同一个圈子，曾并肩站在假死刑的行刑台上；当陀思妥耶夫斯基（以为）要被带到死刑柱前时，普列谢耶夫是他拥抱诀别的两个人之一。

像所有彼得拉舍夫斯基小组成员一样，普列谢耶夫也被正式判处死刑，但尼古拉一世将判决改为在俄国军队作为列兵服役，他被派遣到乌拉尔山脉南部的奥伦堡要塞。他最初一两年的生活很艰苦，但没法跟陀思妥耶夫斯基等被判服苦役的人吃的苦相比。他母亲是个寡妇，丈夫曾担任俄军少将，她四处求情哀告，他的命运因此大为改观。普列谢耶夫一八五三年参加
242 了反对吉尔吉斯的远征，战斗中表现突出，因此被提拔为没有军官衔的军士。两年后，尼古拉一世去世，他被授予少尉，又因亚历山大二世的特许，得以从军队退役，在文职部门找到一个职位。

一八五六年底，普列谢耶夫开始跟陀思妥耶夫斯基通信，耽搁了几个月后——恰好是陀思妥耶夫斯基婚前最闹心的时期——后者温暖地回复了。陀思妥耶夫斯基这样做当然有许多理由，如今又多了一个发表诱惑的理由。普列谢耶夫一向宽宏大量，与编辑、出版商早有接触，他迫切想帮助这位老朋友，后者对自己的经济困境叫苦不迭。“亲爱的朋友，把你所写的一切都寄给我，”普列谢耶夫敦促他，“一定会乐于印刷的，我保证。”[2] 当时住在奥伦堡的还有 M. Л. 米哈伊洛夫，后者很快将在一八六〇年代初成为激进宣传

阿列克谢·普列谢耶夫

的领袖。普列谢耶夫高兴地告诉他的通信人，米哈伊洛夫跟所有的杂志都有联系，他到处在找可以付现钱的稿子。

陀思妥耶夫斯基给普列谢耶夫的信件不幸都丢失了，留下的只有后者
243 的回信，乍一看似乎不怎么重要，因此也就少受关注。但普列谢耶夫的书信包含了许多珍贵材料，我们很容易依此重构陀思妥耶夫斯基对一八五〇年代后期文学、文化场景的观点，并把握他的一些正在形成的态度，这些态度不久注定要跟影响很大的左派思潮发生冲突。普列谢耶夫是陀思妥耶夫斯基的优秀陪衬，因为他们长期保持亲密，普列谢耶夫就可以毫无保留地表达不同的意见。不过，为了理解他们之间争论的那些问题，有必要首先描绘一下俄国文化的背景，两位朋友的友好争论就是在此背景上展开的。

二

某种程度上说，俄国的文学批评始终是针对禁止讨论社会-政治事务的一种迂回之计。因此，一八五〇年代后期开明、进步思想复兴的第一个标志——一八四八年抓捕彼得拉舍夫斯基小组成员、严厉进行书报检查与打压之后开始恢复的第一个标志——就是出现一些讨论文学和美学问题的文章。其中许多出自Н.Г.车尔尼雪夫斯基笔下，一八四〇年代后期他是彼得堡的学生，转向社会主

义。* 他是东正教神父的儿子，最初在家里接受父亲的教育。父亲是低级的外省神职人员，对现代世界抱非常开放的态度，他的藏书室里有赫尔岑、狄更斯和乔治·桑的著作。车尔尼雪夫斯基后来进入一家神学院，毕业后没有继续学习做神父，而是进入大学，成为一个虔诚、用功、不苟言笑的学生，学习斯拉夫语文学与文学。在那里他结识了一些人，他们让他接触到了流
行在彼得拉舍夫斯基小组成员中间的思想，甚至认识陀思妥耶夫斯基秘密 244
小组的两个成员——П. Н. 菲利波夫，他是斯佩什涅夫秘密团体的成员，还有 А. П. 米柳科夫。如他在《日记》中所说，他后来没有经常去彼得拉舍夫斯基家，因此躲过围捕，这纯属偶然。

在故乡萨拉托夫做了一阵乡村教师后，车尔尼雪夫斯基一八五〇年代初回到彼得堡，开始为各种进步期刊写文章。他的文章和评论具有挑战性，很快引起注意；他的笔不知疲倦，他也乐于承担编辑责任，因此在《现代人》很快成为涅克拉索夫不可或缺的帮手。他阅读广泛，充满奋斗热情，主要感兴趣的是政治、经济和历史，而不是文学或哲学。如果说他关心后者，那也只是因为他能够借助它们来表达自己的激进思想，熟练运用伊索式语言会

---

* 虽然俄国以外的人对他所知甚少，但车尔尼雪夫斯基是理解十九世纪俄国历史与文化的核心。更有甚者，他的作品是当今苏俄官方文化所立足的基础之一，尽管在高级知识分子和艺术精英中间，他的思想已经不再有多大影响。俄国当然有关于他的大量研究文献（他已成为一个学术产业），但我们没有必要在注释中堆砌这些参考资料。一本尽管有些过时但还有用的关于他的俄语文献指南，是 М. П. 尼古拉耶夫的《车尔尼雪夫斯基论集》（列宁格勒，1959）。

幸运的是，有一部研究他的出色的英文著作，威廉·F. 沃尔林的《车尔尼雪夫斯基：人与报人》（麻省坎布里奇，1971）。从社会-政治角度概括其生涯的著作是弗朗哥·文图里的《革命的根基》（纽约，1966）第五章。E. 兰珀特的《子与父》（牛津，1965）第三章也写得很出色，不过在我看来狡辩过多。作为入门，这些作品就够了。

纳博科夫的《天资》（迈克尔·斯卡梅尔与作者合译，纽约，1963）第四章对车尔尼雪夫斯基作了喜剧性、怪诞性的描绘，他依据的是广泛的文献，又饱含惊人的同情与温柔。纳博科夫把车尔尼雪夫斯基变成他那不朽的普宁教授的先驱。

更多一些自由。

车尔尼雪夫斯基的文学观是在别林斯基最后一个阶段的文章基础上形成的，其时那位强大的批评家越来越强调艺术家的社会功能与责任。因此这位年轻的宣传家主要是根据社会内容来讨论创作，按照他个人的文学偏好来进行评价，那种文学继承的是果戈理（别林斯基解释后的）暴露、批判社会邪恶的传统。这些文章让《现代人》周围的文人达士非常不快、大伤脑筋，他们既不喜欢他随意处理他们的作品，也不喜欢他挖苦嘲讽的调子，那让他们觉得有违优雅趣味。这种基于“趣味”而对车尔尼雪夫斯基差不多是断然否定的做法表明，他和其他人之间存在深刻的分裂，这将对俄国文学产生重大影响。

俄国大多数文人——涅克拉索夫、屠格涅夫、托尔斯泰、帕纳耶夫、格里戈罗维奇、迈科夫，仅提围绕在《现代人》周围的一些人——都是拥有土地的贵族后裔，或者起码像别林斯基和陀思妥耶夫斯基一样，是其文化传统中成长起来的。可是，车尔尼雪夫斯基是在神学院接受的教育，年轻的杜勃罗留波夫也如此，他很快把后者招来做自己的助手；那些成名的作家、新闻记者、宣传家也有许多喜欢表达这种新一代的感情。他们是第一批平民知识分子（разночинцы），没有官衔或地位，却在本世纪余下的时间里在俄国文化方面发挥了主宰性作用。他们确定了别人将追随的基调——这种“基调”立即引起一八四〇年代老一辈代表的大为不快，他们认为首先要取代的就是这一辈人。

两代人的差异可以追溯到由阶级背景和教育差别而造成的分歧，这种
245 差异很快暴露出来。贵族作家蔑视那些有着侮辱性称谓的“神学院学生”，

因为他们粗鄙、缺乏教养。* 而神学院学生则憎恶(也就不想学习)潇洒自在、高贵优雅的举止,天下一家的文化,视艺术为智慧源泉的态度——那是青春时期陶醉于浪漫的理想主义的最后残留——这是一八四〇年代相对老派的一代人的明显特征。对车尔尼雪夫斯基和杜勃罗留波夫来说,这种对艺术的敬重态度还有特定的宗教意味。车尔尼雪夫斯基和杜勃罗留波夫都是神职家庭的后代,青年时期也曾有强烈的宗教情绪,但在费尔巴哈及其俄国黑格尔左派追随者如别林斯基尤其是赫尔岑的影响下,他们又一样热情地转向了无神论。此外,他们性格中顽固的狂热性,他们将文化礼仪视为可耻的轻浮的那种极端鄙薄的态度,似乎可以归因于他们神职先祖的传统。** 无论如何,他们是——或者希望是——顽固不化的唯物主义者和实证主义者,其全部精力都在促进激进的社会变革,他们认为,未来的希望就在其中。在他们看来,在以刚健、活跃的方式重塑俄罗斯性格时,早一辈人的社会-文

---

* 这个阶段的回忆录充斥着各种趣闻轶事,说的是老辈对新辈的深深厌恶。帕纳耶夫夫人的回忆录记载了一次晚宴谈话,可以作为这类故事的代表。“《现代人》的老投稿人觉得,”她写道,“车尔尼雪夫斯基和杜勃罗留波夫一伙造成了可怕的厌烦。‘他们有墓穴的气息,’屠格涅夫认为。‘没有什么能让他们感兴趣。’文人[Д. В. 格里戈罗维奇,以刻毒著称]声称,甚至他们在卫生间洗澡时,他都能嗅出神学院的学生来;你可以从桐油、煤灰的气息感到神学院学生的存在,因为他们[神学院学生]吸收了全部的氧气,灯光也渐渐微弱,你会觉得呼吸困难。”参见 A. Я. 帕纳耶娃,《回忆录》(莫斯科,1956),第 253 页。为了回应这种私下的侮辱,神学院学生在公开出版物中深恶痛绝地描写那些“多余人”,他们是开明贵族知识分子的代表。

** 尼古拉·别尔嘉耶夫对俄国虚无主义者的特点有总体论述,阿伯特·格里森将那些说法用到车尔尼雪夫斯基和杜勃罗留波夫身上,这非常正确,尽管恰当地说,“虚无主义”一词只限于指屠格涅夫《父与子》发表后一八六〇年代中期的那些激进思想。

别尔嘉耶夫写道,虚无主义“生长于东正教的精神土壤之中,惟有东正教塑造出来的灵魂才会出现虚无主义。它是东正教苦修主义的翻转,是没有恩典的苦修主义。从其纯粹性及深处看,俄国虚无主义的基础在于东正教对现世的拒绝,它所理解的真理是‘整个世界都在邪恶之中’,它承认所有的富有与奢华都是罪恶的,艺术及思想中的所有创造性繁复都是罪恶的……虚无主义不仅认为艺术、形而上学和精神价值都是罪恶的奢华,宗教也是如此”。参见尼古拉·别尔嘉耶夫,《俄国共产主义的起源》(安阿伯,1960),第 45 页;转引自阿伯特·格里森,《年轻的俄国》,第103 页。

化影响是主要的障碍；而重塑是任何进步的必要前提。因此，大量的阶级反感混合着个人的厌恶进而毒化了两个集团之间很快爆发的意见冲突。正如赫尔岑在跟车尔尼雪夫斯基冲撞后所说——他的话表现了极为普遍的看法——“他们，我是说我们那些狭隘的人，照其口气会促使天使去战斗、促使圣徒去谩骂。”[3]

三

246 自车尔尼雪夫斯基发表博士论文《艺术对现实的审美关系》，又在《现代人》杂志自我评论（匿名）之后，起初还是窃窃私语的不满就演变成了愤怒的吼叫。更早时候，在圣彼得堡大学的阶梯教室公开答辩时，车尔尼雪夫斯基就带着明显的社会-政治口吻有意挑战那些权威。在拒绝德国唯心主义美学原则时，他实际上抨击的是形形色色诱骗人们生活于想象的、虚构的欢乐与满足世界的企图，尽管大多数人的实际物质需求尚未满足。他的哲学导师是费尔巴哈，就像费尔巴哈对上帝和宗教进行剖析与揭露，认为那只是人的最高属性与能力在超自然方面的愿望实现一样，车尔尼雪夫斯基要完成的是同样的任务，不过他关注的是他所认为的唯心主义代替性宗教即艺术。当然，这样的观点是无法公然表现的，但车尔尼雪夫斯基的读者都知道这包含着什么，因为马克思已经出于同样的理由跟黑格尔决裂，而车尔尼雪夫斯基也拒绝了唯心主义观点，并且把艺术带回现世生活中来。

在唯心主义美学家（黑格尔、F. T. 费舍尔）看来，艺术表达的是人类按照理想对不完美的自然进行改造的欲望。车尔尼雪夫斯基的观点恰恰相反，他直截了当地断言“美是生活”，自然不是不如艺术完美，而是真正愉悦的惟一源泉，各方面都远高于艺术。不过,因为人不可能始终满足真实的需要,艺术才得以存在;艺术因此是有用的,但它只是代理,直到真正的东西出现。“想象会建筑空中楼阁,”车尔尼雪夫斯基讥讽地写道,“当做梦人不仅缺少好房子,甚至缺少马马虎虎的小木屋时。”[4]因此,艺术的功能是“那些开始研究生活的人的指南,其目的是让学者阅读原始材料,随后用作参考书,以备不时之需”。[5]这就把艺术从属于生活及其实际需要,他明确告诉艺术家,其主要任务就是完成眼前的社会需要——无论这些需要是否碰巧就是批评家的意见。还很明显的一点是,如果车尔尼雪夫斯基的观点被接受,艺术就将没有任何独立价值和高度。“这样,”勒内·韦勒克说,“美学就沦落到底,或者说得更准确些,它被要求自杀。”*[6]

车尔尼雪夫斯基的论文发表后,俄国杂志掀起一阵风暴,潮水般的批评直 247
冲这位大胆的偶像破坏者而来。甚至脾气温和、举止有度的屠格涅夫也被激怒了,他这段时期的书信表明,对艺术虔诚的这番下手很重的攻击让他多么躁动不安(他在一封信中甚至称车尔尼雪夫斯基为“发臭的蟑螂”,该遭受最狠毒的“希伯来诅咒”的痛斥)。[7]在写给 B. П. 博特金和涅克拉索夫的信中,他的口气稍有节制:“既然谈到车尔尼雪夫斯基的著作——下面是我主要的反对意见:如他所述,艺术在他眼里只是现实生活的代用品——本质上只适合不成熟的人……这,在我看来是一派胡言。”[8]他还向《祖国纪事》的编辑 A. A. 克拉耶夫斯基致谢,感谢他印发了针对这部作品的批评文集。“谢谢你,为车尔尼雪夫斯基那部讨厌的著作费了那么多人力。我已经很久没有读到过如此让我失

* 卢卡奇殚精竭虑,想赋予车尔尼雪夫斯基的美学观念以某种知性羽饰,但就连他最终也不得不认为,在给艺术以科学的低级代理地位方面,车尔尼雪夫斯基没有“忠实于自己”。“显然,”他写道,明显是勉强的口吻,“艺术存在的真正独特性和意义在这里消失了。”卢卡奇,《美学史文献》(柏林,1956),第 157 页。有关车尔尼雪夫斯基观点的社会文化意义的深入讨论,可参见小鲁弗斯·W. 马修森,《俄国文学中的正面主人公》(斯坦福,1975),第 63–83 页。

望的书了。**它比邪书更糟糕;它是——邪恶的行径。**”[9]

陀思妥耶夫斯基当然捕捉到了这场激烈争论的回响,有关车尔尼雪夫斯基论文的争辩在一八五五至一八五六年间达到高潮,并由此确立了六十年代俄国艺术问题讨论的术语概念。* 陀思妥耶夫斯基的《谈艺书简》尽管酝酿可能更早,但似乎也应该是针对这场争辩的。屠格涅夫、托尔斯泰以及其他所有人都义愤填膺地反对车尔尼雪夫斯基,陀思妥耶夫斯基的态度起码跟他们一样。他一定会把这些观点看作是很久前他跟别林斯基争论时曾经质疑的那种观点的不幸结果,是一种极端的发展。他不是指责过别林斯基,为了促进社会进步事业,竟想把艺术缩减为单纯对“丑闻”的描述吗?我们可以看到,陀思妥耶夫斯基为宗教在艺术中的作用辩护,这是对车尔尼雪夫斯基在拒绝“想象”时所隐含的无神论意义的迎头一击;就在几年后,他确实发动了一场重要的攻击,针对的就是激进派的实用主义美学观。

四

就是在这样的背景上,陀思妥耶夫斯基和普列谢耶夫开始他们的书信

---

* 在《舅舅的梦》中,陀思妥耶夫斯基轻松地提到车尔尼雪夫斯基有关自然胜过艺术的争辩,尽管在其他地方,他对待这个问题非常严肃。在那篇小说中衰朽的 K 公爵活泼的外表本身就是技艺对年衰的胜利,他跟另一个主人公说,他接到一份寄来的假胡子价目表,很诱人,于是就给他的车夫订了一套,后来一想,那个健壮的农夫自己的胡子非常浓密。“不言而喻,困惑就产生啦:是不是该把他的胡子剃掉,或者退回寄来的假胡子,还让他留着他那个真胡子呢?我想了又想,最终还是决定让他戴假胡子。”他的对话人打趣地答道:“舅舅,这大概是因为艺术高于自然吧!”(2:318,另见第 517 页)

往来，其时后者正准备离开流放地，第一次回归故里。“我准备去首都，”他告诉陀思妥耶夫斯基，“……我终于可以再见彼得堡——顺便说一句，对我 248
来说，那是一个没有愉快记忆的地方。”他当然想旧雨重温，但非常警惕。“我想，文学圈不会改变，”他对陀思妥耶夫斯基写道，“一样的陈芝麻烂谷子，花哨俏皮，一样的把戏……就像过去一样，干些见不得人的勾当。”[10]最重要的，他非常关心《现代人》编辑部如何接待他。“我会去拜访涅克拉索夫，”他说，“但只要他们[杂志社]中有一个人对我颐指气使，我就决不会再跨入他的门槛一步。够了！向大人物俯首帖耳的时代已经过去了，那些人结果都是一群废物。”[11]

普列谢耶夫的最初几封信是出发前写的，对涅克拉索夫多有冒犯，这必定让陀思妥耶夫斯基高兴，后者正因冲着他的那篇侮辱性文章难受着呢。普列谢耶夫说，只要涉及金钱，涅克拉索夫就成了“可恶的掮客”，他举了奥伦堡一个年轻作家的例子，这位年轻人最近在那家杂志上发表了一些剧本片断，却几乎什么钱也没有拿到。不过，虽然陀思妥耶夫斯基对涅克拉索夫的诗歌显然作了否定性评价，他仍不愿苟同。“可是——我完全不同意你对涅克拉索夫才能的看法……他的作品里有爱，有对一切遭受蹂躏和痛苦的生灵的同情……他最近的作品尤其渗透着非常温润的、和解的感情。”[12]陀思妥耶夫斯基后来逐渐欣赏涅克拉索夫的诗歌，但这个时候他可能还没法喜欢，觉得他感情泛滥。在其时正在创作的一个中篇(《斯捷潘奇科沃村》)中，他特意提到涅克拉索夫最著名的“人道”诗篇，并加以嘲讽。

一到彼得堡，亲眼见到涅克拉索夫之后，普列谢耶夫的态度立即发生很大改变；陀思妥耶夫斯基想必也十分留意他与涅克拉索夫的谈话情形。普列谢耶夫告诉涅克拉索夫，鉴于《现代人》发表了针对陀思妥耶夫斯基的那些议论，陀思妥耶夫斯基不会再给它投稿了，除非有什么紧迫的需要。听到这些后,涅克拉索夫说了我们已经引用过的那段话。* 但普列谢耶夫补充说,“既然谈到了你[陀思妥耶夫斯基]在这里[一八四〇年代]跟他的争吵,
249 涅克拉索夫说,原因在于我们(即你和他)都很固执(他的话)。”显然,涅克拉索夫在尽可能地表示和解,普列谢耶夫赶紧强化这种印象。“现在我只想再说一句,他说起你时,充满了同情;总的说来,在我看来,他是一个非常好的人,虽然有时他的架势似乎相反,让人反感。”至于 И. И. 帕纳耶夫,那篇敌视陀思妥耶夫斯基的文章的作者,普列谢耶夫安慰性地说:“帕纳耶夫是徒有其表,没有人把他当回事的,不过他有自知之明,他不会自以为是,但他起码有一个优点,他对他的那些轶事很开心。”

一两个句子后,普列谢耶夫评价涅克拉索夫说:“在屠格涅夫(他极富同情心)和车尔尼雪夫斯基之后——我喜欢他[涅克拉索夫]胜过所有其他人。”因此,这些“其他人”不包括车尔尼雪夫斯基,他形象生动地讽刺他们是“小人国里的人,却个个以为自己是莎士比亚”。[13] 他早先曾说“屠格涅夫温暖而关切地说起你[陀思妥耶夫斯基]”,这样的消息对陀思妥耶夫斯基来说显然是恭维。在一八四〇年代跟屠格涅夫争吵以前,陀思妥耶夫斯基对后者的老练迷人等个人魅力有强烈的响应。普列谢耶夫在赞美屠格涅夫的性格方面不吝笔墨,并讽刺地说“所有那些耸立在基座上的普罗米修斯族,从正在朽坏的乐观主义者德鲁日宁,到凄苦的涅克拉索夫——都不配给他擦鞋。不久前,一个弄臣说屠格涅夫是耶稣基督的堂兄弟,这很恰当。实际上,他身上有某种难以言喻的魅力”。[14] 陀思妥耶夫斯基过去也曾表达非常类似的看法。

据普列谢耶夫说,还有一个人也对陀思妥耶夫斯基非常感兴趣,这多少

---

* 参见第 237–238 页。

有些奇怪，他就是著名批评家、诗人阿波隆·格里戈里耶夫。没有证据表明，陀思妥耶夫斯基一八四〇年代与格里戈里耶夫有什么私交，事实上后者对陀思妥耶夫斯基的早期作品，对其追随者及模仿者形成的“感伤自然主义”派评价很低。尽管如此，普列谢耶夫还是告诉陀思妥耶夫斯基：“还有一个人极富同情心地打探你的消息，他就是阿波隆·格里戈里耶夫。他就像换衣服一样换想法（不过，他是否经常换衣服，这很令人怀疑），但人非常优秀。”[15]普列谢耶夫言下之意是，格里戈里耶夫思想上桀骜不驯，这倒让这两位作家很快建立了重要联系。格里戈里耶夫注定要成为陀思妥耶夫斯基兄弟编辑、发行的两本杂志的主要批评家，他在思想、价值观方面跟费奥多尔·陀思妥耶夫斯基有许多共同点。

五

尽管陀思妥耶夫斯基与普列谢耶夫双方明显都很友善，但得事后之便， 250
我们还是能一目了然地看到，他们在思想观念问题上意见并不再一致。普列谢耶夫本人也受过流放之苦，他不会认为，陀思妥耶夫斯基费尽心思、想在当局面前恢复原先的生活，这是变节；他自己也给亚历山大二世写过信，请求从行伍转到文职，他还强烈建议陀思妥耶夫斯基也这样做，以便获准退役，允许住在彼得堡。

不是，陀思妥耶夫斯基与普列谢耶夫之间的思想分歧不像如何跟当局打交道那样泾渭分明。他们的分歧在于对当时发表的各种文学作品的评价——这些作品标示着一八四〇年代的贵族自由主义者与一八六〇年代的新一代平民知识分子之间出现的种种裂痕。涅克拉索夫的诗歌备受车尔尼雪夫斯基及其追随者的称赞,而陀思妥耶夫斯基却持批评态度,这已表明他们之间有裂缝。但就此例而言,个人动机的原因与艺术、思想的偏好还是半斤八两。可在更重要的争论方面,两个朋友是各执一端的,那是车尔尼雪夫斯基发动破坏贵族自由派知识分子的威望及精神权威运动的新阶段,始于他关于艺术的论文。他选择的是屠格涅夫含蓄低调的中篇小说《阿霞》,以此发动全面进攻,抨击体现在“多余人”身上的那种性格力量的缺乏——这些人是有文化、有教养的贵族自由派,充满了西欧的人道主义思想,梦想造福全人类,但面对俄国社会的死气沉沉、慵懒怠惰和保守落后,却无一例外地败下阵来。至少从普希金的《叶夫根尼·奥涅金》以来,这种形象就是俄国作家喜爱的,屠格涅夫五十年代的《罗亭》等多个作品都曾加以刻画。《阿霞》的主人公是一个在欧洲游荡的浅薄儿,这个人物系列的一根细枝。

小说由“多余人”第一人称讲述,说的是他跟小说同名女主人公的恋爱故事。她在跟哥哥旅行,后者是又一个年轻的、“多余的”俄国人,迷恋欧洲文化。叙述人在莱茵河上一个风景如画的德国小镇碰到他们。阿霞其实跟“哥哥”隔山,是他父亲跟一个农奴生的女儿,不过一直被当作家人抚养。与
251 同阶层的一般女孩比,她更自由率真,也更古怪,因为含混的社会身份显然困扰着她。她显然爱上了叙述人,也跟哥哥吐露过;但由于阿霞的出身,叙述人接受劝告,永远不会跟她结婚,他于是把这种情况告诉了她哥哥,并准备离开。一次秘密约会时,叙述人被阿霞纯洁热烈的感情打动,却在最后一刻退缩,陷入艰难困境。等他明白,他真爱着阿霞时,已经太迟了,她跟哥哥消失了,他再也找不到他们。

车尔尼雪夫斯基的文章标题很有挑衅意味,叫《一个约会的俄国人》,它更像政治声讨而不像文学批评。他详细讨论了屠格涅夫主人公的犹豫不

定，这种全然缺乏决心的表现在车尔尼雪夫斯基看来，是这位作家描绘的所有人物形象的典型特征。虽然没有指名道姓，但车尔尼雪夫斯基的观点很明显，这些人物都属于贵族自由派知识分子；他一针见血地指出，每当要采取某种决定性行为时，这些人都一个德性——优柔寡断。当他们面临将崇高的思想和感情付诸实践的检验时，他们就犹豫，徘徊，陷于混乱。不过车尔尼雪夫斯基又写道，他和像他这样的人所接受的教育让他们相信，这些人是（仍是）俄国社会的启蒙根源，还没有对他们完全失望。但“渐渐地，我们越来越强烈地萌生了这样的想法，关于他[屠格涅夫主人公的社会原型]的这种看法是一个大梦，我们感到，我们不该长久地停留在这种影响之中；有比他更好的人，也就是说，他虐待的那些人（所有那些在俄国社会处于底层的阶级，尤其是平民知识分子）”。[16]

手套已经扔到贵族自由派知识分子面前，挑战的就是他们的道德及精神霸权，这种争论蔓延整个六十年代，俄国文学的大多数重要代表都在这场激烈的争论中贡献良多（屠格涅夫、托尔斯泰*、赫尔岑、车尔尼雪夫斯基、陀思妥耶夫斯基）。屠格涅夫的《前夜》、《父与子》，赫尔岑的《多余人与坏脾气》，车尔尼雪夫斯基的《怎么办?》，陀思妥耶夫斯基的《地下室手记》——所有这些作品都是这场混战的产物，而车尔尼雪夫斯基的文章则是开局的信号。在这十年结束时，陀思妥耶夫斯基的《群魔》将争论壮丽地收场。

不过，所有这些作品此时还未创作出来，针对车尔尼雪夫斯基的惟一重 252

---

* 托尔斯泰的贡献是一个鲜为人知的喜剧《被污染的家庭》。像陀思妥耶夫斯基的《地下室手记》一样，这个作品也是对车尔尼雪夫斯基《怎么办?》（1863）的一次讽刺。列夫·托尔斯泰，《全集》（二十卷，莫斯科，1960-1965），第十一卷，第469-508页。另可参见Б. М. 艾亨鲍姆，《列夫·托尔斯泰》（两卷，列宁格勒，1928-1931），第二卷，第211-222页。

要的回应来自屠格涅夫形影不离的伙伴、**知己**，批评家 П. В. 安年科夫。在题为《作为文学典型的弱者》中，安年科夫不想反驳车尔尼雪夫斯基，甚至也不想与之争辩，他分析了这样一个问题，何以弱者会成为俄国文学中如此重要的形象。安年科夫承认，屠格涅夫的人物在道德方面确实软弱、迟疑不决；可怜的患相思病的阿霞最好不要屈身于这个懦弱的情郎，面对她所展示的赤诚热情，他无力投桃报李。但安年科夫继续写道，如果说俄国作家表现出这种偏好，喜欢将弱者作为文学主人公，那是因为，回顾俄国历史就能发现，俄国的所谓实心（цельный ）性格——那些按照本能率性行动的人——在这样做的时候，似乎是放纵人性最坏、最自私的方面。安年科夫指出，俄国文化中的弱者之所以如此，是因为他肩负了人性与文明的启蒙价值，他想实践这些价值，却困难重重，于是道德上处于撕裂状态。无论我们在批评他时说什么，“在这种［弱］者的本质中有一个杰出品质，他有自知之明，如果情形要求，他也能认识自己贫乏的道德本质”。[17]

这也不是安年科夫在弱者身上发现的惟一一个优点，不管他还有其他什么缺点，这种典型仍扮演了非常重要的社会角色。“他有许多可圈可点之处，他难道不是许多精华思想的一个初期的、犹疑的虔诚信徒吗？如今这些思想已经被视为绝好了。我们要同意，他不懂得如何把握环境，他的脚步不够坚定，他好比一个久坐的孩子，从未送到学校去锻炼；但他也并非毫无准备，教育赋予了他迅速理解苦难之方方面面的能力，能感同身受他人的灾难与不幸。因此，他是被剥削、被侮辱、被蹂躏的人的代表，这需要的远不止是简单的同情，而是敏锐的目光和人性的本能。”因此安年科夫最后说：“我们只想说的是，我们在打量当代生活中的‘强’者时，为了更新思想和感情，需要回到‘弱’者圈，这是热烈而不可抵抗的需要。”[18]

六

尽管无法证明，陀思妥耶夫斯基照理熟悉这种交锋，这个时候的文学杂志充斥着形形色色的回响。尤其重要的是，它涉及的话题他本人也有强烈 253
兴趣。他早期一个短篇小说标题不就叫《脆弱的心》吗？在《女房东》中，他不是认为“强”“弱”性格关系——尽管用的是老掉牙的浪漫主义术语——对俄国文化来说有重要意义吗？陀思妥耶夫斯基的弱者性格不是车尔尼雪夫斯基所痛斥的富有的贵族自由派，他们可以视为同一个文学典型的贫民变种，他们内心的无能说明了同样的困境。安年科夫的文章确实帮助陀思妥耶夫斯基更好地懂得了他早期作品更重要的意义。因为我们看到，大约一年后，他强调《双重人格》的重要性，他的说法表明，他对作品的社会-文化影响有了新的认识。他筹钱的一个方案就是修改这个作品，计划再版。“相信我，哥哥，”他写信给米哈伊尔，“修改一下，增加一个前言，那就是一部新小说。他们最终会明白，《双重人格》究竟是怎样一部作品！……为什么要错过**我第一个发现、我是先驱者**的那个绝妙想法，它有着多么重要的社会意义！”（黑体字为引者所加）[19]显然，陀思妥耶夫斯基如今认为，他创造了一种性格典型（软弱、犹豫不决的戈利亚德金），是俄国文化的象征形象，人们最近才充分认识到它的重要性。我们怀疑，他所说的前言也许会将戈利亚德金视为一个先在的形象，他开启了车尔尼雪夫斯基与安年科夫争辩的话题，会认为，它所提的问题并不限于贵族自由派知识分子的性格特点。

不管这样的猜测价值如何，有一点毋庸置疑，在这场争论中，陀思妥耶夫斯基是同情弱者而不是强者的。普列谢耶夫的一封信曾提到他们俩在屠格涅夫新作《前夜》方面的分歧，陀思妥耶夫斯基的偏向很清楚。也许是针对车尔尼雪夫斯基对《阿霞》的批评，屠格涅夫现在的人物“强大”“坚定”，是一个叫英沙诺夫的保加利亚革命者，他令身边所有意志软弱的俄国人都黯然失色，并赢得了女主人公、俄国少女叶琳娜的芳心，愿意跟他一起过危险但高贵的生活。但陀思妥耶夫斯基丝毫不认为英沙诺夫有什么鼓舞性力量，普列谢耶夫对他的看法的反应让我们明白了就里。

“你让我非常生气，我的朋友，”他写信给陀思妥耶夫斯基说，“我说的是你对屠格涅夫小说的态度……照此说来——没有哪个艺术家敢描写旨在表现某个特殊类型的人物形象、某个社会阶级的文学典型了；所有的都是标签。——为什么对那个保加利亚人来说——献身于民族解放的伟大工
254 作——生活是如此简单？我不知道他的生活是否简单——但我希望过这样的生活。直接的本性，**实心**［黑体字为原文所有］，不屈从于分析及反思过程，不纠缠于形形色色的矛盾，会觉得更容易生活下去，如果你愿意……但如果这样的本性因为热爱正义而将自身生命置于危险境地——为什么他们比哈姆莱特及哈姆莱特之流更少同情？——那种务实的、积极的本性——大多数不热爱艺术——这是事实——继续在现实中不断重复。——屠格涅夫抓住了这个事实，这样做是对的。——他压根儿都不想说——这些人**不能或不该**热爱艺术。他只是将事实展示了出来。大多数时候，艺术本性——不属于行动者。”[20]

显然，陀思妥耶夫斯基批评英沙诺夫是一个缺乏内在复杂性的形象——是一个坚定的形象，不受弱者的怀疑与反躬自问的打扰，因此对这样的人来说，生活就变得简单、没有烦恼。英沙诺夫失败的情敌之一是年轻的俄国雕塑家，他与英沙诺夫的鲜明对照——该书的价值权衡是，艺术生命结

果比革命行动的生命要低——说明了普列谢耶夫所反驳的那种观点。陀思妥耶夫斯基也许认为,对艺术的这种处理差不多就是对车尔尼雪夫斯基在论文中表达的那些观点的承认,他曾崇拜其才能的艺术家似乎变节加入了反艺术的敌对阵营,这让他沮丧(他当然无法知道屠格涅夫在被滥用的那些书信中表达的真正观点)。

对弱者的同样偏爱还有一个证据,那就是陀思妥耶夫斯基对皮谢姆斯基《一千个农奴》的反应,这是轰动一八五八年文坛的作品。普列谢耶夫对它充满热情,他问陀思妥耶夫斯基读过没有;我们从他给另一位皮谢姆斯基拥趸、他哥哥米哈伊尔的信中知道,他读过了,并跟哥哥谈过他的批评性意见。皮谢姆斯基的主人公叫卡利诺维奇,一个应该是充满理想主义的年轻人,社会腐败让他产生反叛情绪,于是缔结了一场富有缺爱的婚姻,以便获得有权的官位,进而发动改革。但他的婚姻要求他放弃初恋且是惟一的真爱娜斯坚卡,他诱奸了她并答应跟她结婚,后来故意背叛了她。陀思妥耶夫斯基认为,这种冷酷的恶棍完全不可信,作品缺少真正的原创性。“你能认为皮谢姆斯基的小说很出色吗?”他惊讶地问米哈伊尔,“它完全是金玉其外败絮其中,其中难道有一个人物是我们从未见过的创新人物吗? 所有的人物都在我们的那些原创性作家尤其是果戈理那里见到过……是他人模范的出色模仿,是步韦努托·切利尼绘画后尘的萨日科夫的作品。”

为哥哥详细分析了卡利诺维奇之后,陀思妥耶夫斯基进而指出:“第二 255
部分的结尾是绝对难以置信的,糟糕透了。卡利诺维奇是一个自觉的骗子,这不可能。如作者此前向我们展示的那样,卡利诺维奇应该做出牺牲,跟[娜斯坚卡]结婚,以可爱的方式展示自己,从内心深处喜欢自己的德性,绝对相信自己不会欺骗。卡利诺维奇虚荣心极强,他心灵深处不会认为自己是恶棍。他自然而然会喜欢这一切,跟娜斯坚卡睡觉,他当然会欺骗她,但只是在以后，当现实逼迫他这样做时，他也会自然而然地安慰自己，说他这样也做得很高尚。”[21]换言之，陀思妥耶夫斯基认为，卡利诺维奇本该塑造成为一个基本上是弱者的形象，是自我幻想、自我欺骗的牺牲品——像《双重人格》中的戈利亚德金或尚未诞生的拉斯柯尔尼科夫——而不是一个坚定的形象，行事卑鄙，头脑清楚，去获得既定目标。

更适合陀思妥耶夫斯基趣味的是皮谢姆斯基的另外一部作品，戏剧《苦命》（一八五九）。“我无法像你一样热爱皮塞姆斯基的戏剧，”普列谢耶夫跟他写道，“我将《大雷雨》[奥斯特洛夫斯基创作]放在无可比拟的高度。”[22]两部作品差不多同时问世、上演，激烈的意见劈头盖脸地冲向了奥斯特洛夫斯基。杜勃罗留波夫不久会写一篇激情洋溢的文章，阐释（有倾向地）女主人公的自杀，后者拒绝回到她不爱的丈夫身边，这是一种革命性的挑战行为。皮谢姆斯基的戏剧处理的是同样的主题即私通，但结局截然不同。一个骄傲而独立的农民的妻子，丈夫迟迟不归（他在彼得堡为他们挣免役税），于是成为地主的情妇，为他生了一个儿子。她丈夫想忽视这样的罪孽，将儿子视为己出，并带着一家到了城市，以隐瞒他的羞辱。但妻子是违背意愿嫁给他的，她更喜欢地主，准备搬到庄园里，公开做他的情妇。盛怒之下，愤怒的丈夫杀了孩子，躲到附近的树林里。在他躲藏期间，人们却针对杀人犯进行了一场滑稽的腐败调查。

罪人有足够的钱，如果他愿意，可以逃到彼得堡，永远消失；但他最终向当局自首了，显然他的良心迫使他缴械。更有甚者，讯问期间，他无论如何都拒绝为自己开脱，并讲出了他残暴罪行的真正原因。人们为了从轻发落而逼迫他这样做时，他回答说：“哪怕她[他的妻子]做了比我料想更多的事，
256 审判她、指控她的也不是我：我比她罪孽深重，我丝毫不想减轻我的惩罚。”[23]他请求同村的村民原谅，又拥抱、亲吻了伤心的妻子，后者在他被带

走时跪在他脚下，绝望无言，随后他去了监狱。

不难看出，陀思妥耶夫斯基何以赞赏皮谢姆斯基的剧作，后者表明，弱者的道德敏感——安年科夫只是将这种敏感视为受过启蒙教育的“多余人”的独有特征——实际上是一种更普遍存在的性格特点，是俄国人传统的东正教教育栽培的结果。尽管陀思妥耶夫斯基没有写农民生活，但他这个阶段最重要的作品《斯捷潘奇科沃村》同样想表明，一个充满爱心、宽恕一切的弱者比受虚荣、怨恨驱使而极度自私的强者在道德上要卓越。

注释

[1] 陀思妥耶夫斯基，《书信集》，第一卷，第 585 页，一八五七年十一月三日。

[2]《普列谢耶夫与陀思妥耶夫斯基书信集》，见于《资料与研究》，第 437 页。

[3] 赫尔岑，《往事与随想》，第四卷，第 1581 页。

[4] 车尔尼雪夫斯基，《哲学论文选》（莫斯科，1953），第 318 页。

[5] 同上，第 376 页。

[6] 勒内·韦勒克，《现代批评史》（四卷，纽黑文，1955-1965），第四卷，第 240 页。

[7] 转引自 B. 叶夫根涅夫-马克西莫夫，《车尔尼雪夫斯基和杜勃罗留波夫的同时代人》（列宁格勒，1936），第 22 页。

[8] 屠格涅夫，《屠格涅夫全集》（十二卷，莫斯科，1953-1958），第十二卷，第 186 页。

[9] 叶夫根涅夫-马克西莫夫，《车尔尼雪夫斯基和杜勃罗留波夫的同时代人》，第 21 页。

[10]《资料与研究》，第 439 页，一八五八年四月十日。

[11] 同上，第 440-441 页，一八五八年五月三十日。

[12] 同上,第 441 页。

[13] 同上,第 444 页,一八五九年四月十日。

[14] 同上,第 443 页,一八五九年二月十日。

[15] 同上,第 444 页,一八五九年四月十日。

[16] 车尔尼雪夫斯基,《哲学论文选》(三卷,列宁格勒,1950–1951),第二卷,第 235–236 页。

[17] 安年科夫,《回忆录与批评纲要》(四卷,圣彼得堡,1877),第二卷,第 157 页。

[18] 同上,第 164、167 页。

[19] 陀思妥耶夫斯基,《书信集》,第一卷,第 257 页,一八五九年十月一日。

[20]《资料与研究》,第 451–452 页,一八六〇年三月十七日。

[21] 陀思妥耶夫斯基,《书信集》,第一卷,第 231 页,一八五八年五月三十一日。

[22]《资料与研究》,第 449 页,一八五九年十二月十三日。

[23] A. Φ. 皮谢姆斯基,《苦命》,见于《俄国戏剧名著》(乔治・拉帕尔・诺耶斯编辑,纽约,1933),第 454 页。

第十八章　文学计划

一

比之于先前的日子，陀思妥耶夫斯基最后两年在俄国军队的服役及在塞米巴拉金斯克的生活要更加压抑、烦恼。过去不管多么艰难，对未来的希望还能给他支撑，他对玛丽娅·德米特里耶夫娜的爱还能给他新的活力。但新婚没有带给他所期待的家庭幸福，他对自身健康的焦虑又因留意到妻子看到他的可怕病情而惊恐的样子雪上加霜。又过了一年，他的退役申请才获得批准（一八五九年五月），他不得不在焦躁不安中劝自己稍安勿躁，等待获释。许多曾经帮助过他、让他的生活变得能够忍受的人要么迁徙他处，要么不在人世（比如那位和善的部队军官别利霍夫，刚刚饮弹身亡）。别利霍夫的接替者捷尼索夫少校非常和气，但正如陀思妥耶夫斯基所说，“新官”

就意味着“新事态”。[1]老的、舒适的一套被推翻，要适应突如其来的要求、规定总令人生厌。

这个阶段的陀思妥耶夫斯基究竟沮丧到何种程度，我们可以从他一八五八年十二月对 E. И. 亚库什金的抱怨中推知。过去他的一个安慰是文学写作，但如今这种辛劳也成了负担而不是赐福。“我住在塞米巴拉金斯克，”他写道，“这里让我厌烦得要命，真不堪忍受。在简短的书信中，我无法跟你解释一切。你能想象，就连文学工作对我而言都不再是放松、逃避，而是折磨吗？这是再糟不过的事。问题出在我周遭的一切，还有我的病[他的癫痫]。”[2]尽管如此，在部队守职之余，在癫痫发作导致的呆滞余波之后，他仍继续写作，顽强而不懈，虽然发病总是让他感到懒散、迟钝，脑子无法正常运转。

二

当陀思妥耶夫斯基接到官员委任之后（一八五七年三月），当他的贵族
258 权利恢复之后（一八五七年五月），我们不再听他说起《谈艺书简》。相反，他的全部精力如今都集中在长短篇小说的种种计划中，自劳役营释放后的三年里，他一直孜孜不倦于这些写作计划。“我会从一部长篇或一个短篇开始，舍此别无其他，”他直言不讳地跟亚库什金说（一八五七年六月），“尽管我还有别的事。”（也许是他的《书简》。）[3]他是否获得发表权，这一点仍没有任何消息；但他的通信人包括哥哥都要他放心，这种权利隐含在给予他的那些权利之中。无论如何，其他归来的彼得拉舍夫斯基小组成员已经开始

在公开出版物上露面，这似乎也没有让他们身陷危境。因此，陀思妥耶夫斯基决定继续干下去，如果能够就发表，起初可以不署名，看看这样是否会激起官方的不快。

现成的惟一一部作品是他在彼得保罗要塞完成的短篇小说，在启程去西伯利亚前被交给了米哈伊尔。“**准确地**告诉我（我求你了），有人认真考虑发表它吗？”他在一八五七年三月问道，“如果是，是否有人尝试过，如果没有，具体原因是什么？我之所以这样请求，是因为你说，对我的出版禁令已经解除了。”[4]就此而言，陀思妥耶夫斯基获得的反应比他所能想到的还快，甚至快过他敢期待的。一八五七年八月号的《祖国纪事》发表了《小英雄》，署名是首字母 M-ИЙ。接到这个消息后，陀思妥耶夫斯基表达的是遗憾而不是满意。“《儿童故事》［他自己的标题］出版的消息对我而言不尽然是愉快的，”他跟米哈伊尔解释说，“我很长时间都考虑重写，把它重写好，首要的是将开头去掉，它没有什么价值。* 可我能做什么呢？它已经发表了！”[5]但这个小作品的问世表明，陀思妥耶夫斯基可以在出版物上露面，可以靠笔赚钱，而不会招致书报检查机构或秘密警察的愤怒。

三

这时（一八五七年夏）陀思妥耶夫斯基的文学精力集中在这样一部作

---

* 陀思妥耶夫斯基这里说的是梗概，是以《白夜》那种高昂的抒情、感伤的调子写的，他可能觉得——很正确——对主要情节很少或没有帮助，甚至会削弱其效果。他在一八六〇年出版的作品中删掉了这种框架，始终都没有恢复。略去的部分可以在《全集》（第二卷，第 453–458 页）里找到。

品，如他跟 Э. И. 亚库什金所说，“体量跟狄更斯的作品差不多”，已经纠缠了他差不多一年半。“那是一部长篇，”他写道，“同一个主人公的几次历险，彼
259 此有着总的、非断裂的联系，但又各自独立成章。每一章节就是一个部分。因此，我完全可以按章拿出来，每章构成一次历险或一个故事。当然，我应该按顺序把它们都写出来。”陀思妥耶夫斯基说的是一个包含了三本书的计划，但“惟有第一本书已经写了五个部分……都已经写好，但尚未发表，因此我现在着手逐段逐节地润色，然后寄给你”。[6]

陀思妥耶夫斯基是否真的有这样一部手稿，如他所说的那般成熟，这非常令人怀疑；他在提及各种各样的写作计划时，始终喜欢夸大其词描述其完成状态，很可能这种想法尚未超出最初的梗概草图阶段。但无论如何，陀思妥耶夫斯基的这些话说明，西伯利亚之后，他很早就开始策划一系列小说，围绕一个中心人物展开，写他生活的多个阶段。他在创作《地下室手记》时会重新采用与这种形式相同的草案大纲（这部作品可以视为这一方案的小型实现），后来又更大规模地运用在那些关于《大罪人传》的笔记中，那是他永远没有完成的五卷本系列作品。《卡拉马佐夫兄弟》当然是这个多卷本计划系列的第一卷。陀思妥耶夫斯基写信给亚库什金，要他问问彼得堡的编辑，他们是否对这第一卷感兴趣，愿意每页支付多少钱。

从几个月后给米哈伊尔的一封信看，陀思妥耶夫斯基显然希望这些作品完成后能够分期出版。但米哈伊尔明确告诉他，这样的计划不现实，他建议弟弟抓紧完成他在写的任何东西。陀思妥耶夫斯基的回复是痛苦的宣言，他拒绝强迫他的文学才能（他觉得他过去经常这样做）。“至于说到我的长篇小说，”他说，“我和它都遇到了不愉快的事，情况是这样的：我决定，并且起誓，我不再只是因为缺钱就发表任何半生不熟、草率急就的作品（像过去那样）。我们不该玩弄艺术作品，应真诚写作，如果我写得很糟，这也许经

常发生,那应该是我缺乏写得更好的才能,而不是由于粗枝大叶、草率马虎。这就是为什么当我看到我的小说篇幅在增加,在变得出色,但又需要,迫切需要(为了钱)赶紧结束时,我会踌躇的缘故。在一部作品的进程中,没有比这种踌躇更悲哀的。兴致、意志、活力——都逐渐平息。”因此,陀思妥耶夫斯基告诉哥哥:“整部作品连同所有的素材都束之高阁。”[7]

撇开这部主要作品,陀思妥耶夫斯基说他决定聚精会神于另外两个计
划。一个是一篇“中篇小说”,此时的他想投给一份相对较新的杂志《俄国导 260
报》,编辑为米哈伊尔·卡特科夫。卡特科夫过去是别林斯基文学沙龙的成员,是开明的西欧派分子,对斯拉夫派抱有同情,不久会走向更为保守的方向。在陀思妥耶夫斯基此后的生命岁月中,他的杂志注定成为最重要的反激进机构,但它也有幸出版大多数伟大小说,包括他本人的作品,为这个时期的俄罗斯文学赢得了世界赞誉。向该杂志投稿的邀约是通过阿列克谢·普列谢耶夫发出的,陀思妥耶夫斯基暗示过他会接受邀约。

这个“中篇小说”是否与陀思妥耶夫斯基一八五七至一八五九年间实际写作的两个作品之一有关,这一点并不清楚;也许是指后来的《舅舅的梦》。“完成之后,”陀思妥耶夫斯基继续写道,“我会照《穷人》的样式写一部彼得堡生活的长篇(但其思想要比《穷人》好很多)。这两部作品很久前就开始了,已完成了部分,它们看来没有问题……”[8]关于彼得堡生活之长篇的想法无疑是指五年后的那部《被侮辱与被损害的》。

到了新年之初,所有写作一部随便什么形式的长篇小说的想法都放弃了,出于经济原因,陀思妥耶夫斯基决定投身于一些短小的作品,那会立即带来回报。这时他从计划新出版的杂志《俄国言论》接到了一笔预付稿酬,后者迫切想从大众知晓的任何一个作家那里得到文稿。不必完成一部作品,就可以获得资助,这鼓舞了陀思妥耶夫斯基,他于是写信给卡特科夫,希

望获得预付稿酬,他的主要长篇就是诱饵。实际上,如他坦诚地跟哥哥所说的那样,他压根儿就不想再去写那部长篇。但他宽慰自己,他太需要钱了,不管怎么说,一个实打实的短篇小说可以满足自己的义务。卡特科夫随即给他寄来了钱,还附了一封勉励的书信。陀思妥耶夫斯基于是眼前就着力写两个相对较短的作品。但他很清楚,这样做只是出于强迫,他其实老大不情愿。"我暂时得将那部长篇(篇幅大的)放一边。我无法在最后期限前完成,这只会折磨我。它已经将我折磨够了,我要将它搁一搁,直到我生活安静、稳定下来。那部小说对我来说太珍贵,已经成为我生活中密不可分的一部分,没有什么事能让我完全置之不理的。相反,我要让它成为我的**杰作**。"[9]

几个月后,陀思妥耶夫斯基再次跟米哈伊尔解释自己的处境,后者跟《俄国言论》协商过预付稿酬的事,他要哥哥放心,他不会让出版陷入危境
261 的,那样当然就会让米哈伊尔陷入极度尴尬的境地。"实际上,我在为《俄国导报》做事(一个长故事)……我今年还要给《俄国言论》一些东西,起码我希望如此。但不是长篇,是一个短篇。"接着陀思妥耶夫斯基让我们了解到,他被迫拖延所珍爱的计划时,他是如何安慰自己的。"至于我的长篇小说,"他继续说,"我只有回到俄罗斯后才能认真对待,舍此别无他法。它有一个非常愉快的思想,一个新的形象,人们还没有在其他地方见过。但这个形象又毫无疑问在俄国现实生活中非常普遍,尤其是在这个时候,如果根据趋势和每个人都充满着的那些思想来进行判断的话。我肯定,一旦回到俄罗斯,我就可以通过新的观察来丰富我的小说。"[10]

我们应该注意这里"思想"和"形象"的等同——对陀思妥耶夫斯基来说,二者是不可分割的,这两个词他可以互换着用——还有他的雄心,即要描绘迄今为止俄国文学尚未注意的"新形象"。这样的形象将体现"每个人

都充满”的思想，换言之，就是俄国生活这个动乱阶段的社会–文化趋势，那刚好在农奴制解放前夕，国家也在从尼古拉一世统治下漫长的停滞中崛起。因此，陀思妥耶夫斯基在西伯利亚以后所有最优秀的作品中，已经开始采取明确的“思想观念”取向，期待他的创作目的在于，其性格类型能够代表性地体现这些方生的倾向与潮流。他的早期作品也是按照（一八四〇年代）那些主流思想来孕育的，只是这些思想已经体现在果戈理人物的标准曲目中（чиновник 或低等文官；浪漫的“幻想家”；代表上流社会之“体面”的、虚情假意又腐败透顶的官僚），陀思妥耶夫斯基只是拿来用于自己的目的。但从今以后，他会这样看待自己的创造任务，描绘那些其他人尚未观察到的人物，或是尚在形成中的人物。

四

陀思妥耶夫斯基收到《俄国言论》的稿酬后，他写信给哥哥说，他有现成的东西，几乎可以倏忽成篇。“在我的长篇中，”他写道，“有一个段落已经完成，本身非常好，但跟整个作品格格不入，我想把它从小说中删掉。它的篇幅跟《穷人》差不多，不过是喜剧性的内容，有新鲜的人物形象。”[11] 陀思妥耶夫斯基似乎是指早在一八五六年他就跟迈科夫提到的那个“喜剧性小
说”——他当初是作为戏剧（комедия）开始的，后来因为主人公的历险让他 262
非常开心，于是变成了小说。

像往常一样，陀思妥耶夫斯基低估了为发表而要准备这个作品的时间，或者说得更准确些，他夸大了一个创造性念头真正变成完成了的文学形式

的程度。他希望一八五八年九月就能寄出,但没有做到,他跟米哈伊尔道歉,说疾病让他离开了书桌。“上个月我发作了四次,这在以前从未出现过——我几乎什么都没有做。发作过后,我有一阵子陷于颓唐忧郁状态,觉得彻底垮了。”[12]此外,《舅舅的梦》进展也很艰难,因为陀思妥耶夫斯基写作时内心感到厌恶。“我不喜欢它,它让我难受,我被迫在公众面前再次如此悲伤地出现。最令人难受的是,我**被迫**以这种方式出现……但能做什么呢?你无法写你想写的东西,你写的东西是你如果不缺钱时甚至都不会想到的东西。为了钱,我只得**有意杜撰故事**……做一个穷作家,就意味着肮脏的交易。”[13]严格地说,如果我们相信陀思妥耶夫斯基早期的书信,《舅舅的梦》压根儿就不是为了满足《俄国言论》所以一时冲动而杜撰的,它是带着许多快意写作的那部“喜剧性小说”的一部分。不过,写得断断续续,说明这个故事成了重负。

跟米哈伊尔说的另一番话表明,陀思妥耶夫斯基不愿意放弃他更雄心勃勃的想法。“给库舍廖夫[《俄国言论》的经济后台]的小说将充满喜剧甚至非常过得去的细节,”他充满希望地说,“但几乎难以置信。能做什么呢?我很高兴能写得更好,但我头脑中的所有思想都是为大作品准备的,小篇幅就只有这个故事了。”[14]他答应十一月写好,但又错过了截止日期,因为他把《舅舅的梦》放到一边,去忙《斯捷潘奇科沃村》了。他同意年底前交稿,十二月中旬他气喘吁吁地通知亚库什金说:“我在快马加鞭地写,差不多就彻底完稿了。”[15]几天后稿子寄出,发表在《俄国言论》的春季号(一八五九年三月)。

《斯捷潘奇科沃村》的写作经历更复杂,它是否当初也是那部喜剧长篇的一部分,这是一个问题,《舅舅的梦》是从那里来的。一些学者倾向于相信如此,两个作品的灵感有相似性,这一点不言自明。但在说《舅舅的梦》是某

穿制服的陀思妥耶夫斯基，一八五八年

个大作品的一部分的那同一封信中，陀思妥耶夫斯基本人似乎说，他的第二个作品是崭新的创意。“八年前，我产生了一个小作品的念头，差不多《穷
263 人》那样的篇幅。最近，我多少有意又想到了这个念头，重新作了构思。如今万事俱备，我会坐下来写这部小说的。”[16]我们能判断的是，就是这个念头变成了《斯捷潘奇科沃村》，尽管在后来一封信中陀思妥耶夫斯基说，他为两个主人公构思了“五年”（那就要放到差不多他开始写作那个剧本的时候，后来它变成了喜剧性小说）。[17]无论如何，我们知道，一八五七年末，他着手给《俄国导报》写他所谓的“中篇小说”；但后来的说法表明，给卡特科夫的作品体量变大了，因此他最初计划的中篇小说可能就转而给了《俄国言论》。

起初，就像对待《舅舅的梦》一样，陀思妥耶夫斯基对待那个稍大些故事的态度也是消极、厌恶的。“我给卡特科夫写的这个长故事，”他告诉米哈伊尔，“让我很不开心，跟我格格不入。但我已经写了许多，不可能扔到一边另起炉灶，我得还债。”[18]但在寄出手稿四分之三部分时，他的看法一百八十度地转变。“听着，米沙，”他敦促哥哥说，“这部小说当然有非常大的缺点，也许主要的是太长，但同时我千真万确地肯定，它有许多伟大的品质，是**我最优秀的作品**……我不知道卡特科夫是否会称赞，但如果公众漠然置之，那么坦率地说，我会绝望的。我所有最美好的希望都植根于此，甚至是我文学声誉的巩固。”[19]让他沮丧的是，卡特科夫断然拒绝了这个作品，并要作者退回预付稿酬，但陀思妥耶夫斯基并没有对自己的创造力失去信心。“听着，亲爱的，”他写信给米哈伊尔说，“我相信，我的小说有许多弱点和瑕疵，但我也相信——我用生命打赌！——它有许多很好的东西，它们来自心田。其中有些高雅的喜剧场景，果戈理都会立马在下面签上名字。”[20]

五

几番考虑后，兄弟俩决定将这个作品交给涅克拉索夫，普列谢耶夫曾向他们转达过涅克拉索夫的友善之情，他早先也曾通过米哈伊尔要给陀思妥耶夫斯基预付稿酬，如果他经济拮据的话。陀思妥耶夫斯基冷淡拒绝了这种慷慨姿态，这说明他既没有忘记，也没有宽恕，《现代人》带给他的旧（还不算很旧）痛还让他无法释怀。“如今他们对我感到抱歉，”他跟米哈伊尔说，“我为此衷心地感谢他们，但我不喜欢他们把我往坏处想；他们所要做的就是答应给钱，我也迫不及待。也许这是错误的骄傲——但就是这么回事。因此我宁可等，只是作为最后——完全是最后——一招，我才会跟他们发生 264
经济联系。”[21]可卡特科夫拒绝后又要他退还预付稿酬（走投无路的米哈伊尔想方设法去筹钱），这把陀思妥耶夫斯基逼到了墙角，他无计可施，惟有抓住最可能的机会，以便立即拿到钱。

一八五九年九月初，涅克拉索夫拿到了书稿，踌躇了一个月才做出决定——这期间，陀思妥耶夫斯基如坐针毡，不停地逼着为难的哥哥去提醒那位拖延的编辑。“我听说涅克拉索夫成天在打牌，”他焦急地说（涅克拉索夫确实是出了名的成功赌徒），“帕纳耶夫也对杂志不甚关心，如果不是因为车尔尼雪夫斯基和杜勃罗留波夫，他们整个事会垮台的。”[22]但米哈伊尔不想仓促行事，可能他比弟弟更明白涅克拉索夫的困难处境。一方面，出于对旧谊的不舍记忆，对陀思妥耶夫斯基这样一个重新归来的政治犯，他想助一臂之力；另一方面，陀思妥耶夫斯基的小说又包含了对一八四〇年代自然派的戏仿与攻击——因此也是对别林斯基的攻击——这让涅克拉索夫(更不要说车尔尼雪夫斯基和杜勃罗留波夫)不快。更糟的是,这些攻击还涉及涅克拉索夫本人的一首诗。

如今我们知道,涅克拉索夫对这个小说一点也不喜欢,他的态度斩钉截铁。"陀思妥耶夫斯基结束了,"据说他这样说,"他不会再写出什么重要作品了。"[23]但涅克拉索夫绝不是平白无故就成为他那个时代最成功的编辑的,他没有直截了当地拒绝,而是圆滑地接受了——但给的稿费很低,有自尊心的作者是不会接受他的条件的。陀思妥耶夫斯基和米哈伊尔起初都以为,他是在讨价还价,前者在听说涅克拉索夫曾去米哈伊尔家,但吃了闭门羹的消息后非常激动。这次拜访其实是想通过某种私人谈话让退稿变得和缓一些,但满心希望的陀思妥耶夫斯基则以为,这说明他急切地想把稿子牢牢抓住。"如果涅克拉索夫讨价还价,开出的条件更为**合理**,那无论如何首先给他。"他告诉米哈伊尔。"我后悔,非常后悔,他没有见到你……要知道,这部小说发表在《现代人》上很重要。这本杂志曾叫我卷铺盖走人,现在又变着法儿要我的稿子。这对我的文学处境非常重要。"[24]

不幸得很,陀思妥耶夫斯基是在自欺欺人,米哈伊尔很快明白了事情的真相。他把稿子交给了《祖国纪事》的 A. A. 克拉耶夫斯基,经过几次交涉,稿子最终接受,每个印张的稿费(一百二十卢布)比陀思妥耶夫斯基在别处
265 愿意接受的价格要高。"这样就无损于尊严了。"米哈伊尔得意地说。他还转达了克拉耶夫斯基对稿子的评论,后者对文学场景的观察非常敏锐,特别喜欢主人公福马·福米奇·奥皮斯金,并且发现了他戏仿的一个对象:"他[福马]让[克拉耶夫斯基]想起了悲哀时期的果戈理。"

另一个评论则是负面的,但仍然非常有助于揭示陀思妥耶夫斯基作品中的新色调——这种色调令他过去的许多崇拜者望而却步。"你[陀思妥耶

夫斯基]有时屈从于幽默的影响，想要引起笑声。”米哈伊尔传达克拉耶夫斯基的话。“他[克拉耶夫斯基]接着说，费·米的长处在感情、伤感，这方面也许无可匹敌。他却忽视这种天赋，令人遗憾。”[25]克拉耶夫斯基的发现是正确的，取代陀思妥耶夫斯基早期那些伤感之情的即使不是太多的幽默，也是崭新的、更尖锐的讽刺，这不仅明显体现在第二部作品中，也表现在他西伯利亚时期的第一个作品中。不过，现在可以更直接、更仔细地看看这些作品了。

注释

[1] 陀思妥耶夫斯基，《书信集》，第一卷，第277页，一八五七年十一月二十三日。

[2] 同上，第240–241页，一八五八年十二月十二日。

[3] 同上，第221页，一八五七年六月一日。

[4] 同上，第二卷，第581页，一八五七年三月九日。

[5] 同上，第一卷，第231页，一八五八年三月一日。

[6] 同上，第221–222页，一八五七年六月一日。

[7] 同上，第二卷，第585–586页，一八五七年十一月三日。

[8] 同上。

[9] 同上，第589页，一八五八年一月十八日。

[10] 同上，第一卷，第236页，一八五八年五月三十一日。

[11] 同上，第二卷，第589页。

[12] 同上，第593页，一八五八年九月十三日。

[13] 同上，第594–595页，一八五八年十二月十三日。

[14] 同上，第594页。

[15] 同上,第一卷,第241页。

[16] 同上,第二卷,第589页。

[17] 同上,第一卷,第246页,一八五九年五月九日。

[18] 同上,第二卷,第593页。

[19] 同上,第一卷,第246页。

[20] 同上,第251页,一八五九年八月二十五日。

[21] 同上,第二卷,第593页。

[22] 同上,第一卷,第255页,一八五九年十月一日。

[23] 多利宁编,《同时代人回忆Ф. M. 陀思妥耶夫斯基》,第一卷,第323页。

[24] 陀思妥耶夫斯基,《书信集》,第一卷,第264页,一八五九年十月十一日。

[25]《米·米·陀思妥耶夫斯基与费·米·陀思妥耶夫斯基通信集》,《资料与研究》,第525页,一八五九年十月二十一日。

第十九章　西伯利亚小说

一

与十五年前第一次登上文坛的情形相比，陀思妥耶夫斯基第二部亮相 266
之作的接受就形成了鲜明的反差。那时，他创造了一次轰动，一夜成名；但再次为声名和运气努力时，他就没有这样的幸运了。他当然希望同样的成功，起码《斯捷潘奇科沃村》能如此，他急不可耐地想得到一些肯定，这样他的希望不至于徒劳。在涅克拉索夫考虑他的手稿，后来有了我们知道的否定结果的当儿，陀思妥耶夫斯基写信给哥哥说："留意所有的细枝末节、他的一言一语，我恳求你，看在上帝的分上，尽可能详细地把这一切都告诉我。你知道，对我来说，这很**有趣**。"[1] 陀思妥耶夫斯基还请求哥哥，两个作品发表后，若报刊上有任何评论，请寄给他。米哈伊尔也许是不想伤害陀思妥耶夫斯基的感情，他说，文学期刊不再像四十年代那样相互热切地谈论对方了。实际情况是，报刊上没有任何片言只语谈到陀思妥耶夫斯基的任何作品，它们如石沉大海。

二

如果打量一下这些作品出现的时期，我们就不难理解这样的反应，或者说得更准确些，反应的阙如。只要提及几个重要人物就可以了，屠格涅夫这几年创作了他大多数最优秀的作品，差不多每年一部；托尔斯泰以《童年》、《少年》、《青年》和《塞瓦斯托波尔故事》崭露头角；皮谢姆斯基的丰产我们已经引证过；萨尔蒂科夫-谢德林讽刺性的《外省散记》引起一场轰动，在俄语写作中创造了一种新的扒粪文学。此外，整个国家都在狂热地期待即将到来的农奴解放，时代情绪需要坚实社会文化内容的文学作品。可陀思妥耶夫斯基的小说情节陈旧，似乎除了这个那个主人公将（或将不）跟他或她选择的伴侣结婚外，就乏善可陈。更糟的是，《斯捷潘奇科沃村》描绘的是庄
267 园生活，农民和他们好心肠的地主之间温情脉脉，惟一的冲突就在于，堪称楷模的地主过于好心，进而造成了一些喜剧性场面。陀思妥耶夫斯基那些有着社会意识的读者，空前关注农奴制的弊端和不公，对这样的描绘当然不能接受，认为这不啻为故意打脸。正如 Л. П. 格罗斯曼所说，在那个时候，用喜剧小说的形式处理庄园生活就是招灾贾祸。[2]

因此，陀思妥耶夫斯基同时代的人对这些作品反应冷淡，就没有什么大惊小怪，他们甚至认为，这恰恰证明别林斯基临终前那最后的意见是正确

的，他说，陀思妥耶夫斯基的才能被严重高估了。这个时候也不只是涅克拉索夫一人诋毁陀思妥耶夫斯基，甚至像阿列克谢·普列谢耶夫这样好心好意的人也认为《舅舅的梦》“过于滑稽”，《斯捷潘奇科沃村》除了两个主要人物之一罗斯塔涅夫外，“没有一个生动的形象”。他对这个作品的结论性意见是，“所有这一切都是伪造编排，非常矫揉造作”[3]，他要亚历山大·米柳科夫不要告诉陀思妥耶夫斯基。

我们知道，这些批评针对的不是内容而是文学形式；但它们可能也隐含了对内容的判断，这就值得单独考虑。这些作品为何会给如此好意的读者造成这样的印象？在我看来，首先是因为陀思妥耶夫斯基采用的手法跟其时俄国散文写作所流行的那些标准形成激烈的冲撞。这些标准是在一八四〇年代“生理素描”①（对社会典型进行地方色彩的研究）支配性影响下确立起来的，注重的是性格刻画和环境描绘，而不是叙事行动。十九世纪中叶最重要的小说家都起步于这样的素描，或受到这种时尚的强烈影响，在别林斯基的影响下，自然派作家为这样的时尚推波助澜。后来，他们各自的小说会继续采取最简单的情节线索，依旧注重通过彼此关联的事件来塑造人物，这些事件都是寻常社会活动中司空见惯的东西。（即使当环境一点儿也不寻常，比如托尔斯泰的《塞瓦斯托波尔故事》，它们也被处理成没有什么特别夺目的东西。）尽管我们发现，陀思妥耶夫斯基在一些作品中对情节操控的痕迹要比习惯的更多，他偏爱描绘生活中发生激烈冲突或危机状态时的主人公，这创造了一定程度的叙事张力，但他的早期作品遵循的是同样的俄罗斯散文传统。不过，在《穷人》、《双重人格》
等作品中，他已对自然派所取代的那种情节紧张、耸人听闻的哥特式小 268

① “生理素描”（physiological sketch；физиологический очерк）也译为“风俗特写”。

说和历险小说进行戏拟。

可是,陀思妥耶夫斯基有意为之的喜剧小说最初是作为生动的笑剧来写的(俄国人称为"杂耍")。这种剧传统上要有复杂的情节,源于最初灵感的那两个长故事在酝酿阶段就保留了这一特征。因此对那些初次接触的读者来说,陀思妥耶夫斯基的小说似乎令人不快地回到了已被废弃的一八三〇年代的风格,与公认的文学正典相抵牾。我们很难指望这些读者能够认识到,这种技法的运用标志着陀思妥耶夫斯基新的开始,而绝不只是表明艺术的无能。* 因为陀思妥耶夫斯基的全部主要作品(惟一重要的例外是《死屋手记》,那不过是半虚构的)都将采用这同样的技法,都表现出对戏剧性情节建构的偏爱。所有作品多多少少都表现出了源自这种形式选择的基本特征:一个特别迅疾、浓缩的情节,发生在很短的时间内;纷繁意外的事件劈头盖脸地接踵而至,让人根本无法喘息安静;人物的展现主要是通过对话和戏剧性的运动,而不是分析式的描摹或对意识的长篇描绘;高潮往往发生在喧闹的群体性场面,这些场面被称为"秘密集会",可以跟果戈理《钦差大臣》那个著名的终场媲美。[4]

即使陀思妥耶夫斯基的两个作品有明显的喜剧外衣,这也绝不意味着它们全然缺乏严肃的内容。事实恰恰相反,细读——关注根植于散文中的典故和戏拟性的亚文本——之后,我们在陀思妥耶夫斯基的作品中既看到

---

* 实际上,对陀思妥耶夫斯基来说,这次开始并不尽然是新的。一八四〇年代他在两个小作品中用过同样的技法——《别人的妻子》(《市井风情》)和《吃醋的丈夫》(《惊人事件》)。两个作品后来都被压缩变成了一个故事,《别人的妻子或床下的丈夫》。如标题所示,这些故事是喜剧性的逸闻趣事,涉及不当的性事,叙述上摹仿的是法国闺房笑剧,充满应接不暇的惊奇和尴尬的场面。

陀思妥耶夫斯基只是出于挣点零钱才写这类小作品,在他这个时候创作的故事中,这些小东西不值一提。不过现在的情况是,他把同样的形式跟更严肃的主题材料联系了起来,或起码开始在他的两个西伯利亚小说中这样做。请参见拙著《陀思妥耶夫斯基:反叛的种子,1821–1849》,第330–331页;维克托·特拉斯,《青年陀思妥耶夫斯基(1846–1849)》(海牙,1969),第46–47页。

了轻松的胡闹，也看到了严肃的讽刺。此外，他的主人公的冲突似乎只是些鸡毛蒜皮的问题，但比之于他一八四〇年代的主人公来，这些人物形象的范围和种类也有明显的增加。他们轮廓分明，喋喋不休地自我表达，形体方面无论是宽度还是高度似乎都长大了。我们很难想象早期作品里的那个陀思妥耶夫斯基会写出后来的作品来，而这些西伯利亚小说的作者已经表明他 269
能这样做。最后，不管“喜剧”情节需要什么紧张激烈的喧闹，陀思妥耶夫斯基已经开始勾勒伟大的新主题——也许可以叫作“意识形态批判”，或他信中所描绘的“思想”与“心灵”之间的冲突——这个主题将以种种方式主宰他西伯利亚之后的全部创作。

《舅舅的梦》

《舅舅的梦》的情节可以用几句话说明。“舅舅”是一个衰老而富有的俄罗斯公爵，差不多昏聩糊涂。一个晴朗的日子，他偶然来到莫尔达索夫城，立即被城郊那个很有手腕的“第一夫人”玛丽娅·亚历山德罗夫娜·莫斯卡廖娃陪伴。她策划安排将自己二十三岁的未婚女儿、高傲美丽的济娜嫁给他，为此她绞尽脑汁。但计划最终失败，让她在无数追名逐利的对手面前贻笑大方。一个年轻的彼得堡官员莫兹格利亚科夫曾向济娜求婚，但遭到拒绝，他出于嫉妒，劝自己的远亲、那个公爵，后者已经分不清是梦是醒，说他在烂醉如泥状态下跟济娜的求婚不过是“一个梦”。

陀思妥耶夫斯基用略带仿英雄体的风格来修饰这个故事，以明显戏拟巴尔扎克《赛查·皮罗多盛衰记》的标题口吻说，它是“玛丽娅·亚历山德罗夫娜及其整个家庭发迹起家、荣誉兴盛及庄严衰落的激动人心的全部历史”。(2∶316)故事的副标题也叫“来自莫尔达索夫的编年史”(2∶296)——这种史诗口吻当然强调的是事件的无关紧要(就像一两年前,萨尔蒂科夫-谢德林在《外省散记》中也用同样的技法,也用一个好事者作为叙述人来讲述)。陀思妥耶夫斯基的这种新的叙述人是一个爱闲言碎语的编年史家,他既津津有味地对耳闻目睹的事加以求证,也对流言蜚语乐此不疲(如果不是更甚),但又不能真正确定对哪怕是自己第一手见证的东西加以阐释。这样的叙述人后来被陀思妥耶夫斯基用于其他一些也是以俄罗斯外省为背景的作品,比如《群魔》和《卡拉马佐夫兄弟》,他将这种技法发展为精妙的手段,以控制叙述视角。它具有独特的价值,使他得以在谣言、意见和飞短流长的背景上来刻画主要人物,这在某种程度上发挥的就是希腊戏剧中歌队之于主要情节的作用。*

270 作品中的外省生活景象,没完没了的闲话、诽谤,为芝麻大的权力残酷斗争,都是以饱含辛辣的幽默和含沙射影的讽刺描绘出来的,陀思妥耶夫斯基在塞米巴拉金斯克生活有年,对这样的环境耳濡目染,因此从中汲取很多。但这种景象只是提供了故事主人公呼之欲出的背景,莫尔达索夫没有人物比玛丽娅更主要——甚至将她比作拿破仑,说她实际上比拿破仑**更优秀**,因为不管怎样,“她无论什么情况都不会骄傲自满”,“她始终是莫尔达索

---

* 原初戏剧形式的痕迹在《舅舅的梦》中仍然很明显,尤其是第三章的开头:“早晨十点。我们在大街上玛丽娅·亚历山德罗夫娜的家,在房主人叫作沙龙的那个房间里。玛丽娅还有一个闺房。在这间沙龙里,地板漆得很漂亮,墙上贴的专门定制的墙纸也很不错。很笨拙的家具的主色调是红色。有一个敞口的壁炉,壁炉架上是一面镜子,镜子前面放着一只铜钟,上面是形象很丑的丘比特。”(2∶303)这段文字以相同的调子延续了一阵,将人物描写成了舞台布景的一部分。

这也许是介于舞台说明和叙述之间草稿的残留物。这一章是以现在时开始的,接着没有解释就转向了过去的事,这一点很重要。这时的陀思妥耶夫斯基似乎不确定,究竟如何将戏剧形式中的现在状态转变成叙述状态。

夫的女主角”。(2∶297)

玛丽娅直言不讳地表现出主宰一切的愿望,而她的社会阶层或命运根本不可能让她做到这一点;她是陀思妥耶夫斯基严格遵循现实主义惯例的作品中出现的这一文学形象类型的第一个。此前惟一的这种形象就是那出色、迷人的穆林,在那个高度象征性的《女房东》中,他君临一切人之上;换言之,陀思妥耶夫斯基早先只能以浪漫主义的夸张手法去想象这种人物的心理。如今,他将这种“强”个性放在俄国外省极为单调乏味的环境中,因此,他在重新吸纳浪漫主义的眼界、宏伟的话题方面迈出了第一步,并和俄罗斯的社会现实相融合,这将使他后来的作品独树一帜。诚然,不管这个例子中所说的“宏伟”其形式多么微小,但拿破仑的名字足以提醒我们,陀思妥耶夫斯基将来会如何处理这种主宰的冲动。

玛丽娅不讨厌直截了当地行使权力,她对愚蠢、恐惧的丈夫就是如此;也不怕屈尊与莫尔达索夫的那些女流对手较量,用的就是她们的武器——流言蜚语,如果必要,就来点破门入屋。但真正表现她的过人之处的是,她面临更艰难、更具有挑战性的任务——劝说高傲又十分讲原则的济娜答应嫁给衰老的公爵,她对母亲的阴谋野心嗤之以鼻。为了达到目的,玛丽娅懂得,她一定要给出真正诱人的前景;她巧舌如簧为女儿描画的情景表明,陀 271
思妥耶夫斯基在处理对话方面有了很大进步。

需要解释的是,济娜正在与一个年轻、贫困的校长恋爱,后者不久将死于肺结核,她母亲知道,她曾发誓,在他挣扎于死亡的苦痛阶段时,她不会嫁人。因此,首先要给济娜一个希望,让她逃离折磨人的处境,同时又要伪装对她的悲伤表示同情。“你将永远离开这讨厌的小城,对你来说充满了可怕的回忆……今年春天你可以出国,去意大利,去瑞士,去西班牙;去西班牙,济娜，那里有爱尔汗布拉宫[①]、瓜达基维尔河[②]，而不是这里的那条可怜、悲惨的小河，连名字都不好听……”(2：324)

不过，这种求助于浪漫主义异国情调的做法没有得逞，玛丽娅被迫换上重型武器。跟公爵的婚事根本就不是真正的婚事(“他没有能力要这样的爱”)，无论如何，“公爵了不得再活一两年，在我看来，做一个(富有的)年轻寡妇，要强过做一个老处女”。那个年轻的校长“只要有一点儿常识”就不可能嫉妒公爵，因此她跟济娜说：“想想吧，你嫁给公爵，会给他新的勇气，缓解他的精神！”但济娜看穿了母亲的花招，她一针见血地指出了母亲的用心：“我懂你，妈妈，我非常懂你！**你从来就忍不住要表现高贵的感情，哪怕是在最肮脏的行为中**。”(2：325，黑体字为引者所加)这些“高贵的感情”就是玛丽娅的“意识形态”，她是从十九世纪二三十年代俄国和欧洲浪漫主义文学中堆砌的那些陈词滥调中翻出来的。

发现求助于开明的自利说注定失败，玛丽娅于是唱起了高调——自我牺牲。为什么不想想，跟公爵结婚是一种奉献？“在我们看来，在医院包扎伤口很费事，呼吸病房里污染的空气令人作呕，但仁慈的天使会那样做，为了这些天职还感谢上帝。这就是对你受伤的心的安慰，是职责，是自我牺牲，这样你就可以治好自己的伤痛。哪里是什么自私？哪里是什么卑鄙？”(2：236)像他将来经常做的那样，陀思妥耶夫斯基不惮嘲讽他本人相信的那些思想和理想，就像这个例子一样，这些思想不过是用于掩盖自私自利罢了。玛丽娅最后告诉济娜，如果公爵的财富让她觉得麻烦，她可以放弃啊，除了留下最可怜的必需额度外，可以给穷人，“比如，帮助那个躺在灵床上的

① 十三世纪中叶至十四世纪末摩尔王朝晚期的宫殿群，在西班牙格拉纳达城东郊。

② 位于西班牙西南部，长达五百六十公里，注入大西洋加的斯湾。

不幸的男孩子”。(同上)

玛丽娅在这里非常出其不意地发现了纯金的矿脉。正如叙述人所说，
“一种灵感，真正的灵感，降临于她”，她明白，她找到了诉诸济娜真正理想主 272
义的方法：让济娜通过降格以求的婚姻来自我牺牲，以帮助她垂死的恋人。这时玛丽娅竭尽全力：“他[当地的医生]告诉我，事实上，如果环境不同，尤其是换一种气候和环境，病人就能康复。他告诉我，在西班牙——……在西班牙，有某个很特别的岛屿，我想叫马拉加——事实上名字像某种酒的牌子*——那里，不但肺很虚弱的人，就是肺结核也会因为气候立即康复，人们去那里就是治疗的……神奇的爱尔汗布拉宫[在格拉纳达，不在马拉加]，爱神木，柠檬树，骑在骡子上的西班牙人！光这些就会给一个诗性气质的人留下非凡的印象。”一旦病好了，公爵也死了，爱人们就合适地结合了；否则，校长也会高兴地死去，“信任你的爱情，宽恕你，在爱神木和柠檬树下，在异国蔚蓝色的天空下！”(2∶327)这长篇大论的激烈演说我们只是尝鼎一脔，对济娜来说根本就无法抵御，她崩溃了，勉强答应了。

许多同样的策略也用在了容易上当的莫兹格利亚科夫身上，她劝他，虽然济娜准备嫁给公爵，但实际上济娜疯狂地爱着**他**，她这样做只是检验他的性格。如果他行事高贵，只为**她的**幸福考虑，并想到这种婚姻的巨大好处，他未来的回报将超过他最狂热的梦想：“为了公爵的健康，济娜将要出国，去意大利，去西班牙……你会跟她到那里……那样你们的爱情就以一种无法抵挡的力量开始；爱情，青春！西班牙——天啦！你的爱当然不会玷污，圣

---

* 激动的玛丽娅把马略卡岛跟马拉加混淆了，后者不是岛屿，前者的气候据说对肺结核病人具有疗效。乔治·桑正是出于这个原因曾和肖邦一起去那里。有关他俩此行的文章刊登在一八五六年的《俄国导报》上，陀思妥耶夫斯基也许是从它获得素材的。参见《全集》，第二卷，第517页。

洁……你懂我在说什么，mon ami①。”(2：354)随后公爵会死去，富有的寡妇济娜当然就会嫁给已经证明值得她爱的那个男人。但是，一旦摆脱玛丽娅天花乱坠的魔咒，莫兹格利亚科夫很快就会清醒，最后正是他破坏了这华美的设计，让玛丽娅一败涂地。但他也有一阵子相信了她的花言巧语，这说明了她的性格力量和意识形态的力量(就此而言，则是文学上的浪漫主义)，能够用云蒸霞蔚的幻象来替代可怕的现实。

前面提过，即使在创作阶段，陀思妥耶夫斯基也没有过多地考虑《舅舅
273 的梦》；十五年后他的看法一点也没有变。一位记者想把这个作品改编为戏剧(以后至少有二十个版本的剧本)，陀思妥耶夫斯基回答并解释说：“我是在西伯利亚写成的，就在离开苦役地之后，单纯想开始我的文学生涯，也就很害怕遭到查禁(我过去是一个犯人)。因此我就写出了蔚蓝色的温和与特别的天真的小作品。”他认为，它根本没有构成“喜剧”的足够内容，尽管小说确实有一个公爵，他是“整个故事惟一严肃的人物”。[5]陀思妥耶夫斯基没有必要严苛地对待自己和“莫尔达索夫的女主角”，她绝不仅仅是一个闹剧形象，我们也在力图揭示这一点。但他的看法说明，他在描绘K公爵时所赋予他的重要性。

毫无疑问，理由之一在于，他似乎想以非常亲密的方式将自己与角色认同。在给迈科夫的信中他说，他喜剧性小说的主要人物“某种意义上类似于”他本人；[6]他的第二任妻子不尽赞同地说，他后来喜欢开玩笑说，真实生活中的这个角色是“一个试图表现得比本来更年轻的老人。他能够一连几小时用《舅舅的梦》中那个老公爵的口吻和思想说话”。[7]陀思妥耶夫斯基第

---

① 法文：我的朋友。

一次认真的恋爱（与玛丽娅·德米特里耶夫娜）比一般人要晚许多，尽管他完全不是一个老人，但比之于他这个年龄的许多人来说，他完全能够想象自己是在扮演这样的角色。他当然比第二任妻子安娜·格里戈里耶夫娜要年长许多，但后者也许不愿意他的这种角色扮演是在提醒她这一点。但这样的认同根本不足以解释陀思妥耶夫斯基何以认为 K 公爵是一个“严肃”的人，那个形容词一定还指他赋予这个形象的意识形态内涵。

俄国学者已经在老公爵 K 身上花了许多时间和心血，他试图掩盖真实的年龄，用了假发、假牙、假胡子、玻璃眼，还有诸如此类的化妆术。事实上，“只要仔细端详，你就会发现……他是一具靠各种手段作用的尸体”，“完全是由若干个碎片拼凑起来的”。（2：310，300）陀思妥耶夫斯基也许知道、也许不知道的那些形形色色的真实的俄罗斯原型已被梳理一过，还有人指出，类似的古怪形象可以在俄国木偶剧里看到。更为相关的是，公爵的那些喋喋不休和**格言警句**已经与果戈理《钦差大臣》中赫列斯达科夫的愚蠢饶舌做过比较；人们还指出了其他俄国文学作品与他的性格特征相类似的地方，比如普希金的《努林伯爵》，格里鲍耶陀夫的《智慧的痛苦》。但构成 K 公爵特殊特征的，是陀思妥耶夫斯基在描绘中织入的对俄国西欧派的持续讽刺。

定下基调的最早一笔发生在描绘公爵呼吸新鲜空气的几句中：“有时还 274
会看到他徒步外出，穿着外套，戴宽边草帽，脖子上系一条粉红色的女式围巾，眼里夹着一颗假眼球，拿着柳条筐，用来采蘑菇、矢车菊以及其他的野花……每当农民遇见他，就闪身站到一边，脱下帽子，深深躬身说：‘你好，公爵大人，我们的阳光。’公爵会立即拿着长柄眼镜对准他，亲切地点头，和蔼地说：‘Bonjour, mon ami, bonjour!’”[①]（2：302）公爵的田园装扮及法式敬

① 法文：你好，我的朋友，你好！

礼说明，他与俄国农民生活的现实多么紧密；尽管他荒唐可笑，但他对世间发生的一切并非浑然不觉。他当初是因为马车出了点事来到莫尔达索夫的，他让人们相信，那个农民马夫“想要我的命……想想吧，他掌握了一些新思想，你看看！他抱有某种怀疑主义……简而言之，他是彻头彻尾的共产分子！”（2∶312）

公爵天马行空式的回忆多次提到维也纳会议和拜伦勋爵，还提到与一个迷人的法国**子爵夫人**的风流韵事，“二十年代我出国时”她跟了一位德国男爵。（2∶315）因此，公爵也是浪漫主义文学的产物，与玛丽娅属于同一个时期，恰恰是这种浪漫主义给了玛丽娅花言巧语的武器弹药。即使头脑糊涂的公爵是个喜剧人物，陀思妥耶夫斯基有时也会情不自禁地想到那个阴郁的背景，其时的文化俄罗斯正追求其无忧无虑的欧洲存在方式。因为公爵想起“一个非常诗意的[莫斯科]太太”，他在国外疗养地饮服矿泉水时结识了她，她有一个五十岁的女儿，“她也差不多是用诗的口吻说话。后来发生了非常不幸的灾难：她一怒之下杀了一个女农奴，因此受审”。（同上）对社会现实的这可怕一瞥是在不经意之间提到的，在喜剧场景中很容易忽略；但它解释了陀思妥耶夫斯基何以坚持认为，公爵是真正“严肃”的形象。

这个故事还有两个方面需要评说。一个是那位年轻的校长瓦夏临终的场景，它发生在玛丽娅可耻失败后的那一天，是对她的尊荣最后的、毁灭性的一击。面对整个莫尔达索夫的幸灾乐祸，济娜冲进小屋，瓦夏在喘气，在舒缓最后的时刻。这个临终场景里明显狄更斯式的调子本会令人作呕生
275 厌，但瓦夏最后一刻无情的自我批评挽救了它。他当然是陀思妥耶夫斯基曾经处理过的类型——年轻的平民知识分子，就像《穷人》中的那个学生波克罗夫斯基，《女房东》、《白夜》中的“幻想家”。一八四〇年代，陀思妥耶夫

斯基是带着敬意和温柔的幽默来塑造这些形象的，尽管他始终对他们脱离现实持某种批判态度；但现在他的语气更尖锐了，他更强调孕育瓦夏野心的文化呼吸中隐藏的利己主义。“我骄傲，我看不起大众，”他说，“可我到底哪些方面高人一等呢？我不知道。心地纯洁，感情大度？但所有这些都是在做梦，济娜，是当我们一起阅读莎士比亚的时候……”（2：391）

结果我们知道，当济娜要他推迟婚事时，瓦夏是由于怄气而每况愈下的（他吞服了混合着烟草的伏特加，影响了他的肺）。“你知道吗，济娜，”他承认，“我那时不懂，你嫁给我会牺牲什么！我甚至不懂，你嫁给我会饿死……哎，好在我就要死了！好在你没有嫁给我！否则，我也理解不了你做出的牺牲，而且还会折磨你，会为了我们的穷日子而摧残你。再过上几年又如何呢？或许竟会憎恶你，把你当成生活中的绊脚石……如今，我苦涩的眼泪起码净化了我的心。”（2：391-392）瓦夏无情的自我分析虽然是感伤的陈词滥调，却构成对这个形象非常敌意的揭露，胜过陀思妥耶夫斯基此前的处理。涉及瓦夏的这段插入很容易让人想起陀思妥耶夫斯基以前的“感伤自然主义”，说明他早期的主题安排手法将在后期作品中继续发挥作用。只是现在它被降格为次要部分，以某种重要方式与主要情节关联，但不再是情节发展的焦点；它在其他地方将成为中心，涉及的人和事其道德复杂性在陀思妥耶夫斯基过去的人道主义精神范围内将不再能够解决。

最后，得对小说的尾声说几句。俄国批评家早已注意到，小说结尾戏拟了《叶夫根尼·奥涅金》最后一卷那个著名的舞会场景。在那里，分手多年的奥涅金与达吉亚娜再次相遇，她已不再是那个简单的乡村姑娘，而是彼得堡社交界的皇后，他神魂颠倒却又毫无希望地爱上了这个他过去加以讥讽的女子。早些时候，玛丽娅曾用这个场景去蛊惑晕头转向的莫兹格利亚科夫，在他面前描绘了一幅类似的与济娜相遇的景象，她已是富有、魅力四射

的 K 公爵孀妇,投入他的怀抱,感谢他高贵的灵魂。三年后,莫兹格利亚科
276 夫被派到俄罗斯帝国的边远地区,他遇见了总督("一个瘦长、严厉的将军,战争中受过伤,有两颗星,胸前挂一枚白十字勋章"),当天晚上应邀参加了他妻子的命名日晚会。(2∶397)

当然啰,他的妻子就是漂亮、骄横的济娜,据说她举止傲慢,"只跟将军跳舞",彻底冷落神魂颠倒的莫兹格利亚科夫:"她的目光扫过他的脸,随即转向了别人。"玛丽娅要殷勤许多,她春风得意;她跟他聊了一会儿,反复地说着他的卑贱,然后就丢下了他,对过去只字不提。莫兹格利亚科夫站在附近,"带着靡菲斯特式的狞笑",倚着柱子几个小时,那种姿态非常生动;但"他失望的神情以及其他等等一切都是白费心思。济娜根本就没有注意他"。最后,他又饿又累("他岂能以一个不幸的恋人的身份留下来吃晚饭"),打起了退堂鼓,第二天一早就离开了这个城市。(2∶397-398)

似乎没有人问起,陀思妥耶夫斯基何以如此不敬地运用普希金,但这种戏拟有多个艺术功能。就情节而言,它表明,玛丽娅有能力逃过劫难,她确实胜过了拿破仑。从主题的角度说,它在抨击浪漫主义文学时提供了一个非常合适的结论,后者是贯穿整个作品的亚文本。通过鲜明地揭示有着必然局限与妥协的"真实生活"对华而不实、不谙世故的理想主义(受文学俗套的滋养)的胜利,陀思妥耶夫斯基表明了一个观点,未来他将不断重申这个观点——当然是跟其他那些一旦付诸实践就有更严重后果的意识形态相关的。但即使在这个作品中,这种主题思想的运用也比乍看起来有着更大的回响。陀思妥耶夫斯基难道不会把自己看作类似秀而不实的理想主义的牺牲品?他难道不懂得人类为这种自我陶醉付出的代价?虽然我们很容易从这个作品读出这种更深刻的蕴涵,但这确实不是作者所表达的意思,比陀思妥耶夫斯基本人更强调这一点就会是一种歪曲。

《斯捷潘奇科沃村》

比之于《舅舅的梦》,《斯捷潘奇科沃村》更为雄心勃勃,虽然定的是同样
的调,也都是以杂耍剧的调子写成的。陀思妥耶夫斯基认为,这个小说是他
迄今为止最优秀的作品,是他个人观点的一次真实的、个人化的表达。“我
把我的灵魂和血肉都放进去了,”他跟哥哥说,“我不想说我已经充分表达了
自己,那是胡说八道!我还有许多想要表达的。此外,这个小说没有多少爱 277
情方面的东西(也就是说,激情成分,比如《贵族之家》那样)——但它有两个
特别典型的形象,是在五年的时间里创造、记录下来的,浑然天成(在我看
来)——全然俄罗斯的性格,而且是到目前为止俄国文学未能非常充分揭示
的性格。”[8]陀思妥耶夫斯基这里明显是指他的两个主要人物,福马·福米
奇·奥皮斯金和罗斯塔涅夫上校,其奇怪关系构成小说的核心。

至少对这些形象中的第一个,福马·福米奇(他的姓奥皮斯金指拼写错误或笔误)来说,时间已经证明了陀思妥耶夫斯基的信念,他创作了一个“非常典型”的人物;托马斯·曼这样的评论家称他为“第一流的喜剧作家,无可抗拒,可以与莎士比亚、莫里哀媲美”。确实,在俄语里,“福马·福米奇”这个名字此后已成为傲慢无礼的伪君子、马屁精和寄生虫的代名词,就像尤赖亚·希普、佩克斯涅夫(Pecksniff,伪君子,狄更斯小说《马丁·朱泽尔维特》中的人物)经常在英语中使用一样。曼对莫里哀的提及让我们想到,福马在罗斯塔涅夫上校家扮演的角色让我们情不自禁地想到了莫里哀那个著名喜剧中的答尔丢夫,这个剧本无疑是陀思妥耶夫斯基的一个创作源泉。[9]其他

一些不甚重要的来源也已被指出(比如屠格涅夫鲜为人知的喜剧《寄膳者》[一八四八],发表在一八五七年的《现代人》上)。A. A. 克拉耶夫斯基很快指出,一个可能的真实来源是生命暮年的果戈理,他是一个专横、暴君式的客人,却极其粗暴地对待他的那些主人。许多年前,尤里·特尼亚诺夫就证实,福马的大多数(尽管不是全部)说辞显然是对果戈理《与友人书信选》一些选段的戏拟——陀思妥耶夫斯基有足够的理由记得这个作品。

不过,种种源泉虽然都很重要,更富有启发意义的是将福马视作陀思妥耶夫斯基一八四〇年代经常描绘的一个形象的新版本。像早期作品中的多数主人公一样,福马是(或曾是)被蹂躏的人,受过的教育刚好让他感受到微贱的社会地位是伤害性的耻辱。我们知道,福马过去作过各种尝试,曾在政府供职(据说"出于正当理由"丢了这份差事,不过这种借口可能只是自我粉饰的无稽之谈),甚至还玩过文学,写过一部历史小说垃圾。最后他被一个恶毒的将军雇佣,为他阅读,陪伴他。将军是个残废,以贬损仆人为乐;"为了吃上将军的面包,没有什么耻辱他不能忍受"。(3:8)

过去,陀思妥耶夫斯基描写这些形象时都会饱含同情,偶尔在《双重人
278 格》等作品中也会混杂一丝嘲讽性的睥睨。但在西伯利亚前的最后一个作品《涅托奇卡·涅兹万诺娃》中,这个规则出现了重要例外。他塑造了一个虚荣心很强的、失败的音乐家叶菲莫夫,后者听信别人,以为自己是了不起的天才,挫败让他转而虐待逆来顺受的妻子,又在感情上剥削天真幼小的继女。陀思妥耶夫斯基小心翼翼地强调,叶菲莫夫的恨世没有任何社会原因,这种恨只是源于他浪漫自我的病态膨胀,一方面想高人一等,另一方面又行动甚少或干脆无所事事。叶菲莫夫自取其辱,惟有对别人泄恨;尽管陀思妥耶夫斯基把他写得很可怜,但另一方面他又狭隘卑鄙,对家人的命运漠然置之。

在这部未完成的小说中,陀思妥耶夫斯基不再像过去常常做的那样,将心理学主要植根于个体的社会环境。他转而将道德责任直截了当地置于个人本身,个人应该承担自己行为的后果。不过那时的陀思妥耶夫斯基还是谨慎的,尽量不公然与自然派的慈善前提决裂,毕竟他是在其中开始文学生涯的,他们的价值观他仍然是接受的。因此,虽然严格意义上说,叶菲莫夫绝非社会的牺牲品,但对他的道德谴责与自然派所表现的对生活在贫困之中、因低下的社会地位而受苦受难的人之缺点的宽容并不直接冲突。此外,陀思妥耶夫斯基对叶菲莫夫的严厉对待也与当时别林斯基发起的反对浪漫主义的运动相一致,在别林斯基的影响下,年轻的作家纷纷响应。但在塑造福马・福米奇时,陀思妥耶夫斯基最终坚定不移地直面自然派的道德假设,并不假思索地予以拒绝。

很明显,因为社会地位低下,福马・福米奇被迫忍受最极端的羞辱,他的施虐行为直接归因于自身的遭遇所导致的对他人的仇恨。但当**他**命运逆转、获得权位后,陀思妥耶夫斯基转而谴责他,这是无可厚非的。"哎,想想吧,"叙述人写道,"这个福马,过去一直受迫害、遭压榨,说不定还吃过鞭子,欲火中烧,文学野心幻灭,为了残羹冷炙丢人现眼,尽管过去一直怯懦无能,内心却是一个暴君,一旦得志就吹嘘骄横。有一天,这样的家伙突然发现,经历无数沉浮后,他到了避风港,多亏了一个白痴女恩人,还有一个言听计从的男施主,他一下子体面光荣,人人迁就谄媚。"(3:13)

所发生的一切无须拐弯抹角就得到了解释:"他为他的过去报复了我 279
们!**一个逃脱了压迫的卑劣小人成了一个压迫者。**"(同上;黑体字为引者所加)换言之,福马过去所发生的一切都无法为他可恶的行径辩护或辩解,尽管叙述人愿意承认,如今"他畸形增长的自负"也许"只是虚假的、根本上败坏了的尊严感,也许童年时就因压迫、贫穷、肮脏第一次受到伤害,也许这个未来的弃儿早年就已亲眼在父母身上看到个人尊严的横遭污辱”。(3∶12)所有这些都免除不了福马作为“卑劣小人”的污名,而所谓卑劣,就是无力克服因自身的耻辱和遭遇而要报复性地主宰、羞辱他人的欲望。

小说中的其他两个人物构成福马·福米奇的背景,就我所知,所有评论家都没有注意到这两个人物在主题表现方面的作用,但他们明显扮演了“准双重人格”的角色,强化了作家对福马卑劣的判断。在热情好客的罗斯塔涅夫上校家中,众多宾客中有一个富有的女继承人塔季娅娜·伊万诺夫娜,她的身世跟福马刚好平行。她在侥幸继承财产前,也“生活在贫困之中……备尝生活的辛酸,孤苦伶仃,受尽屈辱,饱受寄人篱下之苦”。(3∶120)但当她的地位一夜之间发生改变时,她与生俱来的温柔善良并没有变化,尽管她确实有自己的壮丽幻想,梦想一种让她倾心的伟大的浪漫热情。性格上更接近福马的是小职员叶热维金,年轻的家庭女教师娜斯坚卡的穷父亲,罗斯塔涅夫爱着娜斯坚卡。像福马一样,叶热维金对比他好的人嫉恨不已,但又假装成“十分可怜、卑躬屈膝的谄媚者”(3∶166),这明显是在嘲笑、奚落他阿谀奉承的那些人。但同时他又十分真诚,有“细致敏感”的自尊心,他容不得为了自己的利益而剥削他人,甚至绝不愿意接受上校出于好意而给他的基本资助。

《斯捷潘奇科沃村》明显包含了陀思妥耶夫斯基对过去的某些批判性修正,这一点也可以从叙事视角见出。故事是由一个年轻人讲的,他是上校的侄儿,由上校抚养成人,最近刚从彼得堡大学毕业。斯捷潘奇科沃村发生的一切都是透过他吃惊、难以置信的眼睛而予以描述的,他经受的改变在主题方面最为重要。在遇到福马本人之前——自封的“伟人”的出场有意被延迟,以获得最大的戏剧性效果——他在大学受过进步教育,因此针对关于福
280 马的所有谣言,他都能按照人道的原则作出反应。结果,所有这些原则恰恰

是一八四〇年代曾激发陀思妥耶夫斯基创作的那些东西的简化和戏仿形式。年轻的叙述者支支吾吾地说，也许福马是"一个有天赋的当地人"，"由于种种遭遇受到伤害、排挤"，因此要向人类报复。"你知道吗，一个本质……感觉……高贵的人……要扮演一个丑角！……因此他对整个人类不信任……也许如果他能够跟人和解……他就会成为一个罕见的人，甚至也许是非常杰出的人。"(3∶29)但当叙述人见到行动中的福马时，他的这种观点立即变了。他内心的改变说明了陀思妥耶夫斯基有意跟早期作品中的意识形态决裂的程度。从此以后，他在一八四〇年代主要坚持的社会-心理的视角将被另一个视角取代，其中个人承担的道德责任将比其他任何因素都更优先。

叙述人正确地指出，如果不是由于性格同样不寻常的庄园主罗斯塔涅夫上校，福马·福米奇就不可能取得他在斯捷潘奇科沃村占据的"傲慢的主宰地位"。这样的人物过去并没有先例，不过也许我们可以想到《穷人》中那个好心的将军，出于善良的心地，他给了衣衫褴褛的马卡尔·杰武什金一百卢布；或者《涅托奇卡·涅兹万诺娃》中那个热爱音乐的X公爵，他将还是幼孤的女主人公收养，并将她作为家庭成员养大成人。不过这两个人都是朦胧的素描，而罗斯塔涅夫上校则是血肉丰满的刻画。

因此，与福马·福米奇之前有叶菲莫夫不同，在陀思妥耶夫斯基笔下，罗斯塔涅夫之前并没有任何先例；尽管如此，上校这个形象在主题倾向上还是可以与《涅托奇卡·涅兹万诺娃》已经表现的内容相连。就像叶菲莫夫的情形一样，也就是说，无须与作品的社会-心理框架公然冲突，在那部作品中，陀思妥耶夫斯基强调的是受辱的自我要克服本能的报复冲动；每一个重要段落都以某种方式阐明不能控制憎恨而导致的邪恶的道德后果，固执己

见的自我主义因无法宽恕或仁慈而导致的毁坏。如今，在《斯捷潘奇科沃
村》中，陀思妥耶夫斯基第一次尝试将这个主题完全体现在一个人物身上，
第一次尝试创造“一个完美的人”的理想，终其一生，他会不断重复这样的艺
术行为。福马与上校的并驾齐驱——一个极度自私的俄国知识分子与一个
281 充满慈善与爱的素朴的俄罗斯灵魂面对面的对立——这显然预示着后来许
多作品的类似形态。

我们知道，在西伯利亚期间，陀思妥耶夫斯基开始相信，慈善、无私的道德品质是这种“完美的人”的典型特征，作为道德现实，它存在于普通的俄罗斯草根生活中——那些心不在焉的人是视而不见的，但它却存在着。这种信念主要源于他跟农民犯人交往的结果；但在他最落魄时很具体地帮助过他的人却是部队军官。这也许可以解释，他何以将第一个理想性人物展现为不太可能如此的军官形象，他退休回到斯捷潘奇科沃的庄园，因为一辈子在军队里度过，思想或教育已经没有什么独特的、异乎寻常的品质。此外，罗斯塔涅夫上校一方面表现得孔武有力、雷厉风行，另一方面其道德情怀又像天使一般，温文尔雅，和蔼可亲，不关注自我。“他四十岁了，却是个出色的孩子，心胸极其开阔，心情始终愉快，把人人当作天使……他是那种非常大度、心地纯洁的人，绝对羞于给他人造成伤害……他就这样始终生活在理想的天地里，若有什么事错了，首先要自我检讨。为了他人利益而牺牲自己，是天经地义的职责。”（3：13-14）

因此，罗斯塔涅夫上校是一个最好意义上的“弱”者；我们明显觉得，在细腻描摹他的品质时，陀思妥耶夫斯基余光所及是车尔尼雪夫斯基-安年科夫的论争。似乎没有人谈过这种可能性，否则为什么叙述人觉得有责任面对如下的反对呢：“有人（谁？）也许会认为他（罗斯塔涅夫上校）胆小怯懦、意志软弱。他当然很弱，他当然脾气温和；但却不是由于缺乏意志，而是由

于害怕伤害，害怕残忍，由于他对别人有太多的尊重，对人类有太多的尊重。他是意志软弱，胆小怯懦，但那只是涉及自身紧要利益的时候，他才如此，他对这些是完全忽视的，他为此不断成为嘲笑的对象，常常受到他为他们牺牲自己利益的人的嘲笑。”(3∶14)

福马·福米奇作为上校母亲的随从来到庄园，随后获得左右上校的力量，这位母亲是将军遗孀，曾把福马当作小丑(虐待)。即使在这段艰难的岁月，福马也成功地掌控了这位轻信又迷信的妇人，在自私自利、自我放纵方面他们不分伯仲，但她缺乏他的狡猾和才智。“他(福马)给他们[**将军夫人及其可恶的跟班**]朗读一些劝人为善的作品，滔滔不绝、声泪俱下地大谈基 282
督徒的美德；他讲述自己的故事、英雄壮举，去望弥撒甚至做晨祷，偶尔预测未来，有特别的释梦能力，在数落邻人方面很有一手。”(3∶8)叙述人辛辣地评述道：“哎，这个愚蠢的妇人，我的叔叔却认为他有尊敬的责任，只是因为她是他的母亲。”(3∶14)结果，上校对母亲的尊敬就变成了对福马的尊敬，福马利用了这种孝顺，将上校变成玩物，任由一个邪恶的下人玩弄于股掌之间。

许多(太多)篇幅表明，福马在恫吓、羞辱上校方面获得了施虐的快感，无助又倒霉的牺牲品则听任迫害，不得不承认，其程度已经超过轻信的极限。“他们立即开始向我叔叔证明，他粗鲁、急躁、无知、自私到了极点……他们劝我叔叔，福马是上天为了拯救他的灵魂、约束他狂放不羁的热情而派来的，他骄傲，夸耀自己的富有，很容易责备福马吃他的面包。我可怜的叔叔很快就相信了自己深深的堕落，准备揪着头发恳求宽恕。”(同上)所有这些都是与真相背道而驰的，这个登峰造极的道德骗子福马把所有的罪孽都归咎于上校，后者在他人身上找不到错误，于是惟有自责，被福马超凡脱俗地化用自果戈理《与友人书信选》(还有其他一些少为人知的来源)的片言只语深深地打动了。

大部分情节都专注于福马诡计多端地发明的各种骚扰、羞辱上校的花招——同时,所有这些又都是处心积虑地要提升昔日奴仆欲壑难填的虚荣自负。有些纯属闹剧,比如福马坚持要上校称呼他“阁下”(这样的称呼只是针对将军的),“这是一堂课,”福马解释说,“不至于看到将军就欣喜若狂,因为也许还有其他人比你们的所有将军都高出一等。”(3:56)

陀思妥耶夫斯基显然认为,其他主题也可以算作闹剧,但在时代环境中,它们可能会引起误会。比如,福马认定,善良而模范的地主上校忽视了农民的精神发展,要答应教他们天文学和法语发音,这些当然对他们毫无用处。事实上,福马对农民最为不屑,他所谓的关心他们的教育不过是自我美化的谎话;但陀思妥耶夫斯基的讽刺也许会被误解为对农民教育事业的抨
283 击。他其实始终坚定地支持这样的教育,但另一方面又认为,一知半解、浅尝辄止地吸收西方思想对俄国农民更多的是伤害而不是受益。为了阐明这种危险性,他给福马安排了一个受过教养的农奴仆人,后者写些拙劣的诗歌,不停地改名字,因为其他农民总是他在采用的名字中发现“庸俗”的韵脚。将这个不幸的笨蛋与福马关联在一起,试图模仿他的虚荣自负,这预示了《卡拉马佐夫兄弟》中那个仆人兼厨子斯梅尔佳科夫与伊万的关系;不过这里的语调是诙谐的,那个可怜的、被引向歧途的家奴最终进了疯人院。

一个更为认真的诡计是,福马和上校的母亲策划强迫上校跟塔季娅娜结婚。其实他爱贫穷、年轻的娜斯坚卡,他第一次婚姻留下了两个孩子,她是他们的家庭教师。知道上校的意图后,福马和**将军夫人**开始无情地迫害娜斯坚卡,想把她赶走;上校最初邀请年轻的侄儿来斯捷潘奇科沃,是想让他成为娜斯坚卡未来的求婚者,如果他能赢得她的芳心。但叙述人一登场,情形就一目了然,于是他敦促叔叔反抗密谋者,娶娜斯坚卡。

> 终场是，福马最后太嚣张了，他公然指责上校勾引那个年轻女子，让她堕落。即使对长期忍受的上校来说，这也太过分了，面对诋毁娜斯坚卡名誉的行为，他怒不可遏，一把抓住福马，将他从玻璃门扔出了屋子。难以战胜的福马很快又回来了，鼻青脸肿，但现在乖乖地认识到，他必须改弦更张。于是他祝福这桩婚事，假装说他早就赞成这样，然后跟这对充满感激的夫妇幸福地、奢华地生活在一起，装腔作势，满口仁义道德，许多时候像过去一样，但小心翼翼地不越最后划定的雷池一步："她（娜斯坚卡）不愿意看到自己的丈夫受到羞辱，并坚持她的这一愿望要得到尊重。"（3：164）

尽管阴谋诡计陈腐老套，可恶的福马·福米奇也得到及时（得承认，非常快意）的报应，但《斯捷潘奇科沃村》绝非乍看起来那样在表面上是愉快的。陀思妥耶夫斯基说，他是用"血肉"写成的，这种说法一点不假；我们可以在字里行间看到他西伯利亚期间某些重要的艺术结果。当然，这些结果
在福马·福米奇身上最为明显，他在力量和令人难忘方面超过了早期陀思 284
妥耶夫斯基对屈辱心理的全部处理，他表现了陀思妥耶夫斯基对憎恨和挫折之爆炸力的深刻理解，在人物个性的非理性深处，这种情绪一触即发。在叶菲莫夫那里还只是表现为浪漫自我的畸变的东西，如今被展现为非常广泛的人的潜在的东西，它在屈辱依赖的环境中很容易发展。叙述人说，福马无限的虚荣也许是某种特例，但事实上，"谁知道呢，也许在这些落泊的命运牺牲品身上，在傻瓜和小丑身上，虚荣心不但远没有因羞辱而被驱逐，甚至恰恰因为那种羞辱而加重了……而且永远被迫服从，自我压抑"。（3：12）这样的议论直接源于陀思妥耶夫斯基抹不掉的关于劳役营的记忆，他在那里看到，个性需要不惜一切代价地以某种方式肯定自身。

实际上，可以——不过可能是细小的早产儿——将福马·福米奇视为

地下人的第一次勾勒。总的说来，福马的行为非常理性：他做的每一件事都因憎恨而激发，但最终都对自己有利。他对罗斯塔涅夫上校的左右使得他过上了奢华的、自我放纵的生活，他乐此不疲；而高潮部分他的有利地位受到威胁时，他又迅速争取其他办法。尽管他的行为总的说来因此根本不能与地下人有意自我毁灭相比，但还是有一个场景，他表示愿意牺牲眼前的个人利益，为了"非理性"的自我的满足。当上校给福马一大笔钱，让他离开斯捷潘奇科沃村，在附近一个城镇住下，并提出来在那里还给他买一套房子时，福马以极为嘲讽的口吻拒绝了这样的诱惑，并怒气冲冲地说，他的"荣誉"受到了侮辱。听到这件事后，另一个人物评价说："我怀疑福马这其中（拒绝行为）是否有任何小算盘。他不是一个实际的人，他也是某种诗人，照他自己的方式……你懂吗，他本该拿这笔钱的，但他抵制不住装腔作势摆架子的诱惑。"（3：93-94）感情冲动胜过了经济计算，对福马来说只是暂时的蝇头愿望；但他确实表明，未来他的心理将演绎成为地下人的心理。*

285 《斯捷潘奇科沃村》还因许多文学及观念上的戏拟而获得了深度，它们主要包含在福马的长篇大论中，也偶尔见于上校的回答。全部加以检讨未免多余（而且乏味），但它们包括一些针对《祖国纪事》的尖锐挖苦，小说也是在这本杂志上刊载的；尽管他为如何处置这个作品而焦虑，因为当初压根儿没想在这个杂志上发表，在涉及保留讽刺的锋芒时，陀思妥耶夫斯基还是坚

---

* 除了地下人，还有罗斯塔涅夫上校身上可以见到未来的"白痴"外，我们在一个次要情节里还可以看到预先勾勒的拉斯柯尔尼科夫。一个年轻、褴褛、寻找运气的人，受过教育，但比较怯弱，是福马类型的变体，劝说塔季娅娜·伊万诺夫娜私奔。在行窃被当场抓住、危急时刻被及时阻止时，这个罪犯成了一个**先在的**拉斯柯尔尼科夫，他辩称，他不是出于"利益动机"行窃的，"我会把这些钱用在有用的地方……"他咕哝道，"我会帮助穷人，我还会支持启蒙运动，甚至想捐赠一笔大学基金……"（2：123）

定不移的。有些只是喜剧性的配角戏，嘲讽的是荒诞与愚蠢，其他则服务于丰满福马的形象塑造，后者的文学趣味及偏好说明他思想的平庸浅薄，还有过度的自命不凡。正如我们所说，这个作品还包含了对果戈理《与友人书信选》的戏拟性影射，文本的这一特征吸引了众多批评家的注意。

特尼亚诺夫认为，福马·福米奇是否有意模仿果戈理其人，是否对那部倒霉作品说辞的模仿，这个问题只能作推测。[10]试图证明福马形体上真像果戈理，或者他的举止是对果戈理的影射，后者是阿克萨科夫家的座上宾，这并没有足够令人信服的证据支撑。另一方面，早在一八四六年，针对果戈理某些古怪特性的说法，陀思妥耶夫斯基已经作过讽刺性反应；*他并不反感采用这种纯粹的人身戏拟，我们从克拉耶夫斯基的评论可知，同时代的人阅读这个故事时立即想到了果戈理。不过有一件事是无可争议的：特尼亚诺夫证据充分地证明，果戈理《与友人书信选》的部分内容，还有他早些时候的遗嘱，都在福马的高谈阔论中予以了嘲弄模仿。不过，特尼亚诺夫专注于果戈理的文本，某种程度上也误导人，因为其他一些作家也遭到同样的不敬对待。

B. B. 维诺格拉多夫作了纠偏，他认为福马·福米奇的“性格既然具有表现历史代表性，而不仅是一个人的个性”，他就是“一八四〇年代自命不凡的文学仆从的群体类型”，他们的观点来自（也是嘲弄摹仿）“H. 波利伏伊、库科尔尼克等人，不仅仅是果戈理的《与友人书信选》”。[11]陀思妥耶夫斯基最 286

---

* “关于果戈理我不想说什么，”陀思妥耶夫斯基一八四六年给哥哥米哈伊尔写信说，“但有这样一些事实：下个月的《现代人》将会发表一篇果戈理的文章——他的遗嘱，他在其中否定了他的全部作品，说他们毫无用处，甚至更坏。他说他有生之年不再动笔了，因为他的任务是祈祷；他同意他的对手的全部批评意见。他吩咐大量印制销售他的肖像画，收益转给去耶路撒冷朝拜的人，等等。情况就是这样，结论你自己想吧。”

戏拟的调子和福马·福米奇的征兆已经渗透在这段话里，是基于跟果戈理的一个至交的谈话。在福马的一段长篇大论中，陀思妥耶夫斯基没有忘记滑稽模仿遗嘱里的一段。陀思妥耶夫斯基，《书信集》，第一卷，第93页，一八四六年九月五日。

初可能因反感果戈理的著作而发，但他将福马变成一个更普遍的形象，发现其他文学类型也有同样需要抨击的精神欺骗行为。他攻击的目标不再是某个特定的个体或著作，而是福马自我美化，差不多是自我圣化的姿态。陀思妥耶夫斯基在劳役营对这样的自我膨胀太过熟悉，它会导致可怕的结果，比如克里夫佐夫少校这样的"卑劣小人"一旦获得对他人的权力之后就如此。

不过，特尼亚诺夫赋予果戈理那个有名作品在戏拟性源泉中的突出地位，这某种程度上导致对陀思妥耶夫斯基与果戈理之价值观的关系的误解。大多数评论家认为，《斯捷潘奇科沃村》是对果戈理的立场与观点的彻底否定，甚至像K.莫丘利斯基这样敏锐的读者也哀叹陀思妥耶夫斯基"不会欣赏《与友人书信选》中大量的精神与社会意义"，他正确地指出，《与友人书信选》包含了许多成为"（陀思妥耶夫斯基）世界观的基础"的东西。[12]虽然这种哀叹初看起来很有道理，但其实忽视了陀思妥耶夫斯基运用戏拟手段的复杂性。

说陀思妥耶夫斯基有意要否定福马的说法，这其实是不对的，福马的说法包含了肯定代表了陀思妥耶夫斯基本人道德理想的训喻和忠告（"要多一些温柔，多一些体贴，要多多地爱别人，"福马规劝上校，"为了他人而忘记自己，他们就会想到你……忍受，劳作，祈祷，希望……"；3：89）。陀思妥耶夫斯基不会嘲讽如此完美、令人起敬的基督教忠告，他无意破坏**这些忠告**，他嘲讽的是用它来主宰别人并加以辩解的行径。他终究是通过将福马与罗斯塔涅夫并置而否定福马，上校是所有道德价值的真正体现，而福马永远嘴上头头是道，行动上却全然不理不睬。类似的手法《舅舅的梦》也用过，其中对浪漫主义文学的攻击并没有伤及其真正价值：济娜准备**真诚**为瓦夏而自我牺牲，而母亲称道牺牲，只是将它作为获得最不光彩的目的而采取的虚伪掩饰。我们还会想到陀思妥耶夫斯基最初在《穷人》中跟果戈理发生的小冲突，他吸收了果戈理《外套》中的慈善之魅力，创造了一个形象（马卡尔·杰武什金),比之于果戈理那个愚笨的阿卡基·阿卡基耶维奇,马卡尔更值得这样的同情与怜悯。

在每种情形下,陀思妥耶夫斯基实际上**接受了**所戏拟对象的价值,而不是它们体现其中的形式;因此,在我看来,福马·福米奇这个形象并不能说明,陀思妥耶夫斯基对果戈理在《与友人书信选》中召唤理想的基督教乌托邦的做法是根本否定的。陀思妥耶夫斯基反对的是对这种理想的歪曲和诽谤,那些人为了社会不公正(果戈理对农奴制的辩护)和个人的自我夸大而 287
滥用或误用这种理想。这种解读得到了多年后陀思妥耶夫斯基在记事本里一个观点的支持,它反映了他对《与友人书信选》的一贯态度:"果戈理的理想是奇怪的,"他在一八七六至一八七七年间写道,"内里是基督教,但他的基督教不是基督教。"[13]陀思妥耶夫斯基创造了罗斯塔涅夫上校,作为他的第一个真正基督教的"外在"形象。

不过,陀思妥耶夫斯基与果戈理的关系问题,只是这个小说的次要问题,或者说只是他与过去价值观之关系这一更大主题的一部分。我们已经说过,叙述人一看到福马本人,他那比较慈善的情感就泄了气;陀思妥耶夫斯基在结尾部分重复并强化了这个关键主题,同时又为上校的性格刻画添加了重要一笔。因为就在福马被驯服安抚之后,福马的主题再次重申,这次关系到另一个"大人物"和"知识之光"——科罗夫金——上校一天偶然在大路上遇到,并邀请他来到斯捷潘奇科沃村。这个令人敬重的绅士是在高潮阶段、在欢声笑语中登场的,他破破烂烂、邋里邋遢,又烂醉如泥。上校为他抱歉,用的词跟早先叙述人描述福马如出一辙:"你们知道,他本是优秀的人,可命运……他非常不幸……你们不相信,但也许真是这样。"这时,那位深情的叙述人为了安慰尴尬的叔叔,假装赞同他:"我开始热切地宣称,即使堕落底层的人也仍然残存着最优异的人类感情，人的灵魂是深不可测的；我们不应该蔑视堕落的人，相反应该把他们找出来，提升他们；普遍认可的善与道德的标准并非没有错误，等等；事实上，这个话题我越说越起劲，**甚至谈起了自然派**。最后，我甚至重复了这样的诗句：‘当从阴暗错误的压制下……’”(3：160-161；黑体字为引者所加)

上面的那句诗引自涅克拉索夫的一首诗(陀思妥耶夫斯基将在《地下室手记》的卷首引用同样的诗，但篇幅更长一些)，赞美的是心地高尚的“进步”恋人的大度宽宏，他战胜了社会偏见，“赎回”一个妓女，并娶她为妻。此时的叙述人认为，罗斯塔涅夫上校的言辞就是典型的不加分别的仁慈，那首诗表达的正是这种态度，而他本人却想摆脱它。因此，他反讽地引用此诗，以
288 引人注目地表达这种善良却天真的幻想。不过上校完全幼稚无知，把叙述人的话信以为真；但他所说的好像是表示同意，却跟叙述人那种进步论的喋喋不休有重要区别。“‘亲爱的，亲爱的，’他说，深深地感动了，‘你完全理解我，比我自己想说的还要好，是的，是的！天啦！为什么人会邪恶呢？为什么做一个好人是如此美好高尚，**而我却常常邪恶呢**？’”(3：161；黑体字为引者所加)

在我看来，陀思妥耶夫斯基希望读者这时能明显感到，上校的热情奔涌与叙述人假心假意的满口仁义道德是明显不同的，在涉及福马的主情节中，这些陈词滥调已经爆发过。但因为这样的不同只是暗示而没有明言，它们的细微差别就没有引起评论家的注意。就上校而言，这两种态度的区别在于，他对同伴油然而生的同情直接包含了他本人的柔弱感和人的易错感。而这一切在自然派的人道主义那里是看不到的，相反，它包含的是潜在的沾沾自喜，比“堕落者”高人一等、恩人自居的那种架势，当然就要把那些堕落

者“找出来，提升”了。*

支持这种解释的某些其他证据可以从简短的尾声加以引述，陀思妥耶夫斯基在那里评论了娜斯坚卡表现出来的同样利他主义的立场。嫁给上校后，她控制了福马；但叙述人说，她还是因为自己的幸福而宽恕了福马，“更有甚者，我相信，她是认真地带着全部的心灵走进我叔叔的思想的，因此不能从过去是一个小丑的‘牺牲品’那里指望太多，相反，受伤的心需要膏油。可怜的娜斯坚卡自己就是一个受侮辱的人，她受过苦，她记得”。(3：164)陀思妥耶夫斯基再次强调了与牺牲品或受害者相认同的亲身感受——这种同情不是来自什么社会同情的理论教条，带着隐含的距离感和等级观，而是出 289
于一种心情和精神状态，将宽恕者放在被宽恕者一样的道德人性水平。

奥尔巴赫在评论俄国文学时说，与十九世纪欧洲其他国家的文学不同，俄罗斯文学“立足于一种基督教的和传统家长制的观念，每个个体，不管其社会阶层或地位如何，都有人的尊严”，“从根本上说，它与旧基督教而不是现代西方现实主义相关”。[14]可以说，在上文所引的段落中，我们可以看出，陀思妥耶夫斯基正在抛弃他一八四〇年代面向西方的信仰，或者说得更准确些，他在改变早期致力于基督教价值观、主要关注社会的做法，而更倾向

---

* K. 莫丘利斯基还注意到这个场景中罗斯塔涅夫上校回答的另一个方面，他对自然的赞美。就在议论了自己的邪恶后，上校接着说：“不过，你看，这个地方多么可爱啊……多么好的自然景色呀！多么好的一幅画呀！瞧那么美的树木！你看，它有人的一抱粗呢！长得多么青翠，枝叶多么茂盛啊！太阳多么亮丽呀！仿佛在一场暴风雨之后，周围的一切都变得快活起来了，都被清洗得干干净净了！……你不由得要想，连树木本身也好似懂得些什么，也有所感觉，也在享受着生活……难道不是这样的吗？……不可思议的，不可思议的造物主！”(3：161)

莫丘利斯基正确地发现，这段话是对《卡拉马佐夫兄弟》第四部第四章德米特里·卡拉马佐夫“来自地下室的赞美诗”的预表；这种对自然的“迷狂”确实代表了陀思妥耶夫斯基自己感受的一个重要特征。但它在《斯捷潘奇科沃村》中的运用只是偶然性的，在我看来，在陀思妥耶夫斯基创作的这个阶段，它在主题方面的重要性不如上校把自己归于罪人的行列更大。莫丘利斯基，《陀思妥耶夫斯基：生活与创作》，第177–178页。

于较为传统的基督教观念，相信普遍的道德过失及恶与罪的责任。我们可以认为他会这样说，惟有从这种感受中涌出的对同类的爱，才能逃脱伪善的傲慢和侮辱性的居高临下的污名，能够同时既审判又宽恕。

注释

[1] 陀思妥耶夫斯基，《书信集》，第一卷，第252页，一八五九年九月十九日。

[2] Л. П. 格罗斯曼，《陀思妥耶夫斯基的乡村》，见于陀思妥耶夫斯基，《斯捷潘奇科沃村》（莫斯科，1935），第28页。最近一位评论家提出了同样的问题，即对陀思妥耶夫斯基这个作品的敌视问题，他不同意格罗斯曼的观点。"同时代的人无法理解陀思妥耶夫斯基的小说，原因很难说清楚。基本上不应归咎于思想上的原因，即《斯捷潘奇科沃村》的'不合时宜'。"不幸的是，作者没有提出理由以支撑这种说法，我们希望能明白就里。参见图尼玛诺夫，《陀思妥耶夫斯基的创作，1854–1862》，第65页。

[3] 转引自《全集》，第三卷，第505页。

[4] 格罗斯曼，《陀思妥耶夫斯基——艺术家》，见于《陀思妥耶夫斯基的创作》（莫斯科，1959），第344–348页。格罗斯曼分析这种手法时先讨论了《舅舅的梦》，并称之为"《钦差大臣》的终场"，将源头溯自果戈理的戏剧技法。

[5] 陀思妥耶夫斯基，《书信集》，第三卷，第85–86页，一八七三年九月十四日。

[6] 同上，第一卷，第167页，一八五六年一月十八日。

[7] 参见《全集》，第二卷，第513页。

[8] 陀思妥耶夫斯基，《书信集》，第一卷，第246页，一八五九年五月九日。

[9] 参见托马斯·曼，《陀思妥耶夫斯基——沉思》，《陀思妥耶夫斯基短篇小说》（康斯坦丝·加尼特英译，纽约，1945）的前言，第xvii页。德文本收于托马斯·曼的《新文集》（斯德哥尔摩，1948）。应该注意的是，拉马斯·曼的文章有一处日期错误。他误以为《永恒的丈夫》写于一八四八年，事实上它初次发表于一八七〇年。

[10] 特尼亚诺夫的文章初次发表于一九二一年，后来多次重印。参见尤里·特

尼亚诺夫,《戏拟观念下的陀思妥耶夫斯基与果戈理》,见于《陀思妥耶夫斯基论》(唐纳德·范格尔编辑并撰有引言,普罗维登斯,1966),第153–196页。部分英译文可见于《陀思妥耶夫斯基与果戈理》(普瑞西拉·迈耶和斯蒂芬·鲁迪编辑,安阿伯,1979),第101–117页;另可见于《二十世纪俄国文学批评》(维克托·厄尔利希编辑,纽黑文,1975),第102–116页。

[11] 维诺格拉多夫,《俄国文学诗学》,第239–240页。

[12] K.莫丘利斯基,《陀思妥耶夫斯基:生活与创作》(迈克尔·A.米尼汗英译,普林斯顿,1967),第177页。

[13] 参见《陀思妥耶夫斯基未刊稿》,《文学遗产》,第八十三卷(莫斯科,1971),第607页。

[14] 埃里希·奥尔巴赫,《摹仿》(威拉德·特拉斯克英译,普林斯顿,1968),第521页。

第二十章　归　来

一

290　陀思妥耶夫斯基两部西伯利亚小说的发表，标志着他结束了艺术的流亡状态，开始回到俄罗斯文化生活的中心。这些作品是一八五九年间刊行的，当年年底，十二月中旬，陀思妥耶夫斯基也终于实现了他等待已久的梦想，回到了彼得堡。但这种归来不是立即实现的，即使到达欧洲部分的俄罗斯时，他仍被迫在特维尔滞留了几个月，那是一个大城市，在彼得堡到莫斯科的铁路线上。他是自己选择这个居住地的，尽管因为健康原因，他允许从部队退役，但仍不允许生活在那两个城市，他本可从那里获得足够的治疗。这种令人恼怒的裁定似乎是因过分谨慎而导致的某种行政失误。军事部不想担责来决定陀思妥耶夫斯基的居住地，便劝他通过第三厅向沙皇求得批准。陀思妥耶夫斯基觉得,他离权力位置越近,促进他事情解决的机会就越有利;而且住在特维尔,至少让他容易见到莫斯科的亲人,也方便接触彼得堡的编辑、出版商,他未来的生活仰仗他们。

因此,一八五九年七月初,陀思妥耶夫斯基开始了返回俄罗斯的长途跋涉,这花了一个半月,又一次涉及大额金钱,他设法东拼西凑,又从阿列克谢·普列谢耶夫那里借了点钱。一行人在鄂木斯克逗留了几天,以等待帕沙·伊萨耶夫,后者从西伯利亚学生兵团赶来。陀思妥耶夫斯基在那里见到了老朋友,包括要塞那位仁慈的司令德·格拉夫将军,还有乔坎·瓦利哈诺夫,后者也被彼得堡召见,一个月后就要离开。陀思妥耶夫斯基曾给过去的连长 A. И. 盖伊波维奇写信描述这次旅行,非常详尽,包含一些生动的段落。

感人的一幕是,陀思妥耶夫斯基的马车穿过乌拉尔山脉,抵达亚洲与欧
洲的边境。十年前,陀思妥耶夫斯基是一个手铐脚镣的囚犯,在呼啸着的暴
风雪中经过这个边境,而今是一个晴好的夏日午后。大约五点钟,他们跌跌 291
撞撞登上"那刻着文字的美观的柱子,旁边一个小木屋(изба),一个残疾人
在那里[也就是说,一个受伤的老兵做看管人]。我们走出俄式马车,我在胸
口画十字。上帝终于领我看到了应许之地。然后我们取出带辫子的瓶子,
里面是满满的、刺激的野橙子白兰地……我们跟那个残疾人一起干杯,向亚
洲再见;尼古拉耶夫[向导]也喝了,马车夫也喝了(他后来如何赶车
啊)"。[1]

在尼日尼-诺夫哥罗德,陀思妥耶夫斯基一行对大集市留下深刻印象,他们到达时,集市正进入旺期;所有宾馆都住满了,他们在街上兜了几个小时,才找到简陋的住处。不过,旅行高潮是饱含怀旧之情访问扎戈尔斯克的三一修道院和圣谢尔盖修道院——著名的朝圣地;十岁前,每年春天,陀思

妥耶夫斯基的母亲都要带他来这里远足。我们不必夸大那个小男孩在造访圣地时所获印象的重要性,俄罗斯过去的荣光密不可分地跟俄罗斯宗教信仰的神圣象征相交融。即使过了这么多年,修道院对陀思妥耶夫斯基的魅力依然未减。旅行的最后一程,除了抱怨道路坎坷、向导贪婪外,他还写道:“但圣谢尔盖修道院让一切都变得有价值。我已经二十三年不去那里了,多好的建筑,多好的纪念碑,多好的拜占庭式礼拜堂、教堂!圣器收藏室让我们惊奇。圣器室里的珍珠(绝对出色)足足有四分之一磅重,翡翠三英寸高,钻石每件五十万,几个世纪的服饰都是俄罗斯沙皇爱妃和帝国公主等亲手缝制,这些衣服平时都给恐怖的伊凡穿,硬币、古籍、各种珍玩——数不胜数。”[2]

二

陀思妥耶夫斯基希望特维尔只是路上一个非常临时的中途站,因此一家人就租了一套带家具的住处,而没有租更舒适的单元房,那样就要买家具。但像往常一样,官僚机构的拖拉让他耽搁了很久,仿佛这里就是永恒。他住的房子曾住过普希金这样让人敬畏的人,这对他也没有什么安慰。特维尔的生活让他压抑难受,在给弗兰格尔的信中,他说就像新的囚禁:“我其实是囚禁在特维尔,它比塞米巴拉金斯克还要糟。尽管塞米巴拉金斯克在差不多最后一年时,也完全变了(没有一个真正可爱的人,没有一个愉快的
292 记忆)……但特维尔要糟上一千倍。阴郁,寒冷,石头房子,百无聊赖——甚至一家体面的图书馆都没有。名副其实的监狱!我想尽快离开这里。”[3]甚

特维尔

至拜访哥哥米哈伊尔，还有另外一个朋友亚诺夫斯基医生，也缓解不了他的焦躁不安。靠近彼得堡，但有关他作品的交涉只能通过代理，这让生活在过渡地带的他越发无法忍受。

相对说来，他在特维尔处于与世隔绝的状态，幸运的是，B. A. 戈洛温斯基的过访结束了这种状态。戈洛温斯基是陀思妥耶夫斯基的故交，曾被介绍到彼得拉舍夫斯基小组，在俄国军队受过相对较轻的惩罚后，他如今要去西伯利亚就任内务部的职位。被捕期间，他是陀思妥耶夫斯基最亲密的朋友，这位年轻人不仅热情支持解放农奴，并且跟陀思妥耶夫斯基一样，相信村社的“斯拉夫原则”将“把俄罗斯从可怕的社会主义灾难中拯救出来”。在特维尔，戈洛温斯基把陀思妥耶夫斯基引荐给省长巴拉诺夫伯爵，后者的妻子居然是作家索洛古勃伯爵的表亲，陀思妥耶夫斯基发现，早在他获得文学声名前几年，他就见过她。因此，所有的大门都向他敞开了，巴拉诺夫答应帮助陀思妥耶夫斯基获准改变居住地。但他劝陀思妥耶夫斯基等到十月中旬，因为第三厅的首领多尔戈罗基公爵此刻正在陪沙皇出行，所有的事都要等他回来。

陀思妥耶夫斯基接受了这一理性忠告，但他无法克制烦躁，于是又写信给托特列边将军，请他时机一旦合适就抓紧跟多尔戈罗基谈他的事。他还写信给弗兰格尔，恳请他当面找托特列边说这件事。但不幸的是，轻率的陀思妥耶夫斯基自作聪明——为什么不直接写信给沙皇本人，却要通过他的大臣呢？巴拉诺夫赞同这样做，他愿意让他的亲戚阿德勒伯格伯爵，沙皇的知己，亲手将信件呈交陛下。十月中旬，给沙皇的信发了出去，比给托特列边的信晚一周，给多尔戈罗基的信是十一月四日寄出的。但不久陀思妥耶夫斯基就发现，他犯了致命的错误，面对同一个官僚机构，他居然试图同时采取两种不同的途径，结果只能是混乱和加剧拖延。多尔戈罗基什么也不能做，只有等沙皇先发话，可如果阿德勒伯格已经递交了那封至关重要的信，其他人又能说什么呢？他又何时屈尊做这件事呢？陀思妥耶夫斯基坦白，他犯了大错。“我同意你的话，”他写信给米哈伊尔，“在这个问题上，我选了最艰难的路。我每天都在自责——在等待。谁提醒阿德勒伯格一下我的存在多好！”[4]

但所有这些拖延都无法熄灭陀思妥耶夫斯基对新沙皇的热情之火，在 293
给盖伊波维奇的信中，他表达了最纯洁的忠诚。“有一个坚定不移的希望：仁慈的陛下，”他告诉盖伊波维奇，“他是一个多么好的人，一个对俄罗斯来说多么伟大的人，阿特吉米·伊万诺维奇！这里[欧洲部分的俄罗斯]一切更清楚，更容易看清楚。我在这里已经听说了许多，他要对付怎样的阻碍啊！流氓无赖不喜欢他的有益措施，他们是不思进取、落后保守的人。”[5]这段话表明，陀思妥耶夫斯基对沙皇怀着真确不疑的崇敬，可能还表现了他在特维尔开明的社会-政治环境中的交往情况。特维尔地区的地主委员会当时正在开会讨论即将到来的解放农奴的程序问题，这是俄国惟一拥有多数开明人士的委员会，陀思妥耶夫斯基一定听到了一些议论，他们面对的是顽固不化的反对派的抵制。

三

在特维尔度过的几个月里，陀思妥耶夫斯基的大部分精力都花在谋求允许移居彼得堡这件事上，但他也关心未来的文学计划。作为一个“文学无产者”（他在一八五九年十月九日的一封信里这样称呼自己）[6]，他惟一的生活来源就是自己的笔，他不断构思新的作品，挖空心思地想，能否从过去的作品中再挤出一点东西来。虽然米哈伊尔不停地接济他，甚至给他们必要的衣物（更不用说还给了玛丽娅一顶秋帽），但陀思妥耶夫斯基仍痛苦地意识到，哥哥不能长期支撑这种经济负担。

筹钱的最简单办法是出售早期作品的再版权，惟一的问题是找到愿意再版的买家。就在陀思妥耶夫斯基离开塞米巴拉金斯克前，米哈伊尔曾写信给他说，在彼得堡，《穷人》二手书的价格高达十五卢布，陀思妥耶夫斯基给他泼了一盆冷水。“是的，放在过去，这个［消息］会满足我的虚荣心，也许还会给我许多安慰”；但他如今考虑的是能否将这个信息变成钱。“如果它［图书］现在卖这么贵，那么趁它现在值钱的时候赶紧再版会是一桩好事。”[7]陀思妥耶夫斯基建议米哈伊尔，考虑再版时配插图，由库舍廖夫资助，后者是富有的艺术赞助人，刚刚创办《俄国言论》。几个月后，这个项目变成了三卷本的陀思妥耶夫斯基作品集（不包括《双重人格》，我们知道，陀
294 思妥耶夫斯基想单独出修订版，另加前言）。陀思妥耶夫斯基兄弟最初的想法是，他们自己出版，这样可以尽收渔利，但这种旧梦再次证明不现实。作品最终卖给了一个叫奥斯诺夫斯基的出版商，米哈伊尔认为，两千卢布的价格是合理的，最后修订本（两卷）于一八六〇年出版。

但陀思妥耶夫斯基无意吃老本，尤其是，他很清楚，他过去所取得的那些成就在新一辈读者眼里已经老掉牙了。如今他的两部小说已经出炉，我们发现，他像玩杂耍一样在处理多个令人眼花缭乱的文学项目，除了一些明显的情况外，这些项目与他实际创作的作品之间的关系极大程度上都是推测性的。一八五九年八月底，米哈伊尔去特维尔看望弟弟，费奥多尔跟他讲
295 了两部小说的想法；我们从几周后米哈伊尔的一封信中略知一二：“你在两部小说之间晃来晃去，我担心你这样徘徊会浪费许多时间。为什么要跟我

№ 1233
1617

Получено 2 Мая 1859 года.

Министерство
Внутреннихъ Дѣлъ.

Департаментъ
Полиціи Исполнительной.

Отдѣленіе 2.
Столъ 2.
«28» Апрѣля 1859 г.
№ 127.

Прапорщикъ Достоевскій.

Господину С. Петербургскому Военному Генералъ-Губернатору.

Военный Министръ сообщилъ мнѣ, что Высочайшимъ приказомъ въ 18 день Марта сего года состоявшимся, судившійся въ 1849 г. по дѣлу преступника Буташевича Петрашевскаго, Прапорщикъ Сибирскаго линейнаго № 7 баталіона Ѳедоръ Достоевскій уволенъ за болѣзнію отъ службы, съ награжденіемъ слѣдующимъ чиномъ, и что офицеръ этотъ обязался жительствовать въ отставкѣ въ г. Твери.

Вслѣдствіе сего, на точномъ основаніи Высочайшаго повелѣнія, изъясненнаго въ циркулярномъ предписаніи отъ 23 Апрѣля сего года за № 80, имѣю честь покорнѣйше просить Ваше Высокопревосходительство, сдѣлать зависящее распоряженіе къ воспрещенію Достоевскому въѣзда въ Столицы и столичныя губерніи.

Министръ Внутреннихъ Дѣлъ Ланской

Директоръ [illegible]

解除陀思妥耶夫斯基兵役，禁止其在京城及京城省份居留的通知书说起这个题材？很久以前迈科夫告诉我，你只会讲述你永远不会动手去写的题材。好兄弟，也许我错了，但你的两个长篇将先后是《威廉·迈斯特的学习时代》和《威廉·迈斯特的漫游时代》。”[8]

米哈伊尔所说的那个谈到的作品我们所知道的就这么多，但一八五九年秋草草记下的备忘录，包含了一八六〇年要创作的文稿标题，陀思妥耶夫斯基写了米戈农的名字。当然她是《威廉·迈斯特》里那个神秘、漂亮的年轻女孩，受过去可怕记忆的困扰，始终跟那个同样神秘的老人哈珀形影不离。《被侮辱与被损害的》中小涅丽的性格和处境与米戈农特别相似，陀思妥耶夫斯基跟米哈伊尔谈到的那个作品可能就是这部小说的早期版本。这个作品也许曾计划扩成多卷本，叙述人是一个青年作家，很容易让米哈伊尔想到歌德笔下那个有艺术雄心但个性被动的威廉。这个笔记本上的其他一些记录提到《双重人格》的修订以及未来的《死屋手记》（笔记本上称为《罪犯笔记》）。《冷漠与印象》可能是一篇构思中的文章标题，而《命运》的称呼则可能是计划中的一个“悲剧”。还提到了“一个喜剧”，题材是“一个地主的妻子把已婚家庭教师锁了起来，就因为他结了婚”。[9]这个记载可能是七年后《群魔》中那个故事的源泉，那里，家庭教师斯捷潘·特罗菲莫维奇·韦尔霍文斯基跟富有的女保护人瓦尔瓦拉·彼得罗夫娜·斯塔夫罗金有一段热烈的关系。

从陀思妥耶夫斯基的信件我们获知，他担心《斯捷潘奇科沃村》缺乏所谓的“激情成分”，他把那个作品的销售问题归咎于这种缺乏。卡特科夫拒绝后，他跟米哈伊尔辩解说，他得承认“这个小说没有多少爱情方面的东西（也就是说，激情成分，比如[屠格涅夫的]《贵族之家》那样）”。[10]为了补救这种失败，我们知道，陀思妥耶夫斯基考虑一部小说，这类题材可以在其中得到充分描写。“你说……我必须抓紧，”他回复米哈伊尔说，“准备新年时写跟你说过的那部小说（带激情成分），这样一下子就叫人家注意我自己。”但陀思妥耶夫斯基再次拒绝仓促，他直截了当地宣称“这部小说已经被否决了”；[11]但一些痕迹可以在他为一部题为《春天的爱》的书留下的笔记本里
见到。这样的题目列在上文提及的备忘录里，笔记本包含的一些词句无可 296
争辩地将他考虑中的女主人公跟屠格涅夫笔下的一个人物联系在一起，那是陀思妥耶夫斯基始终崇拜的形象，《贵族之家》中的女主人公丽莎·卡利京娜，一个安静、心地纯洁、自我牺牲的形象，在她第一次也是惟一一次爱情因环境而受挫后，她隐居进一个修道院。

陀思妥耶夫斯基计划的两个主要人物一个是富有的贵族、一个公爵，还有他的同伴，被描绘成未来的作家，有时也称“一个文人”（literator）。出行期间，两个人在作家的父亲及家人生活的小城停下，他将公爵介绍给当地的社交界。一个年轻女子爱上了公爵，委身于他，尽管她已与一个愚蠢的官员订婚。她给公爵写信，说她之所以这样做，就是要逃离与她讨厌的未婚夫的婚约。陀思妥耶夫斯基无法决定，她是否要公爵娶她，于是笔记本里有两种选择。她可能不愿意这样做，原因是她出身低贱，与公爵这样高贵的人不般配。一种结局的大致情形是，那位作家发现了女子的困境，于是他娶了她。但这种结局只是构思的第一个版本，更有趣的是其他版本，表明陀思妥耶夫斯基的注意力转向了公爵与作家复杂的、压抑着的对抗。

他以多种形式演绎着三个主人公之间的可能关系（公爵高雅地娶了女孩，或者她首先委身于作家、后来才爱上公爵），但关键的是两个男人之间的竞争。“作家在道德上影响着公爵，公爵在物质上、经济上影响着作家（并且下意识地因为道德影响而报复他）。实际上，他们相互仇恨，但他们彼此又都相信他们是朋友。”两个所谓的朋友因同一个女人而展开秘密竞争预示了《白痴》中的相似情境：笔记本中有一段显然指向那个作品。“一个重要的

场景：他［公爵］向她求婚，她哭得像个孩子，说：‘我不适合，我不值得！’但公爵高看她，跟她说了许多狂热而有说服力的话，她温顺地屈从了，这一切她都懂，她为公爵感到自豪，告诉他说她也是这样想的，只是不敢说……”[12]这些笔记中的英勇的女主人公自己掌握着命运，这明确提出了妇女解放的问题——那时俄罗斯非常及时的话题，陀思妥耶夫斯基将在《被侮辱与被损害的》中将这个话题置于中心，尽管社会背景截然不同。公爵与作家之间的纠结看来也在这部有关彼得堡生活的小说中构成一种花样，其中青年作家和一个王族家庭的后代也是情敌，尽管
297 他们的情场角逐是悄无声息进行的。

四

陀思妥耶夫斯基想模仿屠格涅夫、成为“激情成分”描绘者的雄心不久被其他计划代替，他激动地告诉米哈伊尔，这次是“一定的”，可没过几天，新的计划又取而代之。他希望想到或迫切需要找到的是这样一个主意，它一定能创造一次真正的文学轰动，吸引公众注意力，从而提高他的声誉和经济价值。一八五九年十月一日，他跟米哈伊尔说，“深思熟虑后”，他决定重新着手过去带着很大遗憾搁置一边的“大小说”，他再次强调了它的“思想”特点。“那是一部有**思想**的小说，”他写道，“会让我变得流行。”这同一封信还提到《双重人格》，更表明他急不可耐想回到文学的聚光灯下。“我想让人们对我产生兴趣，非常想，”他说起修订老的作品和增加再版前言的事，“一句

话，我在跟每个人宣战。（而且，我现在不修订《双重人格》，何时修订？）”*[13]

但九天后，我们发现，他再次为卡特科夫拒绝《斯捷潘奇科沃村》的事伤神，反思后决定采取新的方针。“是的，这部小说[《斯捷潘奇科沃村》]缺少外在效果。”他说，试图捉摸涅克拉索夫的犹豫态度。为了修补这一不足，他说他已下定决心，立即动手写作后来的《死屋手记》——这个作品其“外在效果”一目了然，此外，还可以利用读者大众因一个归来的政治流放犯而激发的同情。“关于这部《死屋手记》，现在我头脑里已经有了一个完整的、成形的方案……我的形象将不出现。它们是某个不知名者的笔记；但我保证这些笔记很有趣，趣味将极大。书中既有严肃的、阴惨的和幽默的东西，也有带有苦役犯特色的民间语言（我给你读过一些我**当场**记录的表述），还有文学上闻所未闻的个性描绘，有感人的东西，最后最重要的——我的名字。 298
记住，普列谢耶夫将他诗歌的成功归为他的名字（你记得吗）。我相信，公众将如饥似渴地阅读这个作品。”[14]

陀思妥耶夫斯基还提到其他两个作品的构思，源于他劳役营的生活，一个打算近期就动笔。“十二月我会开始一部小说（但不是那个关于年轻人凶杀、去了西伯利亚的）。不。你记得吗，我跟你提过一个‘忏悔录’——一部我想在一切都安排好后写作的小说，我说过，我自己还必须体验体验。几天前，我已下定决心马上就写，它跟我告诉过你的那部小说（激情成分）合在了

---

* 在修订《双重人格》并附以新的前言发表时，陀思妥耶夫斯基为何要说，他将“跟每个人宣战”？这种说法只能是指他想在前言中表达的内容，其不偏不倚又有好战性的姿态可以支持早先我们所作的推断（参见第253页）。我们认为，在车尔尼雪夫斯基与安年科夫关于“强”“弱”型人物的争论中，前言要采取某种立场，它将不赞成任何一方。陀思妥耶夫斯基可能喜欢“弱”型，像安年科夫那样，但他也像车尔尼雪夫斯基一样嘲讽其开明绅士的道身。因此他才会说“跟每个人宣战”，他采取的是完全独立的立场。

一起。首先,它将是感人的,富有激情的;其次,我全部的心血将会倾注在这部小说中。我是在服苦役的地方构思的,躺在木板床上,在悲伤、自责的痛苦时刻……效果要比《穷人》(当然啦!)和《涅托奇卡》强烈。我保证……'忏悔录'将决定性地确立我的名声。"[15]

这里提到忏悔录形式的小说,通常认为这是《罪与罚》的最初起点,其第一稿确实是以杀人犯(拉斯柯尔尼科夫)第一人称口吻进行忏悔的形式写成的,最后一章安排在陀思妥耶夫斯基西伯利亚的劳役营。但引文的第一句(引用时常常被省略)则否定了这样的假设,因为关于"年轻人凶杀"的小说显然不是"忏悔录"。最近最好的学术观点认为,后一个想法,"悲伤、自责的痛苦时刻"产生的想法,其实是《地下室手记》的灵感,它最初也是宣称写成忏悔录的。[16]但将整个《地下室手记》与陀思妥耶夫斯基一八五九年的说法联系起来,这是可怕的年代错误;我认为,他应该只是想到了后来成为《地下室手记》第二部的内容。因为在这个部分,他讽刺了一八四〇年代他也曾拥有的华而不实的人道梦。我们能够想象,当他躺在木板床上,带着痛苦的自嘲玩味他和朋友们崇高的政治幻想的情景——这些幻想的极度天真他刚刚才明白。跟"忏悔"融合的他所谓"激情成分"也适合这第二个部分,描写的是地下人与妓女丽莎的关系,说明他对真正的爱没有能力反应。

五

陀思妥耶夫斯基这期间的信,告诉了我们他关于未来作品的大量计划
299 和想法,也是兄弟二人在文学投资合作方面的一场对话。迄今为止,我们看

西伯利亚驿道

到的米哈伊尔·陀思妥耶夫斯基只是从一个昔日的新闻记者和籍籍无名的短篇小说家变成了一个烟草生产商,出于善良的心地,他在经济方面对更有天赋的弟弟支持很多,并且充当了他的文学经纪人。但米哈伊尔的慷慨不是因为他非常富有或经营上的成功。他的烟草生意是小买卖,主要依靠家庭劳动;即使后来他投身烟草制造,企业仍是手工水平,从没有多大收益。他可能跟弟弟抱怨过生意上的困难,进而引发费奥多尔如下反思:“你知道,我对你的生意想了许多。你为了它放弃那么多(文学,服役[在部队],那些更适合你的职业),是否有些得不偿失?这个厂也办了几年了,未来还能指望吗?而且,时间在流逝,孩子在长大,开销在增加。”[17]

尽管费奥多尔当时压根儿不知道情况,但这些话仍然触动了哥哥非常温柔的神经。因为米哈伊尔放弃文学完全是极度匮乏的结果,他从没有放弃有朝一日重返文坛的念头。就在费奥多尔这封信后几个月,另一封由敏锐的开明历史学家 К. Д. 卡韦林写的书信描绘了俄国新的气氛,最终让米哈伊尔·陀思妥耶夫斯基得以实现梦想。“在彼得堡,”卡韦林一八五六年初写道,“舆论传播越来越快,再也不能认可[先前]那种军管的、棍棒的、愚昧的客栈做法了。事事都在谈论,事事都在刨根问底,有时有些愚蠢,但仍要讨论,最终要研究。”[18]在这种兴奋的自由感的冲击下(当然还是非常相对的),一八五六至一八六〇年间,俄国新办了一百五十种报纸和杂志。一八五八年六月十九日,米哈伊尔·陀思妥耶夫斯基向彼得堡书报检查委员会提出申请,筹办题为《时代》的“政治与文学”周刊。一八五八年十月底,同意出版这份周刊的批文签署了,被任命监管这份刊物的人正是冈察洛夫。

不知出于什么原因,虽然跟费奥多尔已经通信多年,但米哈伊尔却没有事先告知弟弟这件事。不过有一封信含糊其词地说到,他下一年需要弟弟的一个小说,这让费奥多尔在一八五八年初不耐烦地责备、反驳。“我要大大地责怪你，写信不明确，我是说，你想出版什么？跟谁？怎么弄？”[19]直到六月米哈伊尔提出了方案，他才在一个月后说了自己的想法；费奥多尔热情 300
地回答说：“你写信跟我说起的那份报纸是一个很妙的计划。长期以来我一直想办这样的报刊，但只是纯粹的文学报纸。最重要的：一个文学专栏，对各种期刊进行评论，分析好的和错误的东西，反对现在盛行的**相互勾结利用**，更多的热情、火焰、敏锐的思想、坚定的立场——这是我们现在需要的！我非常激动地谈起这一切，因为我已经照这些写下、构思了一些文章，比如**论当代诗人**，论文学中的**统计倾向**，论艺术中**诸多倾向**的无用——这些文章都可充满激情，入木三分，但最重要的是可读。关键在于：你能编辑这样的报纸吗？这不是容易的事，而且你手上还有一个厂子！小心点，哥哥！”[20]

尽管陀思妥耶夫斯基没有谈论具体的文章内容，但他显然已经作好准备，要与激进派批评家正面冲突，后者普遍强调的是“倾向”的重要性。“统计”一词的使用非常出乎意料，它可能影射车尔尼雪夫斯基开创性的《俄国文学果戈理时期概观》（一八五五至一八五六）。这一组文章是对果戈理作品今天所谓“接受美学”的有价值的概括，是对果戈理传统的重要辩护。车尔尼雪夫斯基追随别林斯基确立的路线，将果戈理视为社会现实主义和社会讽刺。瓦列里安·迈科夫一八四七年写过一篇文章，比较果戈理与陀思妥耶夫斯基，说“果戈理文集可以视为重点是对俄国的艺术统计学”[21]，他认为陀思妥耶夫斯基的“心理”手法在探究人性的幽暗方面更加深入。独标“统计倾向”，陀思妥耶夫斯基也许是指这个意思，因此就暗指车尔尼雪夫斯基想将这种“倾向”定为俄国文学追寻的惟一正途。

但当陀思妥耶夫斯基有机会用书面文字表达这个意见时，时间又过去了许多年。可能是经济原因，米哈伊尔一八五八年并没有着手那个周刊，一八五九年仍在筹划中。一八五九年八月底，米哈伊尔到访特维尔时，弟兄俩讨论过这件事。秋末，普列谢耶夫应邀投稿。米哈伊尔的生意虽然讨厌，又没有什么赚头，但相对来说有保证，要跳到新闻出版这一未知领域，他颇费踌躇。“瞧瞧旁人：既不聪明又不能干，可他们出人头地了，攒了不少钱，”陀思妥耶
301 夫斯基郁郁不乐地写道，“而我们挣扎再挣扎……例如吧，跟克拉耶夫斯基和涅克拉索夫比，我肯定地说，你和我更聪明，更有能力，更懂得事理。唉，他们不过是文学上的庄稼汉[мужики]。可是他们发了财，我们却囊中羞涩。”陀思妥耶夫斯基继续说，米哈伊尔的厂子只是收支勉强相抵，看不出有什么改进的迹象。“不，哥哥，需要好好想想了，要冒险，投身文学事业——比如一本杂志……无论如何，我们要好好想想，一起讨论一下。还不太迟。”[22]

显然，米哈伊尔在接到书报检查委员会的出版许可后一年多，事情仍有许多悬而未决的地方。我们注意到，费奥多尔现在考虑的不是周报（газета），而是“厚”月刊（журнал），这样就可以跟克拉耶夫斯基和涅克拉索夫的杂志竞争。一八五九年十二月末，陀思妥耶夫斯基到彼得堡定居时，事情仍没有定下来。家人为他、他的新妻和继子租了一套房子，尽可能地添置生活设备，甚至还雇了一个厨子，厨子害怕一个人住，于是迫切盼望他们到来。其他人更为谨慎，也在注视陀思妥耶夫斯基一家的到来：十二月二日，彼得堡军事总督写信给彼得堡警察局长，根据沙皇命令，在特维尔一直处于秘密监视状态下的前少尉陀思妥耶夫斯基，在回到首都后要继续接受监视。

六

陀思妥耶夫斯基回到早年的文学胜场，并没有引起什么波澜，只是亲友

小范围内庆祝了一下。许多年后，亚诺夫斯基医生回忆说："在彼得堡，他一到达我们都立即去看望了他，参加了他的乔迁聚会：有迈科夫，米柳科夫，他的哥哥米哈伊尔一家，还有许多其他人，斯佩什涅夫那天也刚到彼得堡。"[23]也就是说，陀思妥耶夫斯基再次出乎意料地与他过去称呼的"靡菲斯特"见了面，后者是东西伯利亚省长尼古拉·穆拉维约夫的随从（就像斯塔夫罗金是冯·列姆布克省长的随从一样），刚从流放地回来。穆拉维约夫是精力充沛的官员，一副开明的架势，政治野心很大，喜欢跟政治流放犯交往，比如远房表兄弟巴枯宁、尼古拉·斯佩什涅夫等。他欣赏斯佩什涅夫的才能，任命他为伊尔库茨克政府资助的一份地方报刊的编辑，并让他成为私人随从；去彼得堡时，穆拉维约夫成功恢复了斯佩什涅夫的贵族权利。巴枯宁 302
这时已经逃离西伯利亚，这主要归因于穆拉维约夫的纵容。巴枯宁也对斯佩什涅夫印象很深，曾跟赫尔岑说起自己的态度。他说，过去的那个阴谋家是"很不简单的人"，他"安静的力量"能激发信心，是一个"彻头彻尾的绅士"。[24]

斯佩什涅夫来彼得堡，绝不仅仅是重新跟他过去秘密团体中的成员接洽，他还想亲自考察新的激进一代的领袖。"今天，我的命名日，我万分高兴，不仅是由于收到了你的来信，"普列谢耶夫从莫斯科写信给杜勃罗留波夫（一八六〇年二月十二日），"还因为贴心的人的来访——斯佩什涅夫；他跟穆拉维约夫一起从西伯利亚来，肯定要去车尔尼雪夫斯基家，他想见他。我也把你的住址给了他。他可是一个人物——除了一流的思想，还拥有另外一个品质——遗憾的是，这样的人我们中间很罕见，他是一个言必信行必果的人。他始终坚持不断地将信仰付诸实践。他极其正直，意志刚毅。绝对可以说，我们所有人中间，他是最杰出的人。"[25]

陀思妥耶夫斯基与斯佩什涅夫分别已久，他的印象如何，可惜没有文字记载,除了亚诺夫斯基一笔带过外,我们也没有更多的见证材料。我们甘愿去想象,当陀思妥耶夫斯基问候,也许拥抱曾诱惑他走上危险的革命道路的那个人时,他心里在想些什么。无论如何,两个人也许都高兴,毕竟他们伟大的梦想——解放农奴——就将实现;两个人可能在向彼此祝贺,他们的牺牲没有白费。他们是否在其他方面意见一致,这很成问题,但在那些狂热期待的日子里,当整个俄罗斯都处在崭新、伟大的自由挑战边缘时,这也就无关紧要了。

七

那时似乎一切都有可能;几年里——很少的几年——面对行将发生的变化,形形色色的社会-政治意见都前所未有地统一起来。不是某个御用文人,而恰恰是拒不妥协的车尔尼雪夫斯基本人,最近在《现代人》(一八五八年二月)杂志上宣称:“我们如今开始的新生活,跟我们过去的生活比,将更美好、更繁荣、更辉煌、更幸福,过去一百五十年的俄罗斯要胜过十七世纪。”[26]人们也许怀疑,车尔尼雪夫斯基本人是否有意要我们不折不扣地理
303 解这些话,但不要紧,它们反映、表达的是那些光荣岁月中所有俄国知识分子的普遍情绪,“黎明时分,天福融融”。

一切都联合在一起,为的是赞成解放与改革,反对顽固自私的反动派,后者对抗沙皇为改良国家而提出的善举。祝贺陀思妥耶夫斯基归来的这一小群人都怀着兴奋之情,与此同时,说车尔尼雪夫斯基、杜勃罗留波夫同盟不能继续跟陀思妥耶夫斯基、迈科夫做朋友,这目前还没有什么道理。还需

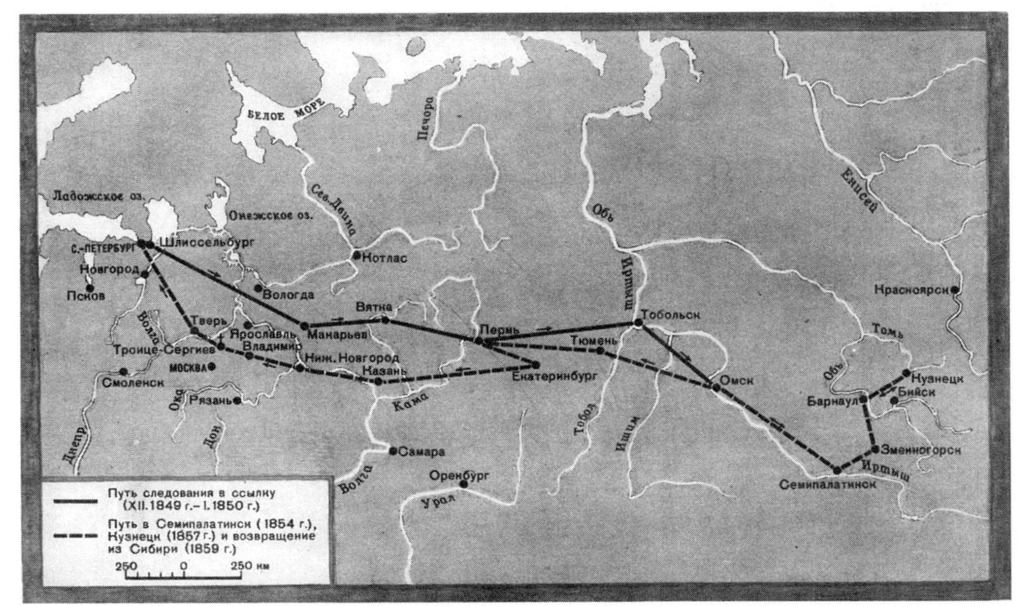

陀思妥耶夫斯基前往苦役地及服兵役后返回特维尔的路线图

几年，事情才会到紧要关头，这种个人关系或起码说旧谊才会成为永不可能。但紧张关系还没有到那一步，应该说，陀思妥耶夫斯基将来会真心诚意地努力，避免关系走到破裂的边缘，尽管没有成功。

因此，在俄国历史的那个时刻，欢庆的情绪处处弥漫；陀思妥耶夫斯基有足够的理由感到轻松、欢快。他生命中的西伯利亚阶段始于他手铐脚镣地离开彼得堡，现在结束了。他度过了沉重的十年，尽管患上癫痫，婚姻又令人失望，但他还是设法活了下来，甚至可以说茁壮成长，从最深重的苦难——四年劳役营——中崛起，坚信自己从那里获得了新的力量，不仅作为一个作家，也作为一个人。

他知道，他将不再写“琐事”，他会迎接命运为他准备的一切，如果不能静然处之，至少可以百折不挠地勇敢面对：他受过考验，他够格。他开始再次发表作品，一刻也没有疑虑，无论新的尝试相对来说有多少缺陷，他将再获文学的显赫声名。他胸有成竹，他笔扫千军，新的故事、新的小说、新的文章蠢蠢欲动，他坚信，独特的经历让他对俄罗斯人民的灵魂有了珍贵的洞悉，只有他能跟这些人交流。作为未来一份月刊的编辑，他将投身十九世纪俄国文化最激动、最喧闹时刻的争论。新生活就在面前——文学生活，作为一个犯人，一个士兵，他已迫不及待地等了很久——他忍不住要捋起袖管，行动起来。

他要行动，接下去的五年，他要做一个文学编辑，做自己杂志的主要撰稿人——阅读手稿，采访，给投稿人写信，校对清样，而且始终才思泉涌、丰产高产地写作，又不乏惊人之笔，要知道，每当癫痫发作，他就一连几天什么也干不了。这几年里，他写了两部重要作品（《被侮辱与被损害的》，《死屋手
304 记》）；三个短一些的小说（包括《地下室手记》），一组生动的欧游系列文章（《冬天记的夏天印象》），此外还连续写了一些文学论文和争论性文章。

——但所有这些已把我们带入第三卷的纵深，我们不要再继续侵犯了。欢乐时刻，在老朋友相聚、欢呼流放归来、为他健康与幸福干杯的时刻，让我们结束陀思妥耶夫斯基生命的这一段落吧。我们离开他吧，因重聚油然而生的欢快将会被思想的敌意破坏，他准备承受的负担将会让他疲惫不堪。但此刻，他仍然陶醉在归来的感情洋溢与兴奋之中。

注释

[1] 陀思妥耶夫斯基，《书信集》，第一卷，第 270 页，一八五九年十月二十三日。

[2] 同上，第 271 页。

[3] 同上，第 254 页，一八五九年九月二十二日。

[4] 同上，第 285 页，一八五九年十一月十二日。

[5] 同上，第 272 页，一八五九年十月二十三日。

[6] 同上，第二卷，第 603 页。

[7] 同上，第 597 页，一八五九年三月十四日。

[8]《资料与研究》，第 515 页，一八五九年九月二十一日。

[9] 陀思妥耶夫斯基，《全集》，第三卷，第 447 页。

[10] 陀思妥耶夫斯基，《书信集》，第一卷，第 246 页，一八五九年五月九日。

[11] 同上，第二卷，第 605 页，一八五九年十月九日。

[12] 陀思妥耶夫斯基，《全集》，第三卷，第 443–446 页。

[13] 陀思妥耶夫斯基，《书信集》，第一卷，第 256–257 页。

[14] 同上，第二卷，第 605 页，一八五九年十月九日。

[15] 同上，第 608 页。

[16] 参见陀思妥耶夫斯基，《全集》，第三卷，第 403 页。

[17] 陀思妥耶夫斯基，《书信集》，第一卷，第 157 页，一八五五年八月二十一日。

[18] 科尔尼洛夫，《亚历山大二世时期的社会运动》，第 31 页。

[19] 陀思妥耶夫斯基,《书信集》,第二卷,第 591 页,一八五八年一月十八日。

[20] 同上,第 593 页,一八五八年九月十三日。

[21] 参见拙著《陀思妥耶夫斯基：反叛的种子,1821–1849》,第 206 页。

[22] 陀思妥耶夫斯基,《书信集》,第一卷,第 286 页,一八五九年十一月十二日。

[23] 在《文学遗产》第八十六卷中可以看到亚诺夫斯基给安 · 格 · 陀思妥耶夫斯卡娅未刊书信的残片,第 377 页。

[24] 谢戈廖夫编,《彼得拉舍夫斯基小组》,第一卷,第 92 页。

[25]《资料与研究》,第 490–491 页。

[26] 转引自威廉 · F. 沃尔林,《车尔尼雪夫斯基：人与报人》,第 193 页。

参考资料

（根据原书注释整理）

陀思妥耶夫斯基作品

Dostoevsky, F. M., *Pisma*, ed. and annotated by A. S. Dolinin, 4 vols. (Moscow, 1928-1959)

Dostoevsky, F. M., *Polnoe Sobranie Sochinenii*, ed. and annotate ed. by G. M. Fridlender et al., 30 vols. (Leningrad, 1972-)

Dostoevsky, F. M., *Récits de la Maison des Morts*, trans. Pierre Pascal (Paris, 1961)

Dostoevsky, F. M., *The Diary of a Writer*, trans. Boris Brasol (Santa Barbara and Salt Lake City, 1979)

Dostoevsky, F. M., *The Notebooks for Crime and Punishment*, ed. and trans. Edward Wasiolek (Chicago, 1967)

其他著作、文章

Alajouanine, T., "Dostoewski's Epilepsy," *Brain*, 86(1963)

Alajouanine, Théophile, "Littérature et épilepsie," in *Dostoevski*, *Cahiers de l'Herne*, no. 24, ed. Jacques Catteau(Paris, 1972)

Annenkov, P. V., *The Extraordinary Decade*, ed. Arthur P. Mendel, trans. Irwin R. Titunik (Ann Arbor, 1968)

Annenkov, P. V., *Vospominaniya i Kriticheskie Ocherki*, 4 vols. (St. Petersburg, 1877)

Arban, Dominique, *Les années d'apprentissage de Fiodor Dostoievski*(Paris, 1968)

Auerbach, Erich, *Mimesis*, trans. Willard A. Trask(Princeton, 1968)

Béguin, Albert, *Création et destine*, ed. Pierre Grotzer, 2 vols. (Paris, 1973-1974)

Béguin, Albert, *L'Âme romantique et le rêve*(Paris, 1939)

Belchikov, N. F., *Dostoevsky v Protsesse Petrashevtsev*(Moscow, 1971)

Belinsky, V. G., *Lzbrannye Filosofskie Sochineniya*, 2 vols. (Moscow, 1948)

——, *Selected Philosophical Works*(Moscow, 1948)

Benz, Ernst, *The Eastern Orthodox Church*(New York, 1963)

Berdyaev, Nicolas, *The Origins of Russian Communism*(Ann Arbor, 1960)

Blum, Jerome, "Fiction and the European Peasantry: The Realist Novel as a Historical Source," *Proceedings of the American Philosophical Society*, 2(1982)

Brontë, Charlotte, *Jane Eyre*(Harmondsworth, 1980)

Carr, E. H., *Micheal Bakunin*(London, 1973)

Carus, Carl Gustav, *Psyche* (Pforzheim, 1846)

——, ed. Ludwig Klages, 1926

Catteau, Jacques, *La création littéraire chez Dostoïevski*(Paris, 1978)

Cherniavsky, Micheal, *Tsar and People*(New York, 1980)

Chernyshevsky, N. G., *lzbrannye Filosofskie Sochineniya*, 3 vols. (Leningrad, 1950-1951)

——, *Selected Philosophical Essays* (Moscow, 1953)

Cheshikhin, V. I., *T. N. Granovsky i Ego Vremya* (St. Petersburg, 1905)

Chukovsky, K., "Dostoevsky i Pleyada Belinskogo," in *N. A. Nekrasov: Stati i Materialy*(Leningrad, 1926)

Delo Petrashevtsev, ed. V. R. Leikina, E. A. Korolchuk, V. A. Desnitsky, 3 vols. (Moscow-Leningrad, 1937-1951)

Dostoevskaya, Anna, *Reminiscences*, trans. and ed. Beatrice Stillman(New York, 1975)

Dostoevsky, Aimée, *Fyodor Dostoevsky*(London, 1921)

Dostoevsky, A. M., Vospominaniya(Leningrad, 1930)

Dostoevsky and Gogol, ed. Priscilla Meyer and Stephen Rudy(Ann Arbor, 1979)

Drouilly, Jean, "Une erreur dans l'edition russe de A. S. Dolinin des lettres de F. M. Dostoevsky," *Études Slaves et Est Européennes* 19(1974)

Eikhenbaum, B. M., *Lev Tolstoy*, 2 vols. (Leningrad, 1928-1931)

Evgeniyev-Maksimov, V., *Sovremennik pri Chernyshevskom i Dobrolyubove* (Leningrad, 1936)

Fedotov, G. P., *The Russian Religious Mind*, 2 vols. (New York, 1960; Cambridge, Mass., 1966)

F. M. Dostoevsky, Materialy i Issledovaniya, ed. A. S. Dolinin (Leningrad, 1935)

F. M. Dostoevsky v Russkoi Kritike, ed. A. Belkin(Moscow, 1956)

F. M. Dostoevsky v Vospominaniyakh Sovremennikov, ed. A. Dolinin, 2 vols. (Moscow, 1961)

Frank, Joseph, *Dostoevsky, The Seeds of Revolt, 1821-1849* (Princeton, 1976)

Frantseva, M. D., "Vospominaniya," *Istoricheskii Vestnik*, no. 6(1886)

Gastaut, Henri, "Fyodor Mikhailovich Dostoevsky's Involuntary Contribution to the Symptomology and Prognosis of Epilepsy," tran. Roger Broughton, *Epilepsia*, 19(1978)

Gernet, M. N., *Istoriya Tsarskoi Tyurmy*, 5 vols. (Moscow, 1961)

Gibian, George, "C. G. Carus' *Psyche* and Dostoevsky," *American Slavic and East European Review*, 14(1955)

Gill, Richard, "*The Rime of the Ancient Mariner* and *Crime and Punishment*: Existential Parables," *Philosophy and Literature*, 5(Fall 1981)

Glaser, Gilbert H., "Epilepsy. Neuropsychological Aspects," *American Handbook of Psychiatry*, ed. Silvano Arieti, 2nd ed. (New York, 1975)

Gleason, Abbott, *Young Russia*(New York, 1980)

Granjard, Henri, *Ivan Tourguénev et les courants politiques et sociaux de son temps*(Paris, 1954)

Grossman, Leonid, "Derevnya Dostoevskogo," in F. M. Dostoevsky, *Selo Stepanchikovo i ego obitateli*(Moscow, 1935)

——, "Dostoevsky—Khudozhnik," in *Tvorchestvo F. M. Dostoevskogo* (Moscow, 1959)

——, "Grazhdanskaya Smert F. M. Dostoevskogo," *Literaturnoe Nasledstvo*, 22-24 (1935)

——, *Zhizn i Trudy F. M. Dostoevskogo* (Moscow-Leningrad, 1935)

Heimler, Eugene, *Mental Illness and Social Work*(Harmondsworth, 1967)

Herzen, Alexander, *My Past and Thoughts*, trans. Constance Garnett, rev. Humphrey Higgins, 4 vols. (New York, 1968)

——, *Sobranie Sochinenii*, 30 vols. (Moscow, 1954-1961)

Hugo, Victor, *Bug-Jargal*, *Le dernier jour d'un condamné*, *Claude Gueus* (Paris, 1942)

Jackson, Robert Louis, *Dostoevsky's Quest for Form* (New Haven, 1966)

James, William, *The Varieties of Religious Experience* (New York, 1929)

Kennan, George, *Siberia and the Exile System*, 2 vols. (New York, 1891)

Kornilov, A. A., *Obshchestvennoe Dvizhenie pri Aleksandre II* (Moscow, 1909)

Labry, Raoul, *Alexandre Ivanovič Herzen, 1812-1870*(Paris, 1928)

Lampert, E., *Sons Against Fathers*(Oxford, 1965)

Lednicki, Wacław, *Russia, Poland and the West*(New York, 1954)

Leroy, Maxime, *Histoire des idées sociales en France*, 3 vols. (Paris, 1946-1954)

Lowrie, Walter, *Kierkegaard*, 2 vols. (New York, 1962)

Lukács, Georg, *Beiträge zur Geschichte der Ästhetik*(Berlin, 1956)

Lvov, F. N., "Zapiska o Dele Petrashevtsev," *Literaturnoe Nasledstvo*, no. 63(Moscow, 1956)

Lyubimova-Dorotovskaya, V., "Dostoevsky v Siberii," *Ogonek*, no. 46-47 (1946)

Maikov, A. N., *Polnoe Sobranie Sochinenii*, ed. P. V. Bibikov, 3 vols. (St. Perersburg, 1914)

Mann, Thomas, "Dostoevsky—in Moderation," printed as a preface to *The Short Novels of Dostoevsky*, trans. Constance Garnett (New York, 1945)

——, *Neue Studien*(Stockholm, 1948)

Martyanov, P. K., "V Perelome Veka," *Istoricheskii Vestnik*, no. 10-11 (1895)

Mathewson, Rufus W., Jr., *The Positive Hero in Russian Literature* (Stanford, 1975)

Miller, Orest and Strakhov, Nikolay, *Biografiya, Pisma i Zametki iz Zapisnoi Knizhki F. M. Dostoevskogo* (St. Petersburg, 1883)

Mochulsky, K., *Dostoevsky, His Life and Work*, trans. Michael A. Minihan

(Princeton, 1967)

Monas, Sidney, *The Third Section. Police and Society under Nicholas I* (Cambridge, Mass., 1961)

Mosse, W. E., *Alexander II and the Modernization of Russia* (New York, 1962)

Nabokov, Vladimir, *Speak, Memory!* (New York, 1967)

——, *The Gift*, trans. Michael Scammell and the author (New York, 1963)

"Neizdanny Dostoevsky," *Literaturnoe Nasledstvo*, 83 (Moscow, 1971)

Nekrasov, N. A., Polnoe Sobranie Sochinenii i Piaem, ed. V. K. Evgeniyev-Maksimov, A. M. Kroliva, K. I. Chukovsky, 6 vols. (Moscow, 1950)

Niebuhr, Reinhold, *The nature and Destiny of Man*, 2 vols. (New York, 1955)

Nikolaev, M. P., *N. G. Chernyshevsky, Seminarii* (Leningrad, 1959)

Ovsyaniko-Kulikovsky, D. N., *Istoriya Russkoi Intlligentsii*, 3 vols. (St. Petersburg, 1909)

Panaeva, A. Ya., *Vospominaniya* (Moscow, 1956)

Panaev, I. I., *Sobranie Sochinenii*, 6 vols. (Moscow, 1912)

"Pisma A. N. Pleshcheeva k F. M. Dostoevskomu," in *F. M. Dostoevsky, Materialy i Issledovaniya*, ed. A. S. Dolinin (Leningrad, 1935)

Pawlowski, I., *Russisch-Deutsches Wörterbuch*, 2 vols. (Leipzig, 1974)

Petrashevtsy, ed.

P. S. Shchegolev, 3 vols. (Moscow-Leningrad, 1926-1928)

Pisemsky, A. F., "A Bitter Fate," in *Masterpieces of the Russian Drama*, ed. George Rapall Noyes (New York, 1933)

"Pisma M. M. Dostoevskogo k F. M. Dostoevskomu," in *F. M. Dostoevsky, Materialy i Issledovaniya*. ed. A. S. Dolinin (Leningrad, 1935)

Pommier, Jean, *Un itinéraire spirituel* (Paris, 1972)

Pushkin, Alexander, "The Captain's Daughter," trans. Natalie Duddington, *The Poems, Prose and Plays of Pushkin*, ed. Avrahm Yarmolinsky (New York, 1936)

Ruttenbeck, Walter, *Sören Kierkegaard, der christliche Denker und sein Werk*(Berlin/Frankfurt, 1929)

Sargant, WIlliam, *Battle for the Mind*(New York, 1971)

Schweitzer, Albert, *The Quest of the Historical Jesus*, 1906(German), 1910 (English)

Semevsky, V. I., "Sledstvye i Sud po Delu Petrashevtsev," *Russkie Zapiski*, 9-11(1916)

Shestov, Lev, "Dostoevsky and Nietzsche: The Philosophy of Tragedy," in *Russian Literature, The Conservative View: Leontiev, Rozanov, Shestov*, ed. and trans. Spencer E. Robens (Athens, Ga., 1968)

Skandin, A., "Dostoevsky v Semipalatinske," *Istoricheskii Vestnik*, 91 (1903)

Śliwowska, Wiktoria, *Sprawa Pietraszewców*(Warsaw, 1964)

Slovar Sovremmenogo Russkogo Literaturnogo Yazhika, 17 vols. (Moscow-Leningrad, 1950-1965)

Stannard, David E., *Shrinking History*(New York, 1980)

Terras, Victor, *The Young Dostoevsky*(*1846-1849*)(The Hague, 1969)

Tokarzewski, Szymon, Siedem lat Katorgi(Warsaw, 1907)

Tolstoy, L. N., Sobranie Sochinenii, 20 vols. (Moscow, 1960-1965)

Tunimanov, V. A., *Tvorchestvo Dostoevskogo*, *1854-1862*(Leningrad, 1980)

Turgenev, I. S., *Sobranie Sochinenii*, 12 vols. (Moscow, 1953-1958)

Twentieth-Century Russian Literary Criticism, ed. Victor Ehrlich (New Haven, 1975)

Tynyanov, Yury, "Dostoevsky i Gogol: k Teorii Parodii," in *O Dostoevskom*, ed. with an introduction by Donald Fanger(Providence, 1966)

Venturi, Franco, *Roots of Revolution*(New York, 1966)

Vinogradov, V. V., *Poetika Russkoi Literatury* (Moscow, 1976)

——, "Turgenev i Shkola Molodogo Dostoevskogo," *Russkaya Literatura*, 2 (1959)

Walicki, Andrzej, *The Slavophile Controversy*(London, 1975)

Wellek, René, *History of Modern Criticism*, 4 vols. (New Haven, 1955-1965)

Whyte, Lancelot Law, *The Unconscious Before Freud*(New York, 1960)

Woehrlin, William F., *Chernyshevskii, The Man and the Journalist* (Cambridge, Mass., 1971)

Wrangel, A. E., *Vospominaniya o F. M. Dostoevskom v Siberii* (St. Petersburg, 1912)

Zaehner, R. C., *Mysticism: Sacred and Profane*(New York, 1975)

报　刊

American Handbook of Psychiatry

American Slavic and East European Review

Brain

Epilepsia

Études Slaves et Est Européennes

Istoricheskii Vestnik(*Исторический вестник*)

Literaturnoe Nasledstvo(*Литературное наследство*)

Notes of the Fatherland(*Otechestvennye Zapiski*;*Отечественные записки*)

Ogonek(*Огонёк*)

Philosophy and Literature

Proceedings of the American Philosophical Society

The Contemporary(*Современник*)

The Moscovite(*Москвитянин*)

The Russian Messenger(*Русский вестник*)

The Russian Word (*Russkoe Slovo*; *Русское слово*)

Russkaya Literatura(*Русская литература*)

Russkie Zapiski(*Русские записки*)

索 引

（索引页码为原书页码，即本书边码）